PRÉCIS
DE L'HISTOIRE
UNIVERSELLE.

PRÉCIS
DE L'HISTOIRE
UNIVERSELLE,
OU
TABLEAU HISTORIQUE,

Présentant les vicissitudes des Nations, leur agrandissement, leur décadence et leurs catastrophes, depuis le tems où elles ont commencé à être connues jusqu'au moment actuel.

Par le Cit. ANQUETIL,

Membre de l'Institut national de France, correspondant de l'Académie des Inscriptions et Belles-Lettres, auteur de l'Esprit de la Ligue, l'Intrigue du Cabinet, et autres.

TOME TROISIEME.

A PARIS,

De l'Imprimerie de LESGUILLIEZ, frères, rue de la Harpe, n°. 151.

AN SEPT.

TABLE

DES MATIÈRES

DU TOME III.

L'Italie entre la mer Ionienne, adriatique et les Alpes, Pag. 1.
Enée, 3.
Rémus et Romulus, 5.
Romulus, 8.
Sabines, 12.
Tullus Hostilius, 22.
Ancus Marcius, 26.
Tarquin, idem.
Servius Tullius, 33.
Tarquin II, 44.
Rome république, 56.
Dictateur, 69.
Tribuns du peuple, 77.
Coriolan, 83.
Loi agraire, 96.
Les Fabius, 97.
Famine, 99.

Loi de Voléron,	100.
Dix tribuns,	111.
Décemvirs,	112.
Loix des décemvirs,	113.
Tribuns militaires,	120.
Censeurs,	122.
Gaulois,	126.
Curtius,	141.
Duel de Torquatus,	idem.
Exemple terrible de discipline,	144.
Cérémonie de dévouement,	idem.
Capoue,	146.
Fermeté d'un Privernat,	147.
Jalousie, cause d'un changement important,	149.
Femmes empoisonneuses,	151.
Fourches Caudines,	152.
Sermens de dévouement,	156.
Légions et esclaves punis,	158.
Dureté des loix contre les débiteurs.	159.
Censure,	160.
Première guerre Punique,	162.
Flotte bâtie en deux mois,	164.
Régulus,	167.
Divorce,	175.

Médecine et chirurgie,	176.
Invasion des Gaulois,	177.
II. guerre Punique. Annibal,	182.
Continence de Scipion,	200.
Scipion, Caton,	213.
Mauvaise foi des Romains à l'égard des Carthaginois,	227.
Les Gracques,	245.
Révoltes des esclaves Siciliens,	251.
Gladiateurs,	269.
Marius,	271.
Jugurtha,	274.
Guerre des esclaves,	284.
Guerre des Cimbres et Teutons,	288.
Guerre des alliés,	304.
Fuite de Marius,	314.
Sertorius,	346.
Spartacus,	351.
César chez les Pirates,	353.
Popularité de César,	359.
Catilina,	360.
Clodius,	366.
Ier. Triumvirat,	371.
Disgrace de Cicéron,	374.
Bataille de Pharsale,	392.

Mort de Pompée,	393.
Mort de Caton,	401.
Brutus,	410.
Mort de César,	413.
Octavien,	421.
II. Triumvirat,	430.
Proscriptions,	433.
Mort de Brutus et Cassius,	449.
Tibère,	497.
Caligula,	548.
Claude,	562.
Néron,	587.
Galba,	623.

Fin de la table du tome troisième.

PRÉCIS DE L'HISTOIRE UNIVERSELLE.

Italie.

L'Italie l'objet de l'admiration des peuples qui vont y contempler les débris de sa grandeur, enveloppée de la mer de trois côtés, a du quatrième des bornes naturelles qui sont les Alpes. Une chaîne de montagne nommée l'Apennin la traverse dans toute sa longueur, de sorte qu'on y trouve tous les climats, la neige et la glace sur les sommets, pendant qu'un soleil ardent brûle la Calabre, et qu'une chaleur douce et bienfaisante s'étend sur les parties moins méridionales. Aussi y jouit-on de toutes les productions de l'ancien monde. La grape mûrit à côté de l'olive. Sous le mûrier ou le ver s'enveloppe de sa coque précieuse, la brebis livre sa toison au ciseau du berger. Les fruits sont savoureux et abondans. Il est rare que les frimats trompent comme dans nos contrées septentrionales l'es-

Tome 18. L'Italie entre la mer Ionienne, adriatique et les Alpes.

tome 3. a

pérance que fait concevoir une fleur trop hative. L'Italie, lorsque sa puissance y attiroit une immense population, Rome seule, ce monstre dévorant rendoit l'univers surtout l'Egypte tributaire de ses besoins. Maintenant, elle peut se suffire à elle-même. Il paroît qu'elle a été peuplée par des Grecs, ou du moins s'ils y ont rencontré des habitans, ils étoient épars en petit nombre. Ce sont les Grecs qui y ont formé des colonies florissantes, et ont été les pères de différentes nations qu'*Enée* y trouva en arrivant.

La partie d'Italie qui a été peuplée ou policée, la première est l'Etrurie, qui s'allongeoit en suivant la côte depuis les Alpes jusqu'au détroit de Sicile. Ce pays étoit divisé en cantons, gouvernés chacun par des rois, qui faisoient la guerre tantôt en commun, tantôt séparés. Chaque canton fournissoit au chef de l'armée un licteur, de sorte que par le nombre des licteurs, on pouvoit connoître le nombre des alliés réunis. On peut juger de leur religion, par celle des Romains qui ont emprunté d'eux, cérémonies, sacrifices, augures. Avant que ceux-ci eussent conquis la Grèce, ils regardoient l'Etrurie comme la mère des arts et des sciences, et ils envoyoient dans ses villes, ceux de leurs enfans auxquels ils vouloient procurer une éducation distinguée. La langue des Etruriens différoit du grec et du latin. Il en reste des inscriptions. Les cabinets des curieux conservent aussi des vases Etrusques, que leur antiquité rend moins précieux que l'élégance de leur forme.

Enée, le pieux *Enée* rendu si célèbre par le prince des poëtes latins, échappé des flammes de Troye avec les compagnons de son infortune, arrive sur les côtes du Latium; pendant que *Latinus* qui en étoit roi faisoit la guerre aux *Rutules*. Averti du débarquement de ces étrangers, *Latinus* marche au-devant d'eux, croyant que ce sont des pirates ou des brigands; mais il trouve des hommes bien armés, disposés à se défendre, cependant encore plus disposés à la paix. *Latinus* les écoute, et sensible à leurs malheurs, il leur accorde des terres, à condition qu'ils l'aidront contre les Rutules. *Enée* y consent, et remplit si bien sa promesse, que le roi lui donne *Lavinie* sa fille unique en mariage, avec le droit de succéder au trône. La reine, épouse de *Latinus*, avoit un neveu nommé *Turnus*, qui comptoit sur la main et le trône de la princesse. Désespéré de la préférence accordée à *Enée*, il so

Enée 1222.

retire chez les Rutules, ralume la guerre éteinte, et dans la même bataille, lui et *Latinus* périssent. *Enée* se trouve sur le trône du *Latinus*, établit dans son royaume les fêtes et les jeux Grecs, le culte de *Vesta* et ses loix sévères, les dieux Lares, la foi au Palladium, et par le mélange des coutumes grecques et latines des deux peuples, il n'en fait qu'un sur lequel il regna paisiblement pendant trois ans.

Les Rutules joints aux Tyrrhéniens le tirent de ce repos si utile à sa colonie, dont la puissance commençoit à leur donner de l'ombrage. *Enée* va à leur rencontre, et dans un choc sur les bords des Numiens, il est malheusement poussé dans la rivière où il se noye. Comme son corps ne fut pas retrouvé, les Troyens sémèrent le bruit qu'il avoit disparu au fort de la bataille, et le firent passer pour un dieu. Ils lui élevèrent un temple. *Ascagne* ou *Jule* son fils prit la couronne. *Lavinie* sa belle-mère étoit enceinte. Elle craignit quelque violence de la part de son beau-fils, et se sauva dans une forêt où elle accoucha d'un fils qu'elle nomma *Enée Sylvius*, par allusion à la forêt *Silva* où il etoit né. *Jule* fit chercher sa belle-mère, la retrouva avec son fils. Loin de lui faire le moindre mal, il eut toutes sortes d'égards pour la mère et l'enfant, et bâtit une ville qu'il nomma *Lavinium*, comme le chef-lieu du patrimoine de *Lavinie*, et de l'héritage de son fils *Sylvius*. Pour lui, il se construisit une ville qu'il nomma *Albe*, où il acheva ses jours. Il ne laissa qu'un fils nommé comme lui *Jule*. Les habitans du Latium voyant leur petit royaume prêt à être partagé en deux par les droits de l'oncle et du neveu, ce qui pouvoit entraîner sa destruction, soumirent *Albe* et *Lavinium*, à la même souveraineté qu'ils conférèrent à *Sylvius*, né de *Lavinie*, fille de Latinus, au lieu que *Jule* n'étoit que le fils d'un étranger. Ils donnèrent à *Jule* le souverain pontificat. De *Sylvius* sont descendus les rois qui ont régné à Albe pendant environ quatre cents ans.

R o m e (Monarchie).

On ne sait de *Rémus* et *Romulus*, que leur nom, et à-peu-près la durée de leur règne, jusqu'à *Aventinus*, qui fut père de *Numitor* et d'*Amulius*. Le trône d'Albe devoit appartenir à *Numitor* l'aîné; mais *Amulius* l'usurpa, et afin de se délivrer de toute crainte, il tua *Aegestus*, fils unique de *Numitor*, et consacra *Rhéa Silvia*, sa fille, à

Rémus et Romulus.

Vesta, c'est-à-dire, à une virginité perpétuelle. Précaution inutile. Elle fut rencontrée, en allant puiser de l'eau, par un homme habillé en Mars. Etoit-ce un passant? étoit-ce un amant? étoit-ce son oncle *Amulius*, lui-même qui vouloit rendre la vestale mère, afin d'avoir un prétexte pour la faire périr? elle accoucha de deux jumeaux. *Amulius* l'accusa devant le peuple. Il fut ordonné que les enfans seroient jetés dans le Tibre, et qu'elle-même seroit punie de mort. La sentence, à la prière d'*Antho*, fille d'*Amulius*, fut convertie en prison perpétuelle.

Les enfans, enfermés dans un même berceau, voguoient sur le fleuve, et furent portés au pied du mont Aventin. *Faustule*, intendant des bergers du roi, les trouva, et les donna à sa femme *Acca Laurentia*, surnommée *la Louve*, à cause de ses débauches, pour être élevés. Dès leur première jeunesse, on remarquoit en eux un air de noblesse et de grandeur, qui leur donnoit sur les autres bergers, une espèce d'empire naturel. Une querelle, portée devant leur grand père *Numitor*, les fait reconnoître par ce vieillard. Ils prennent la résolution de le remettre sur le trône, et de délivrer leur mère de sa prison, et réussissent à l'aide des bergers leurs camarades, qui prennent, pour signe de ralliement, quelques poignées de foin, nommées *Manipuli*, attachées à de longues perches. Telles ont été les premières enseignes des Romains.

Numitor, replacé sur le trône, donna à *Rémus* et à *Romulus*, ses deux petit-fils, le terrein où ils avoient été élevés par *Faustule*. C'étoit un canton près du Tibre, semé de monticules, sur lesquelles erroient les troupeaux dont le chef des bergers avoit l'intendance. *Numitor* leur fournit toute sorte d'instrumens pour remuer la terre, des bêtes de somme, des esclaves, et permit à ses sujets de se joindre à la colonie. La plupart des Troyens, dont il restoit encore cinquante familles du tems d'*Auguste*, s'attachèrent à la fortune de *Romulus* et de *Rémus*. Les habitans de deux petites villes voisines, ou villages voisins, en firent de même. La division se mit entre les deux frères, ou à l'occasion du choix de l'endroit où on bâtiroit la ville, ou bien au sujet du plan. Quelqu'ait été la cause de la discorde, *Rémus* fut tué, et l'opinion la plus suivie, est qu'il fut tué par son frère.

Du nom de *Romulus*, la ville qu'il fonda prit celui de Rome. Il l'a plaça sur le mont Palatin, qui faisoit le centre des autres monticules. Elle consista d'abord en mille maisons, ou plutôt mille cabanes, et ne fut, à proprement parler, qu'un village dont les habitans n'avoient d'autre occupation que de cultiver un terrein stérile qu'ils avoient partagé entr'eux. Les murs et les toits des maisons étoient de jonc et de paille, ceux de la ville de claies, les fossés si petits, qu'un homme pouvoit les sauter. Tels sont les commencemens d'une ville qui est devenue la capitale du monde.

Romulus. L'autorité que *Romulus* avoit prise pour bâtir la ville, il la remit à sa colonie, qui la lui rendit, en le nommant roi. Mais il ne voulut monter sur le trône, qu'après un sacrifice solennel. Pendant la cérémonie, un éclair part du côté gauche, *Romulus* le fait regarder comme un signe du consentement des dieux. Après avoir ainsi consacré le choix des hommes par le suffrage de la divinité, il travaille à établir un gouvernement régulier. Les loix qu'il donna à ses sujets, sont l'ouvrage d'un politique profond, et marquent qu'il possédoit éminemment la science si rare de concilier et balancer les pouvoirs.

Le nouveau roi partagea son petit terroir en trois portions. L'une fut affectée aux frais du culte, l'autre aux besoins de l'état, la troisième subdivisée en trente, à chaque *Curie*. Il institua deux classes de citoyens, en distinguant ceux qui avoient de la naissance et des richesses, de ceux qui n'avoient ni l'un l'autre de ces avantages. Les premiers devoient s'acquitter des cérémonies religieuses sous le nom de *Patriciens*, et étoient appellés à posséder les principales dignités civiles et militaires. L'emploi des autres, nommés *Plébéiens*, consistoit à nourrir le bétail, cultiver les terres, ou faire le commerce.

Pour empêcher qu'une diversité si marquée de conditions ne causât des séditions, *Romulus* attacha ces différens rangs l'un à l'autre, par des liens réciproques. Chaque plébéiens eut le droit de se choisir, dans le corps des patriciens, un protecteur qui étoit obligé de l'assister de son crédit, de ses lumières, de le défendre contre l'oppression des grands. Ces protecteurs prenoient le nom de *Patrons*, et les protégés celui de *Cliens*. Les patrons étoient obligés d'expliquer les loix à leurs cliens, de soutenir les procès qu'on leur intentoit, d'avoir soin d'eux comme de leurs propres enfans; les cliens devoient racheter leurs patrons, s'ils étoient pris par les ennemis, fournir la dot de leurs filles, et faire d'autres dépenses en leur faveur. Il n'étoit pas permis aux cliens et aux patrons de s'accuser mutuellement en justice, ni de donner les suffrages l'un contre l'autre, chacune de ces fautes étoit réputée une trahison infâme, et pouvoit être vengée par la mort. Cette relation de patrons et de cliens, produisit l'union la plus étroite pendant plus de six cents ans, et lors même que la populace entière s'élevoit contre les puissans, cette affection particulière subsistoit et ramenoit les esprits.

Romulus institua le sénat composé de quatre-vingt-dix-neuf sénateurs, choisis tant par les praticiens que par le peuple, dans l'ordre des premiers. Le roi nommoit le centième qui étoit chef ou prince du sénat. On appelloit les sénateurs *Pères*, soit à cause de leur âge, soit pour désigner leur soin paternel à l'égard des citoyens. Les premiers sénateurs furent la source de la première noblesse parmi les Romains. Le roi se fit donner une garde choisie par les Curies dans leur sein. Il s'attribua aussi un habit distingué, et douze licteurs armés d'un faisceau de verges surmonté d'une hache en signe de souveraineté.

L'intendance de toutes les choses saintes appartenoit au monarque. Il étoit conservateur des loix et coutumes, connoissoit les affaires les plus importantes, assembloit le peuple et le sénat, donnoit le premier son avis, comptoit les voix, concluoit à la pluralité, et commandoit en chef les armées. Le peuple proposoit des loix, prenoit des résolutions qui cependant n'acquéroient de force, que par la confirmation du sénat.

Le culte religieux attira l'attention particulière de *Romulus*. Il ordonna que chaque Curie eut son temple, ses prêtres ; que le peuple s'assemblât dans des tems marqués, pour manger ensemble les victimes, et il institua des jours de fêtes pour le soulagement de ceux qui vivoient de leur travail. Les principaux ministres des dieux étoient tirés des patriciens. Le clergé inférieur, de la classe la plus aisée du peuple. Tous les prêtres devoient être âgés au moins de cinquante ans. Leurs femmes seules étoient autorisées à faire les fonctions de prêtresses. Leurs fils servoient à l'autel jusqu'à l'âge de puberté, et leurs filles tant qu'elles étoient vierges. Comme les familles sacerdotales ne payoient pas d'impôts, qu'elles étoient dispensées de porter les armes, et que leurs charges étoient à vie, il étoit défendu de les rechercher par brigue, ou par argent. Chaque Curie choisissoit ses prêtres, ses aruspices, qui devinoient par l'inspection des entrailles des bêtes, et de ses augures qui consultoient le vol des oiseaux. Ainsi le sacerdoce accompagné d'aisance et de respect, étoit une ressource que tout citoyen honnête pouvoit se proposer pour sa vieillesse.

Sabines. Rome naissante s'accrut par le droit d'asile que *Romulus* donna au temple de Jupiter *Aziléen*. Tous ceux des pays voisins qui vouloient se soustraire aux poursuites de leurs créanciers et de la justice, y accoururent. Il est vrai que ce n'étoit pas une peuplade fort estimable. Mais enfin, elle faisoit nombre, et elle augmenta tellement la quantité des hommes, que les femmes ne furent plus en proportion. Le roi pourvut à cet inconvénient, il indiqua une fête solennelle, à laquelle les villes voisines furent invitées. La curiosité y amena les filles avec leurs mères. Quand l'heure du spectacle fut arrivée, au signal donné, la jeunesse Romaine se répand de tous côtés parmi ces étrangers désarmés, et enlève leurs filles au nombre de plus de six cents. Chacun mena chez lui celle qui lui étoit tombée en partage, sans attenter aucunement à son honneur, ainsi que *Romulus* l'avoit expressément recommandé. Il paroît qu'on laissa aux filles le tems de s'appaiser, et aux jeunes gens celui de gagner leurs cœurs. Les mariages se firent ensuite avec toutes les cérémonies religieuses.

Quatre nations se trouvoient intéressées dans cette affaire, Trois commandées par le roi d'une d'entre elles, nommé *Acron*, marchèrent droit à Rome pour venger l'injure qui leur avoit été faite en la personne de leurs filles. *Romulus* sortit au devant d'elles, et avant que les armées en vinssent aux mains, il offrit à *Acron* de vuider la querelle par un combat singulier. *Acron* accepta et fut tué. Le roi de Rome prit sa capitale, la détruisit, et des habitans qu'il enleva en augmenta la sienne. Il restoit les Sabins, la plus puissante des nations insultées par l'enlévement de leurs filles. La guerre s'alluma vivement entre eux et les Romains. La citadelle que *Romulus* avoit bâtie sur le mont Célius sous le nom de *Capitole* fut prise par les Sabins. *Romulus* en voulant la reprendre, reçut une blessure dangereuse, qui ne ralentit cependant les attaques ni la défense. Les jeunes femmes se trouvant dans la cruelle alternative de voir périr leurs maris ou leurs parens, peut-être les uns et les autres, prirent pour procurer la paix, un moyen qui leur réussit. La plupart étoient déjà mères. Elles s'en allèrent au camp des Sabins, portant sur leurs bras les gages d'un hymen heureux. Ce spectacle toucha les Sabins. Elles obtinrent d'abord une trêve, ensuite un traité plus heureux peut-être qu'elles n'auroient osé l'espérer, puisqu'il fut stipulé que les deux nations n'en feroient plus qu'une, que les deux rois résideroient à Rome, et y régneroient conjointement. Les familles Sabines qui voulurent quitter leur patrie pour suivre leur roi *Latius*, s'établirent sur le mont Tarpéien. *Romulus* occupoit le mont Palatin. La vallée entre eux d'eux devint une place commune qui fut depuis le marché de Rome *Forum*, en récompense de l'heureuse union que les Sabines avoient procurée, on leur accorda des privilèges et des distinctions honorables. *Latius* distribua sa nation, comme *Romulus* avoit partagée la sienne. Il créa aussi un sénat de cent pères conscripts. C'est de ce tems qu'on date l'origine des chevaliers Romains, classe intermédiaire entre les patriciens et le peuple. *Latius* régna paisiblement pendant six ans avec *Romulus*. Il fut assassiné pendant un sacrifice. On ne sait si *Romulus* eut part à ce crime. Du moins a-t-on lieu de soupçonner qu'il n'en étoit pas faché puisqu'il ne le vengea pas.

Le règne des deux rois fut signalé par des victoires qui commencèrent à jeter des richesses dans la ville naissante par la vente des esclaves, et par des conquêtes, qui reculérent les limites de sa domination. Aux loix déja faites, *Romulus* en ajouta sur le mariage. Les femmes n'y étoient pas bien traitées. Il est vrai qu'il n'étoit permis aux Romains que d'en avoir une seule ; mais il n'étoit pas permis à la femme de quitter son mari sous quelque prétexte que ce fût, au lieu que le mari pouvoit répudier sa femme, et même la punir de mort, si elle étoit convaincue d'adultère, d'empoisonnement, d'avoir fait de fausses clefs, ou bu seulement du vin. Les pères pouvoient faire mettre leurs enfans en prison, les vendre pour esclaves, quelqu'âge et quelque dignité qu'ils eussent. Point de loix contre le parricide : *Romulus* jugea ce crime impossible. Aussi n'y en eut-il pas d'exemple pendant dix siècles, et malgré la loi qui autorisoit le divorce, il n'y en eut qu'un pendant six cents vingt ans.

Telles sont les dernières loix de *Romulus*. Devenu plus puissant par la mort de son collègue, le roi des Sabins, il voulut encore se débarrasser des entraves que le sénat mettoit quelquefois à son autorité. Ce corps ombrageux vit des projets de tyrannie dans la liberté que prit le monarque de distribuer à ses soldats des terres conquises sans le consulter. D'autres dispositions que *Ro-*

mulus fit de lui-même, contre le sentiment des sénateurs, portèrent ceux-ci à s'en défaire. Ils le tuèrent pendant un orage qui dispersa ses gardes, et le laissa seul à leur merci. Pour qu'il ne restât pas trace de leur crime, ils dépecèrent son corps, et en emportèrent chacun un morceau sous leur robe. Le peuple attaché à son roi s'émut. On l'appaisa en lui disant que pendant cet orage, *Romulus* avoit été enlevé au ciel. *Julius Proculus*, sénateur très-estimé, affirma l'avoir vu. D'ailleurs, le corps ne se trouvoit pas, pouvoit-on avoir une meilleure preuve? *Romulus* fut adoré et point vengé. Il passoit pour le fils de *Mars*, et en avoit la valeur. Sa sagesse fut égale à son pouvoir, puisque de trois mille trois cents hommes, il porta le nombre des habitans de Rome à quarante-sept mille, et ce qui met le comble à sa gloire, il fit goûter des loix justes à une troupe de brigands et d'aventuriers, et il en forma un peuple qui devint, avec le tems, le maître de la terre.

La mort de *Romulus*, qui ne laissa point d'enfans, fut suivie d'un interrègne. Les sénateurs ne se pressoient pas de le faire finir, parce qu'ils s'étoient attribué la royauté dont ils jouissoient alternativement pendant cinq jours. Le prétexte du délai étoit la prétention des Sabins, qui vouloient un roi de leur nation. Les *Romains* demandoient que le successeur de *Romulus* fût pris entre eux. Enfin, sur les instances du peuple qui ne s'accommodoit pas d'un roi hebdomadaire, il fut résolu que les Romains éliroient, mais qu'ils ne pourroient choisir qu'un Sabin. Les voix se réunirent pour *Numa Pompilius*, veuf de *Tatia*, fille de *Latius*, le collègue de *Romulus*. Cet homme vivoit retiré à la campagne, fuyant la cour, les affaires, et uniquement occupé de l'étude de la sagesse. Ce fut à regret et forcé par les instances de son propre père qu'il quitta sa chère solitude, bien résolu de se ménager le plus de momens qu'il pourroit pour la revoir.

Ceux qui traitent de petit génie tout prince qui s'occupe de la religion, de ses rites, de sa police, de ses ministres, ne feront pas grand cas de *Numa Pompilius*. Mais ceux qui croient que les principes religieux, rendus respectables par le culte extérieur, peuvent adoucir les mœurs d'un peuple, lui insinuer, pour ainsi-dire, la morale par les yeux, ne mépriseront pas les soins de *Numa* à cet égard. Afin de donner à ses institutions religieuses une autorité utile, il ne fut pas fâché qu'on crût qu'il les puisoit dans des entretiens secrets qu'il avoit avec une nymphe nommée *Egérie*, habitante des bosquets de sa retraite champêtre. Il congédia la garde de *Romulus*. « Je ne voudrois pas, dit-» il, régner sur un peuple qui m'inspi-» reroit quelque défiance ». Quant à sa foi particulière, on prétend qu'il concevoit Dieu ou le premier principe de toutes choses comme un être spirituel, impassible, incorruptible, qu'il n'approuvoit pas en conséquence qu'on représentât la divinité par des images d'hommes, et en effet, pendant cent soixante ans, il y eut très-peu d'images d'hommes dans les temples des Romains. Il institua jusqu'à huit collèges de prêtres, ou plutôt il rendit sacrées les fonctions qui ne regardoient pas directement la religion, et les y fit tenir par des sermens, des sacrifices, et d'autres institutions pieuses. Ainsi remplir tel devoir dans sa curie, acheter et choisir les victimes pour les sacrifier, déclarer la guerre, toutes actions réputées sacerdotales, et ceux qui s'en acquittoient autant de prêtres. Cette hiérarchie inférieure aboutissoit, par gradation, à celle des pontifes qui jouissoient d'une très-grande autorité. Ils prononçoient sur toutes les causes relatives à la religion, et il y en avoit peu qui ne pussent y être rappellées. Ils surveilloient la conduite des prêtres, avoient droit de les punir, régloient les fêtes, déterminoient quelle sorte de travail étoit permise ou défendue à certains jours. La dignité de leur chef, le grand pontife, étoit regardée, à juste titre, comme une des plus considérables de l'état. Comme il auroit été dangereux de la confier indifféremment, *Numa* la prit pour lui, ou la donna, dit-on, à un très-proche parent dont il étoit sûr.

Pour empêcher son peuple, toujours prêt à courir aux armes, de commencer trop légèrement la guerre, *Numa* consacra un temple à *Janus* aux deux visages, symbole de la prudence, qui tourne ses regards de plus d'un côté, et considère le présent et l'avenir, et un autel à la bonne foi conservatrice des traités tant publics que particuliers. Il introduisit le culte des *Dieux Termes*, destinés à punir ceux qui ne se contentoient pas des terres qu'ils possédoient, et envahissoient celles d'autrui. Ces dieux, simples bornes, fixées aux limites des champs, étoient si sacrés, que les déplacer étoit un crime odieux, et il étoit permis à tout le monde de tuer le coupable. Il protégea l'agriculture ; lui-même en alloit visiter les progrès. L'émulation qu'il inspira, délivra la ville de la soldatesque oisive qui avoit conservé sous *Romulus*, l'habitude de vivre de rapines.

On regarde comme le chef-d'œuvre de la politique de *Numa*, la création des communautés d'arts et métiers. Il rangea ensemble les hommes de la même profession. Les habitans de Rome jusqu'alors divisés en Albains et Romains, se confondirent dans ces classes, et ne songèrent plus à la diversité de leur origine. On doit remarquer une loi singulière de *Numa*, si ce fut une loi, ou si ce ne fut pas plutôt une simple permission accordée au besoin pressant d'un état naissant. Par cette loi, un mari qui avoit éprouvé la fécondité de sa femme, pouvoit la prêter à celui dont l'épouse étoit stérile ; mais le prêteur avoit droit de rappeller sa femme quand il vouloit, et de la prêter à d'autres. On ne dit pas si le consentement de la femme étoit requis. C'est en faveur du sexe que *Numa* abrogea la loi qui permettoit à un père de vendre son fils, même marié. « Il » seroit injuste, dit le législateur, qu'une » femme qui a épousé un homme » libre, fût obligée de vivre avec un » esclave ».

Numa réforma le calendrier. Les principes astronomiques dont il s'appuya auroient rendu l'année romaine invariable, si le collége des prêtres auxquels il en confia le soin, n'eut apporté à leur application des négligences et des changemens : ce qui embrouilla tellement la chronologie, que dans la suite, on ne célébra plus les fêtes dans les tems fixés par leur institution. Les élections, et tout l'ordre civil éprouvèrent la même variation.

Ce prince mourut dans sa quatre-vingt-deuxième année, après quarante-trois ans de règne, pendant lequel les armes s'étoient changées, chez les Romains, en instrumens d'agriculture. On n'apperçut chez eux ni esprit de sédition, ni ombre de mécontentement ou de murmure. Chacun de ses sujets le pleura, comme s'il avoit perdu un père ou un ami. Les peuples voisins et alliés de Rome assistèrent à ses funérailles, et y portèrent des parfums et des couronnes pour honorer ses obsèques. Il fut enterré au pied du Mont-Janicule selon sa volonté, avec des livres qu'il avoit composés. Quatre cents ans après, son tombeau ayant été trouvé par hasard, ses livres furent portés au sénat. Ils expliquoient les raisons qu'il avoit eu de donner à la religion des Romains la forme qu'il laissa à sa mort. Le sénat jugea les raisons *frivoles*, et fit brûler les livres. On croiroit difficilement, que rien de frivole en ce genre soit sorti de la plume de Numa. Il est plus probable que ce prince écrivant en liberté ce qui ne devoit être su qu'après sa mort, aura dit des choses qui pouvoient diminuer le respect du peuple pour ses pratiques : inconvénient toujours très-dangereux. En bon politique, le sénat fit semblant de les mépriser. Dans ces occasions, le feu vaut mieux qu'une réfutation.

<small>Tullus Hostilius. 23.2.</small>

Numa n'avoit laissé qu'une fille nommée *Pompilie*. Le peuple élut roi *Tullus Hostilius*, petit-fils d'une des Sabines enlevées. Le sénat le confirma. Il fut bon comme *Numa*, brave comme *Romulus*. Pendant son règne, la ville d'Albe, mère de Rome, passa sous la domination de sa fille, par l'événement du combat entre les *Horaces* et les trois *Curiaces*. Ils étoient enfans de deux sœurs, l'une mariée à *Horace*, l'autre à *Curiace*, Albin. Entre les deux nations qui n'auroient jamais dû être ennemies, il s'éleva des différents d'où suivirent des hostilités. Elles reconnurent apparemment qu'il n'y avoit qu'un moyen d'affermir la paix entre elles, c'étoit de les réunir sous un même chef qui seroit roi des deux villes. Elles convinrent que la victoire désigneroit celui des deux peuples, qui commanderoit à l'autre. Pour éviter l'effusion du sang, on s'accorda à choisir trois champions de chaque côté, le sort tomba sur les *Horaces* et les *Curiaces*.

Le combat ayant été proclamé entre les deux camps. *Tullus* conduit les premiers : *Suffetius*, chef des Albains, les trois autres. A mesure qu'ils avançoient, le peuple semoit le chemin de fleurs et les couronnoit de guirlandes comme des victimes dévouées volontairement au salut de la patrie. Ces six jeunes gens si proche parens, liés d'amitié, puisqu'il y avoit des alliances projettés avec leurs sœurs, avançent lentement l'un contre l'autre, s'embrassent avec tendresse, puis s'arrachant des bras l'un de l'autre, choisissent chacun leur champion, et commencent un combat furieux. Deux *Horaces* tombent frappés à mort. Les Albains élèvent un cri de joie et se croient vainqueurs ; mais leurs trois champions étoient blessés, et le romain seul resté n'avoit aucune blessure. Il prend la fuite, dans l'espérance que les trois *Curiaces* le suivront plus ou moins vîte, selon qu'il leur resteroit plus ou moins de force. Quand il les voit séparés à une assez grande distance pour ne pouvoir se secourir, il retourne contre eux, les tue l'un après l'autre. *Suffétius* sur le champ de bataille même, reconnoît au nom de sa nation, *Tullus* pour son souverain.

Pendant que les Romains éclatoient en transports de joie, une sœur d'*Horace*, fiancée à un *Curiace*, apperçoit entre les trophées portés par son frère, une cotte d'armes qu'elle avoit brodée pour son amant. A cette vue, elle se frappe le sein, verse un torrent de larmes, et reproche amèrement à son frère, sa victoire. Irrité de la violence de ses reproches, il la frappe de son épée et la tue. La victoire d'*Horace* ne put le soustraire à la rigueur de la loi, il est saisi, mené devant le tribunal. Le crime étoit notoire et avoué. Le juge prononce la sentence : « Nous te dé- » clarons coupable, va licteur, lie ses mains ». C'étoit un arrêt de mort. Par le conseil du roi, *Horace* appelle au peuple qui lui fait grace de la vie, mais non de toute punition. Il passa sous le joug, peine ignominieuse, et ne fut réhabilité que par des sacrifices expiatoires.

Ce n'étoit qu'à regret que *Suffétius* avoit reconnu la domination romaine, et recevoit les ordres de *Tullus*, toujours prêt à les violer, quand il se présenteroit une occasion favorable. Il crut la trouver dans une guerre des Romains contre les habitans de Fidène.

Suffétius, appellé avec ses Albins ne refusa pas de marcher ; mais au moment du combat, il se retira sur une hauteur voisine, dans l'intention de rester neutre, et d'attendre l'événement pour se joindre au vainqueur. Le romain loin de marquer son étonnement d'une pareille désertion, s'écrie d'une voix forte : « Courage, amis, la victoire est à nous. » C'est par mon ordre que les Albains » gagnent la hauteur, pour attaquer en » queue les Fidenates ». En effet, sitôt que ceux-ci furent vaincus, les Albains tombèrent sur les Fidénates, mais *Tullus* fit payer cher à *Suffétius*, sa trahison. Il fut écartelé par sentence du peuple Romain. Ce qui restoit des habitans à Albe, eut ordre de se transporter à Rome, où on leur donna le rang et les dignités, dont ils jouissoient dans leur ville qui fut détruite. Cette augmentation de peuple exigea une nouvelle enceinte, d'autant plus nécessaire, que *Tullus* y joignit d'autres peuples voisins, et attacha le pays qui leur étoit soumis, à la domination romaine qui alloit toujours en croissant. Ce prince, dit-on, mourut d'un coup de foudre, et toute sa famille, femme et enfans, disparut avec lui. Cet événement bien singulier a fait croire que l'embrâsement supposé, causé par la foudre n'a fait que cacher le massacre de *Tullus*, dont on croit coupable *Ancus Marcius*, son successeur.

AncusMarcius 2306.

Que ce crime ait peu touché les Romains ou qu'il soit faux, *Ancus* fut porté sur le trône par le peuple, du consentement du sénat. Comme ses prédécesseurs, il se montra très-zélé pour l'observation des pratiques religieuses. Il renferma dans la ville les monts Aventin et Janicule, parce qu'il y reçut beaucoup de nouveaux citoyens, amenés des villes assujetties. Ses victoires accrurent aussi le territoire romain. Il creusa des salines sur le bord de la mer, fit bâtir le port et la ville d'Ostie, pour faciliter le commerce de ses sujets : deux ouvrages très-utiles qui marquent que dès ce tems les Romains n'oublioient rien de ce qui pouvoit contribuer à leur avantage présent et futur. *Ancus* mourut après un règne de vingt-quatre ans, et laissa deux enfans, l'un en bas âge, l'autre âgé de quinze ans. Par son testament, il les mit tous deux sous la tutelle de *Tarquin*.

Tarquin. 2390.

Tarquin étoit fils d'un riche négociant de Corinthe. Pour mettre ses trésors à l'abri de la rapacité d'un tyran, il se sauva à Tarquinie, une des plus florissantes villes d'Etrurie. Les richesses qu'il laissa à son fils, firent aspirer celui-ci aux premières dignités de cette ville. Mais sa qualité d'étranger mettant obstacle à ses désirs, sa femme, nommée *Tanaquil*, lui conseilla de se fixer à Rome, où des étrangers pouvoient parvenir au trône. Il la crut, se presenta, ses manières nobles et généreuses lui concilièrent l'affection du peuple, et firent naître au roi l'envie de le connoître. Afin de mieux s'insinuer dans les bonnes graces de ce prince, et que ses grandes richesses ne causassent point d'ombrage, il offrit de les déposer dans le trésor public pour être employées au besoin de l'état. Aussi vaillant qu'habile, il se distingua à la tête de la cavalerie et de l'infanterie. Le roi récompensa sa valeur, en le faisant patricien et sénateur. Sa prudence ne le fit pas moins admirer dans le conseil, que son courage l'avoit fait estimer à l'armée. *Ancus* mourant, ne crut pas pouvoir mettre l'intérêt de ses fils en meilleures mains, ne soupçonnant pas qu'un étranger récemment établi à Rome, quelque fut son mérite, eut jamais assez de crédit pour leur enlever la couronne.

Mais il se trompa. Quand il fut question de l'élection d'un roi, *Tarquin* écarta adroitement son pupille, et ne crut pas trop présumer, en demandant au peuple assemblé la couronne pour lui-même. Il cita *Tatius* et *Numa*, l'un étranger, l'autre né même par les ennemis de Rome. S'il ne put pas obtenir du premier coup la dignité qu'il ambitionnoit, le peuple fit du moins et le sénat ratifia un décret par lequel il étoit ordonné à *Tarquin de se charger de l'administration des affaires publiques.* Cette décision paroît une espèce d'épreuve à laquelle les Romains le soumettoient. Ils eurent tout lieu de s'en applaudir. *Tarquin* détruisit toutes les haines formées contre Rome. Les Etrusques et les Sabins en étoient les principaux appuis. *Tarquin* les obligea de se soumettre. Les Etrusques lui envoyèrent tous les ornemens de la royauté en usage parmi eux. Une couronne d'or, un trône d'ivoire, un sceptre surmonté d'une aigle, une mante ornée de figures et de branches de lauriers, et une robe couleur de pourpre. *Tarquin* affecta la modestie de ne vouloir s'en parer que par l'ordre du peuple et du sénat. L'aveu qu'il obtint, il le regarda comme une élection régulière, et il ne parut plus en public que monté sur un char doré, attelé de quatre chevaux, précédé de douze licteurs.

Vainqueur de tous les ennemis de Rome, *Tarquin* travailla à l'embellir. On lui doit le cirque où se sont célébrés les jeux romains, et sur-tout les acqueducs souterrains destinés à porter dans le Tibre les immondices et les eaux superflues de la ville. Ils en traversoient la plus grande partie et étoient si élevés, qu'un chariot chargé de foin pouvoit y passer. Nos plus belles villes n'ont pas de monumens utiles comparables à ces aqueducs de Rome et aux citernes d'Alexandrie. *Tarquin* entoura *le Forum* de portiques, fit bâtir dans la place même des temples, des écoles pour les deux sexes, et des salles pour l'administration de la justice, et il fortifia le Capitole.

On raconte une altercation entre lui et un augure nommé *Accius Névius*, qui donna lieu à un événement singulier. L'augure informé que le roi vouloit augmenter le nombre des corps de cavalerie, prit les augures, et déclara qu'ils n'étoient pas favorables au changement. *Tarquin*, dans le dessein de discréditer une science qu'on paroissoit vouloir faire servir à contrarier sa volonté, mande à son tribunal *Névius* et lui dit : « *Augure*, sauriez-vous si ce que j'ai dans » l'esprit peut s'exécuter ? Allez con- » sulter vos oiseaux ». Il obéit, revient, et assure que cela peut s'exécuter. Tarquin tire un rasoir et un caillou de dessous sa robe et dit : «Je pensois si vous » pouviez couper ce caillou avec ce ra- » soir ». Le peuple se mit à rire, et croyoit voir l'augure confondu. Mais sans se déconcerter, il dit au roi : « Essayez, » et faites moi punir si vous ne réussissez » pas ». Soit que le roi, soit que l'augure, comme le disent quelques historiens, ait fait l'épreuve, le rasoir entra dans le caillou, le partagea, et coupa même un peu de la main qui le tenoit. *Tarquin* rendit hommage à la vérité de la science augurale, et renonça à son projet, c'est-à-dire, qu'il n'établit pas de corps de cavalerie ; mais il augmenta chaque corps, ce qui revenoit au même. Envain auroit-on objecté au peuple des spectateurs, que cette espèce de défi pouvoit avoir été concerté pour rendre plus robuste la foi dans les augures, que sans doute ce caillou, qui se trouve si à propos sous la robe du roi avec le rasoir, étoit préparé ; il n'auroit pas été sûr d'exprimer ces soupçons à Rome, où le miracle a toujours passé pour authentique. *Cicéron* cependant s'en est moqué.

Tarquin vieillissoit comblé de gloire, mais non sans inquiétude de la part de ses anciens pupilles, les enfans d'*Ancus Marcius*. Ces princes le voyoient avec peine assis sur un trône qu'ils auroient dû occuper ; cependant, peut-être auroient-ils attendu, pour s'y replacer, la fin de sa vie, dont sa vieillesse pouvoit faire envisager le terme comme prochain; s'ils ne s'étoient apperçus que le vieux roi prenoit des mesures pour faire rester le sceptre dans sa famille. D'un fils qu'il avoit perdu, il lui restoit deux petits enfans, trop jeunes pour les mettre sur les rangs. Mais il avoit un gendre d'un mérite à faire tout craindre. *Servius Tullius*, c'étoit son nom, étoit né presque dans le palais de *Tarquin*. On le disoit fils d'un des dieux Lares de ce palais, qui auroit pu être *Tarquin* lui-même; du moins lui marqua-t-il toujours la tendresse d'un père. *Tanaquil*, son épouse, n'en parut pas jalouse; au contraire, elle montra toujours beaucoup d'amitié au jeune *Servius*, et elle gardoit auprès d'elle, moins comme esclave, que comme compagne, *Ocrisie*, sa mère. Cette femme avoit été prise très-jeune captive par *Tarquin*. Il en fit présent à *Tanaquil*. On ne sait si elle étoit pour lors enceinte, ou si elle le devint. On n'est pas plus instruit de la naissance d'*Ocrisie*, que les uns disent fort illustre, d'autres très-basse. Quand elle accoucha, elle donna à son fils le nom de *Servius*, qui a perpétué la mémoire de l'état de servitude dans lequel il est né.

Le roi lui fit donner une belle éducation, dont ses qualités naturelles tirèrent un nouvel éclat, par sa prudence, son courage, ses services, il mérita le rang de patricien, et la dignité de sénateur : *Tarquin* lui fit épouser une dame romaine de la première distinction. Après la mort de cette première épouse, ce prince lui donna sa propre fille en mariage. Il le combla de graces. Le peuple les ratifia par son approbation. C'étoit cette faveur du peuple que les enfans d'*Ancus* redoutoient le plus. Ils appréhendoient que *Tarquin* ne s'en servît pour approcher son gendre du trône, et même l'y affermir avant sa mort. Ils résolurent de le prévenir.

Le roi reposoit tranquillement dans son palais. Deux hommes ayant chacun une coignée sur l'épaule, commencent une querelle très-vive à la porte. Ils demandent à être jugés par le monarque. *Tarquin* importuné de leurs clameurs, ordonne qu'on les fasse approcher. Pendant qu'il écoute, l'un attentivement, l'autre lui décharge la coignée sur la tête, et tous deux s'enfuient. Ils croyoient se sauver à l'aide de conjurés apostés dans le voisinage ; mais ils furent pris ; appliqués à la torture, ils avouèrent qu'ils avoient commis le crime par ordre du fils d'*Ancus*.

La reine *Tanaquil*, douée d'une sagesse et d'une fermeté supérieure, conserva toute sa présence d'esprit à la vue de son époux mourant. Elle ordonna qu'on ne laissât entrer personne dans le palais. S'étant renfermée dans l'appartement du roi, elle, *Ocrisie*, mère de *Servius*, sa femme, fille de *Tarquin*, l'excitèrent à se saisir de la royauté. Leurs mesures prises, *Tanaquil* se présente à une fenêtre, et dit au peuple assemblé que le roi, frappé d'un coup violent, avoit d'abord perdu connoissance, mais qu'il est revenu à lui, que ses sujets le reverront bientôt; qu'en attendant, il ordonne qu'on obéisse à *Servius*, qui administrera la justice jusqu'à son parfait rétablissement. Cette sage dissimulation de *Tanaquil* eut tout le succès qu'elle en pouvoit attendre. Les fils d'*Ancus* croyant que le roi vivoit encore, s'exilèrent d'eux-mêmes. *Servius*, revêtu des habits royaux, et entouré de licteurs, monta sur le tribunal. Comme il vouloit ne paroître que prêter son ministère, pour peu qu'il se présentât de difficultés dans une cause, il disoit qu'il consulteroit le roi, et faisoit semblant d'aller prendre son avis. Il cita les fils d'*Ancus*, qui n'eurent garde de comparoître. *Servius* les déclara infames, et fit confisquer leurs biens.

 Après avoir ainsi ménagé quelque tems les affaires, avec une prudence

Servius
Tullius.
2427.

et une douceur qui lui concilièrent l'amitié du peuple, il annonça la mort de *Tarquin*, on lui fit des obsèques magnifiques. *Servius* continua de paroître en public, revêtu des ornemens royaux, et entouré d'une garde nombreuse, et à remplir toutes les fonctions de la royauté. Le peuple, accoutumé à le voir ainsi, ne songeoit pas seulement que les choses dussent être autrement ; mais le sénat ne pensoit pas de même. Il regardoit comme une insulte faite à son autorité la hardiesse d'un homme qui s'emparoit de la puissance souveraine, sans même daigner le consulter, et d'un homme né dans la servitude. L'idée d'obéir au fils d'un esclave révoltoit les sénateurs. Cependant, ils crurent qu'il seroit imprudent d'éclater contre celui qui avoit en main toutes les forces du royaume. Ils prirent le parti de lui proposer, à la première convocation du sénat, de déposer son autorité, et d'établir, selon la coutume, un interrègne, pendant lequel on pourroit procéder à l'élection d'un roi.

Mais *Servius* ne leur laissa pas le tems d'effectuer leurs projets. Au lieu de convoquer le sénat, il assembla le peuple, et ayant fait mettre à ses côtés les deux fils du roi, il adressa un discours artificieux et touchant à ses auditeurs, les supplia de vouloir être avec lui les tuteurs des enfans d'un prince, dont la mémoire devoit leur être chère. Il s'engagea à protéger le peuple contre les patriciens, à payer toutes les dettes des pauvres citoyens, et à partager entre eux les pays conquis sur l'ennemi. Ces promesses furent fidèlement remplies. *Servius* ajouta à ses dons des priviléges, qui, à plusieurs égards, mettoient le peuple de niveau avec les patriciens et les sénateurs, premier germe de la division qui a toujours existé entre ces deux corps.

Servius appuya ces démarches de nouveaux succés contre les Volsques, et d'autres peuples qui s'étoient imaginé avoir, dans la mort de *Tarquin*, une occasion favorable de secouer le joug. Il les vainquit, et se fit décerner le triomphe à Rome malgré le sénat. Les terres des vaincus, il les partagea tant aux anciens habitans de la ville, qu'à ceux des peuples subjugués qui consentirent à venir demeurer dans Rome, et auxquels il accorda le nom et les priviléges de citoyens romains. Avec ce renfort, il résolut de donner à son autorité les droits apparens qui lui manquoient encore. Il assembla les citoyens. Dans un discours touchant qui arracha des

larmes, il se plaignit de ce que les patriciens conspiroient contre sa vie, uniquement à cause de son affection pour le peuple. Il les pria de disposer de la couronne en faveur de ses pupilles et de lui, comme leur tuteur, ou en faveur des fils d'*Ancus* que les patriciens vouloient mettre sur le trône. Après ces mots, il descend du tribunal, feignant de ne vouloir pas gêner les suffrages. Le peuple l'arrête. Quelques gens apostés crièrent : « Qu'on assemble les cu-
» ries, pour que *Servius* soit élu roi.
» Je suis charmé, répondit ce prince,
» de trouver en vous tant de recon-
» noissance, pour les services que je
» puis vous avoir rendus. Faites ce que
» vous jugerez convenable, ajouta-t-il
» d'un air indifférent ». Les voix prises, il fut reconnu roi à une pluralité de suffrages, qui n'avoit pas encore eu d'exemple. Cependant comme le sénat ne ratifioit pas l'élection, *Servius* hésita à prendre la couronne. Il délibéra même d'y renoncer absolument, et de la faire passer sur la tête de deux petits-fils de *Tarquin*, son beau-père; mais *Tanaquil* le rassura, et le fit jurer que jamais il n'abdiqueroit. Cette reine mourut peu de tems après. Son gendre, au lieu de la rendre célèbre par ses grands talens pour le gouvernement dont elle avoit

donné plusieurs preuves, crut mieux éterniser sa mémoire par le signe des vertus domestiques, qui sont la vraie gloire d'une femme. Il fit suspendre sa quenouille dans le temple d'*Hercule*.

Redevable de son autorité au peuple, *Servius* sentit qu'il étoit important de ne lui pas laisser un pouvoir dont il pouvoit abuser contre l'intérêt de l'état: par des gradations adroitement ménagées dans les classes déjà instituées, il donna aux riches, à ceux qui avoient quelque chose à perdre, la principale influence dans les élections et les affaires majeures. Les mêmes aussi, par les mêmes moyens se trouvèrent appellés les premiers à former les légions. Ainsi la sûreté du royaume se trouva entre les mains de ceux qui avoient le plus d'intérêt à le défendre. Les moyens qu'il prit pour soulager la classe indigente dans la distribution des impôts, sans gêner la classe opulente; la manière facile et ingénieuse de savoir toujours le nombre des citoyens, combien il en naissoit, combien il en mouroit, le tout par une simple marque que chacun jetoit dans une urne toujours exposée au public. L'adresse d'attacher les affranchis à l'état, en leur accordant des privilèges qui les approchoient des citoyens, sans leur en donner le rang qu'ils pouvoient cependant obtenir ensuite, par leur mérite; celle de mettre de l'émulation même entre les esclaves, auxquels il fit du dieu des carfours, un dieu, dont ils pouvoient seuls être les prêtres : toutes ces inventions marquent dans *Servius* l'esprit d'ordre. Il tacha aussi de regagner le senat, en retranchant de l'autorité royale, et en donnant à cette compagnie, le droits de juger toutes les causes, excepté celles qui concernoient les crimes d'état, dont il se réserva la connoissance.

Ses soins s'étendirent aussi sur la campagne. Les cultivateurs y étoient épars, et exposés par-là à tout perdre à la moindre invasion de l'ennemi. *Servius* parcourut les champs, marqua des lieux, sur quelque montagne qu'il fit entourer de hayes et de fossés, où les habitans pouvoient mener leurs bestiaux, et renfermer en cas d'allarmes, ce qu'ils avoient de plus précieux; mais en même-tems qu'il pourvoyoit à la sûreté de ses sujets, et de leurs effets en tems de guerre, il tacha d'écarter ce fléau de son royaume. Les ennemis les plus proches étoient les Latins. Sous ce nom étoient comprises beaucoup de petites nations inquiètes et remuantes, avec lesquelles on ne pouvoit jamais compter sur une paix stable. Il faut aussi avouer que l'humeur entreprenante des Romains, étoit souvent une excuse légitime des hostilités des autres. *Servilius* engagea ces peuples à envoyer à Rome des députés pour affaire importante.

Lorsqu'ils furent arrivés, le roi leur proposa de bâtir à frais communs, un temple en l'honneur de *Diane*, d'ordonner que les nations contractantes réunies avec les Romains y offriroient chaque année des sacrifices. Que cette fête seroit suivie d'un conseil où on termineroit à l'amiable les différends, et où on prendroit les mesures les plus propres à cultiver la bonne intelligence entre les alliés ; qu'enfin la cérémonie finiroit par une foire où chacun trouveroit la commodité de se fournir de tous ses besoins. Les conditions furent toutes acceptées. On y ajouta de plus, que ce temple bâti par toutes les villes, seroit un asile pour tous leurs habitans. On peut remarquer ici l'adresse de Servilius à procurer par une seule chose deux avantages à Rome : d'abord la paix avec ses voisins, ensuite un concours utile à son commerce. Cette convention fut gravée sur une colonne qui existoit encore du tems d'*Auguste*.

Pour s'attacher entièrement ses deux pupilles *Lucius Tarquinius* et *Aruns*, petit-fils de *Tarquin*, *Servius* leur avoit fait épouser ses deux filles. Ces mariages assortis pour l'âge, ne le furent pas pour le caractère. *Tarquinius* l'aîné, homme hardi et cruel, eut une femme d'un esprit doux et raisonnable. *Aruns* le plus jeune, bien plus humain que son aîné, trouva dans la jeune *Tullie*, une femme ambitieuse, et capable des plus grands crimes. Les deux femmes jouèrent chacune leur rôle auprès de de leur mari, conformément à leur caractère. Celle de *Tarquin* cherchoit en toute occasion à lui inspirer des sentimens de douceur et de modération, tandis que sa jeune sœur tachoit de porter aux entreprises les plus violentes *Aruns*, qui faisoit consister son bonheur en une vie tranquille.

La ressemblance d'inclination la lia bientôt avec *Tarquin*. Elle osa lui proposer de massacrer son propre père, sa sœur et *Aruns*, afin de lever tous les obstacles qui pourroient les empêcher de se marier, et de monter ensemble sur le trône. De cette affreuse proposition, il n'y eut alors que ce qui regardoit *Aruns* et la sœur de *Tullie* d'exécuté. Celle-ci empoisonna son mari, *Tarquin* empoisonna sa femme. Ils eurent ensuite l'effronterie de demander au roi la permission de se marier. *Servius* et *Tarquinie* ne répondirent que par un pronfond silence, que ces deux personnages bien dignes l'un de l'autre, interprétèrent comme un consentement. Aussi-tôt après leur mariage, les deux nouveaux époux déclarent que la couronne leur appartenoit. » *Servius*, » disoient-ils, n'est qu'un usurpateur, » qui, sous le nom de tuteur, a dé- » pouillé ses pupilles de leur héritage. » Il est tems que ce vieillard, hors » d'état de soutenir le poids des affaires, » cède sa place à un prince plus en état » de gouverner que lui ». Les patriciens que *Servius* avoit humiliés, en plus d'une occasion, épousèrent sans peine les intérêts de *Tarquin*, tandis qu'à force d'argent, les rebelles cherchoient à s'attacher les pauvres citoyens.

Envain *Servius* les engagea tendrement à attendre sa mort qui ne pouvoit pas tarder. *Tarquin* le força à paroître devant le sénat, pour répondre aux reproches d'usurpation qu'il lui fit. Le roi plaida noblement sa cause ; mais soit qu'il vit dans les sénateurs des préventions contre lui, ou pour d'autre causes, il termina son apologie par un appel à l'assemblée du peuple : l'éloquence du monarque y fut victorieuse. De toutes les parties de la place cette acclamation se fit entendre : « que » *Servius* règne, qu'il continue à ren-

» dre les Romains heureux ! » Quelques particuliers ajoutèrent : « que *Tarquin* » périsse et expire sous nos coups ! » Il en eut peur, et il prit promptement la fuite, mais sans renoncer à son dessein. Le mauvais succès servit à lui faire prendre des mesures plus sûres pour réussir. Ce fut principalement de fortifier le le parti qu'il avoit dans le sénat. Et dès qu'il le jugea assez considérable, il exécuta le dessein le plus hardi qu'on puisse imaginer.

On le vit un jour traverser la place publique, habillé magnifiquement. Ses domestiques portoient des faisceaux devant lui. Il entre brusquement dans le temple où le sénat tenoit ses séances, et va se placer sur le trône. Les sénateurs de son parti étoient déja arrivés. Les autres convoqués au nom du roi *Tarquin* accourent, croyant que *Servius* étoit mort puisque *Tarquin* prenoit le titre de roi. L'assemblée étant formée, *Tarquin* fait un discours plein d'invectives contre le roi qu'il traita d'*esclave, de fauteur de la populace, d'ennemi des patriciens*. Il haranguoit encore, lors que *Servius* arrive. Indigné de l'audace de son gendre, il s'avance vers le trône pour l'en faire descendre. Le peuple accourut à ce spectacle ainsi que les sénateurs, laissa les deux rivaux lutter ensemble. Le combat ne fut pas long. *Tarquin* jeune et robuste saisit le vieillard par le milieu du corps, le transporte hors de l'assemblée, et le jette du haut des degrés.

Tullie instruite de ce qui se passoit, se trouve presqu'aussitôt au sénat, salue la première son mari roi. Son exemple est suivi sur le champ par les sénateurs de son parti. *Servius* mourant, s'en retournoit soutenu par deux plébéiens qui l'avoient ramassé. *Tullie* sa fille, exhorte le nouveau roi à achever de s'assurer de la couronne. Le conseil n'étoit pas obscur. *Tarquin* dépêche quelques serviteurs qui atteignent son beau-père, et lui ôtent inhumainement le peu de vie qui lui restoit. *Tullie* remonte triomphante dans son char pour retourner à son palais. Le chemin étoit de passer par une rue étroite où venoit d'être assassiné son père. Il palpitoit pour ainsi dire encore. A la vue de ce corps sanglant, le cocher retient ses chevaux. « Pourquoi » n'avancez-vous pas, lui crie *Tullie*. » Hélas s'écrie le cocher, c'est le corps » du roi votre père. Quoi, lui dit-elle, » en fureur, tu crains de passer sur un » corps mort. Marche ». Le cocher obéit. On rapporte que le sang non seulement teignit les roues du char, mais encore rejaillit sur les habits de son exécrable fille. Prince généralement estimé, qui fit plus pour les Romains pendant vingt années de paix, que ses prédécesseurs n'avoient fait par un grand nombre de victoires. Il étoit doux, humain, juste. Jamais il n'auroit eu d'ennemis, s'il n'en avoit trouvé dans sa propre famille. *Tarquin* par une politique barbare ne voulut pas qu'on lui rendit les honneurs de la sépulture, tels qu'on les rendoit aux rois. *Tarquinie* sa veuve suivie de quelques amis, le conduisit au tombeau pendant la nuit; et comme si elle n'avoit survécu à son époux, que pour lui rendre ses derniers devoirs, elle mourut la nuit suivante, sans qu'on puisse dire si ce fut de douleur ou par un nouvel attentat de *Tullie* et de son époux. On peut tout croire de pareils monstres.

Tarquin II, 2471.

Tarquin II. a été surnommé le *superbe*, épithète qui réunit les deux défauts de capricieux et hautain, d'ou dérivent dans un homme en place et armé d'autorité, l'impatience de la contradiction, le mépris pour les inférieurs, l'abandon à tous ses désirs, l'indifférence sur les moyens de les satisfaire, et le dédain du jugement du public et de la réputation. On trouve tous ces vices dans la conduite de *Tarquin*, de *Tullie* sa femme et de leurs enfans. Aussitôt qu'il fut monté sur le trône, et les patriciens qui l'avoient servi par jalousie contre *Servius*, et les ingrats plébéiens qui n'avoient pas défendu le malheureux prince, devinrent indistinctement victimes de sa tyrannie et de son avidité. Il s'entoura d'une garde d'étrangers, qui exécutoit sur le champ ses ordres, quelque barbares ou injustes qu'ils fussent. La richesse et le mérite étoient deux crimes qu'il ne pardonna jamais. Un de ses premiers forfaits fut l'assassinat de *Junius* son parent. Il le fit tuer avec un de ses fils, et s'empara de ses richesses. Un autre fils échappa en contrefaisant l'imbécille et le fou. Il joua ce rôle difficile pendant plus de vingt ans, et en acquit le surnom de *Brutus*, qu'il conserva même après la résurrection de son esprit. La crainte d'éprouver un pareil traitement, fit abandonner la ville aux principaux citoyens. Quand il n'en trouva plus de plus opulens à dépouiller, *Tarquin* se rabattit sur les aisés. On ne pouvoit rien soustraire à sa cupidité. La ville se remplit de délateurs qui étoient encouragés par l'impunité et les récompenses, signes certains de la tyrannie.

Afin que les citoyens réunis ne formassent aucun dessein contre sa personne, il défendit toute assemblée, soit à la ville, soit à la campagne; mais comme il se doutoit que tôt ou tard, le peuple chercheroit à secouer le joug, il songea à se faire un parti puissant parmi les étrangers. Dans la conduite qu'il tint à cette occasion, comme dans les autres actions même les moins répréhensibles, on remarque sa fatuité impertinente, la cruauté et sur tout la fourberie qui a été le caractère dominant de *Tarquin* et de sa famille.

Il convoqua une assemblée des villes Latines, pour affaire qui leur importoit à toutes également. Les députés se rendirent de bonne heure au jour marqué. *Tarquin* se fit attendre au soir. La plûpart des députés furent très-choqués de ce retardement. Un d'entre eux, nommé *Herdonius*, s'en expliqua hautement. Ils vouloient rompre l'assemblée. *Mamilius* riche Latin, auquel *Tarquin* avoit donné sa fille en mariage, pour se faire des partisans, obtint que l'assemblée seroit remise au lendemain. Le monarque de Rome, paroît. Après quelques excuses faites à la légère, il dit qu'il les a convoquées pour réclamer le droit de commander les armées latines, droit qui lui avoit été transmis par son grand'père. Tout le monde se taisoit. *Herdonius* déjà choqué du retard dédaigneux de la veille, prend vivement la parole, et fait si bien sentir les inconveniens de la demande, que *Tarquin* déconcerté, ne trouve rien à répondre pour le moment. Mais il prie de remettre la délibération au lendemain, promettant de réfuter victorieusement *Herdonius*.

Pendant la nuit, il gagne les domestiques de ce député, et fait cacher des armes chez lui. Le lendemain, au lieu d'entamer la question, *Tarquin* se plaint qu'*Herdonius* veut l'assassiner, qu'à ce dessein il a fait dans sa maison un amas d'armes, et qu'il en a de cachés jusque dans son bagage. L'accusé se récrie contre la calomnie, et consent à être puni comme coupable, s'il a les moindres armes. On fouille sa maison; il ne fut pas difficile de les trouver. *Herdonius* est jugé à mort comme convaincu, et exécuté sur-le-champ. Il fut ensuite aisé au roi d'obtenir le commandement qu'il demandoit. Le premier emploi qu'il en fit, fut contre les Volsques, qui n'avoient voulu entrer dans la ligue Latine.

Cette ligue commencée par *Tarquin* l'ancien, perfectionnée par celui-ci, qui y mit la dernière main, est plus que toutes les victoires des Romains, le fondement de leur grandeur. Avec les forces des alliées, ils subjuguèrent les nations voisines qui n'avoient pas voulu s'y joindre. Ensuite ils revinrent sur les puissances liguées elles-mêmes, qu'ils assujettirent les unes par les autres. On voit dans cette conduite des Romains, le principe dominateur qui étoit déjà en action, s'il n'étoit pas encore en système; et qu'on pourroit exprimer par cette espèce de proverbe : « Qui n'est pas pour nous, » est contre nous ». Les Volsques qui ne voulurent pas entrer dans la confédération, furen traités en ennemis. *Tarquin*, auquel on ne peut refuser les talens militaires, les battit, prit leur ville principale et la rasa. Il eut aussi des avantages contre des restes de Sabins, qui toujours vaincus, jamais subjugués, luttoient perpétuellement contre les anciens ravisseurs de leurs filles. Insulte que n'oublièrent point ceux qui dans le tems ne voulurent point se prêter à un accord.

Il se présenta une autre guerre, dirigée personnellement contre *Tarquin*. Un grand nombre de patriciens mécontens, s'étoient réfugiés à Gabies, ville des Latins, peu éloignée de Rome, et avoient engagé les habitans à épouser leur cause. Cette guerre, guerre de surprise et de dévastation, dura sept ans, et produisit dans Rome, une famine si terrible, que le peuple en fureur, demanda au roi la paix ou des vivres. Les murmures fomentés sous main, par les émissaires des exilés de Gabies, sembloient préparer une révolte générale.

Sextus Tarquinius, fils du roi, trouva un moyen de la prévenir, moyen fondé sur une complication de trahisons infâmes, mais d'autant plus digne du père et du fils. Il feint de se brouiller avec son père, déclame hautement contre lui. Le roi le condamne à être battu de verges, comme rébelle. Il s'évade, et se rend à Gabies, dont les habitans lui font un accueil plein d'amitié.

Le perfide se conduisit très-adroitement : toutes les fois qu'on le mettoit à la tête de quelque détachement, il en revenoit chargé de butin. Son père facilitoit ses exploits militaires, en lui exposant en petit nombre, ou en position dangereuse, les officiers et les soldats qui lui étoient suspects. Il tiroit de cette manœuvre double avantage : de se défaire de ceux qu'il craignoit, et d'augmenter dans la ville ennemie, le crédit de son fils. Quand *Sextus* crut son autorité assez bien établie, il dépêcha à son père un esclave de confiance, chargé de lui expliquer l'état des choses, et de lui demander ses conseils. *Tarquin* mène cet esclave dans un jardin où il y avoit quantité de pavots. Comme par amusement, avec une baguette qu'il tenoit à la main, il abbat les têtes les plus élevées, et renvoye le messager sans autre réponse. *Sextus* comprit l'énigme. Il convoqua les gabiens, et leur dit qu'il existoit dans la ville un complot pour le livrer à son père. Le peuple le prie de faire connoître les conspirateurs. *Sextus*, comme malgré lui, nomme *Antistus Pétro*, homme également distingué par son rang et par son mérite. Il avoit fait cacher dans les papiers de l'accusé, des lettres appropriées aux circonstances. A peine sont-elles produites, que sans autre examen, on assomme *Antistus*, à coups de pierres. *Sextus* est chargé de découvrir les complices. Il fait fermer les portes de la ville, répand ses satellites, qui, par ses ordres, mettent fidèlement en pratique, le conseil tacite de *Tarquin*, en abattant les têtes les plus élevées. *Sextus* fait semblant ensuite de se réconcilier avec son père, et obtient la paix pour le reste des habitans, qui n'étant plus à craindre privés de leurs chefs, furent traités avec assez d'humanité. On inscrivit le traité sur la peau du bœuf immolé après le serment. On couvrit de cette peau un bouclier de bois, conservé dans le temple *du Dieu de la fidélité*, où il se voyoit encore du tems d'*Auguste*.

Sous *Tarquin* le superbe, parurent les livres des sybilles. Une vieille femme inconnue et étrangère, les présente au roi, au nombre de neuf volumes, *Tarquin* ne veut pas donner le prix qu'elle demande, la vieille femme reprend ses livres, en brule trois, revient proposer les six autres, et en demande le même prix; même refus: elle en brûle encore trois, reparoît et menace de brûler les trois restans, si on ne lui donne la somme totale qu'elle exige. Cette singulière conduite excite l'attention. On examine, il se trouve que ce sont les oracles de la sybille de Cumes. Le roi les paye, la vieille recommande qu'on en ait grand soin, et disparoît. Ces livres ont été d'une grande utilité pour les Romains. Dans les occasions embarrassantes, on les tiroit, en grande cérémonie, des voûtes du capitole, où ils étoient gardés. Ceux qui devoient les consulter, membres du corps de la noblesse, d'abord au nombre de deux, ensuite portés jusqu'à quinze, étoient seuls autorisés à les ouvrir, et pouvoient y lire ce qu'ils jugeoient de plus favorable aux circonstances. Adroite politique, d'avoir toujours un oracle prêt à parler comme on veut!

On ne sait si *Tarquin* prévit cet avantage, en se faisant peut-être présenter ces livres, comme nous avons vu qu'il étoit possible que son grand-père ait fait préparer le caillou d'*Accius Ne-*

vius. Le superbe se faisoit gloire d'imiter l'ancien. Il acheva les fameux égouts qui n'avoient pas été conduits par son grand-père tout-à-fait jusqu'au Tibre. Il bâtit aussi dans le Capitole, ce temple fameux, le terme des triomphateurs, où ils sont venus ensuite consacrer les dépouilles de l'Univers. *Tarquin* prépara le trône de gloire, et n'en jouit pas.

Rarement il étoit sans guerre : le moindre prétexte suffisoit pour brouiller entre elles des petites souverainetés si peu distantes l'une de l'autre. Les hostilités suivoient bientôt les mécontentemens. Ainsi *Tarquin* trouvant mauvais que les Rutules donnassent asile à ses bannis, assiégea Ardée leur capitale, qui n'étoit qu'à cinq ou six lieues de Rome. Les fils du roi et beaucoup de jeunes gens attachés à la cour se trouvoient à ce siége. Comme il n'étoit pas poussé vigoureusement, il y avoit bien des intervalles pour les plaisirs. Dans un de ces momens, ces jeunes gens au nombre desquels étoit *Collatin*, mari de *Lucrèce*, se mirent à parler de leurs femmes : sujet de conversation délicat. Chacun relevoit le mérite de la sienne. Pour terminer cette espèce de dispute, ils conviénnent qu'en sortant de table, après leur souper, ils monteront à cheval, iront surprendre leurs femmes qui ne les attendoient pas; et que celle qu'ils trouveront occupée de la manière la plus convenable à son sexe, sera déclarée l'emporter sur les autres.

Ils partent : arrivés à Rome, ils trouvent les princesses, femmes des jeunes Tarquins, en grande compagnie. Au contraire *Lucrèce*, épouse de *Collatin*, enfermée avec ses femmes, travailloit à des ouvrages de laine, quoique la nuit fut déjà avancée. D'un consentement unanime, la victoire lui est adjugée. Quelques jours après, *Sextus* arrive le soir à la maison de campagne de *Lucrèce*, elle le reçoit comme un ami de son mari. Au milieu de la nuit, il s'introduit dans sa chambre l'épée nue, met la main sur son sein, et la menace de la tuer, si elle fait le moindre bruit. Sur le refus d'écouter sa passion, il lui déclare que si elle persiste, il l'égorgera; qu'il tuera ensuite un esclave qu'il mettra auprès d'elle dans son lit, et qu'il publiera par-tout qu'il n'a fait que venger l'outrage fait à l'honneur de *Collatin*. La crainte de l'infamie ôte toute défense à *Lucrèce*. Après avoir satisfait ses infâmes désirs, *Sextus* retourne au camp.

Dès le matin, *Lucrèce* se rend à Rome : elle écrit à son mari, à son père, à ses plus proches parens de venir. La lettre étoit si pressante, qu'ils arrivent

auprès d'elle en grand nombre. Entre eux se trouvoit *Junius Brutus*. Quand ils sont tous assemblés, la malheureuse *Lucrèce* leur révéla son funeste secret, et la résolution qu'elle a prise de ne pas survivre à sa honte. Envain s'efforçent-ils de la consoler, en lui représentant qu'il n'y a point de crime où il n'y a point de consentement. Elle embrasse son père et son mari, tire un poignard caché sous sa robe et se l'enfonce dans le sein. A ce spectacle, *Brutus* cessant de se contrefaire, se précipite sur le cadavre, retire le fer sanglant, et le tenant élevé ; nous ne devons point, dit-il, perdre notre tems à répandre d'inutiles larmes. « Je jure par ce sang, si
» pur avant l'outrage de Tarquin, que
» je poursuivrai le fer et le feu à la
» main Tarquin le superbe, sa cou-
» pable femme et leurs enfans, que je
» ne souffrirai pas que quelqu'un de
» cette famille, ni quelqu'autre que ce
» soit, règne jamais dans Rome. Grands
» Dieux ! je vous prends à témoin de
» mon serment ». Il présente ensuite le poignard à *Collatin*, au reste de la compagnie, et leur fait prononcer les mêmes paroles.

Surpris de trouver dans *Brutus* une présence d'esprit qu'on ne lui connoissoit pas, ces Romains le crurent inspiré, et s'abandonnèrent à ses conseils. Il les détrompa, leur découvrit que sa folie avoit été feinte, et les exhorta à secouer le joug honteux qui les accabloit. Par ses ordres, les portes de la ville sont fermées. Le corps sanglant de *Lucrèce* est portée dans la place publique : le sénat s'assemble, et lance un décret par lequel *Tarquin*, sa femme et ses enfans sont proscrits à jamais. Après s'être assuré du sénat, *Brutus* convoque le peuple, le corps de l'infortunée *Lucrèce* exposé à sa vue, fit autant que son discours. Le tyran, lui, sa postérité, furent condamnés à un exil éternel, et on dévoua aux dieux infernaux quiconque par action ou par parole tâcheroit de le rétablir. Instruit de cette révolution, *Tarquin* accourt : il trouve les portes fermées et les citoyens menaçans sur les remparts. Il retourne à son armée : le peu de tems qu'il avoit mis à sa course, avoit aussi suffi aux émissaires de *Brutus* pour s'y rendre : il la trouva révoltée contre lui. On lui présente la pointe des piques et la mort. Chassé de la capitale, abandonné de ses troupes, proscrit par ses sujets, à l'âge de soixante-seize ans, *Tarquin*, sa femme et ses enfans sont obligés de fuir, et d'aller mendier des asiles jusque chez leurs anciens ennemis.

Rome (République).

*République.
2+)+.*

Que les Romains témoins des crimes de *Tarquin* et de sa famille l'aient proscrite pour toujours, rien de plus juste ; mais qu'après les obligations qu'ils avoient à la royauté, ils l'aient proscrite elle-même pour le présent et l'avenir, c'est une chose qui étonneroit, si on ne savoit que le peuple une fois lancé, va toujours plus loin qu'il n'avoit imaginé. *Brutus*, qu'on doit regarder comme l'auteur de cette révolution, étoit un homme ambitieux, sombre et opiniâtre. Ambitieux : on en a une preuve dans ce qu'il fit en revenant de consulter l'oracle de Delphes avec les fils de *Tarquin*. Sur la demande, lequel d'entre eux étoit destiné à régner, la prêtresse répondit : « Ce sera celui qui le premier » baisera sa mère ». Un homme sans ambition, n'auroit pas pris pour lui la promesse qui ne paroissoit adressée qu'à l'un des deux princes ; mais *Brutus* se l'appliqua. En rentrant en Italie, il laissa les enfans courir au col de leur mère ; pour lui, s'étant laissé tomber, il baisa la terre notre mère commune, et prétendit s'être approprié par-là le sens de l'oracle.

Brutus avoit un caractère sombre, et

même atrabilaire ; il put le contracter pendant la longue dissimulation qu'il s'étoit imposée. Plus il se faisoit de violence pour cacher adroitement le dépit que lui causoient les plaisanteries mortifiantes auxquelles sa feinte imbécillité l'exposoit, plus il cherchoit et combinoit de moyens pour se venger, et effacer son humiliation actuelle, par quelqu'action glorieuse. Ces dispositions accoutument l'esprit à des résolutions vigoureuses, à ne point s'effrayer des extrêmes, à repousser les sentimens de la nature, s'ils venoient mettre obstacle aux projets déjà entamés. Tel est l'enthousiasme des grands factieux, qui ne diffèrent comme on voit des scélérats que par l'objet. Ceux-ci assassinent pour voler ; ceux-là tuent et prescrivent des meurtres pour commander. Les scélérats n'ont pas besoin de prétextes, leur but est clair ; il en faut aux chefs de factions pour échauffer leurs complices, les pousser sans remords à des actions atroces qui les enchaînent à la cause, et ce prétexte est ordinairement le dessein de procurer la liberté.

Il paroît que *Brutus* avoit son plan tout formé dans sa tête. Dans ce plan entroit comme partie nécessaire le serment : le serment, ce frein dont on ne veut pas que les autres soient exempts, sitôt qu'on l'a reçu soi-même. Celui que les citoyens avoient prêté, exigé même des femmes et des enfans, savoir de ne jamais rappeller *Tarquin* ni sa famille et de ne se jamais laisser gouverner par des rois, *Brutus* le fit jurer à tous les soldats revenus de l'armée, en présence des citoyens qui le renouvellèrent. Il gagna le peuple en le rendant maître de l'élection de deux magistrats qui devoient le gouverner. On leur donna le titre modeste de *Consuls*, comme qui diroit *homme qui a soin, qui surveille*. Le premier fut *Brutus* lui-même auquel on joignit *Collatin*, mari de *Lucrèce*. Il y eut quelque jalousie à ce sujet. *Brutus* sut l'appaiser. Il se concilia aussi l'amitié du sénat, en augmentant son pouvoir par l'addition de cent membres, aux deux cents qui le composoient déjà. On prit ces nouveaux sénateurs non parmi les patriciens, mais entre les chevaliers; afin que le peuple ne crut pas que la première classe vouloit tout envahir.

Les Tarquins se refugioient de ville en ville, et sollicitoient l'intervention des alliés auprès de leurs anciens sujets. Les Etrusques envoyèrent des ambassadeurs chargés d'une lettre suppliante du monarque déposé. Ils demandoient qu'elle fut lue dans l'assemblée du peuple. Le sénat n'y consentit point. Ils prièrent qu'on rendît à *Tarquin* ses biens, du moins ceux de *Tarquin* l'ancien, son grand-père, dont la république n'avoit point à se plaindre. Cette demande rejettée par *Brutus*, approuvée par *Collatin*, renvoyée au peuple, ne passa que de trois voix en faveur de *Tarquin*. Cette famille avoit un grand nombre de partisans à Rome, sur-tout parmi les jeunes patriciens. Accoutumés au luxe et aux plaisirs de la cour, ils ne voyoient pas sans peine s'établir une république austère, hérissée de formes, par lesquelles il deviendroit nécessaire de passer pour parvenir aux honneurs et aux dignités, sans pouvoir espérer de faveur que d'une populace qu'ils dédaignoient, et qu'il faudroit pourtant supplier. Ces considérations les rendoient faciles à écouter les ambassadeurs Toscans, qui les engageoient à se réunir, pour faciliter le rétablissement des Tarquins. A la tête de la conspiration se trouvèrent trois neveux de *Collatin*, deux neveux de *Brutus* et ses deux fils *Titus* et *Tibérius*.

Les complots ont la manie des sermens. Ces jeunes gens immolèrent, dit-on un homme, jurèrent sur ses entrailles fumantes qu'ils feroient leur possible pour exterminer les consuls et rétablir le roi. Ils mêlèrent dans leur vin du sang de cet homme, se portèrent l'un à l'autre cet exécrable breuvage, et écrivirent chacun au roi une lettre qu'ils remirent aux ambassadeurs. Ce fut ce qui les perdit. Un esclave les écoutoit. Il alla révéler ce qu'il avoit entendu à un patricien très-estimé nommé *Valérius*. Cet homme sort de sa maison accompagné de ses cliens, de ses domestiques et de ses amis, met une garde à l'entrée de la maison où ces imprudens célébroient leur détestable orgie, va droit chez les ambassadeurs, saisit les lettres, et muni de cette preuve, fait arrêter tout ce qu'on put saisir de conjurés.

Le lendemain de grand matin, les consuls paroissent sur leur tribunal. Les prisonniers sont amenés. *Brutus* sans laisser percer la moindre altération sur son visage, interroge ses deux fils. Trois fois il les somme de se justifier, trois fois ils ne répondent que par des sanglots. Un silence d'horreur regnoit dans la place. Quelques voix l'interrompent : *Bannissez-les, bannissez-les*. *Valérius* se taisoit, *Collatin* pleuroit. L'attendrissement gagnoit l'assemblée. *Brutus* d'une voix ferme dit aux licteurs : « Licteurs, je vous abandonne mes fils, » exécutez la loi ». Le père les voit dépouiller sous ses yeux, sans qu'il détourne la vue ; ils sont déchirés de verges, et on leur coupe la tête. Après cette action que les historiens romains nomment grandeur d'ame, fermeté républicaine, il quitte son tribunal, et laisse son collègue décider du sort des autres coupables. *Collatin* plus humain, accorda un jour à ses neveux pour se justifier ; mais il eut l'imprudence de vouloir remettre l'esclave dénonciateur entre les mains de ses maîtres, c'étoit risquer de l'envoyer au supplice. *Valérius* qui l'avoit pris sous sa sauve-garde s'y opposa. Pour terminer leur différend, on rappelle *Brutus*.

Il vient armé de sa sévérité ordinaire. « J'ai, dit-il, jusqu'à présent agi en » père. C'est en vertu de l'autorité pa- » ternelle que j'ai condamné mes fils. » Maintenant comme consul, il me » reste à faire décider l'assemblée sur » trois choses. Quel châtiment doit-on » infliger aux coupables ? Comment » traitera-t-on les ambassadeurs Tos- » cans ? Quelle récompense donnera- » t-on à l'esclave dénonciateur » ? Il fut décidé sur le premier article, que tous les conjurés sans exception seroient mis à mort, ce qui fut exécuté. Que par respect pour le droit des gens, on renverroit les ambassadeurs sans les punir;

que l'esclave seroit déclaré citoyen Romain, et jouiroit de la liberté qu'il avoit procurée à la patrie. On remit en question l'affaire des biens des Tarquins. Il fut statué qu'ils seroient confisqué au profit du public, leurs palais rasés, leurs terres partagées aux pauvres citoyens. Le peuple ne se reserva qu'un champ près de la ville qui fut consacré à Mars, et où les jeunes Romains vinrent dans la suite faire leurs exercices. Les citoyens ne voulurent point profiter de la moisson ni des arbres dont il étoit couvert. On fit jeter ces productions dans le Tibre, où elles formèrent une île. *Collatin*, dont l'attendrissement étoit peut-être regardé par *Brutus* comme un reproche de sa dureté, déplut à l'impérieux consul. Il déclara qu'il ne lui étoit plus possible de le garder pour collègue, et en menaçant de se retirer, il força le peuple à le déposer. *Valérius* fut élu à sa place. Cette sanglante tragédie finit par un trait adroit de politique. On publia une amnistie pour tous ceux qui avoient suivi la fortune des tyrans, pourvu qu'ils revinssent dans un tems donné. Cette sage précaution ôta au roi un grand nombre d'amis et de soldats, et ramena à Rome beaucoup de citoyens distingués.

Le malheur des Tarquins, quoique mérité, leur attiroit de la compassion.

Les Véiens armèrent pour eux, et se présentèrent en bataille devant les Romains. Le choc commença par la cavalerie. *Aruns*, fils de *Tarquin*, commandoit celle de l'ennemi. Le jeune guerrier appercevant *Brutus* entouré de licteurs, s'écrie : « Voilà l'ennemi mortel de ma » famille, l'usurpateur du trône de mon » père ». Ils courent l'un contre l'autre avec tant de fureur, qu'ils se percent et tombent morts ensemble. Les Véiens perdirent onze mille trois cents hommes que l'on compta sur le champ de bataille, et les Romains un de moins, d'où ils s'adjugèrent la victoire. *Valérius* rentra dans Rome sur un char à quatre chevaux, premier triomphe de cette espèce, dans le petit, qu'on nommoit *Ovatien*, le vainqueur alloit à pied. Le consul menoit le corps de son collègue, auquel il fit faire des obsèques magnifiques, accompagnées d'une oraison funèbre, la première dont on ait l'exemple. Les dames romaines prirent le deuil pendant un an pour le vengeur de leur sexe. Ainsi *Brutus* survécut peu au plaisir d'avoir changé le gouvernement de sa patrie.

Le zèle de Valérius pour les intérêts du peuple, lui fit donner le surnom de *Publicola* ou *Populaire*. Il avoit été soupçonné de prétention à la souveraineté, parce qu'il se faisoit bâtir sur le mont Palatin une maison qui dominoit la place publique. Il plut à quelques citoyens ombrageux de la transformer aux yeux du peuple en citadelle. *Valérius* instruit des murmures, la fit raser en une nuit jusqu'aux fondemens. Il fit ôter des faisceaux consulaires les haches, ces objets de terreur, et ordonna aux licteurs de les incliner devant l'assemblée du peuple. Il lui sacrifia beaucoup des droits et de l'autorité de sa charge, et c'est peut-être sa complaisance qui inspira au peuple ce goût de domination, cet esprit turbulent qui mit plus d'une fois la république en danger. *Publicola* est le premier flatteur du peuple.

Les Véiens ayant été battus, les Tarquins sollicitèrent et obtinrent le secours de *Porsenna*, roi des Clusiens. La victoire dans cette guerre abandonna les aigles romaines. Mais la fermeté et la constance des Romains les fit encore triompher. On cite toûjours avec éloge le courage d'*Horatius-Coclès*. Seul il défendit la tête du pont par lequel les légions épouvantées fuyoient dans la ville. Il soutint le choc des ennemis pendant qu'on rompoit le pont derrière lui, et quand il le vit tout-à-fait rompu, il se jeta dans le fleuve et se sauva à la nage. La ville, composée alors de trois cents mille habitans, attaquée au dépourvu, éprouva une misère affreuse. *Porsenna* profita de l'occasion pour offrir aux Romains de lever le siège s'ils vouloient recevoir leurs anciens maîtres. « Plutôt » mourir de faim, s'écrièrent-ils tous, » que de souffrir l'esclavage et l'op- » pression ».

Lorsqu'ils étoient au plus fort de la détresse, un jeune homme, nommé *Mucius Cordus*, sort de Rome armé d'un poignard, et habillé en toscan, s'introduit dans le camp de *Porsenna*. Ce prince distribuoit alors lui-même le prêt à ses soldats, accompagné d'un secrétaire, vêtu à-peu-près comme lui. *Mucius* se jette sur le secrétaire et le poignarde. On l'arrête aussitôt. « Qui es-tu, lui dit » *Porsenna* saisi d'effroi, d'où viens-tu, » quels sont tes complices? Je suis Ro- » main, répond l'intrépide jeune homme. » Je suis venu pour délivrer ma patrie » par ta mort. Vois comme je me punis » de mon erreur ». En même-tems il met sa main dans un brasier destiné aux sacrifices et la laisse brûler jusqu'aux os sans donner signe de douleur. « Quant à » mes complices, ajouta Mucius, saches » que nous sommes trois cents qui avons » juré de t'arracher la vie ». Cette fausse confidence fit une impression terrible sur le roi des Clusiens. Il renvoia le jeune enthousiaste même avec honneur, et crut, de l'avis de son conseil, n'avoir d'autre parti à prendre pour sa sûreté, que de finir cette guerre à l'amiable.

Porsenna envoya faire des propositions aux Romains. On convint de quelques articles : en attendant la pleine acceptation de quelques autres, les Romains donnèrent en otage dix jeunes patriciens et dix jeunes filles de la première qualité. *Clélie*, une d'entre elle, se baignant avec ses compagnes, ne peut se voir si près de sa patrie sans désir d'y retourner. Elle se met à la nage, excite ses compagnes à l'imiter, et toutes arrivent sur le bord. Valérius en étant instruit, envoie dire à *Porsenna* que c'est à son insçu et contre son gré que ces jeunes filles se sont évadées, et qu'on va les ramener. Les Tarquins remarquoient avec peine la confiance qui s'établissoit entre *Porsenna* et les Romains. Ils appréhendoient que leurs intérêts ne fussent sacrifiés dans le traité qui se ménageoit. Pour le rompre, ils imaginent d'enlever les jeunes filles qu'on renvoyoit, persuadés que cet acte de violence rallumera le feu de la guerre, prêt à s'éteindre. Ils dressent une embuscade à l'escorte. Quoique foible et surprise, elle se défendit assez long tems pour être secourue à propos par un corps de Clusiens.

Porsenna arriva lui-même. Cet acte de perfidie le brouilla irrévocablement avec les Tarquins. Il se retira ami des Romains, sans rien exiger d'eux, et par un trait de générosité délicate, sachant qu'ils étoient pressés par la faim, il ordonna à ses soldats de laisser toutes leurs provisions dans le camp. Il fit présent à *Clélie* d'un beau cheval superbement enharnaché. Les Romains lui témoignèrent leur reconnoissance en lui élevant une statue. Ils lui envoyèrent une chaine d'ivoire, un sceptre, une couronne d'or et une robe triomphale. *Cordus*, surnommé *Sœvola-Gaucher*, parce qu'il ne put plus se servir que de sa main gauche, reçut aussi de la république des présens honorables et utiles. La mémoire de la générosité de *Porsenna* s'est perpétuée d'âge en âge par la formule établie pour la vente des effets appartenans au public : Le héraut crioit : « Ce sont ici les biens » de Porsenna ».

Les Tarquins ne se rebutoient pas. Après les Etrusques ou les Toscans, dont les Clusiens faisoient partie, ils suscitèrent contre les Romains, tous les Latins ; mais ils comptoient moins sur la force que sur l'intrigue. Il y avoit beaucoup de mécontentement à Rome, il éclata d'abord par les esclaves qui formèrent une conspiration. On la découvrit. Un grand nombre des coupables furent mis en croix. L'atrocité du supplice irrita tous le corps des esclaves. Les pauvres citoyens presque tous accablés de dettes, se plaignoient de la dureté de leurs créanciers. La haute bourgeoisie, en général, étoit révoltée de la morgue des patriciens, et parmi les patriciens même, les Tarquins conservoient toujours des amis entre ces hommes que le faste des cours, et les promesses des grands, séduisent. Le complot de s'emparer des portes et des remparts pendant la nuit, de les livrer aux troupes des Tarquins, d'égorger les sénateurs désignés, alloit s'exécuter; lorsque les artisans de cette trame, effrayés de leur propre ouvrage, allèrent tout découvrir; le sénat se trouva embarrassé. Les complices étoient en très-grand nombre. L'appel au peuple, introduit par *Publicola*, pouvoit les sauver quand ils auroient été comdamnés par le sénat. On résolut de finir brusquement cette affaire, sans donner au peuple le tems de réfléchir. Les consuls, par un faux avis, firent réunir les conjurés dans la place. Le sénat les condamna. On fit ratifier la sentence par le petit nombre de plébéiens qui se trouvoient rassemblés; ces citoyens reçurent l'ordre

DE L'HISTOIRE UNIV. 69

de se retirer, et aussitôt on lâcha contre les criminels, les chevaliers romains et d'autres troupes qui les passèrent au fil de l'épée.

En même téms que la république étoit inquiétée au dedans, elle soutenoit la guerre au dehors. Il falloit des hommes. Les pauvres citoyens, qui sont toujours le plus grand nombre, refusoient de s'enrôler. « Nous serions bien foux, » disoient-ils, d'aller combattre pour » la défense d'une ville où nous sommes » opprimés par d'impitoyables créan- » ciers ». Le sénat crut possible de recruter les légions, en suspendant, par un décret, toute action pour dettes, jusqu'à la fin de la guerre; mais cette condescendance même, fut inutile. Le refus dégénéroit en révolte ouverte, les sénateurs comprirent alors combien dans ces occasions, une puissance absolue et unique est nécessaire. Ils se déterminèrent à tenter cet expédient. Ils proposèrent un décret en vertu duquel, tous ceux qui avoient quelqu'administration publique, devoient se démettre de leur pouvoir, et être replacés par un seul magistrat, dont la puissance ne dureroit que six mois. Le peuple y consentit. Tous les magistrats se démirent, et un des consuls, le dernier démissionnaire, nomma ce magistrat unique,

Dictateur. 2506.

appellé *Dictateur*, en qui se réunirent toutes les autorités.

Pour être dictateur, il falloit avoir été consul. Sa charge ne pouvoit durer que six mois. Il nommoit à toutes les magistratures, et au commandement des armées. Quand il ne le prenoit pas lui-même, il le donnoit au général de la cavalerie, officier qu'il établissoit, sitôt qu'il étoit installé. Le dictateur faisoit la guerre et la paix, ordonnoit des impôts sans consulter le sénat, et il n'étoit comptable ni responsable de rien de ce qu'il avoit fait pendant sa magistrature. On ne lui connoît que deux espèces de dépendances; la première de ne pouvoir sortir de l'Italie, la seconde de ne pouvoir monter à cheval, sans en avoir demandé la permission au peuple. Du reste il étoit plus souverain que jamais n'avoient été les rois, et ne paroissoit qu'entouré de vingt-quatre licteurs, avec leurs faisceaux armés de haches.

Le premier dictateur fut *Titus Lartius*. Il nomme général de la cavalerie *Spurius Cassius*, qui avoit été honoré du consulat, et d'un triomphe. L'appareil de cette magistrature en imposa au peuple; il ne refusa plus d'aller grossir l'armée. Le dictateur obtint, par quelques avantages, une trêve d'un an avec les Latins, et déposa la dictature avant le tems prescrit. Pendant la trêve, les préparatifs des Latins firent juger que la guerre alloit recommencer avec la plus grande violence. C'étoit en effet comme le dernier coup de désespoir des Tarquins. Ils restoient trois fils du superbe, tous braves, déterminés à expirer sur le champ de bataille, ou à recouvrer le royaume de leur père. Ils avoient un corps formidable d'exilés et de déserteurs, tous engagés par le même serment. La république crut la circonstance assez importante pour nommer un nouveau dictateur. Les enrôlemens se firent moyennant la promesse ordinaire aux débiteurs, d'améliorer leur sort après la guerre. Jamais combat ne fut plus opiniâtre que celui qui se donna près de Régille. Les chefs s'attaquèrent corps à corps. Presque tous y furent grièvement blessés, ou y périrent. Les trois fils de Tarquin, sa dernière espérance, tombèrent entre les morts, après des prodiges de valeur. Les Latins, extrêmement affoiblis par cette défaite, subirent les conditions de paix que le vainqueur voulut imposer. Il exigea qu'ils chassassent de leur pays, tous les exilés. Le superbe *Tarquin* fut obligé d'aller cacher sa honte dans la Campanie, chez le tyran *Aris-*

tomene, où il mourut âgé de quatre-vingt-dix ans.

Avec la paix revinrent à Rome les troubles domestiques, la lutte des créanciers avec leurs débiteurs, sujet trop légitime de dissention, si on examine la dureté des loix à cet égard. Quand un débiteur ne payoit pas après trois sommations, le créancier avoit droit de le charger de fers, de le garder dans sa maison, assujetti aux travaux les plus fatiguans et les plus humilians, ou de le vendre comme un esclave. Le droit du créancier s'étendoit jusque sur la vie du débiteur. Quand ils étoient plusieurs, ils pouvoient se partager le corps du malheureux, à proportion de la somme qui leur étoit due. On dit que cette loi barbare ne s'exécutoit pas ; mais si elle existoit, il est possible qu'il y ait eu des hommes assez inhumains pour la mettre en pratique. Du moins s'en trouva-t-il de capables d'exercer le droit de servitude dans toute sa rigueur. L'histoire nous a laissé un exemple de cette cruauté.

Pendant qu'on délibéroit sur un nouvel enrôlement pour la guerre contre les Volsques, paroît dans la place publique, un homme déjà âgé, pâle, défait, la barbe longue, les cheveux en désordres ; parmi ceux qui s'attroupèrent autour de lui, plusieurs se souvenoient d'avoir servi avec lui, et de l'avoir vu combattre avec valeur, aux premiers rangs des légions. « Je suis né libre, dit-il, » s'adressant au peuple, je me suis » trouvé à vingt-huit batailles. Dans la » la dernière guerre contre les Sabins, » j'ai perdu le revenu de mon champ » pendant une année. Ma maison a été » brûlée par l'ennemi, et tous mes biens » enlevés. Obligé de payer le tribut, » j'ai été forcé d'emprunter. Les inté- » rêts se sont accumulés. J'ai été con- » traint pour y satisfaire, de vendre » l'héritage de mes pères. Comme je » ne pouvois m'acquitter entièrement, » mon créancier m'a emmené chez lui » avec deux de mes enfans. Il m'a livré » à ses esclaves qui par son ordre, » m'ont traité de la manière la plus » cruelle ». En achevant, il se dépouille et montre sur son dos les stigmates encore récentes des verges avec lesquelles on l'a déchiré, et sur sa poitrine, les honorables cicatrices des blessures reçues en combattant pour la patrie. Ce spectacle confirma le peuple dans son obstination à ne pas s'enrôler.

Il y avoit deux consuls de caractère absolument opposé. *Appius Sévère*, inflexible, ne connoissant de la loi que sa rigueur, *Servilius* au contraire persuadé qu'il faut savoir courber la règle quelquefois. Le premier très-estimé des riches patriciens, le second considéré par le pauvre peuple comme son protecteur et son ami. En vain cependant fit-il ses efforts dans cette circonstance pour engager les plébéiens à se ranger sous les drapeaux de la république. « Que les » Volsques arrivent, disoient-ils, que » nous importe d'où nous viennent nos » fers, de la main des ennemis, ou de » celle de nos compatriotes. Que les » patriciens essuyent les dangers de la » guerre, puisqu'ils ont seuls la récom- » pense de nos victoires ; devons-nous » faire un rempart de nos corps pour » empêcher que l'ennemi ne vienne » détruire nos prisons, et n'emporte » nos chaînes » ? Néanmoins, après ce premier mouvement de dépit et de fureur, *Servilius* obtint une audience plus calme. Ces malheureux encore jaloux de l'honneur du sénat, tandis qu'ils en étoient si peu ménagés, eurent la condescendance de prêter l'oreille à ce que leur dit le consul, qu'il seroit contraire à la dignité de la compagnie de paroître n'avoir travaillé au soulagement des citoyens que par un motif de crainte. « Atten- » dez la fin de la campagne, et soyez » sûrs qu'alors ce que vous voulez exi- » ger de force, le sénat vous l'accordera

» par un motif de reconnoissance ». Ils le crurent, partirent, défirent les Volsques sous sa conduite. Contre l'usage de réserver, toujours une partie du butin pour le trésor public, *Servilius* l'abandonna tout entier à ses soldats. Cette générosité choqua les sénateurs. Ils lui refusèrent les honneurs du triomphe; mais son armée le lui déféra malgré eux.

La mauvaise humeur du sénat étoit un fâcheux présage pour l'exécution des promesses de *Servilius*. Aussi furent-elles oubliées. *Appius* jugeoit les causes des débiteurs avec plus de sévérité que jamais : et le foible *Servilius* lui-même entraîné par les patriciens, se laissoit aller jusqu'à prononcer quelquefois avec autant de sévérité que son collègue. Cette conduite cependant étoit d'autant plus injuste, que pour obtenir la grace promise, c'étoit ceux qui avoient le plus de dettes, qui s'étoient le plus distingués par leur valeur. Survinrent encore deux guerres, l'une contre les Aruncés, qui se plaignoient que les Romains s'approchoient trop d'eux. Ils menacèrent d'attaquer la république, si elle n'abandonnoit une ville de Volsques, où elle avoit mis garnison. Le sénat répondit aux ambassadeurs : « Dites à vos » maîtres qu'il est dangereux d'attaquer » ceux dont le voisinage est formidable ».

Ce petit peuple fut bientôt mis à la raison. L'autre guerre plus importante, étoit encore contre les Sabins. Nouvelle exhortation aux plébéiens de s'enroler, nouveau refus. Comme la chose étoit pressante, on ne s'amusa pas à négocier. Le sénat fit nommer un dictateur par les consuls. Le choix tomba sur *Manius-Valérius* septuagénaire, frère du fameux *Publicola*. Il harangua le peuple, promit de faire en sorte que le sénat auroit pour les débiteurs insolvables tous les égards qu'ils pourroient eux-mêmes souhaiter. « En attendant, ajouta-t-il, j'ordonne qu'on ne parle ni de contestations, ni d'emprisonnemens pendant mon administration ».

Le peuple comptant sur ces promesses, prit les armes avec plaisir, et s'en servit avec gloire. Le dictateur eut les honneurs du triomphe. Il auroit peut-être été plus flatté d'en obtenir un sur la dureté de cœur des sénateurs. En vain il les pria de se relâcher. Les usuriers favorisés par *Appius* l'emportoient. On reprocha même au vieillard qu'il abandonnoit son corps pour faire sa cour aux plébéiens. Le dictateur irrité, ne put s'empêcher de leur dire : « Vous serez peut-être trop heureux dans peu de jours, d'avoir un intercesseur comme moi auprès du peuple ». Il quitte la salle du sénat, convoque l'assemblée du peuple, s'y rend avec toutes les marques de sa dignité. Il commence par le remercier de la promptitude avec laquelle ses concitoyens ont pris les armes à sa prière. Il se plaint ensuite du procédé peu sincère du sénat, tant envers eux qu'envers lui. Il abdique sa dignité. « Jugez-moi, ajoute-t-il, je me » livre à votre ressentiment, si vous » me soupçonnez de vous avoir trahis ». Le peuple qui l'avoit écouté avec des sentimens de respect, le reconduisit chez lui avec autant d'acclamations, que s'il avoit procuré l'abolition des dettes.

Les Romains avoient un respect religieux pour leurs étendards. Ils juroient sur ces signes sacrés en s'initiant dans la milice, et croyoient ne pouvoir les quitter que quand on les licencioit. Mal instruits ou trop confians, les patriciens s'imaginèrent que les soldats n'ayant point été congédiés par le dictateur avec les formes ordinaires après la guerre des Sabins, n'oseroient refuser de continuer le service sous les consuls, et qu'une nouvelle guerre seroit le moyen d'empêcher qu'ils ne songeassent à l'abolition des dettes. Ils ordonnèrent donc au généraux de mener chacun leur armée, l'une contre les Eques, l'autre

Tribuns du peuple. 2511.

contre un reste de Sabins, qui remuoit encore. Les soldats démêlant l'artifice, sortirent de Rome la rage dans le cœur Ils délibérèrent comment ils s'y prendroient pour désobéir, sans manquer à leur serment. Ce fut d'abandonner leurs officiers, d'enlever les drapeaux et de les emporter avec eux. Ce parti pris, ils se retirèrent conduits par un plébéien nommé *Bellutus*, sur une montagne à une lieue de Rome, qu'on a depuis nommé *le mont sacré*.

Cette retraite ne fut pas plutôt sue à Rome, que le peuple se précipita en foule hors des portes, afin de se joindre aux soldats, malgré les efforts des patriciens pour les retenir. Ils envoyèrent demander ce que vouloient les Plébéiens. « Vous le savez, répondirent-ils sè- » chement, et vous connoîtrez bientôt » quels ennemis vous avez à combattre ». Cette réponse rapportée au sénat, donna lieu à de grands débats. L'ex dictateur reprocha au sénat le peu d'égards qu'on avoit pour ses conseils. « Vous » n'avez pas voulu, leur dit-il, leur » accorder quelques graces qui les au- » roient contentés, ils vont vous en » demander davantage pour le présent, » et des sûretés pour la suite ». Il concluoit d'envoyer une grande députation chargée de faire la paix, et de

ramener le peuple à quelque prix que ce fût. *Appius*, l'inflexible *Appius* voyoit la ruine de la république dans la moindre condescendance. « Grand Ju-
» piter, s'écrioit-il, détournez les maux
» que cette foiblesse impolitique va
» causer ». Il vouloit qu'on attendît, sans montrer d'inquiétude, la récipiscence du peuple, dût-on avoir recours aux armes, s'il étoit nécessaire. *Appius* avoit pour lui toute la jeunesse jalouse de ses prérogatives. Les vieillards au contraire, persuadés qu'un peu de complaisance ne leur ôteroit rien de leur considération personnelle, ne croyoient pas courir de risques en faisant des avances. Leur avis prévalut. La députation eut lieu.

Comme elle étoit composée de tout ce qu'il y avoit de sénateurs les plus estimés, elle fut reçue avec le plus grand respect. Leur seule présence auroit suffi pour ramener les esprits, et les patriciens auroient remporté une victoire entière sans sacrifices, si les Plébéiens n'avoient eu parmi eux des hommes en garde contre ce que pouvoient avoir de captieux les propositions qu'on leur feroit. De ce nombre étoit un *Lucius Junius*. Nommé comme le fondateur de la république, il affectoit aussi le surnom de *Brutus*, et de se croire destiné à délivrer le peuple de la tyrannie du sénat, comme *Brutus* avoit délivré Rome de l'oppression des rois.

Menenius porta la parole. Il fit précéder les offres du sénat par une fable qui devroit être écrite en gros caractère, dans tous les lieux destinés aux assemblées populaires. « Un jour, dit-il,
« les membres se fâchèrent contre l'es-
» tomac. C'est un paresseux, dirent-ils,
» qui ne travaille ni n'agit, pendant que
» nous nous donnons bien de la peine.
» Il faut que chacun ait son tour. En
» conséquence les membres cessent de
» fournir aux repas. L'estomac n'ayant
» plus de nourriture, tout le corps
» tomba en langueur, et sentit trop
» tard que celui qu'ils regardoient
» comme inutile, contribuoit plus que
» tous les autres à l'intérêt commun ».
Cet apologue appliqué au gouvernement, fit une grande impression, sur-tout terminé par la déclaration que le sénat consentoit à l'abolition des dettes.

Tous les soldats applaudirent avec une joie vive. Ils n'en demandoient pas davantage. Déjà, ils levoient leurs tentes pour suivre les députés. Leur chefs les arrêterent. « Voilà, dit *Brutus*, un
» un grand pas fait en faveur du peu-
» ple ; certainement la condescendance
» du sénat doit exciter notre reconnois-

» sance ; mais quelle sûreté nous donne-
» t-on pour l'avenir ? Et quelle autre
» pouvez-vous demander, répondit
» *Menénius*, que celle que nos loix et
» la constitution de la république vous
» donnent. Permettez-nous, répliqua
» *Brutus*, de vous en proposer une
» que vous ne nous refuserez pas,
» si vos intentions sont droites ; c'est
» que le peuple soit autorisé à choisir
» annuellement des magistrats qui n'au-
» ront dans Rome d'autre autorité que
» celle de les protéger ». Les députés
surpris dirent qu'ils n'avoient pas de
pouvoir à cet égard, qu'il falloit en ré-
férer au sénat. A la simple proposition,
Appius entra en colère, il tonna,
annonça les plus grands malheurs ; mais
le plus grand nombre des sénateurs étoit
las de la division et vouloit la paix. La
loi passa au désir de *Brutus* qui fut élu
avec *Bellutus* et trois autres. De cinq,
le nombre fut ensuite porté à dix, et
leur personne déclarée inviolable. Voici
les termes du décret auquel on donna
la plus grande étendue. « Que le tribun
» du peuple soit exempt de toute charge
» servile, imposée aux citoyens. Que
» personne ne le frappe, ni le fasse
» frapper par un autre. Si quelqu'un
» viole cette loi, qu'il soit déclaré
» maudit, que ses biens soient consa-

» crés au service de la déesse Cérès. Si
» quelqu'un tue un tribun. Tout le
» monde sera en droit de tuer le
» meurtrier ».

Les tribuns avoient leur siège près du sénat. Il ne leur étoit permis d'y entrer que quand les consuls les appelloient. Ils n'avoient ni robes distinctes, ni licteurs, ni chaise curule, n'étoient habillés que comme de simples particuliers, et n'avoient à leurs ordres qu'un simple serviteur nommé *Messager*. Leur autorité étoit renfermée dans Rome, dont ils ne pouvoient sortir. Si le sénat ou autre tribunal portoit un jugement, par lequel le peuple leur paroissoit lésé, il suffisoit qu'un d'entre eux se levât, et prononçât *veto, je défends*. Ce seul mot empêchoit toute action. Les tribuns ne pouvoient être choisis qu'entre les Plébéiens et élus par eux. On ne les établit d'abord que pour s'opposer à l'oppression du peuple, et veiller à la conservation de ses droits. Mais ils ne tardèrent pas à étendre leur puissance au delà des premières bornes; de sorte qu'on eut bientôt à leur reprocher des désordres plus grands que ceux qu'ils avoient été destinés à réprimer : aussi quelques anciens les ont-ils appellés *le poison de la tranquillité publique.*

La première occasion importante dans laquelle éclata l'ambitieuse prétention des tribuns, celle de resserrer, de borner la puissance du sénat, et de s'en revêtir eux-mêmes, fut l'affaire de *Coriolan*. Il se nommoit *Caïus Marcius*, d'une famille patricienne. Le surnom de *Coriolan* lui fut donné à la tête de l'armée, pour ses exploits au siège de Corioles, capitale des Volsques, qu'il prit, et, pour des traits de courage étonnans, qui déterminèrent la victoire en faveur des Romains, dans une bataille qu'ils gagnèrent quelques jours après. Fier de ses succès, bouillant de zèle pour les prérogatives de son ordre, il ne pouvoit voir sans indignation, les atteintes sourdes que les tribuns ne cessoient de lui porter. Tout leur étoit bon pour envenimer le peuple contre le sénat. Une famine survint, c'étoit, disoient-ils, le crime des patriciens, des riches, qui faisoient des amas de blé, afin de le vendre plus cher. Dans cette persuasion, le peuple qu'il suffit de prévenir, pour le faire agir même contre ses intérêts, crut bien se venger des patriciens, en refusant de s'enrôler, pour une expédition qui devoit lui procurer des vivres. *Coriolan* voulant faire voir aux tribuns qu'on pouvoit *déjouer* leur malice, se met à la tête de quelques volontaires, entre sur les terres des ennemis, remporte des avantages décisifs, et revient avec un riche butin en blé, bétail et prisonniers.

Ce triomphe fut une humiliation pour les tribuns, ils résolurent de punir celui qui la causoit. *Coriolan*, de son côté, loin de chercher à adoucir leur ressentiment, les bravoit en toutes circonstances. Il se déclara, dans le sénat, avec la véhémence de son caractère contre l'accord fait sur le mont sacré, accord auquel les tribuns devoient leur origine. Ceux-ci pensèrent à le faire repentir de sa hardiesse. Dans un moment où ils le tenoient dans la place publique, le centre de leur puissance, deux tribuns, sans même consulter le peuple, le condamnent à être précipité de la roche Tarpéienne, supplice des traîtres. Ils s'avancent pour saisir *Coriolan*. Les patriciens le mettent au milieu d'eux. Il y auroit eu un combat sanglant sans la modération du peuple même, qui, jugeant que ses magistrats avoient été trop loin, convertit l'arrêt de mort en un ajournement à comparoître devant lui, pour se purger du crime d'affecter la tyrannie, le seul dont on l'accusoit.

On eut beaucoup de peine dans le sénat à déterminer *Coriolan* à se soumettre. Il regardoit la prétention du peuple comme attentatoire à l'autorité du sénat. Son opinion étoit appuyée par *Appius*, qui revenoit toujours sur les dangers que la foiblesse du sénat préparoit à la république. Il énuméroit tous les torts des sénateurs, démontroit clairement la fausseté de leur molle politique, et en prédisoit les funestes effets ; cependant comme les tribuns s'étoient engagés à n'intenter d'autre action que celle de tyrannie, et que *Coriolan* étoit bien pur à cet égard, il se rendit aux instances des sénateurs, d'autant plus volontiers, qu'ils promirent de l'accompagner à l'assemblée, et de ne le point abandonner.

Elle commença d'une manière qui dût faire mal augurer aux patriciens de l'issue. Les tribuns avoient arrangé le peuple de manière que contre l'ordre ordinaire, la dernière classe, ou la populace, dont ils disposoient, devoit avoir la prépondérance des suffrages. En vain les consuls se récrièrent contre cette forme irrégulière. Il fallut encore céder ce point. Ils l'abandonnèrent en partie, parce qu'ils espéroient obtenir, qu'en considération des prières de tout le sénat, on n'en viendroit pas aux voix.

« Contentez-vous, disoit le consul *Mi-
» nucius*, de la soumission de *Coriolan*.

» Voudriez-vous traiter en criminel un
» si illustre citoyen? C'est le sénat en-
» tier qui vous demande de le recevoir
» en grace. Pourriez-vous refuser trois
» cents des principaux membres de la
» république? l'ennemi le plus cruel,
» ne pourroit tenir contre un si grand
» nombre d'illustres supplians. L'assem-
» blée est convoquée, répondit froide-
» dement le tribun *Sicinnius*, elle ne
» peut être renvoyée que l'affaire ne
» soit terminée à la pluralité des voix ».

L'accusation du tribun roula sur deux points : savoir, que *Coriolan* avoit empêché de diminuer le prix du blé, et avoit fait ses efforts pour abolir le tribunat; d'où ils tiroient la conséquence qu'il aspiroit à la tyrannie. Sans s'amuser à réfuter des imputations, dont on tiroit une conséquence sensiblement calomnieuse, l'accusé parla en guerrier devant les compagnons et les témoins de ses victoires, exposa aux yeux du peuple les couronnes qu'il avoit reçues de la main de ses généraux. « Qu'ils par-
» lent, s'écria-t-il en les appellant par
» leur nom, qu'ils parlent ceux que j'ai
» sauvés dans les batailles; qu'ils pa-
» roissent ceux que j'ai arrachés au fer
» des ennemis, et à qui j'ai conservé la
» vie ». Tous se levèrent, et étendant les mains en supplians : « Sauvez, di-

» soient-ils au peuple, sauvez celui à
» qui nous devons l'avantage d'être au
» milieu de vous. S'il faut une victime,
» prenez-nous, nous sommes prêts à
» mourir pour lui ». Comme ceux qui
tenoient ce langage étoient presque tous
Plébéiens, leurs sollicitations arrachoient
des larmes à la plus grande partie du
peuple. *Coriolan* ouvre ses habits,
montre les cicatrices de ses plaies. « C'est
» pour sauver ces dignes citoyens, dit-
» il, que j'ai reçu ces blessures, que
» les tribuns accordent, s'il se peut, de
» pareilles actions, avec l'odieux dessein
» qu'ils m'imputent ». Les principaux
plébéiens convenoient qu'un citoyen si
distingué par sa naissance et son mérite
n'auroit pas dû être mis en justice sur
de si frivoles présomptions. Ils conclu-
rent à l'absoudre et même avec éloge.
Les tribuns voyoient l'objet de leur
haine prêt à échapper. Un d'eux contre
la parole donnée de renfermer l'accusation dans le crime de tyrannie, intente
une autre action, qui étoit d'avoir partagé, à ses soldats, le butin pris sur les
Antiates, au lieu de le mettre dans le
trésor public. *Coriolan*, qui ne s'attendoit pas à ce nouveau grief, répond que
les circonstances l'avoient autorisé à cette
disposition, quoiqu'elle ne fût pas conforme aux loix, qu'il n'a rien pris pour

lui, que les dépouilles ont été mises entre les mains de ceux même qui l'écoutent. Mais parmi les présens, il y en avoit aussi beaucoup qui n'avoient point participé à cette largesse, parce qu'ils n'étoient pas de l'expédition des Antiates. Ils prirent moins d'intérêt au sort d'un homme auquel ils n'avoient pas d'obligation personnelle. L'esprit public changea. Les tribuns profitèrent du moment, et *Coriolan* fut condamné à un bannissement perpétuel.

Il sortit de l'assemblée la rage dans le cœur. Arrivé chez lui, il trouve *Véturie*, sa mère, et sa femme *Volumnie*, fondant en larmes. « Je n'ai plus, » leur dit-il, ni mère, ni femme, ni » enfans. J'abjure tout, jusqu'à mes » dieux domestiques ». Il part après ce brusque adieu. Les sénateurs l'attendoient à la porte de la ville. Justement offensé de leur peu de courage, il passe au milieu d'eux sans daigner leur dire une parole. Il médite quelques jours sur son sort dans une maison de campagne où il s'étoit retiré. Delà il jette les yeux sur les différens peuples voisins chez lesquels il pourra chercher un asile, et il se détermine pour les Volsques, qu'il avoit plusieurs fois battus, pour la maison même d'*Attius Tullus*, leur chef, sur lequel il avoit remporté des victoires. Il se rend à Antium, leur capitale, entre dans la maison de ce général, et va s'asseoir près du foyer, lieu consacré aux dieux domestiques, et inviolable chez les anciens.

On annonce à *Attius*, qui soupoit dans un autre appartement, qu'un étranger d'une taille majestueuse, vient d'entrer dans sa maison sans dire un seul mot, et s'est placé auprès du foyer de ses lares. *Attius* approche. *Qui êtes-vous*, dit-il à l'inconnu, *que voulez-vous ?* L'étranger découvre son visage, qu'il avoit jusqu'alors caché avec les mains. Le Volsque ne se rappellant pas ses traits, le Romain lui dit : « Je suis
» *Coriolan*. Exilé pour toujours de ma
» patrie, j'en viens chercher ici une
» autre, et vous offrir mon bras et
» mes conseils contre mes ingrats con-
» citoyens. *Attius* lui tend la main,
» gage de sûreté dans leurs mœurs, et
» le mène dans un appartement ».

Les Romains s'étoient fait, par leur injustice, un ennemi terrible qui les réduisit aux dernières extrémités. Les Volsques donnèrent un commandement à *Coriolan*. Il entra sur le territoire de Rome, trouva les citoyens dispersés à la campagne, les fit tous esclaves ; brûla les fermes, enmena le bétail, brisa les instrumens de l'agriculture, mit tout à

feu et à sang, et vint camper aux portes de la ville. Les Plébéiens éperdus coururent au sénat, abjurèrent leur fatal décret, et demandèrent le rappel de l'exilé. Mais cette compagnie reprenant son ancienne dignité, ne voulut pas fléchir devant un rébelle. Tout au plus consentit-elle à traiter, et insinua que la liberté de revenir dans sa patrie pourroit être une conclusion de la paix. Les députés qu'on envoya, quoique la plupart ses anciens amis, entre autres *Minucius*, furent reçus avec hauteur. *Coriolan* les fit passer entre les haies des soldats menaçans. Imposa pour condition, à l'égard des Volsques, ce qu'il put imaginer de plus mortifiant pour les Romains. « Quant à moi, croyez-vous,
» qu'un simple rappel répare suffisam-
» ment les affronts que j'ai reçus ? Quelle
» sûreté y a-t-il pour moi dans ma pa-
» trie ? pendant qu'il ne tient qu'à des
» tribuns effrontés, à un *Sicinnius*, à
» un *Décius*, d'armer contre moi une
» vile populace ? Non, Rome est une
» marâtre. Elle a traité de la manière la
» plus cruelle un fils qui ne cherchoit
» qu'à s'immoler pour sa gloire. Elle con-
» noîtra bientôt par les effets de mon
» ressentiment, si les dieux épousent ma
» cause ou la sienne. Allez, je vous
» donne trente jours, au bout de ce

» terme, je reparaitrai sous ces murs
» pour entendre votre réponse ».

Cette tréve fut employée par les Volsques à continuer leurs ravages, par les Romains à délibérer. Des débats du sénat sortit ce décret remarquable. « On » ne traitera pas avec les Volsques qu'ils » ne soient hors du territoire de la répu- » blique ». Au terme marqué, *Coriolan* reparoit. Des députés lui portent la résolution du sénat. Le Romain s'obstine au contraire aux conditions qu'il a déjà proposées pour les Volsques. Les dispositions se font ; l'assaut va commencer. Le peuple consterné prend ses postes. Les sénateurs permettent cependant qu'une députation religieuse aille prier *Coriolan* de se soumettre au décret. Les augures, les prêtres, les pontifes, revêtus de leurs habits de cérémonie, arrivent au camp, sont reçus avec respect, mais n'obtiennent rien. Leur retour sans succès redouble les allarmes. Les hommes bordoient les murailles avec une contenance mal assurée. Les femmes faisoient retentir les temples de leurs gémissemens. On en voit tout-à-coup sortir les plus distinguées, ayant à leur tête *Valerie*, sœur du fameux *Valerius Publicola*.

Elles dirigent leurs pas vers la maison de *Coriolan*, où sa mère et sa femme déplorèrent ensemble leur malheur et celui de Rome. « Vous êtes, leur dit *Valerie*, la seule ressource qui nous reste. Nous venons vous conjurer de sauver nos biens, notre honneur, et notre liberté. Venez avec nous au camp de *Coriolan*. Amenez ces tendres enfans qui pourront toucher le cœur de leur père. Votre présence l'engagera à préférer la conservation de sa triste famille à son ressentiment, et aux avantages qu'il peut retirer de la part des Volsques ». Encore douloureusement affectées du brusque adieu de *Coriolan*, sa mère et sa femme refusoient d'essayer leur foible crédit sur un guerrier fier de ses forces, et qui ne respiroit que la vengeance. Cependant elles se laissent entraîner par les instances de *Valerie* et de ses compagnes, et partent du consentement du sénat.

On avertit *Coriolan* qu'une file de chars sort de Rome, remplis de dames, qui dirigent leur marche vers le camp. Il soupçonne le but de cette étrange ambassade, se propose de les recevoir avec les mêmes égards qu'il avoit marqués aux ministres de la religion ; mais de ne leur pas accorder davantage. Cependant sa fermeté commence à chanceler quand il voit à la tête sa mère et sa femme. Il ordonne à ses licteurs de baisser les

faisceaux devant des personnes si chères, et court les embrasser. Leurs larmes se confondirent ; mais quand *Véturie* voulut exposer le sujet de sa mission, son fils l'interrompit, jusqu'à ce que les officiers volsques qu'il avoit fait mander, de peur qu'ils ne prissent ombrage de l'entrevue, fussent arrivés. Elle dit qu'elles viennent demander la paix, et conjurer son fils par ce qu'il avoit de plus cher, de tourner ses armes contre d'autres ennemis. Il répond que, sans trahir les intérêts d'une nation qui l'a honoré du commandement de ses troupes, il ne peut abandonner les avantages que les circonstances lui offrent sur Rome. Elle réplique qu'elle ne prétend rien exiger de lui qui puisse l'exposer au moindre blâme. Que sans manquer à ce qu'il doit à ses bienfaiteurs, il est le maître de faire une paix également avantageuse aux deux nations. « Par le grand Jupiter,
» s'écrie-t-elle, par les mânes de tes
» ancêtres, je te conjure de retirer les
» troupes de devant Rome, et d'accorder
» aux Romains une trêve d'un an, pen-
» dant laquelle on prendra des mesures
» pour faire une paix durable. O mon
» fils, toujours obstiné dans ta vengeance,
» résisteras-tu aux larmes de ta mère ;
» considères que ta réponse décidera de
» ma réputation et de ma vie. Une Ro-

» maine sait mourir quand l'honneur
» veut qu'elle meure. Si je ne puis te
» persuader, j'ai résolu de me donner
» la mort à tes yeux. Tu n'iras à Rome,
» qu'en foulant aux pieds le corps de ta
» malheureuse mère. Mon fils, mon cher
» fils, accorde-moi la grâce que je te
» demande. Si mes prières, si mes larmes
» ne sont pas capables de t'émouvoir,
» vois ta mère prosternée devant toi, te
» suppliant d'épargner ta patrie ». En
prononçant ces paroles, elle embrassoit
ses genoux, et versoit un torrent de
larmes. Ses enfans et toutes les dames
romaines se prosternèrent de même.

Coriolan voyant sa mère à ses genoux, n'est plus maître de ses mouvemens. Agité de mille passions différentes, il s'écrie : « Ah! ma mère vous me désar- » mez ». Puis la pressant tendrement dans ses bras, il ajoute d'une voix basse : « Rome est sauvée, et vôtre fils est » perdu ». En effet les Volsques ne lui pardonnèrent pas l'engagement qu'il prit de sortir sur-le-champ du territoire de la république, selon les résolutions du sénat. Dans les discussions qu'il y eut ensuite à Antium, à l'occasion des autres conditions de la paix, il s'éleva de vives plaintes sur la complaisance de *Coriolan*, il voulut se justifier devant le peuple ; mais des assassins apostés ne lui laissèrent pas le tems de parler, et le massacrèrent. Le sénat demanda aux dames romaines ce qu'elles désiroient en récompense d'un si grand service. Elles prièrent qu'il leur fut seulement permis de bâtir à leurs dépens, un temple *à la fortune des dames*. Le sénat ordonna qu'on le construisit des deniers du trésor public. *Valérie* en fut la première prêtresse. Comme *Coriolan* avoit porté les armes contre sa patrie, le sénat ne voulut pas qu'on lui fît des obsèques à Rome; mais les dames en portèrent le deuil pendant dix mois. Quoique mort dans la disgrace, son pays l'a toujours honoré comme un héros. Il étoit désintéressé, ami de la vertu, aussi brave que prudent; mais pas assez populaire. *Coriolan* a été reconnu plus propre qu'aucun des généraux qui l'ont précédé et suivi, à reculer les frontières de la république, s'il n'avoit été arrêté par les malheureux troubles qui ont empêché sa patrie de recueillir le fruit de ses vertus.

Si on jugeoit de toutes les républiques par l'exemple de Rome, on diroit que c'est dans les troubles qu'elles se forment, que c'est dans les troubles qu'elles se fortifient et s'agrandissent; que par conséquent, cet état leur est nécessaire, jusqu'à entier établissement. Crise de gouvernement aussi redoutable aux hommes doux et pacifiques, qu'avantageuse aux intrigans, aux ambitieux, aux vindicatifs et autres hommes à passions exaltées. Que ceux-ci consultent l'histoire romaine à notre époque, ils y trouveront tous les moyens pratiques et praticables, pour faire prévaloir un parti, se rendre recommandables, fonder sa fortune et son crédit à l'aide d'une réputation populaire.

<small>Loi agraire.</small> Ici paroît *la loi agraire*, cette pomme de discorde jettée entre les pauvres et les riches. Elle avoit déjà été annoncée, à la suite de l'abolition des dettes, comme le seul moyen d'amener l'*égalité* nécessaire dans les républiques. *Cassius*, consul, en fit l'objet d'une délibération légale pour mortifier les sénateurs qui lui avoient refusé le triomphe qu'il obtint malgré eux. Les tribuns, magistrats du peuple, s'y opposèrent par jalousie, parce qu'ils ne l'avoient pas proposée eux-mêmes, et qu'ils ne vouloient pas que le peuple reçut un bienfait d'autre main que de la leur; mais ayant réussi à ôter à *Cassius* le mérite de la proposition, ils s'en emparèrent, et la firent si bien valoir, qu'ils forcèrent le sénat d'accorder qu'il seroit nommé dix hommes appellés *décemvirs* pour faire ce partage. Ensuite l'infortuné *Cassius*, pour prix de sa démarche en faveur du peuple, fut accusé par le sénat du crime de haute tra-

hison, devant ce même peuple qui le condamna à être précipité de la roche Tarpéienne.

Les délais affectés du sénat à nommer les décemvirs, déterminèrent les plébéiens à ne point s'enrôler dans une guerre réellement entreprise pour faire diversion à la loi agraire. Les tribuns appuyoient cette résolution dans la ville : c'étoit leur terrein, le centre de leur puissance ; mais elle ne pouvoit s'étendre au-delà. Les consuls font transporter leur tribunal dans la campagne. Là, ils citent les citoyens pour être enrôlés. Quand il se trouvoit quelques réfractaires, ils ordonnoient qu'on démolît leurs fermes, qu'on emmenât leurs bestiaux. Moyennant ces expéditions militaires, deux armées furent bientôt levées. Soldats braves à leur ordinaire, mais marchant dans le dessein de déshonorer leurs chefs, ils se laissèrent en effet repousser par les ennemis jusque dans le camp : alors ils firent volte face, et les chassèrent à leur tour, de manière cependant que leur victoire ne pût mériter les honneurs du triomphe aux consuls. Cette obstination du peuple produisit de la part de la famille patricienne des *Fabius*, un dévouement comparable à celui des Lacédémoniens aux Thermopyles. Ils allèrent offrir au

Les Sabins.

tom. 3. e

sénat de défendre seuls de leurs corps et de leurs biens, les frontières de la république contre les Véiens. Partis au nombre de trois cents, ils font de tels exploits que les Véiens sont obligés de mener contre eux une armée entière. Le nombre l'emporta sur la valeur, encore les Véiens n'obtinrent-ils pas la victoire en se mesurant corps à corps avec les *Fabius*. Ils les percèrent de loin à coups de flèches. Il ne survécut de cette famille qu'un enfant de quatorze ans, seul rejetton qui perpétua le nom des *Fabius*.

Le consul de ce moment étoit *Ménénius*, homme généralement estimé. Les tribuns le soupçonnèrent de connivence avec les patriciens pour différer toujours sous différens prétextes la nomination des *décemvirs*, ou plutôt son mérite trop reconnu du peuple leur portoit ombrage. Sitôt qu'il fut sorti de charge, ils l'accusèrent d'avoir laissé périr les *Fabius* qu'il auroit pu défendre. Comme il se pratiquoit dans ces occasions, ces magistrats changèrent la manière de recueillir les voix, afin de donner la prépondérance à celles de la populace dont ils disposoient. *Ménénius* fut condamné à mort : peine qu'à la sollicitation du sénat, les tribuns laissèrent changer en une amende, mais si forte, qu'il étoit hors d'état de la payer, n'ayant pour tout patrimoine que la gloire de son père et la sienne. Ses amis lui offrirent de satisfaire pour lui : il les remercia, se renferma dans sa maison, et mourut de chagrin ou se tua.

C'étoit un combat perpétuel entre les deux partis. La famine y donnoit souvent lieu. Rome se trouvoit fort exposée à ce fléau. On en sentira aisément la cause, quand on fera réflexion que cette ville extrêmement peuplée, n'avoit qu'un territoire fort bornée, peu capable de fournir à ses besoins, tant parce que des fréquentes guerres occupoient les bras destinés à l'agriculture, que parce que les espérances du laboureur étoient souvent détruites avant la moisson par les ravages des ennemis. Le sénat, afin de prevenir ou de soulager la disette, formoit avec l'argent du trésor public des greniers, dont on distribuoit le blé au peuple à un prix modique. Les tribuns persuadèrent au peuple que ce prix, quelque modique qu'on l'établît, étoit encore trop haut; que ce blé ayant été payé de l'argent public, le peuple devoit avoir pour rien le blé qu'on en avoit acheté ; que si les patriciens ne vouloient pas le donner, il falloit aller le prendre. D'ailleurs cette manutention des blés, fournissoit une occasion favo-

Famine.

rable de calomnier ceux qui en étoient chargés, comme s'ils eussent fait de cette denrée nécessaire, un objet de spéculation lucrative.

Loi de Voléron.

Les patriciens attaqués avec tant d'aigreur, résolurent de repousser la violence par la force. Peut-être y employèrent-ils d'abord quelques machinations sourdes; car le tribun *Gennius* fut trouvé mort dans son lit, la veille d'un jour où il devoit porter un coup décisif au sénat. Le peuple le remplaça par un homme violent, nommé *Voléron*, personnellement insulté par les patriciens, et irrité contre eux. Ceux-ci lui opposèrent *Appius*, héritier de la haine de son père contre le peuple, et de son inflexible fermeté.

La lutte s'établit entre ces deux hommes, sur la manière d'élire les tribuns; manière disoit *Voléron*, qui donnoit trop d'influence au sénat, sur l'élection des magistrats, et lui fournissoit le moyen d'insérer, dans le nombre, quelques-uns à son choix, dont il se servoit pour croiser les opinions des autres, et suspendre leur fatal *veto*. *Appius* s'éleva, dans l'assemblée du peuple, contre les prétentions de *Voléron*, avec toute la véhémence dont il étoit capable. Un tribun nommé *Lectorius*, après avoir traité *Appius* de bête féroce, contre laquelle il falloit combattre, non avec des paroles, mais avec l'épée, ordonna au consul de sortir de l'assemblée. Sur son refus, le tribun s'avance avec ses officiers pour le saisir. Ses licteurs et les praticiens l'environnent. Il y eut des coups donnés et rendus, mais point de sang répandu, parce qu'on ne portoit point d'armes dans la ville. L'assemblée se sépara en tumulte. Pendant la nuit, les plébéiens s'emparèrent du capitole. Tout tendoit à une guerre ouverte, lorsque l'esprit conciliant du consul *Quinctius*, et de quelques sénateurs modérés, ramena la paix. On reconnut que la rixe passée, n'étoit arrivée de part et d'autre que par un excès de zèle pour la république, et moyennant une petite déférence au sénat, la loi de *Voleron* passa malgré les vives réclamations et les protestations d'*Appius*.

Le consul se vengea de cette victoire du peuple, par une rigueur excessive dans la discipline de l'armée, qui lui fut donnée contre les Volsques. Centurions et soldats, également irrités, renouvellèrent le projet qui avoit déjà été exécuté contre les mêmes ennemis, de déshonorer leur général en se laissant battre. *Appius* frémissant de rage à la vue de cette trahison, ramène l'armée sur le territoire de la république. Donnant alors un libre cours à son ressentiment, il fait couper la tête en sa présence, aux centurions et aux autres officiers qui avoient quitté leurs rangs. Ceux qui avoient abandonné leurs drapeaux à l'ennemi, furent battus de verges jusqu'à la mort, enfin il fit décimer les soldats. Après cette sanglante exécution, le consul rentré dans la ville, continua de s'opposer fièrement aux prétentions des tribuns, et à défier leur vengeance. Il les brava jusque dans l'assemblée du peuple, convoquée pour lui faire son procès comme à un ennemi de la patrie. *Appius* y parut non en habit de deuil, comme c'étoit l'ordinaire en ces sortes d'occasions, mais avec une contenance ferme et assurée, sans permettre que ses amis sollicitassent en sa faveur. Il plaida sa cause lui-même. Ses raisons, et la manière de les exprimer, firent tant d'impression, qu'il alloit être renvoyé absous, si les tribuns s'appercevant de ces dispositions favorables, n'eussent pas fait remettre la décision à un autre jour, sous prétexte qu'on n'auroit pas le tems de recueillir les voix avant la nuit. *Appius* sentit que ce délai n'étoit imaginé que pour prendre des mesures plus sûres contre lui, et trop certain de ne pouvoir échapper à la vengeance de ses ennemis, il prévint sa condamnation, et se donna la mort. Les tribuns vouloient qu'on le privât des honneurs dûs à son mérite et au rang qu'il avoit tenu dans la république; mais les consuls permirent au fils de faire l'oraison funèbre de son père, et le peuple écouta son éloge avec plaisir.

On n'est pas étonné après la mort d'*Appius*, de voir reproduire la loi agraire. Pour l'éluder, les praticiens cherchèrent à se débarrasser de ceux qui avoient le plus d'intérêt à son établissement, savoir les pauvres. Quelque fût l'intention du sénat, ce qu'il proposoit étoit un véritable avantage. Il consistoit à partager entre eux les terres des Antiates, nouvellement conquises; mais quand il fut question de recevoir les noms de ceux qui voudroient former cette colonie, peu de plébéiens vinrent s'inscrire. Ils se plaignirent même du sénat, disant que les patriciens ne cherchoient qu'à envoyer loin de Rome, ceux qui avoient le courage de s'opposer à leur tyrannie. Les jeux, les spectacles, les assemblées publiques, l'agitation des affaires, la part que chacun d'eux avoit au gouvernement, contribuoient à les attacher à Rome, quelque misérables qu'ils y fussent, et leur faisoient regarder une colonie comme un exil honorable. De plus les tribuns n'étoient pas fâchés de retenir cette multitude oisive et indigente, qui leur étoit d'un grand secours dans leurs querelles avec le sénat.

Il en survint une plus importante pour le fonds et les suites que la loi agraire. Jusqu'alors les consuls avoient rendu seuls la justice. Ils régloient leurs sentences sur les principes de l'équité naturelle, sur d'anciens usages, ou sur les loix de *Romulus* et de ses successeurs, dont il se trouvoit encore quelques restes dans les livres sacrés, confiés à la garde des pontifes. Mais ces premiers élémens de la jurisprudence romaine avoient toujours été cachés au peuple. Un tribun nommé *Terentius*, représenta que cette forme rendoit les magistrats patriciens maîtres des fortunes des particuliers, en ce que les principes dont ils s'appuyoient étant ignorés, ils pouvoient les interpréter selon leurs caprices ou leurs intérêts. *Terentius* demandoit deux choses. Premièrement que les consuls n'eussent pas seuls le droit de rendre la justice ; secondement, qu'on fit des loix connues de tout le monde, afin que les juges pussent y conformer leurs sentences, et que ceux qui seroient exposés à des contestations, fussent éclairés sur la justice de leurs causes, et ne se jetassent pas dans des procès ruineux.

Rien n'étoit plus raisonnable que ces deux demandes, et elles auroient certainement été accordées sans délai par le sénat, s'il n'eût écouté que la justice; mais il se laissa entraîner par la jeunesse toujours ardente, contre ce qui pouvoit entamer les privilèges de son ordre. *Quinctius Ceson*, jeune homme violent, d'une taille extraordinaire, qui s'étoit distingué dans plusieurs batailles, par sa valeur, ne se distingua pas moins dans la place publique, par des coups appuyés avec force sur tous ceux qui secondoient les tribuns. Il congédia ainsi l'assemblée malgré elle. Les tribuns eurent leur revanche le lendemain, non par des coups, mais par une accusation de crime capital, contre le jeune imprudent. A ses torts trop réels, on mêla des calomnies, et il auroit été condamné à la mort, sans l'estime qu'on avoit pour *Quinctius Cincinnatus*, son père. En sa considération, le fils fut condamné à une forte amende. Le père pour la payer, vendit la plus grande partie de ses biens, et se retira dans une pauvre cabane au-delà du Tibre, où il cultivoit de ses propres mains, cinq ou six acres de terre, le seul bien qui lui restât.

La condamnation du fils avoit été accompagnée de beaucoup d'égards pour le père. Les tribuns eux-mêmes n'avoient pu s'empêcher de lui marquer l'estime qu'ils avoient pour ses vertus. Cela fit espérer que *Quinctius Cincinnatus*, réélu consul, pourroit tranquilliser le peuple. D'ailleurs, on avoit besoin d'un homme ferme pour remettre l'ordre dans la ville, où *Herdonius*, capitaine sabin, à la tête d'une troupe d'Eques et de Volsques, avoit pénétré. Ils s'étoient emparés du Capitole, en avoient à la vérité été chassés, mais leur séjour avoit causé des désordres dont la réparation demandoit l'influence d'un homme tel que *Cincinnatus*. Ceux qui lui portèrent le décret de son élection, le trouvèrent dans son champ conduisant lui-même sa charrue. Il eut de la peine à accepter, cependant l'amour de la patrie l'emporta. En quittant sa femme, il lui recommanda comme la chose essentielle le soin de son petit ménage, et il ajouta : « Je crains » bien, ma chère Racilie, que notre » champ ne soit mal labouré cette an- » née ». Dans son premier discours, il blâma également le peuple et le sénat, le premier d'avoir trop demandé, le second d'avoir trop accordé. « Je vous » mène contre les Eques et les Vosques, » dit-il aux légions, nous déclarons, » mon collègue et moi, que notre des- » sein est de camper tout l'hiver, et que

« nous ne vous ramènerons pas que le
» tems de notre magistrature ne soit
» expiré ». Passer l'hiver en campagne
loin de leurs foyers ! L'idée seule de
cette chose, qui n'étoit pas encore arrivée, effraya les citoyens. Les femmes
sur-tout marquèrent la plus grande inquiétude. Les tribuns voulurent s'opposer à ce projet alarmant. « Vos efforts
» seront vains, répondit *Cincinnatus*,
» les citoyens, en prenant les armes
» pour chasser les Eques et les Volsques
» du Capitole, ont juré de ne les quitter
» que par ordre des consuls, et ils tien-
» dront leur serment ».

Il ne se trompa pas. Malgré les mouvemens que se donnèrent les tribuns, le
scrupule détermina les soldats à rester
sous les drapeaux loin de leurs femmes
et de leurs enfans. Celles-ci eurent recours aux sénateurs et les prièrent de
fléchir le consul. Il se laissa gagner à
condition principalement que sous son
consulat, il ne seroit pas question de
nouvelles loix. *Cincinnatus* rétablit l'exercice de la justice que tous ces troubles
avoient interrompu. Il la rendit avec tant
d'équité, de douceur et de bonté, que
le peuple charmé de sa conduite, parut
oublier qu'il y eût des tribuns dans la république. Outre l'obligation de ne point
parler de nouvelles loix, le peuple et

le sénat s'étoient imposée celle de ne point continuer leurs magistrats au-delà de l'année. Contre cet engagement, les comices élurent les mêmes tribuns. Le sénat vouloit par représailles perpétuer ses consuls. *Cincinnatus* s'y opposa. La légèreté du peuple, dit-il, ne doit pas être une règle pour nous. Il renvoya les faisceaux et retourna dans sa chaumière.

Cincinnatus en fut bientôt tiré par une circonstance très-alarmante pour la république. Le consul *Minucius* s'étoit laissé enfermé par les Volsques dans un défilé, dont il lui étoit impossible de se dégager. L'armée alloit périr. « Il nous » faut un dictateur, s'écrièrent les Ro- » mains, et ce dictateur doit être Cin- » cinnatus ». Quand il apperçut de loin les députés qui lui apportoient le décret d'élection, précédés de vingt-quatre licteurs, il quitta son habit de travail, en prit un plus décent, et alla à leur rencontre. « Quelles nouvelles apportez- » vous de Rome ? leur dit-il. Rome, ré- » pondirent-ils, notre patrie et la vôtre, » est en grand danger. Elle a besoin d'un » dictateur, et jette les yeux sur vous ». *Cincinnatus* soupire, regarde tristement ses bœufs, compagnons de ses travaux, et part.

Ses trois fils, ses amis, les principaux

sénateurs l'attendoient sur les bords du Tibre. Il s'informe de l'état des choses, nomme général de la cavalerie *Lucius Tarquitius*, de race praticienne, mais qui avoit servi jusqu'alors avec distinction dans l'infanterie, n'ayant pas assez de bien pour entretenir un cheval. Le dictateur ordonne que les boutiques et les tribunaux soient fermés, que chaque citoyen en état de porter les armes se trouve le lendemain à un rendez-vous qu'il leur marque hors de la ville, avec douze pieux chacun et du pain cuit pour cinq jours. Arrivé devant le camp ennemi, il le fait entourer avec les pieux que chaque soldat avoit apporté, de sorte que les Volsques se trouvèrent dans la même situation où ils avoient mis les Romains. Après quelques efforts inutiles pour se dégager, le général volsque envoie des députés demander pour toute grace la vie sauve, et offre de se retirer sans armes et sans bagage. « Je ne crois pas, leur répond froide-
» ment le dictateur, que votre mort soit
» un grand avantage pour la république ;
» ainsi je veux bien vous laisser la vie ;
» mais vous livrerez votre général et vos
» officiers, et tous les soldats passeront
» sous le joug pour conserver à jamais
» le souvenir de leur dépendance ». On plante en terre deux javelines, surmon-

tées d'une troisième, attachée en travers à la pointe des deux autres. Par cette espèce de porte passèrent les Eques et les Volsques, désarmés entre les haies de soldats romains. Les simples soldats volsques furent renvoyés chez eux, et les principaux officiers réservés pour le triomphe du dictateur.

Ensuite, s'adressant à l'armée qu'il venoit de délivrer. « Soldats de Minu-
» cius, leur dit-il, vous qui avez pensé
» devenir la proie de nos ennemis, vous
» ne partagerez pas leurs dépouilles, et
» vous, consul, vous apprendrez le mé-
» tier de la guerre comme lieutenant,
» avant que de pouvoir commander
» les légions comme général ». Personne ne murmura de cette sévérité. Au contraire, l'armée entière fit présent à *Cincinnatus* d'une couronne d'or pour avoir sauvé la vie et l'honneur de ses concitoyens. Il triompha, et abdiqua au bout de seize jours une dignité qu'il pouvoit retenir six mois. Caractère unique dans l'histoire. Homme d'un sens profond, esprit juste, cœur droit, ne voyant que le devoir, sans crainte et sans espérance. On punit le calomniateur de son fils, par lequel avoit été provoqué l'amende qui réduisit le père à la pauvreté. Il revint lui-même aux affaires publiques. Le sénat lui dut le conseil de

laisser augmenter le nombre des tribuns de cinq à dix. « Plus ils seront, dit-il, » moins il y aura d'union entre eux, et » moins ils seront redoutables ».

A côté de *Cincinnatus* se présente un homme extraordinaire, un homme dont on pourroit traiter les exploits de fables exagérées, s'il n'en eût fait l'énumération devant ceux qui auroient pu le contredire s'il avoit exposé faux, et qui l'approuvèrent. *Icilius*, tribun du peuple, ramenoit la loi agraire, cet éternel épouvantail des patriciens. Paroit dans l'assemblée *Siccinius Dentatus*, plébéien âgé d'environ soixante ans; mais encore dans toute sa force, d'une taille avantageuse. Armé de l'éloquence des faits, qui est la meilleure, il élève la voix et dit : « Citoyens, je me suis trouvé à » cent-vingt batailles. J'ai reçu qua- » rante-cinq blessures, toutes par de- » vant, et jusqu'à douze en un jour, » quand Herdonius s'est emparé du Ca- » pitole. Je suis officier depuis trente » ans, toujours employé. J'ai été cou- » ronné quatorze fois de la main d'au- » tant de citoyens, auxquels j'ai sauvé » la vie. J'ai obtenu trois couronnes mu- » rales pour avoir monté le premier à » l'assaut, huit autres pour différens ex- » ploits, quatre-vingt-trois colliers d'or, » soixante bracelets de même métal,

Dix Tribuns. 2547.

» dix-huit piques, vingt-cinq harnois,
» dont il y en a neuf qui sont le prix
» de la victoire que j'ai remportée sur
» autant d'ennemis dans des combats
» particuliers. Voilà toutes les récom-
» penses que j'ai reçues jusqu'ici. Je ne
» possède pas un pouce de terre, non
» plus que vous, Romains, qui avez été
» les compagnons de mes travaux. Les
» pays que nous avons conquis sont
» entre les mains des patriciens. Ils
» possèdent ce que nous avons acheté
» au prix de notre sang. Puisqu'on
» nous traite ainsi, faisons-nous justice
» à nous-mêmes, et passons en ce jour
» la loi proposée par *Icilius* ».

Décemvirs.
2553.

Cette véhémente harangue auroit eu son effet sans la circonspection d'*Icilius*. Il craignit qu'on ne l'accusât de précipitation dans une affaire importante, et remit la décision au lendemain. Les patriciens s'agitèrent pendant la nuit, et vinrent à bout de mettre la discorde dans l'assemblée, qui ne conclut rien. Survint une nouvelle guerre, cause de nouveaux délais. Enfin par accommodement, les tribuns suspendirent les démarches pour la loi agraire, et le sénat accorda la loi *Terentia*, ainsi nommée de *Terentius* qui l'avoit proposée le premier. Son but étoit de donner un corps de jurisprudence à la république

Conformément à l'avis d'*Appius*, alors consul, il fut statué qu'on chargeroit dix hommes respectables par leur âge et par leur sagesse, de composer un corps de loix. Ces commissaires nommés *décemvirs* à cause de leur nombre, devoient être revêtus de la puissance souveraine pendant un an. Toutes les autres magistratures étoient abrogées pendant cet espace de tems. Toutes les sentences des *décemvirs* déclarées sans appel, et on leur donnoit exclusivement le droit de faire la guerre et la paix.

Le gouvernement des *décemvirs* fut d'abord juste et modéré, digne d'hommes occupés du bonheur des autres, et qui travailloient à faire goûter d'avance les loix qu'ils méditoient. On avoit envoyé chercher à Athènes les loix de *Solon*, pour servir de base. Il en sortit deux tables soumises à l'examen du peuple. Elles furent généralement approuvées. Comme le travail n'étoit pas complet, on nomma des *décemvirs* encore pour une année. *Appius* descendant de ces fameux patriciens, antagonistes perpétuels des plébéiens, avoit depuis quelque tems, changé de caractère : il caressoit le peuple, par ce moyen de consul, il s'étoit fait nommer *décemvir*. Il se fit renommer, ou plutôt, il se nomma lui-même, et le peuple lui

Loix des décemvirs.

donna ses suffrages; mais ce qui lui étoit aussi important, il composa le collège des *décemvirs* de personnes qui lui étoient dévouées; entre autres de trois plébéiens contre la loi qui n'admettoit à cette fonction que des patriciens.

Jusqu'àlors un seul des *décemvirs* avoit douze faisceaux, et les autres marques de la souveraineté, quand il présidoit ce qui ne duroit qu'un jour. Les autres étoient précédés d'un simple officier. Après la seconde nomination, chacun se fit accompagner de douze licteurs. Ils s'entourèrent de jeunes patriciens hautains et insolens qui étoient charmés de voir établir une puissance, dont ils s'autorisoient pour narguer le peuple sans risque. On croit même que les sénateurs souffroient volontiers un pouvoir qui menoit directement à la tyrannie, tant dans l'espérance d'y parvenir eux-mêmes, que par le plaisir de voir humilier ce peuple, dont les prétentions les avoient si souvent embarrassés. *Appius* étoit l'ame du conseil des *décemvirs*, il dirigeoit leurs démarches, régloit leurs opérations, faisoit présider les uns aux armées, les autres aux tribunaux, selon leur capacité, et ses vues particulières.

Elles n'étoient point ignorées, son oncle propre les dévoila dans le sénat, et s'exila, pour ne pas, disoit-il, voir son neveu devenir le tyran de sa patrie. Tout le monde d'ailleurs les appercevoit, parce qu'ayant achevé les loix, les *décemvirs* qui auroient dû se démettre, se perpétuèrent de leur autorité propre. Tout leur réussissoit lorsqu'*Appius* mit lui-même des bornes à sa fortune, par deux crimes également atroces, quoique d'un genre différent. Le premier fut commis contre *Sicinnius Dentatus*, recommandable par tant de trophées. Il étoit revenu de l'armée, fort mécontent de la conduite des *décemvirs* qui la commandoient. *Appius* resté à Rome pour surveiller tout, craignit l'effet de ses discours. Il le renvoya à l'armée, avec une commission honorable. Les généraux prévenus par leur collègue, le reçurent avec les plus grandes marques d'estime et firent semblant de vouloir se conduire par ses avis. Il leur donna le conseil de s'avancer dans le pays ennemi. Comme s'ils vouloient ne voir que par ses yeux, ils le chargent d'aller avec un détachement reconnoître le terrain, après avoir pris la précaution de ne le composer que de soldats qui qui leur étoient dévoués.

Arrivés dans un lieu serré qu'ils jugèrent convenable à leur dessein, les traîtres attaquent *Sicinnius* de tous côtés.

Le brave vétéran s'adosse à un rocher, et recueillant toute sa valeur, fait mordre la poussière à quinze soldats et en blesse plus de trente. N'osant plus l'approcher, ils tachent de le tuer à coups de flèches. Il résiste encore; mais quelques uns gagnent le haut du rocher et l'assomment à coups de pierres. Ils reviennent publiant qu'ils sont tombés dans une embuscade, et que leur chef y a péri avec les compagnons qui leur manquent. Mais les criminels ne prévoyent jamais tout. La cohorte qui fut envoyée pour ensevelir les morts, s'apperçut qu'il n'y avoit que des Romains, et que tous étoient couchés, comme s'ils avoient combattu contre *Sicinnius*. Cette observation dévoila l'affreux mystère, et alluma dans le cœur des soldats une fureur concentrée que l'autre crime d'*Appius* développa.

En se rendant le matin à son tribunal, il apperçut une jeune fille d'une extrême beauté, nommée *Virginie*, qui, selon la coutume des jeunes Romains, alloit aux écoles publiques, conduite par sa nourrice. Elle étoit fille du plébéien *Virginius*, distingué par sa probité et sa valeur. En partant pour l'armée, il l'avoit confiée à un oncle maternel. Elle devoit, au retour de son père, épouser *Icilius*, qui avoit été tribun du peuple, et qui se trouvoit alors à Rome. Le décemvir, tourmenté par une violente passion, tâche inutilement d'arriver à la jeune fille par la nourrice. La séduction n'ayant pas réussi',[1] il en vient à la violence. Un de ses cliens, nommé *Claudius*, en fut l'instrument. Ce ministre de la passion d'*Appius*, accompagné de quelques scélérats, entre un jour dans l'école, et se met en devoir d'emmener *Virginie*, comme fille d'une de ses esclaves. Le peuple s'y oppose. Il la conduit au tribunal d'*Appius*.

La fable qu'il débita devant celui qui l'avoit inventée, étoit que *Virginie*, née chez lui d'une esclave, avoit été demandée par la femme de *Virginius*, qui se trouvoit stérile, pour la supposer à son mari. « Je donnerai, disoit *Claudius*, des preuves incontestables de ce fait; mais comme en attendant, il est juste que l'esclave suive son maître, je dois l'emmener, en donnant suffisante caution de la représenter après l'arrivée de son prétendu père ». L'oncle arrive au secours de sa nièce, parle, prie, sollicite en vain. Le décemvir ordonne que *Virginie* soit remise entre les mains de *Claudius*. Les femmes, outrées de l'injustice, font un rempart à la jeune Vierge : *Icilius* arrive, et repousse les licteurs, prend sa fiancée entre ses bras, et s'écrie: « non, *Appius*, non, il n'y a que la » mort qui puisse me séparer de *Virginie*. Fais la moi donner, et ajoute » ce crime à tant d'autres, dont tu es » déjà souillé. Joins tous tes licteurs » et ceux de tes collègues, je défen- » drai l'honneur de mon épouse jus- » qu'au dernier soupir. Si quelqu'un » veut attenter à l'honneur de *Virginie*, » qu'il avance, je jure par tous les » dieux, que son audace ne restera » pas impunie.

Malgré ces menaces, les licteurs eurent ordre de saisir *Virginie*, mais le peuple repoussa les officiers du décemvir. Lui-même faisant semblant de mêler l'indulgence à la justice, dit qu'il consentoit que *Virginie* restât entre les mains de son oncle, jusqu'au retour de *Virginius*, qu'il fixe au lendemain. S'il ne comparoît pas, alors *Claudius* pourra emmener son esclave, et il fait sur-le-champ partir des couriers pour avertir ses collègues de retenir *Virginius* au camp. Mais ceux d'*Icilius* précédèrent, et *Appius* fut bien étonné d'apprendre dès le lendemain matin, que le père étoit déjà dans la place avec sa fille. Ce contre-tems ne le déconcerte pas. Il monte sur son

tribunal, et affectant l'impartialité, il paroît écouter les deux parties avec un égal intérêt, et comme si la force de la conviction lui arrachoit une sentence rigoureuse, il adjuge *Virginie* à *Claudius*. « Infâme scélérat ! s'écrie le père
» hors de lui-même, je ne t'ai jamais
» destiné ma fille, je l'ai élevée pour
» être l'épouse d'un citoyen romain,
» et non pour être la victime d'un im-
» pudique ravisseur » ! il jeta les yeux sur le peuple, pour voir s'il avoit quelques secours à en attendre. Hélas ! ce peuple effrayé par le décemvir qui faisoit parler la loi, s'écouloit en silence. *Virginius*, dans cette cruelle extrémité, s'approche d'*Appius* en suppliant :
« excusez, lui dit-il, ô *Appius*, les
» paroles qui viennent d'échapper à
» ma douleur, et permettez-moi d'in-
» terroger en particulier la nourrice de
» *Virginie*, en présence de *Virginie*
» elle-même, afin d'avoir du moins la
» consolation d'être détrompé. » Cette légère faveur lui est accordé. Il embrasse sa fille, la mène comme par conversation, vers une boutique de boucher, où il avoit apperçu un couteau, s'en empare, et le montrant à la jeune et innocente *Virginie*, il lui dit :
« ma chère fille, voilà l'unique moyen
» de conserver ta liberté et ton hon-

» neur. Va, *Virginie*, va rejoindre
» nos ancêtres, libre et pure ». En
même tems, il lui enfonce le couteau
dans le cœur. Elle tombe palpitante à
ses pieds, et meurt. *Appius* crie qu'on
l'arrête; mais avec le même couteau
il se fait jour à travers les satellites,
monte à cheval, et arrive à l'armée,
tenant encore en main le couteau dégoûtant du sang de sa fille.

Tribuns militaires. Les soldats s'assemblent autour de
lui. Déjà irrités par le meurtre de *Sicinnius*, ils n'eurent pas de peine à
partager le ressentiment de *Virginius*.
L'armée se lève toute entière, marche
vers Rome, traverse paisiblement la
ville, et va camper sur le mont Aventin.
Elle sentoit la nécessité de se choisir des
chefs, et vouloit nommer *Virginius*.
« Ma fille est morte, répondit-il, et
» je ne l'ai pas encore vengée! Avant
» que je puisse accepter quelqu'honneur,
» il faut que ses mânes soyent appaisées.
» D'ailleurs quelle prudence et quels
» conseils modérés pouvez-vous attendre
» d'un homme que nos tyrans viennent
» de réduire au désespoir? Je pourrai
» être plus utile à la cause commune, en
» agissant comme particulier ». Ces raisons déterminèrent à en prendre d'autres
commandans. C'est l'origine des *tribuns
militaires*, qui furent dans la suite pour

les généraux à l'armée, ce que les tribuns populaires étoient pour les consuls, dans la ville.

Appius ne pouvant traiter avec l'armée, qui ne vouloit pas l'écouter, assemble le sénat. Il semble que cette compagnie auroit du profiter sur-le-champ de l'occasion pour briser le joug de fer des *décemvirs*; mais comme il pésoit principalement sur le peuple, les patriciens ne se pressèrent pas de l'en décharger : cependant la fermeté de l'armée l'emporta. Le décemvirat fut abrogé. On en revint aux consuls et aux tribuns. L'infâme *Appius* mourut en prison, qu'il avoit l'insolence d'appeller *la clémence du peuple*. Il mourut ou de ses propres mains, ou aidé par ses parens, qui vouloient le soustraire à la honte du supplice. Un autre de ses collègues, subit le même sort. Les huit autres effrayés de ces morts soudaines, s'enfuirent. Leurs biens furent confisqués, et vendus au profit du public. C'est la seconde fois qu'un crime contre la pudeur, a changé le gouvernement de Rome. Ce que les *décemvirs* avoient fait de bon, resta; c'est-à-dire, leurs loix, qu'on appella *les loix des douze tables*, parce qu'elles furent d'abord gravées sur autant de tables de chêne, pour être exposées aux observations et à la censure du peuple. Quand elles eurent été approuvées, on les grava sur des colonnes d'airain, pour être un code perpétuel de droit public et particulier.

Censeurs. 264.

La secousse donnée à la république par l'établissement et la destitution des triumvirs, laissa subsister pendant plus de cinquante ans comme un mouvement d'oscillation qui empêchoit le gouvernement de se consolider. Semblable à un malade inquiet qui change perpétuellement de médecins, et ne s'en trouve pas mieux, le peuple Romain créoit, abolissoit, étendoit, restreignoit des magistratures dont le pouvoir tantôt renfermé dans la classe patricienne, tantôt communiqué aux plébéins, étoit un appas tentant pour les ambitieux, et un foyer de troubles. Le consulat, l'apanage privilégié des patriciens, devint l'objet de la cupidité des plébéiens qui s'y introduisirent. En revanche des patriciens se firent adopter par des familles plébéiennes, afin d'être élus tribuns du peuple. On vit les *censeurs* créés seulement pour compter le peuple et en faire le recensement, se mêler de l'inspection des mœurs, et devenir des magistrats redoutables. Les *Ediles* chargés dans l'origine du soin des rues et places publiques, enclavèrent dans leur département la police des jeux et des fêtes publiques; et sous prétexte de sûreté se firent donner la surveillance des temples et des maisons particulières. On ne sera point étonné que les *questeurs* qui manioient les deniers publics, de simples calculateurs, compteurs et gardiens du trésor, soient devenus quelquefois des hommes importans dans le gouvernement. Les *tribuns militaires* prirent à l'armée la place de tribuns civils et des consuls. On leur substitua des *présidens* au nombre de trois. Ils ne siégèrent qu'un an. Deux fois la république eut recours à des *entre-rois inter rex*; mais dans les occasions périlleuses, toutes ces autorités étoient couvertes par celle de *dictateur*.

On vit dans une de ces circonstances *Cincinnatus* à l'âge de quatre-vingt ans rappellé du manche de sa charrue au timon de l'état, le manier avec la vigueur, la dextérité, et le succès de ses années florissantes. Peu de faits remarquables ont illustré cette époque féconde en troubles et en dissentions. On cite en témoignage de l'injustice souvent compagne des assemblées populaires, la sentence du peuple Romain entre les Ardéates et les Ariciens. Ces peuples se disputoient un territoire. Ils prirent les Romains pour arbitres; il souvint à ceux-ci que ce terrein avoit été dépendant de Corioles, une de leurs anciennes conquêtes. Par droit de suite, ils se l'adjugèrent, et mirent ainsi les plaideurs d'accord. Pendant cette époque encore, l'armée se déshonora par le meurtre de son général. Premier exemple de révolte sanguinaire dans ces troupes jusqu'alors scrupuleusement et religieusement attachées à leurs chefs. On y introduisit la paye, qui autorisa à ne pas ramener à la ville les citoyens pendant l'hiver, puisqu'ils pouvoient trouver leurs besoins au camp. La paie les rendit aussi plus dépendans et plus souples. Elle se borna à l'infanterie. La cavalerie composée de patriciens censés riches, continua à servir pour rien. Il y eut des famines, des pestes, des cérémonies expiatoires, une vestale fut censurée par le souverain pontife, non parce qu'elle avoit rompu son vœu, mais parce qu'elle étoit trop libre dans ses manières.

A travers les dissentions domestiques, la guerre se faisoit toujours tantôt contre un voisin, tantôt contre un autre, et comment occuper autrement plus de deux cents mille guerriers que Rome pouvoit vomir par ses portes. La population devenoit si considérable, qu'un tribun proposa de morceler la république, et d'en établir une partie à Veies qu'on venoit de conquérir. La crainte de la rivalité entre deux villes égales, et les funestes suites qu'elle pouvoit avoir, fit disparoître ce projet. Rome continua à reculer les bornes de son territoire. La patience étoit autant une de ses vertus militaires que la valeur. Le siége de Veies dura dix ans. Le dictateur *Camille* la prit d'assaut. Il porta ensuite ses armes contre Faléries capitale des Falisques. Un action de justice le mit en possession de cette ville.

Un maître auquel les citoyens confioient l'éducation de leurs enfans, étoit dans l'usage de les promener autour de la ville, apparemment du côté où ils n'avoient rien à craindre des Romains. Croyant faire sa cour aux assiégeans, le traître conduit ses enfans au camp. « Avec cette jeunesse, dit-il, je vous » livre la ville. Je préfère l'amitié des » Romains au poste que j'occupe à Fa- » léries ». *Camille* fait dépouiller le précepteur infidèle, arme ses écoliers chacun d'une poignée de verges, et les charge de le ramener dans la ville ; commission dont ils s'acquittèrent avec zèle. Les habitans reconnoissans s'abandonnèrent aux Romains, quoiqu'ils eussent juré de s'ensevelir plutôt sous les ruines de leur ville. Ils furent reçus et traités en alliés.

Cette soumission volontaire fit perdre aux soldats l'espérance du butin sur lequel ils comptoient. Ils n'avoient rien non plus partagé de celui de Veies que *Camille* fit porter dans le trésor public. Le dépit les engagea à accuser leur général, quand il eut quitté la dictature, de s'être enrichi des dépouilles qu'il leur avoit refusées. La gloire de *Camille* lui avoit fait beaucoup de jaloux. Il ne put se cacher qu'il seroit condamné. Pour épargner une injustice à son ingrate patrie, il s'en alla de lui-même en exil, et fixa son séjour dans la ville d'Ardée, jusqu'à ce que la défaite d'ennemis plus redoutables que tous ceux qu'il avoit vaincus jusqu'alors ajouta à ses couronnes de nouveaux lauriers.

Gaulois. 2614. L'amour et le vin appellèrent les Gaulois en Italie. *Aruns* un des principaux citoyens de Clusium, ville d'Etrurie, avoit un pupile qui plut à sa femme : la femme plut au jeune homme, et leur intelligence déplut souverainement au tuteur. Il en fit ses plaintes au sénat de Clusium. On n'en tint aucun compte. Le vindicatif époux passe les Alpes, et vient porter aux Gaulois non pas des doléances amoureuses, mais du bon vin qu'il leur fit goûter. Il leur vante le pays qui produisoit cette excellente liqueur, et leur inspire le désir de le connoître. Ils partent de la Seine, de la Marne et de l'Yonne, sous la conduite d'un général nommé *Brennus*. Quand *Aruns* les eut laissé respirer l'air doux du Florentin et du Ravennat, il les mène sous les murs de Clusium, où les amans l'oublioient depuis six ans. On feroit volontiers à ce sujet la même question qu'à l'égard de Troye, pourquoi les habitans de Clusium ne se débarrassoient-ils pas du pupille et de sa compagne? Comme Priam auroit dû éloigner Paris et Hélène. Mais ils aimèrent mieux risquer l'événement d'un siége. Cependant, ils implorèrent le secours des Romains. Le sénat, avant que de s'engager dans une guerre contre un peuple, dont il n'avoit pas à se plaindre, et qu'il ne connoissoit même pas, députa trois patriciens, *Fabius*, tous frères, pour tâcher de donner la paix aux deux nations.

Les ambassadeurs demandèrent à *Brennus* quels étoient ses sujets de plaintes, et quels droits le peuple d'un pays si éloigné, pouvoit prétendre sur l'Etrurie. Le Gaulois leur fit cette réponse remarquable : « Mes droits, je les porte à la
» pointe de mon épée ; tout appartient
» aux gens de courage. Mais sans recou-
» rir à cette loi primitive, j'ai à me
» plaindre des Clusiens qui, ayant plus
» de terres qu'ils ne peuvent cultiver,

» réfusent de nous céder celles qui leur
» sont inutiles. Et quel autre motif avez
» vous, Romains, pour subjuguer tant
» de peuples voisins ? Vous avez enlevé
» aux Sabins, aux Fidenates, aux Al-
» bains, aux Eques, aux Volsques, la
» meilleure partie de leur territoire. Ce
» n'est pas que je vous taxe d'injustice.
» Mais il est clair que vous même avez
» regardé comme la plus ancienne de
» toutes les loix, que le plus foible doit
» céder au plus fort. Ainsi, cessez de
» plaider pour les Clusiens, ou si vous
» voulez prendre leur parti, permettez-
» nous de prendre le parti de ceux que
» vous avez assujettis ». Il étoit difficile
de trouver réponse à ce raisonnement.
Les *Fabius* ne se donnèrent pas la peine
d'en chercher. Ils demandèrent seulement à entrer dans Clusium, comme
pour engager les chefs du peuple à la
paix. Mais, au contraire, ils les excitèrent
à la guerre, et se mirent même à la tête
d'une sortie qui fut funeste aux Gaulois.

Brennus, sans s'amuser à des plaintes,
lève son camp, marche vers Rome,
précédé d'un hérault chargé de demander
qu'on lui livre les députés qui ont violé
si manifestement le droit des gens. Loin
de le satisfaire, le peuple auquel le sénat, fort embarrassé, avoit renvoyé
l'affaire, nomme les trois *Fabius*, tri-

buns militaires. Comme si on ne devoit pas seulement douter du succès, ces jeunes gens, sans offrir de sacrifices, sans consulter les augures, s'avancent à la tête de quarante mille hommes contre les Gaulois, qui étoient soixante et dix mille. Jamais déroute ne fut plus complette que celle des Romains. Les fuyards se dispersèrent de tous côtés, très-peu arrivèrent à Rome, où ils portèrent la consternation. Elle étoit si grande, qu'on ne songea même pas à fermer les portes. Elles restèrent trois jours ouvertes devant *Brennus*, qui n'osoit y entrer dans la crainte d'une embuscade. Ce retard donna le tems aux Romains d'enlever leurs femmes, leurs enfans, ce qu'ils avoient de plus précieux, et de les réfugier dans les villes voisines. Usant du bénéfice de ce délai, ils jetèrent, dans le capitole, l'élite de leur jeunesse, y firent porter des armes et des vivres, n'admettant que des hommes capables de résistance.

La ville entière fut abandonnée, de sorte que *Brennus*, quand il y entra, ne trouvant que des maisons vuides, eut une espèce de frayeur de cette solitude. Il n'y avançoit qu'avec crainte, faisant précéder son corps d'armée par de fortes et nombreuses patrouilles. Avec ces précautions, il arrive jusque sur la place. Pendant que les citoyens abandonnoient la ville, quatre-vingts des plus vénérables patriciens, persuadés que le sacrifice volontaire de la vie des chefs aux dieux infernaux, jeteroit la confusion parmi les ennemis, s'étoient dévoués à la mort par un vœu que *Fabius*, le souverain pontife prononça en leur nom. Il y avoit parmi ces vieillards des pontifes, des personnages consulaires, et des généraux honorés par des triomphes. Ils s'étoient tous revêtus des habits de leurs dignités, et assis autour de la place sur leurs chaises d'ivoire, ils attendoient tranquillement l'ennemi et la mort. *Brennus*, frappé de ce spectacle, regardoit ces vieillards avec un étonnement mêlé d'admiration. La magnificence de leurs habits, la majesté répandue sur toute leur personne, le silence qu'ils gardoient, leur intrépide tranquillité, les faisoient considérer par les Gaulois comme autant de dieux. Ils n'osèrent long-tems ni les approcher, ni les toucher. A la fin cependant un d'eux s'enhardit à passer la main par curiosité sur la barbe de *Marcus Popinius*. Le patricien ne goûtant pas cette familiarité, donne un coup de son bâton d'ivoire sur la tête du soldat, qui, mécontent de la correction, tire son épée et le tue. Ce fut le signal du massacre.

Aucun n'échappa. Toute la ville fut réduite en cendre. *Brennus* s'attacha au siège de la forteresse, mais il fut contraint, après plusieurs attaques, de le tourner en blocus.

Un grand nombre de fuyards s'étoit retiré à Veies, où ils déploroient stérilement les malheurs de leur patrie. Le défaut de chefs leur rappella l'injustice qu'ils avoient commise à l'égard de *Camille* en l'exilant. Pour lui, il étoit toujours à Ardée, d'où il repoussa un parti de Gaulois, qui s'y présenta. Ce succès fit encore plus désirer aux réfugiés de Veies de l'avoir à leur tête, pour tenter du moins quelque chose en faveur du capitole. Sur la proposition qui lui fut faite de se mettre à la tête des Romains, qui se rassembloient, il répondit qu'exilé et proscrit il ne se chargeroit d'aucun commandement qu'il n'y fût autorisé par un décret du sénat, renfermé dans la citadelle de Rome, qu'il regardoit toujours comme le siège de la république. Un jeune plébéien, malgré les difficultés qui l'environnoient, y pénétra, et rapporta à *Camille* le diplôme de dictateur. Muni de cette autorité, il appelle tous les Romains autour de lui, et se forme bientôt une armée, bat la campagne, intercepte les vivres aux Gaulois, et les resserre dans les murs de Rome aussi étroitement, qu'ils resserroient eux-mêmes les défenseurs du capitole.

Quelques entreprises de *Brennus* sur cette forteresse, pendant le blocus, furent aussi inutiles que les premières. Une entre autres, prête à réussir, manqua par le cri des oies consacrés à *Junon*, qui éveillèrent les sentinelles. Les Gaulois, prêts à franchir les murs, furent précipités du haut du rempart. Mais ces succès ne tranquillisoient pas les assiégés, parce qu'ils ignoroient ceux de *Camille* au-dehors, et que la faim commençoit à les presser. Comme les assiégeans étoient travaillés de la même maladie, les sentinelles avancées des deux côtés se communiquèrent leurs peines. Des soldats, les pourparlers s'ouvrirent entre les chefs. *Brennus* s'aboucha avec le tribun *Sulpicius*, chargé de traiter. Il fut arrêté que moyennant mille livres pesant d'or données par les Romains, les Gaulois sortiroient de la ville et de tout le pays.

Le jour marqué pour le paiement étant arrivé, *Sulpicius* apporte la somme convenue. *Brennus* fournit les poids et les balances. Le Romain s'apperçoit que les poids sont trop lourds et s'en plaint. Le Gaulois, au lieu de le satisfaire, met encore son épée dans la balance. *Qu'est-*

ce que cela signifie ? s'écrie le tribun en colère. *Cela signifie*, dit froidement *Brennus : Malheur aux vaincus.* Pendant cette altercation, *Camille* étoit aux portes. Il arrive presqu'à l'improviste, avec une bonne escorte, sur le lieu de la querelle, et s'en fait expliquer le sujet. Quand il l'eut entendu, il dit aux députés romains : « Reportez cet
» or dans le capitole, et vous Gaulois,
» retirez-vous avec vos poids et vos
» balances. C'est par le fer, et non à
» prix d'or que Rome doit être rache-
» tée ». *Brennus* voulut remontrer que c'étoit une convention ratifiée par des sermens. « Elle est nulle, reprit *Ca-*
» *mille*, puisqu'elle est faite sans ma
» participation ; aucun magistrat n'a
» droit de faire un traité sans le con-
» sentement du dictateur ». Les Gaulois irrités courent aux armes. *Camille* les chasse dans leur camp, il les harcèle, les force à une bataille, les défait. Quand l'impétuosité, naturelle à leur nation, eut été une fois amortie, ils se dispersèrent comme un troupeau sans conducteur et sans gardien, et disparurent de l'Italie sans y laisser d'autres traces que celles de leurs ravages.

Des étincelles de jalousie conservées dans les ruines fumantes de Rome, y rallumèrent la torche de la calomnie.

Les tribuns entreprirent de faire soupçonner *Camille* d'aspirer à la tyrannie. Ils lui en vouloient, parce qu'il s'opposoit constamment au dessein qu'ils avoient formé d'abandonner Rome, et d'aller établir l'empire de la république à Veies. Ils représentoient que cette ville infortunée, n'étoit plus qu'un monceau de cendres ; au lieu qu'on trouvoit à Veies des temples, des maisons toutes bâties, meublées, garnies de toutes les commodités de la vie, que les citoyens refugiés y avoient déjà transportées. Mais les grandes destinées promises à Rome, retenoient le sénat. Il consentit cependant à laisser mettre la chose en délibération devant le peuple. Un heureux hasard servit mieux à la décision que les meilleures raisons n'auroient pu faire. Comme un patricien nommé *Lucrétius*, ouvroit la bouche pour exposer l'affaire, un centurion passant par la place publique, cria à celui qui portoit le drapeau : « plantez » ici votre enseigne : j'en accepte l'au- » gure, dit aussitôt *Lucrétius*, et je » rends grace aux dieux immortels qui » nous la donnent ». Rome fut donc rebâtie, mais sans ordre et sans goût. Les Ediles ne profitèrent pas de la circonstance pour aligner les maisons et les rues. Quand Rome devint ensuite la capitale du monde, quoique embellie de temples, de palais, de maisons particulières, chefs-d'œuvre de l'art, elle se ressentit toujours des vices de la réconstrucion.

Camille abdiqua la dignité de dictateur. Les magistrats élus s'appliquèrent avec zèle à la recherche des monumens relatifs à la religion, et aux loix civiles. Les pontifes rétablirent les cérémonies du culte. Les titres des propriétés, ou des usages qui s'étoient perdus, furent suppléées par mémoire. On retrouva les loix des douze tables, et d'autres faites du tems des anciens rois, ainsi que les traités conclus avec différens peuples, qui, avoient été gravés sur l'airain. On récompensa et on punit tous ceux qui avoient bien fait ou manqué dans la circonstance du siège. *Manlius*, qui s'étoit le premier éveillé au cri des oies, et qui avoit précipité les premier Gaulois, eut une maison dans la forteresse, et reçut le surnom de *Capitolinus*. On reconnut jusqu'à la vigilance des oies, en les déclarant sacrées; et les chiens qui n'avoient pas aboyé, furent voués à l'indignation et au mépris. Petits soins qu'une grande république ne jugea pas indigne d'elle. Peut-être la populace que les républicains ne doivent pas négliger, fut-elle plus touchée de la récompense des oies, que de celle *Manlius*.

A peine *Camille* avoit-il déposé les vingt-quatre faisceaux, qu'il fut obligé de les reprendre. Les peuples voisins croyant la république expirante, se liguèrent pour lui donner le dernier coup. *Camille* leur fit sentir la griffe du lion, et les força de rompre leur injuste ligue. Ce fut un beau jour pour lui, que celui où il ramena dans leurs foyers les habitans de Sutrie. Pressés par la famine, ils avoient été contraints de subir la dure loi imposée par les Toscans, qui les assiégeoient, de quitter leur ville, et de n'emporter que leurs habits. *Camille* qui voloit à leur secours arriva trop tard. Il les trouva sur le chemin dans cet affreux dénuement. Sans hésiter, persuadé que les vainqueurs occupés à partager le butin, peuvent être surpris, il marche vers Sutrie, entre dans la ville, en chasse les Toscans, et retablit les habitans dans leurs maisons. Il eut le plaisir de les remettre en possession de ces commodités domestiques, dont on sent d'autant mieux le prix, qu'on a été plus près d'en être privé.

On dit de *Camille*, qu'il ne donna jamais de bataille, qui ne fut suivie d'une victoire complette; qu'il n'assiégea jamais de ville sans la prendre; qu'il ne mena jamais d'armée en campagne, sans la ramener comblée de gloire et chargée de butin : il dut souvent ses succès autant à sa bravoure personnelle, qu'au courage de ses soldats. Nul général n'a jamais mieux su rechauffer un zèle refroidi, raffermir une armée chancelante. « Compagnons, » disoit-il à ses soldats, effrayés par le » nombre, où sont cette joie et cette » envie de combattre, que j'ai toujours » vues dans vos regards ? Avez-vous » oublié qui je suis, qui vous êtes, et » ce que sont vos ennemis ? Ne devez- » vous pas à vos victoires sur les Vosques » et les Latins, la gloire immortelle que » vous avez acquise ? N'avez-vous pas » conquis Veies, défait les Gaulois, » et délivré Rome sous mes ordres ? » Ne suis-je plus *Camille*, parce que » je n'ai pas le titre de dictateur ? Attaquez seulement, et vous les verrez » fuir devant vous ». En finissant, il saute à bas de son cheval, prend par la main le porte-enseigne, l'entraîne contre l'ennemi en criant, soldats avancez. Ils se précipitent après lui comme des lions. Pour augmenter leur ardeur, il jette le drapeau parmi les ennemis. Le désir de le reprendre, fit faire aux Romains des efforts si prodigieux, qu'ils mirent en déroute toute l'armee liguée, quoique beaucoup plus forte qu'eux.

Un jeune général nommé *Furius*, tribun militaire, que le sort avoit associé à *Camille*, dans une expédition contre les Volsques, se laissant entraîner à une bouillante ardeur, vouloit forcer son collègue à livrer bataille. *Camille* donnoit de bonnes raisons pour différer. Mais cédant aux sollicitations des soldats animés par *Furius*, il leur dit : « je » vous souhaite la victoire. Je désire » seulement qu'en considération de mon » âge, on me dispense de me placer » aux premiers rangs ». Il se mit au corps de réserve. Les soldats de *Furius* donnèrent dans une embuscade et furent battus. Ils reculèrent en désordre et voulurent rentrer dans le camp; mais ils trouvèrent *Camille* qui leur en fermoit l'entrée. « Est-ce là, leur dit-il, » la victoire que vous vous promettiez? » Il n'y a point d'asile ici pour vous. » Retournez ». En même-tems, il se met à leur tête, et force les ennemis à la retraite. Le lendemain il livre bataille. *Furius* répara sa faute, par son habileté et sa valeur, et contribua beaucoup à la victoire. On croyoit que *Camille* retourné à Rome, feraitdes plaintes de ce jeune tribun militaire, dont la pétulance s'étoit fait préférer à l'expérience de son collègue ; au contraire *Camille* n'en dit que du bien, et dans une guerre qui se représenta, pour laquelle il eut le choix d'un collègue, il prit *Furius*. Acte de générosité qui lui attira les éloges de la ville et de l'armée. Il mourut après cinq dictatures, âgé de quatre-vingt deux ans. Il aima toujours sa patrie malgré son ingratitude. Juste, désintéressé, impartial et conciliant. Rome, qui peut se flatter d'avoir fourni au monde un grand nombre de très-beaux modèles, n'en a peut-être jamais présenté un si magnifique, que l'incomparable *Camille*.

Entre les envieux de ce grand homme, on remarque sur-tout *Manlius Capitolinus* qui avoit sauvé le Capitole. Il n'avoit que cet exploit dans la bouche : il le préféroit à tous ceux de *Camille*. « Si je n'avois pas sauvé le Capitole et « la citadelle, disoit-il, Camille n'auroit » pu reprendre Rome, ainsi sa gloire » est fondée sur la mienne ». Il paroit que ce *Manlius* étoit un présomptueux, infatué de son mérite, persuadé qu'il n'y avoit rien qu'il ne pût prétendre après une action aussi héroïque que la sienne. On croit qu'il aspiroit à la souveraineté, la chose n'est cependant pas prouvée ; mais se mêler avec la plus vile populace, payer les dettes des autres, vendre son bien, se ruiner pour se faire des partisans, si ce n'est pas la preuve d'une ambition démesurée, c'est une folie, qui,

au lieu de mener au trône, conduit souvent à l'échafaud. *Manlius* n'avoit même pas l'adresse d'un conspirateur ordinaire. Il croyoit se bien cacher en disant qu'il ne cherchoit qu'à établir l'égalité qui devoit être le fondement d'une bonne république; qu'à la vérité, il falloit un chef pour détruire le consulat, le tribunat et les autres magistratures qui pouvoient empêcher de parvenir à ce but. « Si vous me jugez digne de cet hon-
» neur, disoit-il naivement, plus le
» pouvoir que vous me conférerez sera
» grand, et plus je serai en état de hâ-
» ter l'accomplissement de vos vœux ».
Des comités secrets où *Manlius* tenoit ces discours, ils se répandirent dans le public, et jetèrent l'alarme. L'indiscret fut mis en prison; et en sortit faute de preuves. Il recommença ses manœuvres, on le cita de nouveau en justice. Comme il étoit accusé d'aspirer à la souveraineté, crime capital, il comparut en habit de deuil; mais contre l'ordinaire, ni ses parens, ni ses amis, ni même ses frères ne changèrent d'habit, tant on s'intéressoit peu à son sort. Cependant le peuple n'oublioit pas ses générosités. L'aspect du Capitole qu'on voyoit de la place publique, étoit aussi une puissante sollicitation en sa faveur. Les tribuns lui ôtèrent cette ressource, en in-

diquant l'assemblée où son affaire devoit être terminée, dans un lieu d'où on ne pouvoit pas voir la forteresse. La pitié n'en imposa plus à personne, et *Manlius* fut condamné à être précipité du haut de ces remparts qu'il avoit sauvés. La même sentence ordonna que la maison que le public lui avoit fait construire dans cette forteresse seroit rasée, et que jamais on n'y en bâtiroit d'autre.

Les grands hommes ou les hommes extraordinaires se succédoient. Il s'ouvrit à Rome dans la place publique un gouffre qu'on ne pouvoit combler. L'oracle consulté, déclare : « Qu'il faut y » jetter la principale force des Ro- » mains ». Un chevalier nommé *Curtius*, se persuade que la principale force des Romains, est la valeur et les armes. L'enthousiaste se revêt de ses armes, monte sur son cheval, et se précipite dans l'abîme, qui se referme, à la vérité à l'aide de beaucoup de décombres.

Curtius.

Un autre exemple de dévouement arriva sous le consul *Manlius Torquatus*. Bon fils et père cruel, il paroît que la nature l'avoit extérieurement peu favorisé de ses dons. Cette privation apparente donna lieu à une accusation contre son père, qui, disoit-on, l'avoit relégué à la campagne, où il le faisoit travailler avec ses esclaves, parce qu'il manquoit

Duel de Torquatus.

de génie, et qu'il avoit la parole embarrassée. Ce reproche fut très-défavorable au père que son caractère impérieux rendoit d'ailleurs désagréable au public. Le fils instruit de cette inculpation, part de grand matin de la campagne, arrive chez le tribun accusateur pendant qu'il étoit encore au lit, et est introduit avec empressement comme venu pour fortifier l'accusation ; mais au contraire, il se jette sur le tribun un poignard à la main, et menace de le percer, s'il ne lui promet par serment, de ne jamais convoquer d'assemblée pour accuser son père. Le tribun se crut obligé à tenir sa parole, quoiqu'arrachée par force. Le peuple qui ne vit plus de suite à cette affaire, loin d'être choqué de cette entreprise hardie, la récompensa, en le faisant nommer tribun d'une légion, poste considérable dans l'armée.

Il se montra digne de ce choix par sa victoire sur un Gaulois insolent qui défioit le plus brave. *Manlius* se présente au dictateur *Appius* : « Allez, lui
» dit le général, humiliez l'orgueil de
» cet ennemi qui nous insulte. Vengez
» votre patrie aussi heureusement que
» vous avez sauvé votre père ». Le combat ne fut pas long : le géant Gaulois s'abandonna sur un ennemi qu'il mépri-

soit. Celui-ci le perce au défaut de la cuirasse : il tombe mort. *Manlius* lui enlève son collier d'or dont le dictateur le para à la tête de l'armée : ce qui lui fit donner le surnom de *Torquatus*.

Cet homme qu'on soupçonnoit de peu de génie dans sa jeunesse; mais formé par une éducation dure, devint un des grands généraux Romains. Il fut dictateur. Il n'étoit que consul, lorsqu'il fit avec *Décius*, le songe qu'on croit avoir été concerté entre les deux généraux pour relever le courage un peu abattu des soldats, savoir : que pour obtenir la victoire, il falloit que l'un des deux se dévouât à la mort. Sur ce songe les aruspices furent consultés. Ils déclarèrent que les entrailles des victimes le confirmoient. En conséquence on régla dans le conseil que *Manlius* commanderoit l'aile gauche, *Décius* la droite, et que celui des deux dont les troupes plieroient, se dévoueroit pour le salut de la patrie, et se précipiteroit au milieu des bataillons ennemis. Il fut encore réglé, pour remettre en vigueur la discipline militaire contre des ennemis très-aguerris eux-mêmes, que quiconque combattroit hors de son rang, sans la permission des consuls, seroit puni de mort.

Exemple terrible de discipline.

Malheureusement la rigueur de la loi tomba sur un jeune homme digne d'un meilleur sort, fils de *Manlius* lui-même. Il ne put souffrir de se voir défier par un capitaine ennemi, le combattit et le tua. Il revint triomphant auprès de *Torquatus*. « Mon père, lui dit-il, j'ai suivi » votre exemple. J'ai été appelé à un » combat singulier par un guerrier Latin; » j'en dépose les dépouilles à vos pieds. » Malheureux, répond le père, com- » ment avez vous osé combattre sans » mon ordre, violer les loix d'une disci- » pline qui a été jusqu'à présent le sou- » tien de l'empire. A quoi me réduisez- » vous? à la cruelle nécessité d'oublier » la qualité de père ou celle de juge? » mais l'intérêt de la patrie l'emportera. » Nous donnerons l'un et l'autre un grand » exemple. Mourez, mon fils, aussi cou- » rageusement que vous avez combat- » tu ». En achevant ces mots, il le couronne à la vue de toute l'armée, et lui fait trancher la tête. Affreux spectacle, qui excita un murmure général; mais qui rétablit la discipline, présage de la victoire.

Cérémonie du dévouement.

On souhaite après cela que ce soit sur *Manlius* que tombe le sort du dévouement; mais le hasard des combats en décida autrement. L'aîle de *Décius* fut re-

poussée, alors il se détermina à accomplir la promesse de se dévouer aux dieux manes. La bizarerie de cette cérémonie, capable cependant d'en imposer à la multitude, mérite une place dans l'histoire. Le consul appella à haute voix le pontife *Valerius* pour accomplir les rites, et lui dicter les paroles de son sacrifice. Ses soldats attentifs l'environnoient. Le pontife lui ordonne de quitter son habillement militaire, de revêtir la robe brodée de pourpre qu'il portoit dans le sénat. Il lui couvre ensuite la tête d'un voile, lui commande d'avoir la main élevée sous sa robe, jusqu'au menton, de fouler aux pieds un javelot, et de prononcer avec lui ces paroles : « *Janus,*
» *Jupiter, Mars, Romulus, Bellone,*
» *dieux lares!* O héros qui demeurez
» dans les cieux, et vous tous, les dieux
» qui nous gouvernez, nous et nos enne-
» mis, sur-tout vous, dieux des enfers,
» je vous invoque, je vous supplie res-
» pectueusement de nous accorder la
» victoire, et de répandre la terreur par-
» mi nos ennemis! Je me dévoue pour le
» peuple Romain, pour l'armée, pour
» les légions, pour les troupes auxiliai-
» res des romains, et je dévoue en même-
» tems aux dieux manes et à la terre,
» les légions et les troupes auxiliaires des
» ennemis ». Après ces paroles, il saute

sur son cheval, et se jette comme un foudre au milieu des bataillons.

La vue étrange d'un homme désarmé avec une robe de magistrat, étonne les ennemis, il pénètre facilement les premières lignes, parvient au centre ; mais comme on voit qu'il frappe en furieux, et qu'il couvre autour de lui la terre de morts, on lui décoche des flèches de tous côtés, et il tombe sur un monceau de cadavres. Ses soldats pleins d'une ardeur que la religion enflammoit, le suivent dans les rangs ébranlés par son premier choc, et remportent une victoire complette. Cette bataille se donna au pied du Vésuve : ce qui fait voir que les Romains commençoient à s'éloigner de leur Capitale. Les irruptions des Gaulois qui continuoient, forcèrent les peuples d'Italie à se prêter des secours les uns aux autres. Les Romains les portoient volontiers au loin, afin de garantir d'autant mieux leurs propres frontières. C'étoit *Camille* qui leur avoit fait adopter ce système de guerre.

Capoue.

Mais aussi leur caractère entreprenant, l'amour effréné de la gloire de la patrie, d'auxiliaires, les rendoient souvent agresseurs ; ainsi ils parvinrent à soumettre de proche en proche les nations qui ne les avoient reçus d'abord qu'à titre d'alliés. Capoue en est un

exemple. Ses habitans mous et efféminés se promettoient de vivre tranquilles sous la protection d'une alliance avec la république. Troublés dans ce repos par les Samnites, ces indolens réclament les secours promis par leur traité avec les Romains. « Le sénat est touché de
» votre situation, répondent ceux-ci,
» mais il ne peut faire avec vous une
» nouvelle alliance, parce qu'il est lié
» avec les Samnites par un traité solen-
» nel. Eh bien, dirent les Campaniens,
» nous nous donnons à vous, villes, tem-
» ples des dieux, et tous ce que nous
» possédons ». Alors les Romains se sentent guéris de leur scrupule, et ils trouvent pour des sujets, des forces qu'ils n'avoient pas eues pour des alliés.

De toutes les nations qui s'opposèrent à leur puissance dominatrice, nulle ne leur résista plus longtems que les Volsques. Abattus, terrassés, ils ne se regardoient pas comme soumis, ils se débattoient dans leurs chaînes, et s'en armoient souvent contre leurs vainqueurs. Après une violente insurrection, que les Romains traitèrent de révolte, on délibéroit dans le sénat sur le châtiment qu'on leur infligeroit. Quelques opinions alloient à la mort. Le député de Priverne, ville dont on agitoit le sort, étoit présent. Un sénateur l'apostrophe en ces

Fermeté d'un Privernaat.

termes : « Quelle peine croyez-vous que méritent vos concitoyens » ? Le Volsque répondit : « Celle que méritent ceux qui se croyent dignes de la liberté ». Cette réponse, reproche indirect aux Romains, piqua les uns, fut approuvée par les autres. « Mais, insista le sénateur, si Rome vous pardonnoit, comment vous conduiriez-vous » ? Notre conduite, répliqua le généreux captif, « dépendra de la vôtre ; si les conditions de la paix que vous nous accorderez sont équitables, vous pouvez compter sur une constante fidélité de notre part ; mais cette fidélité sera de peu de durée, si les conditions sont dures et injurieuses ». Quelques sénateurs trouvèrent dans ces paroles, un air de menace qui leur déplut ; mais les plus sages s'écrièrent : « Ceux qui sont aussi jaloux de leur liberté, méritent de devenir Romains ». Cet avis prévalut, et l'on accorda aux Privernates le droit de bourgeoisie Romaine.

Ce droit conféroit des priviléges, comme de pouvoir appeller à Rome de la sentence de ses propres magistrats, de n'être pas condamné à de certaines peines, et autres prérogatives semblables ; mais il n'autorisoit pas à donner sa voix dans les élections ou délibérations du peuple, il falloit pour cela être né Romain, classé dans les tribus et centuries. C'étoit à Rome une espèce de science que la connoissance des formes établies pour briguer une charge, la faire passer à l'un plutôt qu'à l'autre, en changeant la manière de voter, tantôt par tribus, tantôt par curies, ce qui donnoit un grand ascendant au parti patricien ou plébéien, qu'on balençoit ainsi alternativement. Il auroit été à désirer qu'on eût pu faire disparoître ces distinctions qui jetèrent toujours le trouble dans la république ; mais on ne réussit qu'à les rapprocher quelquefois, moins encore par amour du bien public, que par ambition, ou d'autres motifs. Par exemple la jalousie d'une femme introduisit un changement notable dans la première magistrature de Rome.

Fabius Ambustus patricien illustre, mais extrêmement populaire, avoit deux filles, l'une mariée à un patricien alors tribun militaire, l'autre à un riche plébéien. Un jour que les deux sœurs s'entretenoient dans la maison du tribun, ce magistrat rentrant chez lui, le licteur qui le précédoit, frappe à la porte avec le bâton des faisceaux selon la coutume, pour avertir que le tribun arrive. Ce bruit qui étoit nouveau pour la femme du plébéien l'effraye, ce qui fit rire sa sœur. Ce rire qui étoit sans doute in-

Jalousie, cause d'un changement important.

nocent, est interprété par la plébéienne, comme une ironie sur la différence que le mariage mettoit entre elles deux. Les respects qu'elle voit rendre à sa sœur par les cliens qui suivoient le magistrat, ajoutent à son dépit. Elle reproche à son père la distinction humiliante qu'il avoit mise entre sa sœur et elle, puisque son mari étant plébéien, elle se trouvoit privée pour toujours des honneurs dont sa sœur jouissoit. *Ambustus* sensible aux plaintes de sa fille, résout d'en détruire la cause. Il agit si adroitement avec le plébéien son gendre, et les autres de la même classe qu'ils s'associèrent, que le gouvernement fut changé, sans que la paix fut altérée entre les deux ordres. On supprima les tribuns militaires qui dans ce tems devoient être tous patriciens; et il fut réglé que désormais il y auroit toujours un consul plébéien, et même il y eut dans la suite un dictateur plébéien. De ce mélange qui se fit entre les deux ordres, suivit un adoucissement dans le sort de la classe la moins fortunée du peuple. On diminua le taux de l'argent, qui donnoit lieu à des usures énormes, dont le poids pésoit principalement sur le peuple; on rendit moins sévères les loix contre les débiteurs. Les adoptions devinrent fréquentes entre les patriciens et les plébéiens, pour se relever les uns par les honneurs, les autres par les richesses. Les deux ordres fraternisèrent pour ainsi dire, et cette union à la vérité souvent altérée par la suite, fut pour le moment l'ouvrage de deux passions qui sèment ordinairement la discorde, la jalousie et l'ambition.

On ne sait qu'elle phrénésie agita pour lors les dames romaines. Elles formèrent l'horrible complot d'empoisonner leurs maris. Des auteurs les mettent au nombre de trois cents soixante et six, toutes de distinction; d'autres n'en comptent que cent soixante et dix, ce qui est encore beaucoup. On a peine à concevoir que tant de femmes se soient entendues pour une pareille noirceur. Beaucoup de patriciens périrent, sans qu'on se doutât du crime, parce qu'elles avoient pris le tems d'une peste qui ravageoit Rome; dont elles aidoient merveilleusement la fureur meurtrière. Elles furent décélées par une esclave, et surprises par les consuls au nombre de dix, dans le tems même qu'elles étoient occupées à préparer le breuvage empoisonné, pour se débarasser du reste de leurs maris. Elles soutinrent que leurs préparations chymiques étoient des médecines salutaires. On leur ordonna d'en faire l'épreuve sur elles-mêmes. Elles

Femmes empoisonneuses.

hésitèrent, demandèrent à conférer auparavant avec les autres complices, burent ensemble la fatale coupe, et moururent. Les Romains regardèrent cet événement, comme l'effet de l'esprit de vertige, d'une espèce de sort jeté sur leurs femmes, et firent des sacrifices expiatoires. Mais n'est-il pas possible, que dans un tems d'ignorance et de superstition comme celui dont on parle, les magistrats ayent été trop faciles à croire la délation. Ils ne laissèrent aux femmes que le choix de se reconnoître criminelles, ou de boire leur mixtion. Elles auront préféré le dernier parti, sûres de leur composition ; mais faites pour des malades, ces potions reçues dans des corps sains et non préparés, ont pu devenir pour elles de véritables poisons, qui leur ont enlevé en même tems l'honneur et la vie. En ce cas ce sont les maris qui auront été les coupables. Cette manière d'envisager la chose, est beaucoup plus conforme au caractère connu des dames romaines, célèbres par leur sagesse, leur fidélité, la gravité de leurs mœurs, et les vertus de leur sexe portées souvent jusqu'à l'héroisme.

Tome 19.
Fourches Caudines.

Les historiens remarquent qu'elles prirent toujours le plus vif intérêt à la gloire de Rome. Les malheurs de la république leur devenoient personnels. Elles se revétirent de deuil avec tout l'appareil de la douleur, à la nouvelle de la funeste aventure arrivée à l'armée du consul *Posthumius*, dans le pays des Samnites. Conduit par des guides infideles, il s'enfonça dans une gorge dominée par des montagnes escarpées, qui n'avoit qu'une seule issue. Quand l'armée y arriva, elle la trouva fermée par un abatis d'arbres et de grosses pierres. Elle retourna sur ses pas : l'entrée avoit été bouchée de même, et les retranchemens et les hauteurs garnis de soldats inattaquables par leur situation. » Les » dieux mêmes, dit Tite-Live, n'au- » roient pu les délivrer sans miracle ». Qu'on juge de l'affliction d'une armée de braves réduite à une pareille situation. Les Samnites eux-mêmes n'étoient pas sans embarras, sur ce qu'ils devoient faire de ceux qu'ils tenoient sous leur puissance.

Pontius, qui les commandoit, envoya demander conseil à *Héremius*, son père, vieillard distingué par ses lumières et sa prudence. Il répondit : « Je » conseille à mon fils d'ouvrir le pas- » sage aux Romains, et de les laisser » retourner chez eux sans leur faire » aucun mal ». Cet avis parut bisare à des vainqueurs maîtres du sort des vain-

cus. Le fils crut que son père avoit mal jugé la disposition des lieux, faute par les députés de s'être fait bien entendre. Il les renvoya mieux instruits. Le vieillard leur dit « Mon avis est qu'on mas-
» sacre tous les Romains sans en épargner
» un seul ». Cette contradiction redoubla l'embarras. On pria *Herémius* de venir l'expliquer lui-même. Il arrive, et après avoir balancé ses deux avis, il finit par ces mots : « Traitez les Romains avec
» une générosité qui vous en fasse des
» amis, ou affoiblissez-les au point de
» vous les rendre des ennemis beaucoup
» moins redoutables. En bonne politique
» il n'y a pas de troisiè. parti à
» prendre ». Malheureusement, on ne sentit pas la force du raisonnement. On le prit, ce troisième parti. Les Romains, dans l'impossibilité de gravir des rochers insurmontables, épuisés par la faim qu'ils souffrirent trois jours, consentirent, en frémissant, à passer sous le joug. Ils sortirent de ce lieu funeste, qu'on a nommé *les fourches Caudines*, livrés aux huées et aux insultes d'une soldatesque insolente, nuds, désarmés, et la rage dans le cœur. Un habitant de Capoue, où ils arrivèrent d'abord, ne se trompa pas sur leurs dispositions. On croyoit, à leur abattement, que le courage romain étoit pour jamais éteint

dans leur cœur. Il dit à ses concitoyens :
« Ce silence opiniâtre, ces yeux baissés
» prouvent qu'ils tiennent leur colère
» renfermée, mais qu'ils méditent une
» terrible vengeance ». Au reste, les
Capouans se conduisirent à l'égard de
ces malheureux, non-seulement en alliés, mais en amis. Pour qu'ils n'entrassent pas dans Rome, en cet état
d'humiliation, ils leur envoyèrent auparavant des habits, des armes, et poussèrent l'attention jusqu'à fournir, aux
consuls, des licteurs avec leurs faisceaux.

Ils entrèrent de nuit à Rome, et allèrent se cacher dans leurs maisons. Le
lendemain, le consul *Posthumius* fut
le premier à conseiller au sénat, de ne
tenir aucune des conditions utiles qu'il
avoit été forcé d'accorder, et proposa
qu'on le renvoyât lui-même aux Samnites, pour qu'ils disposassent de lui à
leur volonté. L'autre consul se dévoua
de même généreusement. L'officier,
chargé de les remettre à l'ennemi, les
fit lier, et dit en les présentant : « Puis» que ces hommes ont fait un traité de
» paix avec vous sans aucun ordre de
» la république, ce qui est un crime,
» nous vous les livrons, afin de n'avoir
» aucune part à un châtiment qui ne
» doit retomber que sur leur tête ».

Pontius répondit que leur procédé étoit absolument contraire à la justice. « En conséquence de nos conventions, dit-il, vous avez tous vos citoyens que je pouvois faire périr, et moi je n'aurai pas la paix que j'ai stipulée. Si le traité vous déplait, renvoyez l'armée sous les fourches Caudines. Votre honneur sera alors à couvert de tout blâme, et le droit des gens que vous affectez de regarder comme sacré, ne sera pas violé ». Ce raisonnement étoit pressant, mais il ne fit pas fortune auprès de gens déterminés à ne point changer. *Pontius* dédaignant la vengeance, fit délier les consuls et les renvoya. La guerre recommença avec acharnement. *Pontius* fut pris dans une action. Loin d'imiter sa générosité à l'égard des consuls, *Fabius*, le dictateur, le mena en triomphe, ce qui pourroit être une représaille assez juste des fourches Caudines, mais ensuite il le fit décapiter ; action indigne d'un peuple qui se piquoit de justice, mais qui n'en eut cependant presque jamais, que quand elle s'accordoit avec ses intérêts.

<small>Sermens de dévouement.</small> Le dévouement de *Posthumius* est estimable du côté du courage ; mais soutenir, dans le sénat, la nécessité d'être infidèles à un traité consacré par serment,

afin de réserver à sa nation le droit de venger l'affront des fourches *Caudines*, c'étoit se rendre victime d'une injustice. Au reste, ces dévouemens n'étoient pas rares alors. On vit un second *Décius* se dévouer et se faire tuer dans une bataille comme son père. Des particuliers épris d'une belle passion de gloire, des bataillons entiers se dévouoient. Cette espèce d'épidémie passa des Romains chez leurs ennemis, ou circula entre eux. On peut mettre au rang des dévouemens les sermens exigés avec les rites propres, à exciter le courage, et à consacrer par la religion, la férocité naturelle au soldat. Les Samnites rentrant en guerre contre les Romains, avec la frénésie de la vengeance, firent prononcer, à seize mille de leurs plus vaillans soldats, cette imprécation redoutable : « Puissent » toutes les malédictions des dieux » tomber sur moi et sur ma postérité, » si je ne suis mes généraux par-tout » où ils jugeront à propos de me con- » duire ; si je tourne jamais le dos, ou si » je ne tue pas ceux que je verrai prendre » la fuite ». Ceux qui hésitèrent à prêter ce serment furent égorgés sur-le-champ, et couchés à terre entre les victimes immolées. On donna, aux guerriers liés par ce terrible engagement, des armes éclatantes, des casques rehaussés d'aigrettes, afin qu'on les distinguât de tous les autres, précaution qui n'est pas inutile pour exciter l'émulation.

<small>Légions et esclaves punis.</small> Les Romains firent, dans ce tems, une espèce de police dans le pays latin. Ils purgèrent le pays de brigands, restes impurs des armées. Il s'en étoit formé une troupe, originairement composée d'esclaves. Ils se rendirent même assez forts pour s'emparer de plusieurs villes. Malheur à celles qui tombèrent en leur pouvoir. Ils y exerçoient une domination tyrannique. Non-seulement ils s'emparoient des biens, mais ils attentoient à la liberté des hommes, à l'honneur et à la pudicité du sexe. On remarque une de leurs loix barbares, qui défendoit qu'une fille libre prit un époux de sa condition, à moins qu'elle n'eût auparavant accordé ses faveurs à un esclave. Une légion entière, composée de Campaniens, se rendit coupable de crimes à-peu-près semblables, à Rhege, où elle avoit été en garnison. En punition d'une trahison supposée, les légionnaires tuèrent tous les hommes, et obligèrent les femmes et les filles de les épouser. On envoya une armée contre eux, ils furent pris tous, amenés à Rome, battus de verges, et décapités, cinquante par jour.

La guerre n'empêchoit pas que la dissention ne continuât dans la ville. Au contraire, on auroit dit qu'elles étoient l'aliment l'une de l'autre. La discorde faisoit déclarer la guerre pour éloigner tous les oisifs de Rome, et la victoire ramenoit la discorde à l'occasion du partage des dépouilles et des terres conquises. A ces motifs de division se joignoit le point d'honneur toujours subsistant entre les plébéiens et les praticiens, à l'occasion des charges de la prêtrise et autres prérogatives que les premiers vouloient partager. Ces querelles furent assez vives pour occasionner encore une scission éclatante, entre les patriciens et le peuple, qui se retira de nouveau sur le mont sacré, et fut rappellé par la condescendance du sénat. Il est bien étonnant que les loix dures contre les débiteurs fussent encore en vigueur, que le créancier eût encore droit de s'emparer de la personne du débiteur, de le traiter en esclave. Cette barbarie eut même lieu à l'égard du fils d'un consul. Réduit à emprunter à gros intérêts, il se vit hors d'état de payer un de ses créanciers, et forcé de lui abandonner son fils. Le cruel le fit battre de verges, et ce fut la vue du jeune infortuné, produit dans la place, avec les stigmates friches des mauvais traitemens, qui

Dureté des lois contre les débiteurs.

souleva le peuple, et provoqua le décret par lequel cette inhumaine loi étoit encore abrogée.

2714.
Censure.

La censure des mœurs étoit alors en vigueur. Elle s'exerçoit non-seulement sur tous ceux qui menoient une vie dissolue, mais encore sur ceux qui faisoient parade de richesses. *Fabricius* et *Emilius Papus*, censeurs inexorables, rayèrent de la liste des sénateurs plusieurs patriciens coupable de débauche, et même un ancien dictateur, qui se servoit d'une vaisselle d'argent du poids de dix livres. Mais la meilleure censure étoit l'exemple que donnoient encore de vertueux romains, des hommes consulaires, d'anciens généraux, des triomphateurs, qui, après avoir rendu à la patrie tous les services dont ils étoient capables, se retiroient à la campagne, non pour y mener une vie molle; mais pour cultiver laborieusement leur petit domaine, d'où le luxe étoit banni, et où ils faisoient régner la simplicité des mœurs et la sobriété. Ainsi fut trouvé le célèbre *Curius Dentatus* par des ambassadeurs samnites; assis sur un escabeau auprès de son foyer, prenant un repas, qui consistoit en quelques racines. Ils venoient le prier de s'intéresser pour eux dans un traité qu'ils proposoient avec la république. Ils mirent à côté de

lui une grosse somme d'argent. *Curius* la regarda dédaigneusement. « Remportez
» votre or, leur dit-il, sans doute ma
» pauvreté vous a fait concevoir l'espé-
» rance de me corrompre; mais j'aime
» mieux commander à ceux qui ont de
» l'or, que d'en avoir moi-même ».

Rome dans ce tems pouvoit armer deux cent soixante-onze mille citoyens. Elle voyoit sous ses loix tous les pays situés depuis la partie la plus reculée de l'Etrurie jusqu'à la mer Ionienne, et depuis la mer de Toscane jusqu'à la mer Adriatique. Les peuples de ces contrées n'étoient cependant pas tous dans une égale dépendance. Les uns étoient absolument sous le joug, les autres avoient conservé leurs loix et leurs privilèges. Plusieurs étoient de simples alliés du peuple romain. Ils devoient fournir des troupes en cas de besoin, et les entretenir à leurs propres dépens. D'autres avoient des prérogatives qui les rapprochoient du peuple romain, selon la différence des conditions auxquelles ils s'étoient soumis. Toute l'Italie étoit comme une confédération sous l'égide de la république. *Pyrrhus*, roi d'Epire, en éprouva la puissance lorsqu'il vint secourir les Tarentins, dont la conduite avoit été dérisoire et insultante à l'égard des Romains. Ceux-ci, comme on l'a vu dans la vie de *Pyrrhus*, lui montrèrent la magnanimité dont ils savoient faire parade quand ils croyoient être en spectacle à l'Univers ; à moins qu'un intérêt personnel, celui de la richesse et de la domination, n'écartât toute autre considération, comme il arriva dans leurs guerres contre les Carthaginois.

Iere. Guerre Punique. 2740. Ceux-ci possédoient différens pays en Afrique et en Espagne. Ils étoient maîtres de la Sardaigne, de la Corse, de toutes les isles sur la côte d'Italie, et avoient étendu leurs conquêtes jusqu'en Sicile. Les deux républiques s'étoient déjà imposé réciproquement des loix par des traités de défiance et de précaution. Les Carthaginois avoient dit aux Romains: Vous ne naviguerez point dans les mers d'Afrique jusqu'au *cap Beau*, qu'on croit peu éloigné de Carthage, à moins que la tempête ne vous y jette, et alors il y avoit un tems fixé pour le séjour, et des lois pour les opérations du commerce. Les Romains interdisoient les mers d'Italie aux mêmes conditions ; mais les mers intermédiaires, comme celles de Sicile et l'île elle-même, devoient être nécessairement un sujet de discorde entre deux républiques également ambitieuses. Les Carthaginois y avoient abordé avant les Romains, et y jouissoient de grandes possessions. Ceux-ci ne pouvoient les voir sans jalousie si près de leurs côtes. Les deux républiques ont rejeté l'une sur l'autre le blâme de l'aggression.

Mais dans les querelles de peuples comme dans celles de particuliers, ce n'est pas toujours celui qui donne le premier coup qui attaque. Elles vouloient en venir aux mains. Les Romains crurent avoir un prétexte plausible de s'opposer à l'agrandissement des Carthaginois, en venant au secours de Massane, dont ceux-ci s'étoient emparés par surprise. Cette conquête ne laissoit entre les deux peuples rivaux qu'un petit détroit très-facile à passer. La possibilité d'être bientôt attaqués, fit croire aux Romains qu'ils avoient droit d'attaquer eux-mêmes. Et en effet, il est très-probable que les Carthaginois ne s'avançoient pas jusque là pour ne point pousser leurs avantages. La guerre commença donc entre les deux peuples, et prit d'abord un caractère de férocité qui ne s'est pas démenti. Les Carthaginois, irrités du premier succès des Romains, qui avoient pris Massane, firent égorger tous les Italiens qui se trouvoient dans leur armée; peut-être en craignoient-ils une trahison; mais la précaution étoit bien cruelle. Elle ferma aux Romains les yeux sur les dangers et l'imprudence d'une pareille guerre. Guerre de mer qu'ils entreprirent sans vaisseaux, et ils devinrent en peu de mois des marins expérimentés.

<small>Flotte bâtie en deux mois.</small> Le premier trajet se fit dans des barques. Le succès de la descente fut suivi d'un combat contre *Hieron*, roi de Syracuse. Les romains le forcerent à une paix qui facilita leurs progrès dans l'île. Se trouvant inférieurs aux Carthaginois, avec leurs frêles barques et leurs vaisseaux grossiers et mal construits, ils conçurent le projet d'en bâtir d'autres assez nombreux pour composer une flotte, et ce qu'on aura peine à croire, ils l'exécutèrent en deux mois. En deux mois, à dater du jour auquel on commença à couper les arbres dans les forêts, on fit cent galères à cinq rangs de rames, et vingt à trois rangs. Pendant qu'on les construisoit, des gens de terre, qui à peine avoient vu la mer, on en formoit des matelots. Assis sur des bancs au bord de la mer, dans le même ordre qu'on l'est dans les vaisseaux, on les accoutumoit à la manœuvre, comme s'ils eussent été à la chiourne, ou qu'ils eussent eu en main des rames. Dès que les vaisseaux furent équipés, ils mirent en pratique sur mer, ce qu'ils avoient appris sur le rivage.

Les Romains osèrent bien plus; de la

mer ils firent pour ainsi dire un plancher sur lequel ils combattoient comme sur terre. Ils inventèrent une machine qu'on appella *Corbeau*, avec laquelle ils accrochoient les vaisseaux ennemis et les abordoient. Munis de ces préparatifs, ils cherchèrent les Carthaginois. Les deux flottes ne tardèrent pas à se rencontrer. Les Afriquains furent un peu étonnés de ces machines qu'ils voyoient élevées sur la proue de chaque vaisseau; mais leur étonnement redoubla, quand ces mêmes machines abbaissées tout d'un coup, accrochèrent leurs vaisseaux et les obligèrent de combattre, comme s'ils eussent été à terre. Les Romains étoient bien supérieurs en ce genre de combat, et leurs matelots étoient si bien formés à la manœuvre, que leurs galères présentoient toujours ces terribles machines aux ennemis, qui malgré leur habileté et l'agilité de leurs vaisseaux, ne pouvoient les éviter. Les Romains remportèrent une victoire complette. La nouvelle en arriva à Carthage, par l'amiral carthaginois. Il crut devoir user de ruse pour se faire pardonner sa défaite. Il envoya un de ses amis qui fit assembler le sénat et lui dit : « Annibal demande
» s'il doit livrer bataille au consul qui a
» sous ses ordres une flotte nombreuse,
» mais composée de vaisseaux mal cons-

» truits, et garnis de certaines machines
» qu'il n'a jamais vues, et dont il ignore
» l'usage ». La réponse unanime fut :
« Que notre *Annibal* combatte les Ro-
» mains et les punisse d'oser nous braver
» sur notre élément ». L'envoyé répondit aussitôt : « Il a combattu et a été
» vaincu. Il n'a fait qu'exécuter les ordres
» que vous venez de donner ». On lui
fit grace de la vie, faveur rare dans cette
république ; mais on lui ôta le commandement. *Dicilius* eut à Rome pour récompense, l'honneur d'être précédé par
un flambeau et un joueur de flûte, le
reste de sa vie, quand il revenoit de
souper chez ses amis. Cette distinction
ne s'accordoit qu'au triomphateur et le
seul jour de son triomphe. C'étoit beaucoup chez un peuple qui savoit tourner
en reconnoissance pour les grands services d'un dictateur, la permission de
pousser la porte en déhors, du côté des
passans, lorsqu'il l'ouvroit, au lieu de la
tirer sur lui-même.

Bientôt ces vaisseaux mal construits,
dont parloit *Annibal*, se tournèrent en
galères légères et faciles à manier, sur le
modèle d'une de cette espèce, dont les
Romains s'emparèrent. Mieux équipés,
et toujours armés de leurs terribles
corbeaux, ils remportèrent une victoire
encore plus considérable, sur un autre

amiral nommé *Hannon*. Il eut l'imprudence d'aller sans gardes au milieu de l'armée romaine, faire des propositions de paix. Démarche d'autant plus hasardée, qu'il avoit à se reprocher une trahison à l'égard d'un consul, qui par ses ordres s'étoit vu chargé de fers, et conduit à Carthage. Aussi quand il parut, les Romains s'écrièrent qu'il falloit l'arrêter, et le punir. Sans se déconcerter, *Hannon* leur dit tranquillement : « quel » avantage vous reviendra-t-il d'imiter » notre perfidie ? On dira que Rome » produit d'aussi méchans hommes que » Carthage ». Les consuls répondirent : « Quoique les perfides Carthaginois aient » violé le droit des gens, les Romains » l'observeront même avec des perfides ». Le traité n'eut pas lieu, et les vainqueurs firent voile pour Carthage.

À la tête de cette expédition, étoit le consul *Régulus*. Comme s'il eût prévu son malheur, on eut de la peine à l'engager à s'en charger. Soit prétexte, soit motif véritable, il écrivit au sénat : « Un » homme de journée profitant de l'occasion de la mort du fermier qui cultivoit mon champ, composé de sept » arpens, à enlevé tout mon équipage » rustique, et s'est enfui. Ma présence » est donc nécessaire, pour veiller à

Régulus.

» ce que mon champ soit cultivé, sans
» quoi il me sera impossible de nourrir
» ma femme et mes enfans ». Le sénat
leva la difficulté en se chargeant de tout,
et ordonna à *Régulus* de continuer de
commander l'armée en Afrique.

Ses premiers succès furent brillans. Il
s'avança jusque sous les murs de Carthage, et crut la république assez humiliée, pour lui proposer entre autres
conditions de paix, qu'elle s'assujettiroit
à un tribut annuel, qu'elle s'engageroit
à n'avoir jamais qu'un seul vaisseau de
guerre en état de service, et à fournir
aux Romains toutes les fois qu'elle seroit
requise, cinquante galères à trois rangs
de rames tout équipées. Ces propositions altières furent rejetées avec indignation. Pendant que le proconsul, hors
d'état de former un siége faute de machines, ravageoit la campagne et tiroit
des contributions, un officier carthaginois, nommé *Xantippe*, exerçoit les
Carthaginois peu accoutumés aux évolutions militaires de terre, de sorte que
quand ils se présentèrent devant *Régulus*
pour livrer bataille, il fut aussi surpris
de leur contenance, que les Carthaginois l'avoient été de la manœuvre des
Romains, lorsqu'ils firent agir le *corbeau*
pour la première fois. Heureux, le général qui sait étonner son ennemi ! *Xan-*

tippe, remporta une victoire complète. *Régulus* fut pris, chargé de fers et traîné à Carthage. Comme on a dit la *bonne foi Punique*, pour signifier la fourberie, on pourroit dire *la récompense Punique*, pour signifier l'ingratitude dont la république paya les services du Lacédémonien. Les auteurs conviennent qu'en butte à la jalousie et à ses fureurs, il fut forcé de quitter Carthage ; mais quelques-uns ajoutent, que les matelots du vaisseau qu'on lui donna, eurent ordre de le jeter dans la mer ; d'autres que le vaisseau avoit une voie d'eau bien connue, qui le fit périr. En général, les républiques récompensoient mal et punissoient bien sévèrement. Il y a plusieurs exemples de généraux mis en croix à Carthage, seulement pour avoir été vaincus.

Pendant la captivité de *Régulus*, la guerre continua avec la plus grande opiniâtreté. Les opérations maritimes des Romains étoient couronnés de succès, à la vérité mêlés de désastres, mais qu'ils ne devoient qu'à la fureur des élémens. Deux fois leurs flottes victorieuses battues par des tempêtes horribles furent abîmées dans les flots, il sortit de leurs chantiers, comme par création des forces plus redoutables. Quatorze ans d'une guerre si funeste, épuisèrent les Carthaginois. Ils songèrent à la paix. Le premier effet de ces dispositions, fut l'adoucissement de l'esclavage de *Régulus*, qui jusqu'alors avoit été très-dur. Ils l'engagèrent d'aller à Rome avec leur ambassadeur. Il y consentit et promit de venir reprendre ses fers, si la négociation ne réussissoit pas.

Arrivé aux portes de Rome, *Régulus* refusa d'y entrer. « Je ne suis plus ci-
» toyen romain, dit-il, mais esclave des
» Carthaginois, le sénat donne toujours
» audience aux étrangers hors des
» portes ». Sa femme *Marcia* venue à sa rencontre lui présente ses deux jeunes enfans. Mais ce père infortuné regarde fixement la terre, et se refuse à leurs embrassemens. Le sénat s'assemble, admis en sa présence, avec les ambassadeurs Carthaginois. *Régulus* dit:
« Pères conscrits, esclave des Cartha-
» ginois, je viens de la part de mes
» maîtres pour faire la paix, ou du
» moins une échange de prisonniers ».
Il vouloit se retirer pendant la délibération. Le sénat le presse de rester. Il le refuse, jusqu'à ce que les ambassadeurs le lui aient ordonné.

Pendant que les anciens sénateurs disoient leur avis, il avoit les yeux fixés en terre. Son tour de parler étant venu, il commença par ces mots: « Esclave à
» Carthage, je suis libre à Rome. Je

» parlerai donc avec liberté ». En effet, il prouva que l'intérêt de la république n'étoit point de faire la paix. « Les forces » de Carthage sont épuisées. Vous n'a-» vez été vaincus qu'une fois, et cela » par ma faute, faute que *Marcellus* a » bien réparée. Mais les Carthaginois ont » été vaincus tant de fois, qu'ils n'osent » fixer un Romain. Leurs finances sont » épuisées, ils n'ont plus de quoi payer » leurs mercénaires, qui sont leur prin-» cipale force. Mon avis est donc que » vous poursuiviez la guerre avec plus » de vigueur que jamais. Quant à l'é-» change des prisonniers, parmi les » officiers qui sont entre vos mains, » beaucoup sont à la fleur de leur âge, » et procureroient encore à leur patrie » des services signalés. Pour moi, il ne » me reste que peu d'années à vivre, » et je ne suis plus bon à rien. Que pou-» vez-vous attendre d'un homme qui » s'est laissé vaincre et charger de fers ».

On ne voit pas qu'il ait été délibéré dans le sénat, si on abandonneroit quelque chose des intérêts de la république pour sauver un homme si généreux. Quelques sénateurs s'empressèrent de lui prouver qu'il n'étoit pas obligé de retourner à Carthage, et de tenir un engagement arraché par la force. Le grand pontife même décida qu'il pouvoit rester à Rome, sans se rendre coupable de parjure. Mais indigné d'une décision qu'il regardoit comme injurieuse à son honneur, et à son courage. « Quoique je sache bien, dit-il, les tourmens qui m'attendent à Carthage, je les préfère à la honte d'une action infame qui m'accompagneroit jusqu'au tombeau. C'est mon devoir de retourner, que les dieux prennent soin du reste ». Les instances du sénat et du peuple, pour le retenir, furent inutiles. Il ne voulut voir ni sa femme ni ses enfans, de peur de se laisser attendrir; et partit l'air tranquille, l'œil sec, pendant que les assistans fondoient en larmes.

Que penser de ce peuple, de ce sénat qui pouvoit d'un mot, par un sacrifice de quelqu'avantage, arracher un homme si magnanime au supplice, et qui ne se relache en rien? Que penser aussi de cette république de Carthage qui souffre que le plus estimable des hommes, expire dans des tourmens affreux? On l'enfonça dans un cachot obscur, d'où on le tira pour l'exposer à un soleil brûlant, après lui avoir coupé les paupiéres. Ensuite on l'enferma dans un coffre hérissé de pointes de fer où il mourut. Le sénat livra à *Marcia* les principaux prisonniers Carthaginois qu'elle fit périr lentement par les mêmes tortures qu'avoit éprouvées son mari. Odieuses vengeances, funestes représailles, dont ceux qui gouvernent, devroient être rendus responsables.

Après d'autres atrocités pareilles, dont le détail échappe à l'histoire, mais trop ordinaire chez les peuples malades de la haine nationale, on en vint à traiter de la paix, terme nécessaire de toutes les guerres. Elle fut conclue par *Amilcar*, qui seul de tous les généraux Carthaginois, avoit soutenu l'honneur de leurs armes en Sicile. Ils s'engagèrent à évacuer entièrement cette île. Le reste des concessions faites aux Romains, consista en argent. Le sénat auquel la ratification avoit été réservée, augmenta la somme dont étoient convenus ses commissaires. *Amilcar* forcé par la nécessité, consentit à cette surcharge; mais le ton tranchant et absolu des Romains lui inspira un dépit dont il leur fit sentir dans la suite les effets. Il faut avouer que dans cette guerre ils firent preuve d'une énergie, au dessus de ce qu'en a jamais montré aucun peuple. Non seulement la république, mais les patriciens contribuèrent de tous leurs moyens. On vit une flotte entière équipée par les citoyens à leurs propres frais, sans compter les armemens en course. Ils tirèrent de ces derniers, le double avantage de ruiner le commerce des Carthaginois, et de l'apprendre eux-mêmes par les renseignemens qu'ils obtinrent de leurs prisonniers, sur les lieux les plus favorables, les plus abondants en matière d'échange, car la monnoie étoit encore très-peu en vogue. Les Romains excellents imitateurs, se perfectionnèrent pendant cette guerre dans l'art des sièges, s'accoutumèrent aux expéditions lointaines, et à braver les élémens comme les hommes.

Il se passa tant à Rome que dans l'Italie des événemens qu'il ne faut pas laisser tout-à-fait dans l'oubli. Un complot inspiré à des esclaves et à des ouvriers, que le désir du pillage réunit, mit Rome en danger, et fit sentir la nécessité d'une surveillance active sur la populace dans les grandes villes. Mais on ne laissa pas non plus cette classe du peuple sans protection. *Claudia* dame romaine, fut citée en justice, et obligée malgré les sollicitations de ses parens, de comparoître devant les Ediles, pour avoir dit d'un ton méprisant : « ne chassera-» t-on jamais cette populace dont la » ville est infectée ». Elle fut condamnée à une très-forte amende.

Au triomphe de *Marcellus*, après ses victoires en Sicile, on vit cent quatre éléphans. Comme les Romains ne vouloient ni s'en servir, ni faire la dépense de les nourrir, après la cérémonie, ils leur firent donner la chasse dans le cirque. Ainsi en se divertissant, les soldats s'aguerrirent contre ces animaux qui leur causoient auparavant tant d'épouvante.

A côté du laurier de Mars croît le laurier d'Apollon. Les poëtes *Ennius* et *Nævius* naquirent pour chanter les victoires des *Scipions*. Poëtes et guerriers, ils eurent part tous deux aux exploits qu'ils célébroient. Dans ce temps commença à être pratiqué le divorce. Le flambeau de l'hymen, jusqu'alors scrupuleusement préservé par les romains du soufle de l'inconstance, s'éteignit et se ralluma, passa d'une main à l'autre. Les cœurs même brûlés d'un feu pur, craignirent à l'occasion de l'exemple suivant, devoir porter sur un autre autel, la flamme qui éclairoit leur union. Les censeurs trouvant une grande diminution dans la populations, crurent quelle venoit des mariages mal assortis. Ils obligèrent tous les citoyens à promettre, par serment, qu'ils ne se marieroient que pour donner des sujets à la république. Leur intention n'étoit pas que les mariages privés de cet avantage, fussent dissous; mais un citoyen nommé *Carvilius Ruga*, l'interpréta ainsi. Il avoit une femme qu'il aimoit pasionnément, dit-on, il la répudia

Divorce.

parce qu'elle étoit stérile, et en épousa une autre. Il pratiqua le premier le divorce qui étoit autorisé depuis long-tems; mais dont il n'y avoit pas encore eu d'exemple. L'usage en devint plus fréquent, à mesure que les mœurs se corrompirent. A cette occasion, on vit naître les contrats de mariage, pour assurer aux femmes leur bien en cas de divorce.

<small>Médecine et Chirurgie.</small> Il y avoit à Rome un temple d'*Esculape*. Le dieu y fut transporté sous la figure d'un serpent, par des ambassadeurs qui allèrent le chercher à Epidaure. On ne dit pas que ce temple fût une école de médecine comme il auroit dû être. Les malades alloient y passer la nuit. Il paroît qu'ils comptoient beaucoup plus sur la puissance du dieu, que sur la science des prêtres. Cependant, il est impossible que ceux-ci, à force de voir des personnes souffrantes, ne s'intéressassent à leur sort, et que l'expérience ne leur ait pas enseigné des remèdes, dont ils faisoient usage. Mais il faut que leur science, s'ils en ont eu une, n'ait pas acquis une grande perfection, puisque la médecine a toujours été peu considérée à Rome. C'étoit la profession des esclaves. La chirurgie y fut apportée par un Grec nommé *Archagate*. Il jouit d'abord d'une grande estime, parce qu'il guérissoit; mais sa

manière de guérir par de profondes incisions déplut. On le surnomma le *Boucher*, et cette manière empêcha que sa profession ne s'étendit. Cependant, on aura peine à croire qu'il n'y ait pas eu des chirurgiens, ou des hommes dirigés, par une méthode acquise dans la cure des plaies, et la réunion des fractures. De grandes armées, comme celles que les Romains tenoient sur pied, pouvoient-t-elles se passer de ce secours ?

L'histoire fait mention d'une armée de huit cents mille hommes, dont deux cents quarante-huit mille fantassins, et vingt-six mille six cents cavaliers étoient Romains : elle fut levée contre les Gaulois qui n'étoient cependant qu'au nombre de cinquante mille hommes d'infanterie, et vingt mille de cavalerie. Leur invasion causa tant d'épouvante, que le livre de la Sybille fut consulté. Les pontifes disent y avoir lu » que les » Grecs et les Gaulois prendroient pos- » session de Rome ». On enterra vifs un Grec et une Grecque, un Gaulois et une Gauloise. Se flattant que par cette cérémonie l'oracle étoit accompli, on marcha avec confiance à l'ennemi.

<small>Invasion des Gaulois.</small>

Il s'étoit renforcé de deux cents mille hommes, recrues arrivées de la Gaule avec toute l'ardeur naturelle à leur nation. Dans la bataille qui se donna, ils montrèrent beaucoup plus de courage, que d'ordre et de discipline. Embarrassés de leurs habits, la plupart se dépouillèrent, et se présentèrent demi-nuds aux Romains. Ceux-ci furent d'abord effrayés du spectacle d'une multitude de forcenés, se précipitant sur les piques, contents de recevoir la mort, pourvu qu'ils la donnassent. La rage céda au sang-froid. Les Gaulois furent battus, dispersés, et pour ainsi dire anéantis. Les Romains les poursuivirent jusqu'aux limites de l'Italie, et soumirent les peuples dont les Gaulois avoient traversé le pays pour venir jusqu'à eux. Ils crurent par-là s'assurer une barrière : au contraire, ils ne firent que tracer le chemin par lequel les étrangers mieux conduits, pénétrèrent de nouveau, et firent chanceler leur empire.

La paix avec les Carthaginois attachée à des conditions dures, ne tenoit du côté de ceux-ci, qu'à l'impuissance de la rompre. Ils ne cachoient pas trop leur désir. Tout ceux que le joug Romain mécontentoit, trouvoient chez eux des secours plus ou moins directs, plus ou moins secrets, selon l'exigence des circonstances. Les Romains s'appercevoient bien de ces manœuvres ; mais la fière contenance de leurs rivaux leur

en imposoit. Sur la nouvelle qui vint à Carthage que les Romains faisoient de grands préparatifs de guerre, la république députa à Rome dix de ses principaux citoyens. *Hannon*, l'un d'entre eux, admis dans le sénat, eut l'assurance de dire : « Si vous êtes déter-
» minés à rompre le traité qui subsiste
» entre nous, rendez aux Carthaginois
» ce qu'ils possédoient en Sicile. C'est à
» ce prix que nous avons acheté la paix.
» Entre particuliers, quand un marché
» est rompu, un homme de bien et
» d'honneur rend l'argent, s'il prétend
» garder la marchandise ». Les sénateurs ne purent se persuader que les hommes qui parloient avec tant de résolution ne fussent pas prêts à tout événement, c'est pourquoi ils leur donnèrent satisfaction.

Cependant le nuage d'où devoit sortir, contre les Romains, une terrible tempête grossissoit. *Amilcar* le négociateur de la paix de Sicile dont les Romains avoient imprudemment aggravé les conditions se souvenoit toujours de cet affront. Il avoit remarqué que les Romains n'étoient redoutables que par la jonction des petites puissances d'Italie, dont ils composoient leurs forces. A leur imitation, il résolut d'étendre les conquêtes des Carthaginois chez les Espagnols, divisés en une infinité de petits états, afin d'obtenir d'eux les mêmes secours que les Romains tiroient des Italiens. Avant que de partir pour cette entreprise dont dépendoit le sort des républiques Carthaginoise et Romaine, *Amilcar* offrit à Jupiter un sacrifice solennel. Quand la victime fut prête à être immolée, il prit son fils par la main : ce fils étoit *Annibal* alors âgé de neuf ans. « Promettez-moi, lui dit-il, de conser- » ver une inimitié éternelle pour les » Romains. Oui, répondit l'enfant je » leur jure une haine immortelle ». Il fut fidèle à son serment.

De son père il apprit l'art de vaincre, de se concilier les nations, et de s'attacher les soldats. *Amilcar* mourut et laissa son fils dépositaire de ses secrets, et, par la réunion volontaire ou forcée de beaucoup d'auxiliaires, en état d'exécuter ses plans. Ils n'avoient pas échappé à la pénétration des Romains, et leur politique leur avoit suggéré de se faire aussi des partisans en Espagne. La diversité d'inclination causa nécessairement des querelles entre les alliés des deux républiques. *Annibal* saisit l'occasion d'une rixe entre les habitans de Sagonte et leurs voisins, pour attaquer cette ville, qu'il vouloit punir de son attachement opiniâtre aux Romains. Ceux-ci n'étant pas dans le moment en état de la secourir, envoyèrent des ambassadeurs au jeune Carthaginois qui poussoit le siége avec beaucoup de chaleur.

Sitôt qu'ils furent débarqués, ils lui demandèrent une entrevue. « J'ai bien » autre chose à faire, répondit-il, que » de donner audience à des ambassa- » deurs ». Cependant il les admit en sa présence, et leur dit très-brièvement que les Sagontins étoient les aggresseurs. « Au reste, si vous avez des » plaintes à former contre moi, adressez- » vous au sénat de ma république ». Ils y allèrent selon leurs instructions. Pendant leur voyage, les Saguntins réduits à l'extrémité, brûlèrent leurs plus riches effets, et s'étant renfermés dans leurs maisons, y mirent le feu, et périrent au milieu des flammes avec leurs femmes et leurs enfans.

Arrivés à Carthage, les ambassadeurs se plaignirent de la hauteur insultante d'*Annibal* demandèrent que ce jeune imprudent leur fut livré pour être puni à Rome de son insolence, et déclarèrent qu'un refus seroit regardé comme une approbation de la violation des traités, et de la destruction de Sagonte. Il y avoit deux factions à Carthage, la *Barcine*, ainsi nommée d'*Amilcar Barca*, père d'Annibal, qui en avoit été chef; l'autre présidée par *Hannon* inclinoit pour donner satisfaction entière aux Romains, c'est-à-dire pour qu'on livrât *Annibal*. La Barcine s'y opposa et l'emporta. On fit quelques propositions mitoyennes, mais les ambassadeurs n'en voulurent point entendre. Dans une autre occasion, ils avoient présenté aux Carthaginois un javelot et un caducée à leur choix. Le chef d'ambassade fit un pli à sa robe, et dit en adressant la parole au sénat. « Ce côté-ci marque la paix, cet » autre la guerre : choisissez celui que » vous voudrez. Nous ne choisirons pas, » dirent les Carthaginois, donnez-nous » ce qui vous plaira. Prenez donc la » guerre, répliqua l'ambassadeur »; à ces mots, la faction Barcine crie : *guerre, guerre !* Ainsi d'un commun accord, on décida que des milliers d'hommes s'égorgeroient.

IIe. Guerre Punique. 2785. Annibal.

Que ne fait pas oser l'amour de la gloire ! que les périls, la confiance dans un général ne fait-elle pas affronter aux soldats ? Des côtes méridionales d'Espagne, *Annibal* part à la tête de cinquante-neuf mille hommes, dont cinquante mille fantassins, pour aller attaquer la république romaine dans le centre de son empire. Il avoit pris de sages mesures pour mettre en sûreté les possessions de Carthage en Espagne. Il y laissa son frère *Asdrubal*, avec des forces capables de faire face à celles des Romains, et pour être plus sûr des troupes qu'il lui confioit, il fit une échange d'Espagnols contre des Africains. Il transporta quinze mille de ceux-ci en Espagne, et les remplaça en Afrique par un corps de cavalerie espagnol. Il s'informa aussi, s'il pouvoit espérer le concours des Gaulois, tant Cisalpins que Transalpins, quand il seroit arrivé dans leur pays; et il apprit avec satisfaction, que la jalousie ou la haine de tous ces peuples contre les Romains étoit grande, et qu'il pouvoit compter sur eux, lorsque sa présence leur donneroit l'assurance de se déclarer. Avec ces espérances, il se met en route au commencement du printems, passe les Pyrénées sans obstacle et arrive dans les plaines de Marseille.

Il y étoit attendu par *Scipion*, qui vouloit lui livrer bataille avant qu'il passa les Alpes, mais *Annibal* le trompa par sa célérité. Il étoit déjà sur les bords du Rhône, lorsque le Romain le croyoit à peine dégagé des montagnes. Il passa ce fleuve avec la même promptitude, quoique bordé de barbares qu'il fallut combattre, hésita s'il iroit attaquer l'armée consulaire qui n'étoit pas loin; mais il céda aux représentations, des Gaulois établis en Italie, qui s'étoient déjà déclarés contre les Romains, et qui en étoient pressés. Par un heureux hazard, il trouva vers le confluent du Rhône et de la Saône deux frères qui se disputoient le royaume. *Annibal* aida l'aîné, chassa le second. En reconnoissance, le premier le pourvut de vivres, d'habits pour supporter le froid qu'il alloit éprouver dans les Alpes, et l'escorta en personne, jusqu'au pied des montagnes.

Le courage avec lequel ces Numides et autres Africains s'enfoncèrent dans ces rochers couverts de glace, ne sauroit être assez admiré. Ils eurent à combattre, non-seulement la nature avec toutes ses horreurs, des torrens, des précipices, des forêts impénétrables, mais encore les habitans de ces lieux sauvages. Les petits rois du pays, inquiets à la vue d'une armée dont ils ignoroient le dessein, s'étoient rassemblés. Ils garnirent de troupes les hauteurs d'où ils faisoient rouler des pierres. Les Africains avoient en même-tems à se soutenir contre l'ennemi, et contre la difficulté des chemins. Le grand désordre fut causé par les bêtes de somme, chargées de bagage. Blessées par les montagnards, elle se renversoient sur les soldats ; et les entraînoient avec eux dans les précipices.

Annibal toujours bien servi par le hasard, arriva à un château où étoit déposée une grande quantité de vivres et de bestiaux. Il s'en empara, et ce rafraîchissement encouragea son armée à surmonter les difficultés qui lui restoient à vaincre. Un autre motif d'encouragement, fut la vue de l'Italie, qu'*Annibal* montra à ses soldats du haut des montagnes. Il leur marqua à-peu-près où étoit Rome, la récompense de leurs travaux. Ils eurent la consolation pendant deux jours qu'ils restèrent sur le sommet, de voir revenir la plupart des chevaux qui avoient été abbatus dans la route, et qui revinrent au camp sur les traces de l'armée.

La descente des Alpes ne fut ni moins pénible, ni moins périlleuse que la montée. A la vérité, ils n'eurent point d'ennemis à combattre ; mais des montagnes de neige et de glace, un climat encore plus âpre qu'ils ne l'avoit éprouvé, dont le froid vif et pénétrant, déconcertoit des Espagnols et des Africains. Après avoir marché deux jours dans des passages glissans, escarpés et étroits, ils arrivèrent dans un endroit, où ni chevaux ni éléphans ne pouvoient passer. En vain ils cherchèrent des détours favorables, il fallut se déterminer à percer le rocher. C'est dans cette occasion, qu'on prétend qu'*Annibal* se servit de vinaigre pour faire éclater le rocher. On l'échauffoit par un grand feu, et on jettoit brusquement dessus du vinaigre, qui detachoit le bloc par lames. Mais où trouva-t-on la quantité de vinaigre suffisante, et la qualité corrosive de cette liqueur, seroit-elle efficace sur des masses de roc. Quoiqu'il en soit, on ignore même le chemin qu'*Annibal*, se traça dans les Alpes. Chose merveilleuse, il ne mit pas neuf jours à les monter, et six à les descendre. Il arriva en Italie cinq mois après avoir été prendre les derniers ordres à Carthage. Son armée étoit réduite à douze mille Carthaginois, huit mille Espagnols d'infanterie, et six mille chevaux, nombre qu'il fit graver lui-même sur une colonne. Mais elle fut bientôt augmentée par les Gaulois Cisalpins qui se joignirent à lui. Ils allèrent ensemble mettre le siége devant Turin qui fut emportée d'assaut. Le vainqueur fit passer au fil de l'épée tous ceux qu'on trouva les armes à la main, afin d'inspirer de la terreur. En effet elle fut si grande, que tous les peuples voisins se soumirent, et fournirent des vivres en abondance.

Pendant que l'armée d'*Annibal* se

refaisoit dans le gras pays des Lyguriens, il fut très-étonné d'apprendre que *Scipion* qu'il avoit laissé aux environs de Marseille, étoit près de lui. Le Romain se voyant prévenu par *Annibal*, avoit sur-le-champ embarqué la plus grande partie de son armée, et attendoit le Carthaginois au pied des Alpes, qu'il n'avoit pas pu s'empêcher de passer. *Scipion* combattit sur les bords du Tesin, fut vaincu, blessé, et auroit été pris sans la bravoure de son fils nommé depuis *Scipion l'Africain*, qui le sauva. La défaite fut causée en partie par la défection d'un corps de Gaulois qui quitta l'armée Romaine pendant la bataille. Une autre défaite qu'essuya le consul *Simpronius* sur le bord de la Trébie commença à allarmer Rome, et mit *Annibal* en état d'avancer et de tenter le passage des Appennins, pour entrer en Etrurie.

Il n'y éprouva pas des difficultés moindres que dans les Alpes. D'abord un orage terrible, accompagné de pluie qui donnoit dans le visage des soldats, les obligea de s'arrêter. Un vent violent les empêcha de dresser leurs tentes, et les força de regagner la plaine. Comme *Annibal* étoit toujours pressé, il prit le chemin le plus court, qui étoit un marais, jusqu'alors jugé impraticable, sur-tout pour une armée; en effet la sienne y eut prodigieusement à souffrir. Pendant quatre jours et quatre nuits, elle eut les pieds dans l'eau. La plupart des bêtes de charge moururent dans la boue. Elles furent même d'une grande utilité. Sur leurs cadavres et les balots dont elles étoient chargées, on put du moins prendre quelques heures de sommeil. *Annibal* lui-même, monté sur le seul éléphant qui lui restoit, eut toutes les peines du monde à sortir du marais. Une fluxion très-douloureuse lui fit perdre un œil. Ajoutez les inquiétudes que lui donnoient les Gaulois de son armée peu fidèles, qu'il fut obligé de faire environner par les Numides, de peur qu'ils ne désertassent, et on jugera que ce fût avec une grande joie qu'il se vit dans les plaines de l'Etrurie.

Mais un plus grand bonheur pour lui, fut d'avoir affaire au consul *Flaminius*. L'imprudent s'engagea dans un vallon étroit près du lac de Thrasimène. *Annibal* profita habilement de sa faute, et remporta une victoire complette. *Flaminius* fut tué. Les fuyards, avec la nouvelle, portèrent l'effroi dans Rome. Le préteur monta à la tribune, et dit pour toute harangue : « Nous sommes défaits ». Le carnage avoit été grand, mais la consternation fut plus grande encore. On regardoit comme échappé par miracle le peu qui revenoit. Deux mères moururent de joie en revoyant leurs fils. Dans cette extrémité, le sénat élut dictateur, *Fabius Cunctator* le *Temporiseur*. Sa conduite justifia ce surnom.

Il fit publier une ordonnance par laquelle il enjoignoit aux habitans de la campagne, de se retirer avec tous leurs effets en lieu de sûreté; ensuite il se mit en marche, non pour attaquer *Annibal*, mais uniquement pour l'embarrasser et lui couper les vivres. Il le côtoyoit et le suivoit sur les hauteurs, sans se laisser approcher. Le Carthaginois pilloit, brûloit, ravageoit sous ses yeux, sans pouvoir l'attirer à une action. Cette manière de faire la guerre embarrassoit beaucoup *Annibal*; elle mécontentoit aussi les Romains, qui ne pouvoient voir sans dépit ces dévastations. *Minucius*, un des généraux, disoit: « Nous avons un chef ad-
» mirable, pour nous mieux conserver,
» il nous cache dans les nues ». On l'accusoit publiquement de lâcheté. « Je se-
» roit bien plus lâche, répondit le dicta-
» teur, si la crainte de quelques railleries
» me faisoit manquer aux règles du bon
» sens et de la prudence ».

A force de temporiser, il amena *Annibal* dans un défilé dont il fit occuper les avenues. Il croyoit le tenir enfermé;

mais le rusé Carthaginois fit attacher aux cornes des bœufs de son armée, de petits fagots auxquels on mit le feu. Ces animaux, dirigés contre les gardiens du défilé, les épouvantèrent, et *Annibal* se dégagea. Cette ruse attira de nouvelles railleries à *Fabius*; mais il ne changea pas pour cela de conduite. *Minucius* qui avoit trouvé moyen de partager le commandement, impatient de ces lenteurs, osa attaquer *Annibal* dans la plaine. Il alloit être défait, lorsque *Fabius* arriva à son secours, et le sauva. « Je l'avois bien prévu, dit *Annibal*, » que ce nuage qui se promenoit sur les » hauteurs, tomberoit enfin avec fracas ». Le vainqueur ne laissa échapper aucune parole désagréable pour son collègue. Celui-ci revenu à son camp, tint à ses soldats ce discours : « J'ai appris par une » fâcheuse expérience que je ne suis pas » né pour commander, et que l'obéis- » sance doit être mon partage. Ainsi je » vais reprendre l'état qui me convient. » Allons donc, chers compagnons, of- » frir nos services au dictateur, et nous » remettre sous sa conduite. Qu'il com- » mande seul, puisqu'il est seul capable » de servir d'âme à un si grand corps. » Je lui donnerai le nom de père, et nous » le saluerons comme notre patron. Si » nous n'avons pas vaincu *Annibal*,

» nous avons fait quelque chose de plus
» grand, nous nous sommes vaincus nous
» mêmes ». Il se mit à la tête de son
armée, et marcha droit au camp du dictateur, qui l'embrassa, le consola, et l'employa comme son égal dans le service.

Les intrigues de la place publique ôtèrent le commandement à *Fabius*, il fut donné à *Terentius Varon*, homme violent. On crut pouvoir tempérer sa fougue en lui donnant pour compagnon *Paul Emile*, homme très-modéré ; mais l'imprudence l'emporta sur la sagesse. *Varon* mit *Paul Emile* dans la nécessité de le soutenir à Cannes, où il attaqua imprudemment *Annibal*, et où il essuya la défaite la plus sanglante, la plus complette, que les Romains ayent jamais éprouvée. *Paul Emile* y périt. *Varon* regagna Rome avec les débris de son armée. Jamais les Romains ne se montrèrent si grands que dans cette circonstance. On vit dans la ville de la douleur, mais aucun signe d'abattement. Le sénat entier sortit au devant du consul, et le remercia « de ce qu'il n'avoit pas déses-
» péré de la republique ». *Annibal* offrit la paix, et de mettre les prisonniers à rançon. Par double raison politique, et pour ne pas fournir à *Annibal* de l'argent dont il avoit besoin, et pour faire

voir aux Romains que quand ils ne savoient pas mourir sur le champ de bataille, ils n'avoient rien a espérer de la patrie; on réfusa l'un et l'autre; on enrôla les criminels et les esclaves. Les alliés s'empressèrent de fournir leur contingent. On reçut quelque renfort des armées Romaines, de Sicile, et d'autres endroits, qui firent passer promptement des détachemens. Il vint aussi des nouvelles avantageuses d'Espagne, où les deux *Scipions* continuoient la guerre avec succès.

L'encouragement étoit fortifié par le répit que le général Carthaginois donna aux Romains. *Maherbal* lui conseilloit après Cannes, d'aller droit à Rome. Sur son refus, on rapporte que cet officier lui dit : « Vous savez vaincre *Annibal*, mais » vous ne savez pas profiter de votre vic- » toire ». C'est encore un problème de savoir lequel avoit raison, du général ou de l'officier. *Annibal*, affoibli par ses propres victoires, se trouvoit à la tête d'une armée courageuse, mais dénuée, sans vivres assurés, sans machines nécessaires à un siège. Aucune ville ne s'étoit déclarée pour lui; et s'il n'enlevoit pas Rome d'emblée, ce qu'il ne pouvoit espérer d'une ville fortifiée et peuplée de guerriers, il se seroit trouvé exposé à voir son armée affamée, périr de misère.

Il crut donc plus sage de prendre des quartiers où il pourroit la rétablir et la recruter. Il y a des occasions où le parti le plus raisonnable est le pire. Malheureusement, *Annibal* choisit Capoue, ville de délices, où son armée éprouva par la débauche et la mollesse, plus de pertes qu'elle n'en auroit essuyée en campagne, par l'inclémence de la saison et l'épée des ennemis.

Après Cannes, *Annibal* envoya *Hannon*, son frère, à Carthage annoncer sa victoire. Il porta en preuve un, ou selon quelques auteurs, trois boisseaux d'anneaux arrachés des doigts des chevaliers romains trouvés sur le champ de bataille, et les versa dans la salle du sénat. Mais sa harangue triomphale se termina par demander du secours. Il faut quatre mille numides, disoit-il, quarante éléphans et mille talens d'argent. « Des » secours, s'écrie Hannon, chef de la » faction contraire, des secours! Annibal nous dit, je suis vainqueur, » Mais envoyez-moi des troupes, des » vivres, de l'argent. Est-ce donc là le » langage d'un homme qui a subjugué » tant de peuples en Italie? La république romaine, ajoute-t-on, est réduite à la dernière extrémité; mais » les Romains donnent-ils quelque marque de désespoir? Font-ils quelques

tome 3.

» avances pour la paix? Paroissent-ils la
» désirer? J'avoue, répartit le député,
» que les Romains, malgré leurs pertes,
» paroissent n'avoir pas perdu courage.
» En ce cas, répartit Hannon, nous
» avons la guerre aussi entière que le
» jour qu'Annibal passa en Italie. Nous
» avons, à la vérité, fait assez pour
» obtenir de Rome une paix avanta-
» geuse, et c'est ce que nous pouvons
» désirer de plus favorable. Une seule
» défaite peut renverser tous nos projets.
» Ainsi je suis d'avis de n'envoyer au-
» cun secours en Italie. Annibal n'en a
» pas besoin, s'il a remporté de grandes
» victoires; et il n'en mérite pas, s'il
» nous envoie de faux rapports ».

Il semble que la conclusion d'*Hannon* auroit été plus juste, si, après avoir dit que les succès d'Annibal ne devoient tendre qu'à une paix avantageuse, après avoir remarqué qu'*une seule défaite pouvoit renverser tous ses projets*, il avoit été d'avis d'envoyer les plus grands secours en Italie, pour y entretenir la guerre, empêcher qu'elle ne fût transportée en Afrique, et forcer à la paix, qui devoit être le but de l'expédition. Mais la passion raisonne-t-elle? Et le peuple, auquel on demande, n'est-il pas préférablement de l'avis de celui qui exhorte à ne rien donner? On refusa donc tout, et Annibal fut abandonné à lui-même.

Ce n'étoit pas son armée seule qui goûtoit les délices de Capoue. Lui-même, ce guerrier élevé dans l'austérité des camps, qui n'avoit jamais joui de plaisirs délicats, se montroit trop sensible aux charmes d'un repos voluptueux; ce ne fut qu'avec regret qu'il s'en arracha pour aller attaquer Nole, où *Marcellus*, général romain, s'étoit renfermé avec ses troupes. Il se flattoit de s'en mettre bientôt en possession, parce qu'il comptoit sur les habitans, auxquels il avoit toujours marqué beaucoup d'égards, entre autres sur un nommé *Bantius*, un des principaux de la ville. Ce guerrier combattant à Cannes pour les Romains, étoit tombé percé de coups à côté de *Paul Emile*, qu'il avoit défendu jusqu'à l'extinction de ses forces. Trouvé sanglant sur le champ de bataille, il fut attentivement soigné par les ordres d'*Annibal*, quand il sut que ce prisonnier étoit de Nole. Il le renvoya généreusement dans sa patrie après sa guérison. Ce service attacha aux Carthaginois *Bantius* et sa famille, qui étoit une des plus considérables de la ville.

Marcellus se trouvoit donc au milieu de gens très-peu affectionnés. Dans ces circonstances, un général, enfermé dans une ville, contient les habitans par la vigueur. Le romain en usa autrement. Un jour que *Bantius* vint lui faire la cour, sans doute à contre cœur, *Marcellus*, feignant de ne le pas connoître, lui demanda son nom. « Mon nom, répliqua le jeune guerrier, est *Bantius*. Quoi, répliqua Marcellus, affectant un air de surprise, vous êtes le fameux Bantius dont on parle tant à Rome? Ce n'est pas à vous qu'on doit s'en prendre si un consul romain est tombé entre les mains de l'ennemi. Que de sang ne vous a-t-il pas coûté pour vouloir lui sauver la vie? Quel plaisir pour moi de voir et d'embrasser un homme si vaillant, qui fait tant d'honneur à sa patrie, et auquel les Dieux réservent peut-être la gloire d'être le libérateur de Rome ». À ces paroles obligeantes, *Marcellus* ajouta des présens. La louange fit taire la reconnoissance. De Carthaginois, *Bantius* redevint tout Romain. Sûr de Nole par son moyen, *Marcellus* ne s'occupa que du soin de résister à *Annibal*, qu'il repoussa avec perte; premier échec du général africain, mais il fut plus heureux devant Casilin, qu'il soumit après un long blocus, qui fit souffrir aux habitans toutes les horreurs de la famine. Malgré ces extrémités, ils ne parloient pas de se rendre; au contraire, la belle saison étant revenue, ils semèrent des raves dans leur ville. « Croient-ils donc, » dit Annibal, que j'attendrai qu'elles » puissent être mangées ». Il aima mieux leur accorder une capitulation avantageuse.

Après les grandes actions du Tesin, de Trébie et de Cannes, les succès et les revers se partagèrent entre les Carthaginois et les Romains. Ceux-ci perdirent une armée entière contre les Baiens, qui avoient facilité l'entrée d'*Annibal* en Italie. Les Campaniens, fidèles alliés de l'Africain, furent défaits par *Sempronius*. La division se mit dans l'armée d'*Annibal*. Son frère *Amilcar* fut battu en Espagne par les *Scipions*, et *Hannon*, un de ses généraux dans la Pouille. Casilin retomba au pouvoir des Romains, et *Philippe*, roi de Macédoine, appellé par *Annibal*, surpris dans son camp par *Levinus*, prit la fuite; mais le Carthaginois excita, dans la Sicile, un soulèvement qui obligea Rome d'y faire passer des forces. Elle attira en Espagne le vieux *Syphax*, roi de la partie occidentale de Numidie. Carthage lui opposa le jeune *Massinissa*, fils du roi de la partie orientale. A l'âge de dix-sept ans, il eut la plus grande part à la défaite des deux *Scipions* qui furent tués. Un simple chevalier romain, nommé *Marcius*, rétablit les affaires. Dans la lettre qui annonçoit sa victoire, il eut l'imprudence de prendre le titre de propréteur que l'armée lui avoit donné. Le sénat le rappella, ne voulant pas que les soldats s'accoutumassent à nommer les généraux.

Les Romains assiégeoient Capoue. On se rappelle les preuves d'attachement qu'elle leur donna après le désastre des fourches Caudines. Le séjour des Carthaginois l'avoit bien changé. Les habitans, persuadés qu'ils avoient tout à craindre du ressentiment de leurs amis délaissés, se défendirent avec la plus grande opiniâtreté. Ils ne cessoient aussi d'appeller *Annibal* à leur secours. Il y alla. Mais il fut battu. L'embarras de sa situation dans un pays ruiné et sans ressource, lui fait prendre une résolution digne de son grand courage. Il décampe, force ses marches, fait abattre les ponts, brûler les barques derrière lui, et arrive à huit cents pas de Rome. La frayeur fut grande, mais sans découragement. Une armée entière se forma de la réunion des citoyens presque tous vieux soldats, une autre armée qui avoit cotoié, comme elle avoit pu, les Africains, arrive par un côté opposé, traverse la ville, et présente à *Annibal* un front imposant. Il avance, se retire, revient, présente la bataille. Au moment qu'on étoit prêt d'en venir aux mains, survient un orage qui éloigne les deux armées. Pendant que le général Carthaginois étoit aux portes, il apprit avec un étonnement mêlé de dépit, que le champ sur lequel il campoit, venoit d'être vendu dans une criée publique, aussi cher que s'il n'y avoit pas eu d'ennemis. Par représailles, il fit publier les boutiques qui entouroient la place publique. On ne sait s'il trouva des acheteurs.

Annibal, menacé de tous côtés, mais pas encore réduit à une extrémité assez grande pour être forcé de tenter un coup de désespoir, n'attaqua point Rome. Il n'osa point non plus retourner devant Capoue. Les sénateurs de cette ville résolurent de se rendre aux meilleures conditions possibles. Mais *Vibius Virius*, chef de la faction carthaginoise, persuadé qu'il n'y avoit point de grace à attendre des Romains, non-seulement renonça au pardon pour lui, mais dissuada les autres d'en demander. Ayant assemblé les principaux Capouans, il leur dit : « La mort est notre » unique remède. J'ai fait préparer chez » moi un grand festin. Nous y ferons » bonne chère, et terminerons ensuite

» nos jours par une coupe de poison.
» Que ceux qui méprisent la vie me
» suivent. Une mort glorieuse nous fera
» respecter par nos ennemis, et le per-
» fide *Annibal* sentira le tort qu'il a
» eu d'abandonner des alliés si fidèles ».
Vibius réunit vingt-sept convives avec
lesquels il but la fatale coupe. Ils ne
furent pas les plus malheureux des Capouans. On ne sait s'ils se rendirent à
discrétion, ou s'ils stipulèrent des conditions; mais en ce cas on les observa
mal, car cinquante-trois des principaux
sénateurs furent battus de verges et décapités. Les anciens habitans dépouillés
de leurs biens et chassés, perdirent
pour jamais l'espérance de revoir leur
patrie. On envoya à leur place des affranchis chargés de cultiver les terres au
profit de la république.

Continence de Scipion. Dans le tems que cette terrible vengeance s'exerçoit à Capoue, Rome fai-
soit sortir de ses portes, presque sous
les yeux d'*Annibal*, dix mille hommes
d'infanterie, et mille de cavalerie qu'elle
envoyoit en Espagne, où on avoit souffert quelques échecs depuis le rappel
du chevalier *Marcius*. *Scipion*, déjà
célèbre pour avoir sauvé la vie à son
père, dans une bataille, commandoit
cette armée, qui lui fut confiée par un
suffrage unanime, quoiqu'il n'eût que

vingt-quatre ans. Son premier exploit fut la prise de Carthagène ; le second, une victoire mémorable sur lui-même. Ses soldats lui amenèrent une prisonnière de la plus grande beauté. Il se sentit ému, mais la sagesse réprima ce mouvement. Ses informations lui apprirent qu'elle étoit fiancée à un prince celtibérien. Il fit venir les parens et l'époux futur, et la remit entre leurs mains. Ils le prièrent d'accepter une somme d'argent, en forme de rançon. Il la reçut, et la remit comme une augmentation de dot. Ce généreux procédé charma les Espagnols, et gagna beaucoup de partisans aux Romains.

Ils venoient de mettre à la tête de leur armée, contre *Annibal*, le fameux *Marcellus*, conquérant de la Sicile, nommé l'*Epée de Rome*, comme *Fabius* en étoit le *Bouclier*. Il perdit une bataille ; mais pendant que le Carthaginois comptoit jouir de sa victoire, le Romain se représenta, en état de venir aux mains de nouveau. « Quel homme » étrange est ce *Marcellus*, s'écrie » *Annibal*, vainqueur ou vaincu, il est » toujours prêt à combattre ». *Marcellus* eut cette fois sa revanche, mais elle lui coûta cher. Ces deux généraux passèrent ensuite quelque tems à s'observer d'assez près, pour qu'il y eût entre leurs troupes de vives escarmouches.

Marcellus croyoit ne pouvoir prendre trop de précautions contre un adversaire si rusé. Il vouloit tout voir par lui-même. Ces soins dont un général doit le plus souvent se reposer sur des subalternes reconnus capables, lui coûtèrent la vie. Il tomba dans une embuscade, et y périt. *Annibal* averti, se rendit à l'endroit où étoit le corps de son rival. Ce spectacle le toucha. Il ne put s'empêcher de montrer un sentiment de pitié à la vue de ce grand homme qui méritoit de perdre la vie dans une circonstance plus glorieuse. Son premier soin fut de prendre l'anneau que *Marcellus* portoit au doigt, qui lui servoit de cachet dans l'intention d'en tirer quelqu'avantage. Ayant ensuite admiré l'air grand et noble du consul étendu à ses pieds; il ordonna que le corps fût enveloppé d'une riche étoffe, placé sur un bûcher, et réduit en cendres. Il les fit rassembler, les renferma dans une urne d'argent, au-dessus de laquelle il plaça une couronne d'or et une de laurier, et envoya, au jeune *Marcellus*, son fils, ces tristes restes d'un père si estimable. Tel fut *Annibal* que les Romains ont traité de brigand, et qu'ils ont poursuivi jusqu'à la mort.

Il attendoit alors un secours qu'*Asdrubal*, son frère, échappé à la poursuite de *Scipion*, lui amenoit d'Espagne. Déjà il avoit passé les Pyrénées et les Alpes, lorsque le consul *Néron*, averti par une lettre qu'il surprit, que le Carthaginois étoient en pleine marche pour joindre son frère, tire un fort détachement de son armée opposée à *Annibal*, arrive auprès de son collègue, placé sur la route. Les deux corps réunis attaquent *Asdrubal*, qui ne s'y attendoit pas, défont son armée, le tuent lui-même. Sans s'arrêter, *Néron* retourne à son poste, et apprend le premier à *Annibal* la défaite de son frère, en faisant jeter sa tête dans son camp. Manière barbare d'annoncer la mort d'un frère, fut-ce à un ennemi. Ce spectacle causa au Carthaginois une tristesse mortelle. Moins sensible cependant à son malheur qu'à celui de sa patrie, il s'écria : « O Carthage ! malheu-
» reuse Carthage, je succombe sous le
» poids de tes maux ».

A la vérité, les Romains prenoient par-tout le dessus. *Scipion* ne voyoit plus d'ennemis en Espagne. *Masinissa* même étoit tourné de son côté, gagné par les bons procédés du général romain à l'égard d'un de ses parens prisonnier, qu'il lui renvoya sans rançon, et même chargé de présens. La réconciliation fut si sincère, qu'il conseilla à *Scipion* de porter la guerre en Afrique, et qu'il lui montra les moyens d'y réussir. Le Romain y fit un voyage, appellé par *Syphax*, qui vouloit se donner l'honneur de faire la paix entre les deux républiques. Il aboucha pour cela le général romain avec un général carthaginois, nommé *Asdrubal*, et les admit tous deux à sa table ; mais il ne réussit point. Il arriva seulement qu'il se laissa lui-même séduire en faveur des Carthaginois par cet *Asdrubal*, qui lui donna la belle *Sophonisbe*, sa fille, en mariage, quoiqu'il l'eût auparavant promise à *Masinissa*. *Scipion* retourna en Espagne, d'où il fut bientôt rappellé pour être élu consul à Rome, et être renvoyé en Sicile, d'où devoient partir les grands corps contre Carthage.

On y songea enfin, à ne pas laisser écraser *Annibal*. *Magon*, son frère, eut ordre de lui porter des secours. Il débarqua en Italie, à la tête de dix-huit mille fantassins et de deux mille chevaux, avec une bonne somme d'argent pour faire des recrues. En même tems, *Lelius*, ami de *Scipion*, envoyé par lui, abordoit en Afrique avec un corps choisi. Il y trouva *Masinissa*, qui lui donna de nouvelles instructions, et l'engagea à retourner promptement vers *Scipion*, pour revenir ensemble contre Carthage, qu'ils trouveroient dénuée de troupes et de vivres. *Lelius* alla porter ce conseil à *Scipion*, qui l'adopta, monta, avec son armée, les vaisseaux qu'il tenoit prêts, et cingla vers l'Afrique.

Arriver, combattre, vaincre, charger *Syphax* de chaînes, faire *Sophonisbe*, son épouse, prisonnière, fut pour *Scipion* l'ouvrage de quelques mois. Les fers furent présentés à la belle captive, par *Masinissa*, amant outragé, il entre le premier dans le palais, triomphant d'avance de la douleur qu'il alloit lui causer. Elle se prosterne à ses pieds. Il la regarde. Le reproche expire sur ses lèvres, et il n'ouvre la bouche que pour lui promettre ce qu'elle demandoit avec instance, de n'être pas livrée aux Romains.

Mais il promettoit plus qu'il ne pouvoit tenir. Lui-même se trouvoit à la merci des Romains. Il étoit dans leur camp, et attendoit d'eux le rétablissement dans son royaume, d'où *Syphax* l'avoit chassé. Les sentimens de *Sophonisbe*, à l'égard de Rome, étoient connus. *Syphax*, fait prisonnier quelques jours avant elle, avoit avoué que sans elle, sans ses discours séduisans, il seroit resté fidèle à la république. Comment donc espérer pouvoir soustraire à la vengeance romaine une ennemie si dangereuse? L'amour trouva un expédient. *Masinissa* donna la main à *Sophonisbe*, persuadé que *Scipion* ne prétendroit plus aucun droit sur une princesse devenue sa femme.

Mais un Romain, un Romain endurci par la politique est inflexible comme elle. *Scipion* laissa le numide s'enivrer de son amour, heureux pour lors et par la tendresse d'une femme qu'il adoroit, et par la conquête de son royaume dont il triomphoit sous les yeux de son épouse. Il revint avec elle présenter ses trophées à *Scipion*. Le général romain se laissa aborder d'un air froid et altier qui ne présageoit pas des suites agréables aux deux époux. Après cette courte entrevue, il eut, avec le prince, un entretien particulier, dans lequel il commença à le féliciter de ses exploits vraiment héroïques; ensuite il lui fit quelques reproches sur son mariage, et l'exhorta à ne pas devenir l'esclave d'une femme, après avoir conquis un vaste royaume. Il le fit souvenir en même tems que les dépouilles de l'ennemi, et les captifs, appartenoient aux Romains, et finit son discours par ces mots: « Je » sens combien est grand le sacrifice

» que j'exige de vous ; mais *Masinissa*
» revenez à vous-même. Jusqu'ici votre
» foiblesse mérite d'être regardée d'un
» œil de pitié, mais elle pourroit deve-
» nir impardonnable, et vous préparer
» un long sujet de repentir ».

N'y avoit-il donc aucun moyen d'arracher son épouse à la barbarie romaine ? Ne pouvoit-il, en s'en séparant, et promettant de ne jamais la rappeller, lui assurer la liberté et la vie ? *Masinissa* connoissoit apparemment la froide et inaltérable fermeté du Romain, dans ses cruelles résolutions, puisqu'il prit, sans balancer, le parti le plus désespéré. Il rentre dans la tente de *Sophonisbe*.
« Recevez, lui dit-il, le dernier té-
» moignage de mon affection et de ma
» fidélité. Il n'est pas en mon pouvoir
» de vous garantir de l'esclavage dont
» vous êtes menacée, par aucun autre
» moyen que par la mort. Rappellez-
» vous de qui vous êtes fille ; et quel
» époux vous avez, et ne craignez
» point de descendre au tombeau. *Ma-*
» *sinissa* vous y suivra bientôt ». Il sort fondant en larmes. Aussi-tôt se présente une esclave avec une coupe de poison.

L'infortunée *Sophonisbe* prend la coupe. Sa nourrice pleuroit. Elle lui reproche de déshonorer sa mort par ses larmes, et s'adressant à l'esclave, elle lui dit : « Que mon époux sache que je meurs contente, puisque je meurs par ses ordres. Assurez-le que c'est contre mon inclination que j'ai contracté un premier engagement avec un autre. Mon cœur n'a jamais été qu'à lui. Quant à mon corps, je l'abandonne volontiers à la fureur des Romains ». Il y a peu de morts aussi héroïques. Ni plaintes, ni reproches, ni regrets. On mépriseroit *Masinissa*, si on croyoit qu'il fût consolé par une chaire curule, une robe magnifique, une tunique brodée de branches de palmier, et une couronne d'or. Mais un ambitieux pensera qu'il trouva quelqu'adoucissement à sa douleur dans le titre de roi, et l'espérance d'être bientôt, en récompense de son sacrifice, monarque de toute la Numidie.

Sophonisbe fut heureuse de ne pas voir le triomphe des Romains, qu'elle détestoit, et le désastre de sa chère patrie. *Annibal* étoit retiré dans un coin de l'Italie, entouré d'armées romaines, qu'il tenoit éloignées, comme un lion fatigué repousse encore de sa caverne le chasseur téméraire. Il y sut que *Magon* son frère, tâchant de le joindre, avoit été battu et blessé, qu'il retournoit en Afrique avec les débris de son armée. Lui-même y fut rappellé et partit. En s'éloignant, il tournoit avec regret ses regards vers ce pays, le théâtre de ses triomphes. Le dépit lui arracha des imprécations. Il l'avoit déjà porté à une cruauté, que l'empire des circonstances ne peut faire excuser. Quelques Italiens de son armée refusoient d'abandonner leurs foyers, et de le suivre. De peur que leur exemple ne devint contagieux, au lieu de les renvoyer ignominieusement, il les fit tous renfermer dans un temple et massacrer.

Sous ces auspices funèbres, il arriva à Carthage qu'il avoit quittée à l'âge de neuf ans, et qu'il n'avoit pas revue depuis trente-trois. Intrigues de famille, factions du sénat, brigues et tumulte de place publique, tout étoit nouveau pour lui. La guerre se faisoit sans ménagement, accompagnée de toutes ses horreurs; pillage, meurtre, incendie, et toujours avec désavantage du côté des Carthaginois. A la vérité, *Annibal* ramenoit des troupes, et il étoit à leur tête. Mais *Scipion* recevoit aussi des renforts, et il les commandoit. Entre des généraux qui s'estimoient, il s'établit des égards, dont le fruit fut une conférence demandée par *Annibal*, malgré la défense de la populace de la ville qui s'y opposoit.

Entre les deux camps situés dans la

plaine de Zama, presque sous les murs de Carthage, s'avancent *Annibal* et *Scipion*. Ils quittent leur escorte et s'approchent. Ils ne s'étoient jamais vu; mais ils se connoissoient. *Annibal* fixa avec quelque surprise *Scipion*. Le Romain étoit à la fleur de l'âge. Ses traits réguliers et beaux étoient encore relevés par une taille majestueuse, et par un air plein de douceur. Il avoit un habillement propre, mais simple, tel qu'il convient à un soldat. Ils gardèrent quelque tems le silence. *Annibal* le rompit le premier. A la fin de son discours, qu'il entremêla de réflexions sur les vicissitudes de la fortune, et de louanges pour *Scipion*, il proposa de céder aux Romains l'Espagne, la Sardaigne, la Sicile, et toutes les îles situées entre l'Italie et l'Afrique. » Vous ne nous offrez, répondit le jeune » général, que ce que nous possédons » déjà. Si ces propositions s'étoient faites » avant mon départ d'Italie, on auroit » pu les écouter. Mais nous avons maintenant bien d'autres prétentions ». Il les déduisit, et finit par ces mots : « Si » elles vous plaisent, le sénat et le peuple » romain ne refuseront pas de traiter » avec Carthage. Sinon, décidons la » querelle par les armes ». Le défi fut accepté, et dès le lendemain la querelle fut vuidée.

La bataille de Zama qui décida entre les deux républiques de l'empire du monde, coûta quarante mille hommes aux Carthaginois vaincus, et ne finit pas sans une grande perte pour les vainqueurs. Il fut un moment où les combattans ne pouvoient pas s'approcher, à cause du sang qui rendoit le terrain glissant, et une espèce de rempart que des monceaux de morts mettoient entre eux. Le corps commandé par *Annibal*, tous vétérans couverts de lauriers d'Italie, fit la plus opiniâtre résistance. Il ne céda qu'enfoncé de tous côtés par l'armée romaine qui se réunit toute entière contre lui. *Annibal* échappa, lui dixième : foible escorte, qui fut la nuit suivante réduite à un seul homme.

Le sénat de Carthage, quand il sut son asile, le rappella pour délibérer sur le sort de la république. Il décida d'abord qu'il falloit faire la paix ; et quand *Scipion* eut dicté ses conditions, quelque dures qu'elles fussent, *Annibal* décida encore qu'il falloit les accepter. On traita sur ce plan. Il y eut une suspension d'armes, jusqu'à ce que le sénat romain eut accordé sa ratification. Un *Asdrubal* de la faction contraire à *Annibal*, chef de l'ambassade porta la parole, rejetta tout le blâme de la guerre sur la famille d'*Amilcar*, peignit le triste état où elle avoit réduit Carthage, et s'engagea par serment au nom de sa république, à observer fidèlement les conditions de la paix qui seroit accordée. « Mais, lui dit un sénateur, quels dieux » rendez-vous garans de la sincérité de » vos sermens ? Les dieux répondit le » Carthaginois, ces mêmes dieux qui » ont puni si sévèrement nos parjures ». Cette réponse qui disoit tant de choses en peu de mots, fut généralement applaudie. Le sénat n'ajouta rien à ce qui avoit été prescrit par *Scipion* ; et en effet, à moins que d'être détruite, une ville souveraine ne pouvoit guères être traitée plus sévèrement.

Oe lui permit à la vérité de garder ses loix, les villes et les provinces qui lui restoient en Afrique ; mais les Romains retinrent l'Espagne, et toutes les îles de la Méditerranée. Ils aggrandirent, aux dépens de Carthage, le royaume de *Masinissa*, interdirent à la république vaincue tout droit de faire la guerre ou la paix avec ses voisins ou d'autres, sans la permission des vainqueurs. Il fallut donner comptant une très-grosse somme d'argent, s'engager à des paiemens encore plus considérables à des termes déterminés, rendre les prisonniers qu'on avoit faits, livrer les déserteurs, laisser choisir parmi les principaux de la ville, cent otages qui seroient envoyés à Rome, abandonner tous les éléphans domtés, et promettre de n'en plus former d'autres à la guerre. Enfin, ce qui coûta le plus aux Carthaginois, remettre tous leurs vaisseaux entre les mains de *Scipion*. Il les fit brûler à leur vue, au nombre de cinq cents voiles, et ne leur laissa que dix galères à trois rangs de rames, pour se défendre contre les corsaires.

La joie que le peuple romain eut des victoires de *Scipion*, approcha de l'ivresse. Il n'y eut pas d'honneurs et même d'autorité qu'il ne voulut déférer au vainqueur, jusqu'à la dignité de dictateur perpétuel. Il se contenta du surnom d'*Africain*, sous lequel en effet sa gloire a passé de siècle en siècle. Son triomphe surpassa tout ce qui avoit été vu jusqu'alors en ce genre. Il apporta d'Afrique un butin immense, et remit au trésor de la république vingt mille liv. pesant en argent. Cependant les Romains, dans toutes les guerres qu'ils eurent pendant la vie de ce grand homme, le négligèrent. De lui-même il s'engagea dans celle contre *Antiochus*, où son frère commandoit en qualité de son lieutenant, pour l'aider de sa personne et de ses conseils. Les exploits du cadet lui valurent le titre d'*Asiatique*.

Scipion. Caton.

On voit aussi paroître l'Africain dans une ambassade en Syrie. Il y trouva *Annibal* fuyant de royaume en royaume, et toujours poursuivi par les Romains. Ce fut là que ce proscrit fit une réponse si ingénieuse et si flatteuse. Dans le cours d'une conversation, *Scipion* lui demanda quels étoient à son avis les plus grands généraux qui eussent existé et leur rang. « Le premier, dit *Annibal*, est Alexan-
» dre, le second Pyrrhus, le troisième
» moi. Et si vous m'aviez vaincu, ré-
» partit vivement *Scipion*, quel rang
» prendriez-vous ? le premier, répondit
» le Carthaginois ».

Il semble que le peuple Romain vit avec plaisir les *Scipions* couverts de gloire, persécutés par les envieux, et en butte à la maligne causticité de *Caton* le censeur, qui dirigeoit toutes les machinations employées par la jalousie, contre eux. *Caton* avoit un caractère vraiment fait pour une république. Il se distingua d'abord dans la guerre d'Espagne qu'on lui confia. Ses troupes connoissoient peu la discipline, il les y forma plus encore par son exemple que par ses paroles. Habillé de la manière la plus simple, le premier aux travaux, le dernier à les quitter ; frugal, impassible pour ainsi dire, il s'exposoit sans ménagement aux injures de l'air, et

supportoit patiemment les plus grandes fatigues; d'une bravoure à toute épreuve, et sachant la faire remarquer à propos. Cette conduite lui valut des succès mérités. Du butin fait sur les ennemis, il donna à chacun de ses soldats une livre d'argent. Quelques officiers lui marquèrent leur surprise d'une pareille libéralité : « Il vaut mieux, répondit-il, que
» beaucoup de soldats Romains revien-
» nent chez eux avec de l'argent, que
» s'il en revenoit un petit nombre avec
» de l'or ». Voulant faire entendre par-là qu'ayant un trésor visible à défendre, ils résteroient en troupe, au lieu que pouvant cacher leur richesse sous un petit volume, ils pourroient être tentés de se séparer pour aller le mettre en sûreté dans leur famille. Quant à lui, il ne réserva aucune partie du butin. Il revint à Rome investi par le suffrage de ses soldats d'une réputation de popularité, qu'il soutint par une vie retirée et sévère. Il ne briguoit point d'emplois, se montroit disposé à servir la patrie dans les derniers postes du gouvernement et de la milice.

Orateur piquant et malin, *Caton* fixoit l'attention de la multitude par des traits acérés contre le luxe, la richesse, la distinction des rangs, ce qui plaît toujours au peuple. Avec toutes les apparences de la modestie, il étoit dévoré de l'ambition de dominer. Il la satisfaisoit, en se faisant une espèce d'empire chez la populace. Sa frugalité si vantée étoit peut-être l'effet de l'avarice ; car on lui entendit dire plus d'une fois : « Qu'un homme ne méritoit d'être estimé qu'après avoir doublé son capital ». Il loua toujours la continence en public ; mais ces éloges n'empêchoient pas qu'il ne fût très-familier dans sa maison avec une belle esclave. Pour se venger de son fils et de sa belle-fille dont il se plaignoit, il se maria une seconde fois, quoique déjà vieux, et quand son fils lui en demanda la raison, il lui fit cette réponse à double entente : « Je suis si content de vous, » que je voudrois avoir d'autres fils qui » vous ressemblassent ». Comme ses vertus étoient connues du public, et que ses mauvaises qualités en étoient ignorées, il fut toujours extrêmement considéré de la multitude ; de sorte qu'ayant été cité jusqu'à quarante-quatre fois en jugement devant le peuple, il fut toujours renvoyé absous. Mais tant d'accusations marquent toujours un homme incommode et factieux, dont les gens tranquilles auroient voulu être débarassés.

Il s'attacha aux Scipions comme un insecte à l'animal qu'il tourmente. A son instigation, deux tribuns du peuple

nommés l'un et l'autre *Pétilius*, accusèrent l'Africain de négligence dans la guerre d'*Antiochus*, de s'y être trop livré au plaisir, d'avoir permis le pillage à ses troupes, et d'avoir reçu de l'argent de ce prince pour lui accorder une paix avantageuse. Le hasard voulut que le jour auquel devoit être jugé ce procès, étoit celui de la fameuse bataille de Zama. *Scipion* avoit porté ses livres de compte avec lui; il ne fit que les montrer au peuple, et les déchira en disant : « C'est aujourd'hui qu'Anni-
» bal fut vaincu et Carthage subjuguée,
» ne le perdons pas à de vaines décla-
» mations : les Dieux nous attendent
» au Capitole, suivez-moi, Romains,
» et portons-y tous ensemble l'hommage
» de nos vœux et de nos actions de
» graces ». Tout le peuple le suivit, et laissa les accusateurs déconcertés.

Mais ils ne perdirent pas courage, ils revinrent à la charge, et citèrent *Scipion* de nouveau : il crut devoir céder à l'orage, et se retira dans une maison de campagne. Comme on vouloit le faire condamner par défaut, l'Asiatique comparut, et déclara que son frère étoit malade. On ne vouloit pas l'en croire. *Tiberius Gracchus* quoique ennemi de la famille des Scipions prit la parole : « Pourquoi, dit-il, ne pas croire l'Asia-

» tique au sujet de la maladie de son
» frère ? Si Scipion étoit à Rome, j'em-
» pêcherois qu'on le citât. Quoi le vain-
» queur de Carthage comparoîtroit au
» pied de notre tribunal pour être le
» jouet d'une populace insolente ? A-t-il
» défait Annibal et Antiochus pour de-
» venir la victime des deux Pétilius ?
» Aurons-nous le courage de triompher
» d'un homme qui a mérité et obtenu
» de si beaux triomphes ? qu'au moins
» sa vieillesse trouve un asile dans le
» port où il s'est retiré ».

Il n'en jouit pas longtems. *Scipion* mourut dans sa maison de campagne à l'âge de quarante-huit ans. Indigné de la lâcheté du sénat, de l'injustice du peuple, et de l'ingratitude de l'un et de l'autre, il recommanda à sa femme, fille du grand *Paulus Emilius*, de ne pas faire porter ses cendres à Rome. Elle lui érigea à sa campagne un mausolée, et y plaça sa statue avec celle du poëte *Ennius*, qui l'avoit accompagné dans sa retraite. Sans doute, il avoit été précédé au tombeau par *Térence*, qui fut aussi un des amis de *Scipion*.

L'action d'accusation interrompue contre *Scipion* l'Africain, fut reprise contre l'Asiatique, et trois de ses officiers, *Aulus*, *Hostilius* et *Furius*. Le préteur déclara qu'ils étoient coupables pour avoir reçu d'*Antiochus*, *Scipion*, six mille livres d'or et quatre cents quatre-vingt livres d'argent ; *Aulus* et *Hostilius*, vingt livres d'or et quatre cents trois livres d'argent, et *Furius* cent cinquante livres d'or et deux cents livres d'argent : le tout pesant, en lingots et en barres. Pour cela, ils furent condamnés chacun à une très-forte amende. Les officiers se soumirent et donnèrent sur le champ caution. Le général refusa d'acquiescer à la sentence, par la raison qu'ayant rendu compte de tout l'argent qu'il avoit apporté d'Asie, il en étoit déchargé. Le Préteur ordonna qu'il fût conduit en prison. On saisit en même-tems tous ses biens. Il ne s'en trouva pas assez pour l'amende, et on n'y découvrit rien, qui parut être acquis des dépouilles de l'Asie. Il auroit trouvé plus de cautions qu'il ne lui en falloit. Tous ses amis se présentèrent, mais il les remercia de leur bonne volonté. Ainsi ses biens restèrent confisqués, et il fut réduit à l'indigence. Ses amis et ses parens s'empressèrent encore à lui offrir des présens, et s'il avoit voulu se prêter à leur générosité, il auroit été plus riche qu'avant la confiscation. Mais il eut le courage de ne point craindre la pauvreté, et il n'accepta que le simple nécessaire. Rome rendit justice par la suite à son innocence et à son mérite. Il semble qu'elle prit plaisir à le dédommager, en lui procurant les occasions de s'enrichir, de sorte qu'il fut en état de faire célébrer des jeux pendant dix ans, en mémoire de sa victoire sur *Antiochus*.

Caton s'étoit contenté d'animer les esprits, et s'étoit ensuite retiré : le peuple le croyant bien intentionné, continua de le regarder avec respect. Il lui marqua sa confiance, en le préférant, pour la charge de censeur, à *Scipion*, un des plus honnêtes hommes de la république, et à plusieurs autres d'un mérite égal. Il signala sa haine constante contre l'Asiatique, en lui ôtant un cheval que la république lui entretenoit par honneur. Tous les ornemens superflus devinrent les objets de sa sévérité. Il condamna à des amendes considérables, tous ceux qui en avoient porté, sans distinction de sexe. Il fit revivre une ancienne loi qui interdisoit aux femmes les bijoux d'or, les habits de différentes couleurs, et l'usage des chariots, tant à Rome que dans les villages voisins. Les plus grandes affaires de la république n'occasionnèrent jamais tant de mouvemens et des sollicitations si empressées. On vit arriver à Rome un grand nombre de femmes des colonies et des villes voisines, pour appuyer la demande des dames romaines. *Caton* fit sur l'indécence aux femmes de paroître en public et de briguer les suffrages, un discours satyrique et malin qui n'empêcha pas les femmes de gagner leur cause. Il exerça une censure sévère sur les sénateurs, et en raya sept de la liste. Si sa rigueur peut paroître trop grande à l'égard de *Manilius* exclu, pour avoir embrassé sa femme en présence de ses filles, il fut beaucoup trop indulgent pour *Quinctius* coupable, lorsqu'il commandoit dans la Gaule Cisalpine, d'avoir tué de sa main un homme qui venoit demander sa protection, pour satisfaire la curiosité d'un jeune Carthaginois, objet de son abominable passion, qui desiroit voir un homme éprouvant une mort violente. Caton s'occupoit des sciences dans sa vie privée. Il composa un livre sur l'origine des villes d'Italie, et un autre sur l'agriculture.

Peu d'époques des Romains ont été si fécondes en victoires que celle-ci. Ils battirent les Espagnols, défirent les Gaulois Cisalpins et les Galates, domptèrent les Bayens et les Liguriens, imposèrent des loix à *Antiochus*, rédui-

sirent la Macédoine sous leur obéissance, conquirent la Dalmatie, pénétrèrent dans la Gaule Transalpine, subjuguèrent les Celtibériens, les Isliens et les Stelliates. A l'occasion de ceux-ci, le sénat usa d'une indulgence qu'on peut remarquer comme peu ordinaire. Après un combat malheureux, il s'étoient remis avec confiance à la discrétion du consul *Popilius* leur vainqueur. Non-seulement il démantela leurs villes, et enleva leurs armes, mais il vendit comme esclaves tous les habitans du pays. Le sénat ordonna à *Popilius*, de remettre ce peuple en possession de sa liberté et de ses biens, de lui acheter des armes, et restituer l'argent de la vente. Il terminoit son décret par ces mots : « la victoire est glorieuse, quand
» elle se borne à dompter un ennemi;
» mais elle devient odieuse quand on
» l'emploie à opprimer des malheu-
» reux ».

Les triomphes ont aussi été très-fréquens. *Furius* triompha des Gaulois, *Caton* et *Fulvius* des Espagnols, *Acilius* de la Syrie, *Simpronius* des Istriens, *Paul Émile* de *Persée*, les deux *Scipions* de l'Afrique et de l'Asie. Ces victoires étoient l'aliment des peuples romains, et les triomphes, l'aiguillon qui les excitoit au combat. Rome contenoit alors trois cents trente-sept mille cinq cents cinquante-deux citoyens en état de porter les armes, les arts méchaniques y étoient exercés par les esclaves, ainsi cette immense soldatesque ne subsistoit que du trésor public. Elle avoit donc un grand intérêt à le grossir par les conquêtes. Le spectacle des triomphes entretenoit le génie guerrier, allumoit dans les cœurs des jeunes gens l'ardeur des combats, et la ranimoit dans les vétérans. Ces pompes, celles de la religion, les jeux publics, les assemblées pour les élections, les plaidoyers dans les tribunaux, les discutions politiques, objets des assemblées générales, telles étoient les occupations et les délassemens de l'oisiveté de cette multitude. N'étant point embarrassés de leur subsistance, on étoit sûr de les avoir sitôt qu'on les convoquoit ; il n'est pas néanmoins certain qu'ils n'eussent de bien que la solde. Les sommes qu'ils recevoient de leurs généraux et le butin, faisoient à chacun une masse qui fournissoit à leurs besoins, ou à leur aisance. La diminution qui annonçoit la fin de ce fonds, étoit le signal qui leur faisoit désirer une nouvelle guerre ; delà la facilité des enrôlemens, lorsqu'il n'y avoit point d'intrigues qui s'y opposoient. Au bout de la carrière militaire,

k 4

chaque soldat voyoit un repos assuré, ou dans les colonies, s'il vouloit y aller fixer son séjour, ou s'il restoit à Rome, dans le produit des terres conquises, qui leur étoient distribuées, dont les anciens propriétaires devenus fermiers faisoient passer le prix convenu aux nouveaux maîtres. C'est sans doute sur ces objets qu'étoient établis les impôts qui se percevoient à Rome. Les pontifes et les augures en furent long-tems exempts, parce qu'ils fournissoient aux frais des sacrifices et des festins sacrés. On créa des *Epulones*, comme qui diroit *magistrats des repas*, qui furent chargés de ces dépenses. A ce moment cessa l'exemption des ministres du culte. Vers ce tems fut créé la loi Porcia, *qui mettoit en sûreté les épaules du peuple*; c'est-à-dire, qui défendoit de faire battre de verges un citoyen Romain; mais elles ne s'étendoit pas aux armées, où les généraux continuèrent d'avoir droit d'infliger ce châtiment, ainsi que la peine de mort.

2858.   Les succès rendoient les Romains féroces. Il semble que ce fût un crime de leur résister. Deux préteurs, également cruels, commirent les plus grands excès en Espagne. *Lucullus* fit passer au fil de l'épée les habitans de plusieurs villes, sans distinction d'âge ni de sexe, et même après des capitulations. Plus de trente mille Lusitaniens furent massacrés par les ordres de *Galba*, après qu'il leur eut promis solennellement la liberté et la vie, et qu'ils eurent mis bas les armes à ces conditions. La république n'en blâma pas ses généraux. Ils ne furent même pas accusés. On a lieu de croire qu'ils étoient autorisés à commettre ces criantes injustices pour effrayer les Espagnols et les tenir sous le joug par la crainte.

La même politique et une plus cruelle encore, leur fit applaudir à la barbarie de *Gulussa*, fils de Masinissa. Elle fut le prélude de la destruction de Carthage. Cette ville avoit dans *Caton* un ennemi redoutable : cependant, moins envenimé contre elle, que contre la gloire des *Scipions*, dont l'existence de cette ville étoit un monument odieux à sa jalousie. Sur quelques différents entre Masinissa et les Carthaginois, au sujet de la possession d'une ville qu'ils se disputoient, il fut envoyé comme médiateur en Afrique. Les Carthaginois refusèrent de se soumettre à un arbitrage dont ils prévoyoient la partialité. « Nos limites, di-
» rent-ils, ont été fixées par un traité
» de paix. Le plus petit changement à
» cet égard, seroit une insulte à la mé-
» moire du plus grand des romains ».

Du plus grand des Romains ! Cet éloge piqua *Caton*. Il examina Carthage avec une maligne attention. De retour, il assura le sénat que les richesses de cette ville étoient immenses, ses magasins bien pourvus, ses ports remplis de vaisseaux, et que la guerre contre *Masinissa* n'étoit que le début d'une plus importante qu'elle méditoit contre Rome. Il termina son discours en exhortant le sénat à envoyer au plutôt des troupes pour faire la conquête d'une ville qui seroit éternellement un obstacle au progrès des armes romaines. Depuis ce tems, *Caton* ne prononça pas un avis dans le sénat, même sur les affaires bien différentes de la guerre, qu'il ne le finit par cette formule : « Je pense de » plus que Carthage doit être détruite ».

De nouvelles difficultés entre le roi des Numides et la république Africaine, amenèrent encore une guerre, cette guerre aboutit à une furieuse bataille que *Masinissa* gagna. Il bloqua les troupes Carthaginoises, dans un camp où elles se trouvèrent bientôt dépourvues d'eau et de vivres. Réduites à l'extrémité, elles se soumirent à tous ce que le vainqueur exigea d'elles. La principale condition fut que les soldats passeroient sous le joug désarmés, et à demi-nuds. Comme ils se retiroient après cette humiliante cérémonie. *Gulussa*, fils de *Masinissa*, irrité de quelques succès que ces malheureux avoient eu auparavant contre lui, lacha sur eux la cavalerie Numide. Elle en fit un tel carnage, que de cinquante-huit mille hommes, *Asdrubal* seul, suivi de quelques officiers, échappa au massacre général.

Auprès de *Masinissa*, qui ne fut peut-être pas prévenu de cette affreuse vengeance, se trouvoit *Scipion l'Emilien*, ainsi nommé, parce qu'il avoit été adopté par *Paul Emile*. Il avoit été précédé par deux missions de *Scipion Nasica*, son parent, envoyé pour examiner de près les dispositions et les projets de Carthage. Ce général ayant rendu un témoignage satisfaisant, avoit balancé la maligne influence de *Caton* dans le sénat, et suspendu la mauvaise volonté contre Carthage; mais le fond de la haine et de la jalousie contre cette ville infortunée, substistoit toujours. On croit qu'*Emilien* eut la commission de suivre de l'œil les événemens de la guerre, d'amener les puissances Africaines à un traité de paix, si les républicains avoient le dessus, et si le roi étoit victorieux de l'encourager à poursuivre vivement les Carthaginois.

Ceux-ci, accablés par leur dernière perte, envoyèrent des ambassadeurs à Rome, demander la continuation de la

Mauvaise foi des Romains à l'égard des Carthaginois.

paix. Mais ils furent très-surpris d'apprendre, que sans aucun motif de rupture, pendant qu'ils faisoient ces avances pacifiques, la république leur déclaroit la guerre. Ils surent en même-tems les préparatifs formidables qui se faisoient contre eux. Hors d'état de résister, ils se déterminèrent à se soumettre aux Romains, par la voie de *dédition*, c'est-à-dire, en leur donnant une autorité absolue sur leurs villes, leurs terres, leurs temples, et sur tous les habitans du pays, de quelque rang, sexe ou conditions qu'ils fussent. Les ambassadeurs, chargés de cette humiliante commission, furent bien reçus du sénat. On leur promit qu'ils conserveroient leur pays, leurs effets, leurs loix et leur liberté, pourvu qu'ils envoyassent trois cents otages au consul, qui étoit en Sicile, et qu'ils fissent ce que les consuls *Marcius* et *Manilius* jugeroient à propos de leur commander.

A peine ces otages étoient embarqués, que *Manilius*, à la tête de l'armée : *Marcius*, à la tête de la flotte, paroissent devant Carthage. Les Carthaginois qui comptoient sur la paix, fruit de leur soumission, envoyent demander ce que signifient ces démonstrations hostiles. On fait passer les ambassadeurs entre deux lignes de soldats, au bruit des instrumens militaires, toute l'armée étant sous les armes, et les drapeaux déployés. Ils trouvent les consuls sur un tribunal élevé, entourés de leurs principaux officiers, séparés de l'armée par une balustrade, devant laquelle ils sont placés comme des accusés ou criminels qu'on va entendre. Le chef de l'ambassade remontre aux consuls avec les ménagemens convenables, les procédés iniques qu'on employe contre eux, les conjure de ne point laisser les Carthaginois dans une incertitude cruelle, et de leur communiquer enfin les vraies intentions du sénat.

Marcius répond : « Je vous ferai part » l'un après l'autre des ordres que j'ai » reçu des pères conscripts ». Pour commencer cette gradation d'ordres et d'injonctions, il ajoute : « Puisque vous êtes » sous la protection de Rome, et que » vous souhaitez sincèrement la paix, » quel besoin avez vous de ce nombre » prodigieux d'armes dont vos magasins » sont remplis ? donnez, en les appor- » tant ici, une nouvelle preuve de votre » amour pour la paix ». Étonné d'un préliminaire si effrayant, les ambassadeurs répondent qu'ils ont d'autres ennemis à combattre que les Romains ; que leurs armes leur sont nécessaires, non-seulement contre les princes d'Afrique qui les environnent, mais sur-tout contre *Asdrubal*, qui condamné à mort pour avoir offensé Rome, s'est sauvé, et les menace avec une armée de vingt mille hommes. « Rome, repart brusquement » le consul, saura pourvoir à votre sû- » reté, obéissez et soyez tranquilles ».

Carthage trompée par une fausse démonstration d'accommodemens ne s'étoit pas pourvue de vivres. Elle n'avoit ni alliés, ni troupes mercénaires à sa solde. L'élite de ses guerriers avoit été exterminée dans la dernière guerre contre *Masinissa*. La flotte n'étoit pas encore équipée. Elle se détermina donc à ce sacrifice qu'elle regardoit comme le dernier. Les Romains furent étonnés de l'immense quantité d'approvisionnemens militaires que les Carthaginois apportèrent dans leur camp. Il y en avoit pour équiper toute l'Afrique. Entre autres deux mille catapultes, deux cents mille armures complettes et un nombre infini de traits et de javelots. Ce convoi d'armes étoit accompagné de vieillards vénérables, de prêtres en habits de cérémonie, pour tacher d'exciter la compassion des Romains.

Les consuls sourirent avec quelque bonté à ce cortège respectable. Mais reprenant aussitôt un air grave et sévère, *Marcius* leur tint ce langage. « Nous

» sommes contens de cette première
» marque de votre obéissance, et nous
» vous félicitons de l'avoir donnée. Je
» n'ai plus qu'une chose à exiger de
» vous au nom du peuple Romain; il
» m'ordonne de vous déclarer que sa
» dernière volonté est que vous sortiez
» de Carthage qui doit être détruite, que
» vous transportiez votre demeure dans
» tel endroit de votre domaine qui vous
» plaira, pourvu que ce soit à huit lieues
» de la mer, et que l'endroit soit sans
» murailles et sans fortifications ». La
foudre tombée au milieu des députés,
ne les auroit pas si généralement
attérés. « Un peu de courage, ajouta
» *Marcius*, vous fera surmonter cet
» attachement que vous avez pour
» votre ancienne patrie, et qui est plus
» fondé sur l'habitude que sur la raison ».
Une pareille exhortation n'étoit pas capable de consoler des malheureux condamnés. Quelques uns s'évanouirent;
d'autres exprimoient leur douleur par
des lamentations et des cris. Les soldats
eux-mêmes ne purent voir d'un œil sec
un spectacle si touchant. « Ces trans-
» ports soudains, reprit *Marcius*, se
» calmeront peu à peu. Le tems et la
» nécessité apprennent aux infortunés
» a souffrir leurs maux avec patience.
» Dès que les Carthaginois reviendront

» à eux, ils prendront le sage parti
» d'obéir ». Il les renvoya avec cette
sèche morale, porter l'arrêt de Rome
à leurs concitoyens.

Qu'on juge de la douleur et de l'indignation, des mouvemens de fureur et de rage que dut produire à Carthage une pareille perfidie ; leur enlever comme otages leurs principaux citoyens, les priver de leurs armes et dè leurs moyens de défense, sous les apparences trompeuses d'alliance et de paix, et quand on les a mis hors d'état de résistance, leur ordonner d'abandonner leurs foyers, de quitter leur patrie ! Comment pourroient-ils transporter leurs femmes, leurs enfans, leurs malades leurs vieillards ? Ou se réfugier ? ou trouver des maisons pour cette multitude ou bien des matériaux pour en bâtir ? Que faire de leurs vétemens, de leurs meubles ? Dans toute la ville, ce n'étoit qu'un cri de désespoir. Le peuple se jeta sur ceux des sénateurs qui avoient conseillé de donner des otages, et de livrer les armes. Les députés furent ignominieusement traînés dans les rues. D'autres plus sages, prirent des mesures pour la défense de la ville. Ils donnèrent la liberté aux esclaves et aux prisonniers, et en firent des soldats. Les sénateurs adoptèrent bientôt le dessein de soutenir un siège.

On fit grâce à *Asdrubal* qui avoit été condamné à mort pour plaire aux Romains. On le conjura d'employer les vingt mille hommes qu'il avoit sous ses ordres. Un autre *Asdrubal* général habile, fut chargé du commandement de la ville.

Les Carthaginois manquoient d'armes. Par ordre du sénat, les temples, les palais, les places publiques furent changées en ateliers. On faisoit chaque jour cent quarante boucliers, trois cents épées, cinq cents piques ou javelots, et mille traits. Les charpentes des maisons fournirent les matériaux des machines. Au défaut de fer et de cuivre, ils se servirent d'or et d'argent. Ils firent fondre des statues, des vases, et même les ustensiles appartenants aux particuliers. Les plus avares devinrent prodigues. Tout fut sacrifié jusqu'aux ornemens. On manquoit de matières pour les cordes, les femmes coupèrent leurs cheveux, et en fournirent abondamment. Hors des murs, *Asdrubal* employa ses troupes à ramasser des vivres et à les transporter dans la ville, où l'abondance fut bientôt aussi grande que dans le camp des Romains.

Moyennant tout ces efforts, les consuls trouvèrent une résistance à laquelle ils ne s'étoient pas attendus. Ils furent repoussés dans deux assauts. Des vieux vaisseaux qui restoient dans leur port, les assiégés firent des brulots, qu'ils dirigèrent contre la flotte des Romains, et en brûlèrent une partie. La guerre s'éloigna des murs de Carthage, elle se soutint avec des succès variés dans les plaines des environs. L'*Emilien Scipion*, nom toujours fatal à cette ville, n'étant encore que simple officier y fit des actions d'habileté et de valeur, dont le bruit vola jusqu'à Rome. Il fut élu consul, et chargé de finir cette guerre que les consuls **Manilius** et **Marcius** avoient cru terminer en peu de jours, et qui duroit depuis plus de deux ans, par les ressources que les Carthaginois avoient su se procurer.

Il remit le siège devant la ville. Lorsqu'il la croyoit aussi bien bloquée par mer que par terre, les assiégés ayant travaillé quelques jours avec une diligence et une ardeur incroyables, ouvrirent une sortie d'un autre côté du port, et parurent tout à coup en mer avec une flotte considérable, qui attaqua à l'improviste celles des Romains. L'engagement dura tout le jour, et fut malgré la surprise à l'avantage des Romains, puisqu'ils se trouvèrent en état d'attaquer dès le lendemain une terrasse qui couvroit la ville du côté de la mer. Les assiégés firent pour la défendre des prodiges de valeur. Plusieurs d'entre eux nuds et désarmés prirent des torches éteintes, et s'étant avancés à la nage jusqu'aux machines construites par les Romains, ils allumèrent leurs torches, et parurent aux yeux de ceux qui gardoient ces machines, comme autant de monstres sortis du sein des flots.

Scipion eut de la peine à rassurer ses soldats. En même-tems qu'ils surveilloit les travaux du siège, il suivoit les mouvemens de l'armée d'observation des Carthaginois. Il l'empêcha d'approcher de ses lignes, la força dans ses retranchemens, lui tua, dit son historien, soixante et dix mille hommes, et lui fit dix mille prisonniers. Cette défaite déconcerta les Carthaginois. Ils offrirent, par l'organe d'*Asdrubal*, leur commandant, de se soumettre à quelque condition que ce fût, pourvu que *Scipion* promît de conserver la ville. Le général romain refusa de se relâcher sur cet article. « Non, s'écria le Car- » thaginois, non, le soleil n'éclairera » jamais la destruction de Carthage, » tant qu'*Asdrubal* sera en vie. ». Irrité des désastres de sa république, il fit mourir, sur les remparts, tout ce qu'il avoit de prisonniers romains. Là, il n'y eut point de supplices qu'il ne leur fît souffrir. On leur crevoit les yeux, on leur coupoit le nez, les oreilles, les doigts, et s'il en faut croire quelques historiens, ce barbare se divertit à voir écorcher vifs plusieurs de ces malheureux.

Mais ce même homme, qui après avoir montré tant de résolution, après avoir mis sa femme et ses deux enfans dans la citadelle, sous la garde des déserteurs romains, qui n'ayant pas de grâce à attendre, devoient faire une défense plus opiniâtre, alla trouver en secret *Scipion*, et se rendit à lui, la vie sauve. Il paroît qu'il y avoit dans la ville des cabales, des partis, de ces divisions qui annoncent et préparent les catastrophes : car dans le dernier assaut, le général romain, averti qu'il ne prenoit pas assez de précautions, répondit : « il n'y a rien à craindre » dans une ville remplie de confusion. » Les dieux l'ont mise en notre pou- » voir ». En effet, avant l'attaque, *Scipion* avoit pratiqué une cérémonie religieuse en usage chez les romains. Elle consistoit à évoquer les dieux tutélaires d'une ville assiégée, à les supplier d'abandonner un lieu indigne de leur protection et de leur présence. Après l'évocation, il dévoua solennellement les habitans de Carthage à la mort et aux dieux infernaux, en ces termes : « Ô redoutable *Pluton !* et vous

» mânes infernaux, répandez sur le
» peuple Carthaginois, la crainte, la
» terreur et la vengeance ! que les
» nations et les villes qui ont pris les
» armes contre nous, soient détruites !
» Je vous dévoue, ô furies ! tous les
» ennemis de ma république, en mon
» propre nom, et au nom du sénat et
» du peuple romain ; mais préservez
» de la mort, et de tous les accidens
» de la guerre, nos légions et nos
» troupes auxiliaires.

Les Romains, ayant franchi les murs, n'avancèrent dans la ville que pied à pied. Ils attaquèrent les maisons l'une après l'autre ; à mesure qu'elles étoient nétoyées des deux côtés de chaque rue, ils montoient vers la citadelle, toujours en combattant. Chaque pouce de terrein leur étoit disputé par une armée de Carthaginois. Au milieu des cris de plusieurs milliers de blessés et de mourans, *Scipion* fit mettre le feu au quartier de la ville qui joignoit la forteresse. L'incendie dura six jours. Des décombres enflammés, sortirent pendant ce tems, vingt-cinq mille femmes et trente mille hommes, auxquels le général donna la vie. Au bout de ce tems, ceux des Carthaginois qui restoient dans la citadelle, en ouvrirent les portes. Les déserteurs romains, au nombre de neuf cents, se réfugièrent dans le temple d'*Esculape*, qui étoit comme le donjon de la forteresse. Ils s'y défendirent tant qu'ils purent, et voyant qu'il ne leur étoit plus possible de résister, ils y mirent le feu. A mesure que les flammes s'étendoient, ils se retiroient. Ils en étoient à leur dernière retraite, lorsqu'un spectacle terrible, glaça tous les cœurs d'effroi.

Sur le haut des murs, parut la femme d'*Asdrubal*, parée comme pour un jour de fête. Elle tenoit par la main ses deux enfans. Adressant la parole à son mari qu'elle voyoit à côté de *Scipion*, auprès des murailles, elle l'accabla d'imprécations, et renforçant sa voix : « lâche, » lui cria-t-elle, l'infâme démarche » que tu as faite pour sauver ta vie, ne » te servira de rien. Meurs en la per- » sonne de tes enfans ». En même tems elle poignarde ses deux fils, et palpitans encore, elle les précipite du haut du temple, et se jete après eux dans les flammes.

Tant d'horribles scènes arrachèrent des larmes au général romain. Il resta quelques momens dans un triste silence, et le rompit pour prononcer deux vers d'Homère, dont le sens est : *un tems viendra où la ville sacrée de Troye, et le belliqueux Priam et son peuple, périront.* Un profond soupir accompagna ces mots. On demanda à Emilien ce qu'il entendoit par Troye et le peuple de Priam. Sans nommer Rome, il marqua assez clairement qu'il craignoit que sa patrie n'eut un jour le sort de Troye et de Carthage. « Hélas! dit-il, les plus » grands états ont leurs périodes, après » lesquels la fortune abaisse ceux qu'elle » avoit pris plaisir à élever ». Royaumes florissans, pourroit-on ajouter, villes superbes, reines des cités, dans vos tems de prospérité, rappellez-vous le sort de Carthage.

Scipion en abandonna le pillage à ses troupes. Elles le firent méthodiquement, selon la discipline militaire établie chez les Romains. Les meubles, les ustensiles, la monnoie de cuivre, trouvés dans les maisons particulières, appartenoient aux soldats. L'or, l'argent, les tableaux, les statues, devoient être remises au questeur, pour la république. A cette occasion, plusieurs villes, qui avoient été dépouillées par les armées carthaginoises, recouvrèrent leurs ornemens. L'Emilien rendit aux citoyens d'Agrigante, le taureau d'airain, monument de la cruauté de *Phalaris*, leur tyran. Il fit porter les plus riches dépouilles sur la galère qui alla annoncer à Rome la prise de Carthage, et attendit la dernière décision sur le sort de cette capitale, dont il auroit voulu conserver les magnifiques restes.

Elle arriva, cette fatale décision. *Scipion*, toujours pieux, avant que de commencer la destruction, s'acquitta des cérémonies religieuses usitées en pareilles occasions. Il offrit des victimes aux dieux dont il alloit renverser les temples, comme pour les appaiser. Il fit mener une charue tout au tour des murailles. Ensuite les tours, les remparts, tous les ouvrages que les Carthaginois avoient construits dans le cours de plusieurs siècles, furent rasés. On mit après cela le feu aux édifices. Il commença dans tous les quartiers à la fois; et quoiqu'il dévora tout avec une extrême fureur, l'incendie dura dix-sept jours, avant que la ville fut consumée. Elle avoit subsisté sept cents ans, et balancé pendant deux cents, la puissance des Romains. La même année, ces conquérans détruisirent la fameuse Corinthe; et peu de tems après, Numance, célèbre ville d'Espagne, fut victime de son imprudente confiance dans la bonne foi des Romains.

Leurs guerres contre les Espagnols avoient toujours eu un caractère d'injustice et de vexations. Ils trouvèrent un adversaire redoutable dans *Viriathe* chef de plusieurs tribus ou nations, qui l'avoient pris pour général. Il se montra toujours digne de leur choix, par la valeur, la prudence et la noblesse des procédés. Le théâtre de ses exploits étoit la Lusitanie. La victoire le favorisa constamment pendant six ans. Ce bonheur l'aida à détacher plusieurs peuples des Romains. Craignant de tout perdre, ils envoyèrent successivement contre lui leurs plus habiles généraux. Un *Fabius* qui rétablit dans les troupes de la république la discipline qu'elles négligeoient. *Metellus* auquel on attribue ce mot fameux prêté dans la suite à tant d'autres. *Si ma tunique savoit mes desseins je la brûlerois.* Après quelques succès contre le Lusitanien, il se déféra à lui même l'honneur du triomphe malgré le sénat. Un tribun voulut l'arracher de son char, *Claudia* sa fille, qu'il y avoit fait mettre avec lui le défendit; et le magistrat par égard pour le sexe et la profession de sa fille vestale, laissa achever le triomphe du père.

Pendant que *Métellus* faisoit le siége d'une ville, *Rhéthogéne* un des principaux habitans vint se rendre à lui. Il avoit laissé sa femme et ses enfans dans la place. Les assiégés les placèrent sur la brèche par où les légionnaires devoient donner l'assaut. Ne pouvant se rendre maître de la ville sans qu'il en coûtât la vie à ces innocentes victimes, *Métellus* aima mieux renoncer à une conquête certaine : acte d'humanité remarquable dans un général romain. Il avoit une faction contre lui à Rome : elle le fit rappeller. Outré de cet affront, l'esprit de vengeance lui suggéra d'affoiblir l'armée qu'il devoit remettre à son successeur. Il renvoya l'élite de ses troupes, épuisa ses magasins, laissa mourir les éléphans, et fit rompre les traits destinés aux archers. Ainsi l'amour sacré de la patrie, commençoit à faire place à l'ambition particulière, et ce fut *Métellus* le *Macédonique* qui donna le premier exemple de ce changement.

Viriathe continuoit toujours ses succès. Il investit l'armée romaine, et lorsqu'il auroit pu la passer au fil de l'épée, il proposa lui-même la paix à *Pompeius* qui la commandoit, et l'acorda plus avantageuse que le consul ne l'espéroit. *Cépion* son successeur fut moins généreux en circonstance pareille. Il exigea des Lusitaniens le dur sacrifice de lui livrer ceux qui avoient excité quelques villes à la révolte. Le barbare leur fit couper la main droite, et fit assassiner *Viriathe* lui-même.

Les Numantins, petit peuple que les Romains avoient attaqué, lorsqu'ils ne demandoient que la liberté et la paix, se défendoient avec succès. Quoique très-inférieurs en nombre, ils firent dans une rencontre, un grand carnage de l'armée romaine. Ils auroient pu la détruire; mais ils s'en abstinrent, à la seule condition que les habitans de Numance resteroient indépendans, et seroient comptés au nombre des amis de Rome. Rome n'accordoit pas ainsi son amitié. Au contraire piquée qu'un petit peuple se fut jugé capable de lui faire grace, elle résolut de le détruire. Le traité avoit été conclu sous les yeux du consul *Mancinus* par *Tibérius Gracchus*, questeur de l'armée. Tous deux s'applaudissoient d'avoir sauvé par là dix mille citoyens à la république. Ils furent bien étonnés, lorsque retournés à Rome, ils apprirent que leur conduite étoit désapprouvée. Le châtiment en retomba principalement sur *Mancinus*.

Avant que d'attaquer les Numantins, le consul chargé de les soumettre leur envoya *Mancinus* lié, à demi-nud comme coupable d'une paix illégitime, jurée sans ordre et sans pouvoir, que la république ne vouloit pas garder. Les Numantins refusèrent de le recevoir, et dirent qu'ils ne l'accepteroient que dans le cas où, avec lui, on leur livreroit toute l'armée. Ils repoussèrent le nou-

veau général, et se montrèrent si redoutables, que contre une loi expresse qui défendoit de conférer la dignité de consul deux fois en sa vie au même homme, Rome élut *Scipion*, persuadée que le vainqueur de Carthage pouvoit seul dompter Numance. Cette ville étoit sur une hauteur escarpée, et n'avoit que quatre mille habitans, en état de porter les armes. L'*Emilien* l'investit avec soixante mille hommes bien disciplinés. Les quatre mille eurent l'audace d'insulter les Romains dans leurs retranchemens, et de leur présenter la bataille. Le général la refusa. Les soldats en murmuroient. « Ne voyez-vous pas, leur dit-
» il, que les Numantins n'agissent que
» par désespoir ? leur ruine est inévi-
» table. Les combattre ne seroit que
» s'exposer à répandre votre sang. Un
» habile général ne doit jamais risquer
» une bataille, à moins qu'il n'y soit
» forcé, où que la victoire ne soit
» presque certaine ».

Renfermés dans leur ville par une enceinte de fossés et de tours inattaquables, les Numantins frémissoient de rage de ne pouvoir même obtenir la mort par le fer ennemi, et de la voir venir à pas lents amenée par une cruelle famine. Cinq d'entre eux trompèrent les gardes, et se répandirent dans les villes voisines, pour les engager à envoyer à leur secours. La jeunesse de Lutia se laissa toucher, et se préparoit à tomber sur le camp romain. *Scipion* en fut instruit par les anciens qui n'étoient pas de ce sentiment. Averti à deux heures après-midi, il se trouve le lendemain matin devant Lutia avec un gros corps de troupes. Il demande qu'on lui livre les principaux de la jeunesse. Les habitans cachoient leurs enfans, et dirent qu'ils s'étoient sauvés ; mais l'impérieux consul menace de saccager la ville. On lui en amène quatre-cents, il leur fait couper la main droite, et repart ; cette action doit flétrir la réputation de l'*Emilien*, qu'on dit cependant avoir été un des plus honnêtes hommes de la république. Il y a deux opinions sur le sort des Numantins. Les uns disent qu'ils se rendirent, c'est-à-dire qu'ils livrèrent à *Scipion* des cadavres ambulans exténués de faim et de fatigue, les autres qu'ils mirent le feu à leurs maisons, et se tuèrent eux-mêmes, de sorte qu'il n'en resta pas un seul pour le triomphe. Quant à la ville elle fut entièrement consumée par les flammes. Au surnom d'Emilien, *Scipion* joignit celui de Numantin.

Des cendres de Numance, sortit la première sédition qui souilla la capitale de sang. Elle fut le prélude des guerres civiles qui coûtèrent plus de citoyens à Rome, que ne lui en avoit enlevé la conquête de l'univers. Quoique moins maltraité que le consul *Mancinus*, *Caius Gracchus*, son questeur, avoit toujours sur le cœur la rupture ignomineuse de la paix de Numance par lui négociée. Il en accusoit le sénat, et couvroit un dessein de vengeance dont il trouva les moyens dans le renouvellement de la loi *Litinia*.

Elle défendoit à tous citoyens de posséder plus de cinq cents arpens de terre. Les nobles depuis plus de deux cents cinquante ans, la violoient ouvertement. *Gracchus* s'étant fait élire tribun du peuple, proposa de la remettre en vigueur. On prétend que le dessein de se venger de la noblesse, ne fut pas la seule cause de son entreprise ; qu'il y fut excité par sa mère *Cornélie*, mère aussi de la femme de Scipion. « Pour me
» faire honneur, lui disoit-elle, on m'ap-
» pelle la belle-mère de l'Africain. Pour-
» quoi ne m'appelle ton pas la mère des
» *Gracques* ? Seroit-ce parce que votre
» nom n'est pas assez illustré ? Rendez-
» vous donc fameux, et pour vous-
» même, et pour votre mère, par quel-
» que grande entreprise ».

La loi, telle que la proposa *Gracchus*, étoit bien adoucie. A la prendre à la rigueur, elle auroit dépossédé les riches sans dédommagement de toutes leurs terres, au-delà de cinq cents arpens; au lieu qu'il statuoit que toutes ces terres excédantes leur seroient payées du trésor public. De plus, il permettoit à chaque enfant de famille d'avoir deux cents cinquante arpens sous son nom, outre les cinq cents du chef. Ces terres retirées aux riches, devoient être distribuées aux pauvres: c'est l'appât que *Gracchus* avoit imaginé pour gagner le peuple. D'ailleurs, nul homme ne fut jamais plus propre à réussir en pareille entreprise. Ferme dans ses résolutions, persévérant, intrépide, son éloquence vive, aisée et puissante, le rendoit l'idole du peuple, auquel il parloit son langage, moins pur dans sa diction, qu'ingénieux dans les tours, et solide dans les raisonnemens.

Pour perdre un ennemi si redoutable, les riches eurent recours à la violence et à la calomnie. La première échoua, parce qu'en allant à la tribune aux harangues et en revenant, il étoit toujours accompagné de trois ou quatre mille hommes. En vain aussi l'accusa-t-on d'aspirer à la tyrannie; le peuple dont il plaidoit la cause ne voulut pas croire à cette imputation. Les nobles, hors d'état de lui nuire personnellement, suscitèrent un obstacle à la cause même. Ils gagnèrent un tribun nommé *Octavius*, jusques-là, intime ami de *Gracchus*. Quand celui-ci proposa la loi, *Octavius* y mit son terrible *veto* qui suspendoit tout. Prières, menaces, *Gracchus* employa tout pour fléchir son ami. Ses efforts furent inutiles. Il prit le parti inconnu jusqu'alors de le faire casser. La loi passa. On nomma trois commissaires chargés de l'exécution. *Gracchus* se fit choisir avec son beau-père et son frère. Leurs recherches quelqu'exactes qu'elles fussent, ne leur produisirent pas la quantité de terres nécessaires pour contenter tous les pauvres. Les citoyens en état de porter les armes, montoient alors à près de quatre cents mille. Il ne se pouvoit que dans ce grand nombre, il n'y en eut beaucoup qui avoient besoin du partage et qui le désiroient. Se voyant prêts à être frustrés, ils commençoient à murmurer contre *Gracchus*.

Heureusement pour lui, dans ce tems *Philometor*, roi de Pergame, légua son royaume et ses richesses au peuple romain. Le tribun fit décider, malgré le sénat, que l'argent de la succession seroit distribué à ceux qui ne pourroient point avoir de terres. Cette libéralité arrachée, piqua vivement les pères conscrits. On s'aigrit réciproquement. *Grac-*

chus retrancha les adoucissemens de sa loi, ôta les deux cents cinquante arpens aux enfans de famille, et compta plus scrupuleusement les cinq cents des chefs afin de trouver de quoi satisfaire ses cliens. Il y eut des menaces de la part des nobles. Le tribun publia qu'on vouloit l'assassiner. Il ne paroissoit plus qu'en habit de deuil, comme s'il étoit en péril de mort. Il persuada au peuple qu'il n'y avoit d'autres moyens de garantir sa vie, que de le continuer dans le tribunat.

Les tribus commençoient à voter selon son gré. Tout d'un coup, les riches qui s'étoient répandus dans la place, s'écrièrent : « Justice ! justice ! on veut renverser toutes les loix, aucun citoyen ne peut-être tribun deux ans de suite ». Le tumulte devint si grand, que le tribun lui-même, fut obligé de remettre l'assemblée au lendemain. Il prit pendant la nuit des mesures, assigna les postes à ses amis, tant à la place des Comices, qu'auprès du Capitole où il devoit se rendre.

Pendant qu'il y marchoit, on vient lui dire que les sénateurs assemblés dans le temple de la Fidélité, à côté de celui de *Jupiter Capitolin*, se préparent à sortir et à l'attaquer. L'avertissement étoit fondé. Les sénateurs avoient voulu engager le consul *Mucius Scévola* à se

mettre à leur tête, et à les mener contre le peuple. Sa modération et sa prudence ne lui permirent pas de se prêter à cette impétuosité. « Nous sommes tra-
» his, s'écrièrent plusieurs voix, puis-
» que le consul nous abandonne. Faisons
» nous justice à nous-mêmes. Allons ren-
» verser de nos mains cette idole du
» peuple. Courons, reprit plus fortement
» *Scipion Nasica*, cousin germain de
» *Gracchus*, courons : que ceux qui ai-
» ment la république, me suivent ». Ils sortent, fondent dans la place ; on renverse les bancs ; de leurs débris on se fait des armes. Les partisans du tribun dispersés, demandoient l'ordre. « Nous
» sommes prêts, que faut-il faire » ? *Gracchus* ne pouvant se faire entendre, montre sa tête, voulant dire qu'elle étoit menacée. Il demande le diadème, s'écrient les patriciens et leurs clients. On l'attaque de tous côtés. Il fuit, et est saisi par la robe. Il l'abandonne, se sauve en tunique, et auroit échappé, si les bancs rompus, dont le chemin étoit parsemé, ne l'eussent fait tomber, en se relevant, il reçut un coup si rude à la tête, qu'il retomba, et ne se releva plus. Trois cents de ses amis furent massacrés durant l'émeute. On jeta leurs corps dans le Tibre avec celui de *Gracchus*. Le sénat étendit son ressentiment au-

delà de ce jour fatal. Il fit rechercher ceux qui avoient été amis de *Gracchus.*

Les uns furent assassinés sans forme de procès, les autres envoyés en exil. *Caïus Billius*, un des plus zélés défenseurs du peuple, fut saisi par ses ennemis, et mis dans un tonneau avec des serpens et des vipères, où il périt misérablement. Le sénat n'hésita pas à absoudre *Nasica* et ses complices, par un décret qui justifia toutes les barbaries commises contre *Gracchus* et ses adhérens.

Ces scènes si peu dignes des maîtres du monde racontées au loin, devoient paroître bien étonnantes à ceux qui s'étoient fait une idée imposante de la majesté Romaine. Qu'auroit fait de plus un sénat d'esclaves, tels que ceux que les Romains combattoient vers ce tems en Sicile ? Ceux de *Damophile*, citoyen d'Enna, et de *Mégallis* sa femme, donnèrent le premier exemple de la révolte. Il semble qu'il y eut entre ces deux époux, une émulation de cruauté. Le mari avoit fait marquer tous ses esclaves d'un fer chaud au front : il les renfermoit chaque nuit dans une étroite prison, les faisoit mener de grand matin au travail ordinaire, et ne leur accordoit qu'autant de nourriture qu'il leur en falloit pour prolonger leur misère. La

Révolte des esclaves siciliens.

femme traitoit de la manière la plus cruelle les esclaves de son sexe. Elle leur imposoit des tâches qu'il leur étoit impossible d'achever, et les faisoit battre de verges jusqu'au sang, pour la moindre faute. Ces deux monstres avoient une fille d'un caractère entiérement différent. Douce et complaisante, elle consoloit ces malheureux, leur portoit de la nourriture dans leur prison, et les soulageoit en tout ce qui pouvoit dépendre d'elle. On regrette que l'histoire ne nous ait pas transmis le nom d'une personne si estimable. La barbarie du père et de la mère prévalurent auprès des esclaves sur les bienfaits de la fille.

Chez un seigneur voisin vivoit dans les fers un certain *Eunus*, natif d'Apamée en Syrie. Après avoir été pris à la guerre, il avoit servi différens maîtres. Il étoit actif, vigilant, plein de feu, se vantoit d'avoir commercé avec les dieux, et de connoître leurs volontés, ce qui le faisoit consulter par ses compagnons de servitude. Ceux de *Damaphile* ayant formé un complot avec d'autres, vont trouver le Syrien, et lui demandent si leur projet est agréable aux dieux et peut réussir. *Oui*, répond l'oracle, *pourvu que vous vous hâtiez.* A ce mot vingt milles bras secouent leurs chaînes. Le nom de *liberté* retentit dans toute l'île, et une multitude se range sous ses étendards. Heureux pour lors les maîtres qui avoient traité leurs esclaves avec douceur ! Ils trouvèrent des défenseurs dans leurs foyers, pendant que les autres n'y trouvèrent que des bourreaux. *Eunus* prit le titre de roi, et signala le commencement de son règne par le supplice des deux époux, dont la fille fut traitée avec le plus grand respect. Il fit ensuite massacrer tous les habitans d'Enna, sur ce principe, qu'il ne peut y avoir de véritable union entre les hommes libres et des esclaves. Un nommé *Cléon*, natif de Sicile, vint le trouver avec cinq mille hommes ; d'autres lui amenèrent des corps considérables. Il se trouva bientôt à la tête de soixante dix mille esclaves, et s'il avoit réuni tous ceux qui s'étoient révoltés en différens endroits de l'île, on auroit pu en former une armée de deux cents mille hommes.

Toute cette troupe après quelques succès, et même quelques prises de villes, cette troupe plus attachée à la vie qu'à l'honneur, plus faite pour le brigandage que pour la discipline, fondit comme la neige devant le soleil, lorsqu'elle fut attaquée par les troupes régulières que les Romains envoyèrent au secours des Siciliens. *Cléon* fut tué ;

Eunus mourut dans les fers. Tout le reste se dispersa, et reprit ses chaînes. La rebellion fut du moins suivie de cet avantage, que *Rupilius*, homme juste, digne des premiers tems de la république, qui avoit été envoyé pour terminer cette guerre, donna aux Siciliens des loix par lesquelles le sort des malheureux esclaves fut très-adouci.

Vers le même-tems *Domitius* répandoit la terreur des armes romaines dans la Gaule Transalpine. Il trouva des ennemis redoutables dans les Auvergnats et les Allobroges, qu'on croit être les Suisses. *Bitutick*, roi des premiers, envoya au général Romain un ambassadeur. Il etoit richement habillé, et avoit une nombreuse escorte. Ce qui surprit davantage les Romains, ce fut de le voir suivi d'une compagnie de dogues qui marchoient après lui, comme des troupes régulières : à côté de lui étoit un Barde qui chantoit les louanges de son roi, de son peuple et de l'ambassadeur. *Bitutick* soutint la guerre avec courage et l'auroit prolongée, si *Domitius* ne l'avoit fait prisonnier par trahison, dans une conférence. Ses peuples et ses alliés, privés de chef, mirent bas les armes. Le malheureux prince fut amené en Italie. Le sénat souffrit qu'il ornât le triomphe de *Domitius*. Ensuite un décret le confina dans la ville d'Albe où il mourut.

Mais pendant que Rome tourmentoit tous les peuples, elle-même n'étoit pas à l'abri des troubles. Une guerre intestine déchiroit son sein. La faction de Gracchus n'étoit pas morte avec lui. Il avoit laissé un frère capable de la soutenir et de le venger. Comme les nuages s'amoncelent avant les grands orages et noircissent l'horizon, on voyoit dans la ville des agitations ; les murmures, les reproches, les menaces grondoient. On cherchoit à se surprendre dans ses paroles. « Que pensez-vous, dit un jour le tribun *Carbon* à *Scipion*, que pensez-vous du meurtre de Gracchus votre beau-frère. Je pense, répondit le héros de l'Afrique, que s'il a cherché à sémer la discorde dans la république, il a été justement puni ». A l'instigation du tribun, le peuple couvrit de huées cette réponse. *Scipion* prit alors cet air d'autorité que donne l'habitude du commandement, et regardant avec hauteur la multitude, il lui dit : « croyez-vous que je craigne vos murmures ; moi qui ai si souvent bravé la fureur de vos ennemis ? misérables, que seriez-vous devenus sans mon père Paul Emile et moi ? Vous seriez actuellement esclaves de

» ceux que nous avons vaincus. Est-ce
» là le respect et la reconnoissance que
» vous témoignez à vos libérateurs ? »
Le peuple se retira confus, mais plus
aigri qu'appaisé.

L'exécution de la loi sur les terres
toujours demandée par le peuple, toujours embarrassée par les patriciens,
étoit la cause des haines et des animosités. Mais d'autres motifs y concouroient encore; les jalousies même
entre riches, les querelles de famille,
les vengeances particulières. Ce fut un
motif de cette espèce, qui pensa occasionner la mort de *Metellus* le conquérant de la Macédoine, surnommé
pour cela le *Macédonique*. Étant censeur, il fit refuser au tribun *Labéon*,
une place dans le sénat. Dans une
émeute, le tribun saisit le vénérable
vieillard à la gorge, prononça contre
lui une sentence de mort, et commanda
qu'on le précipitât du haut de la roche
Tarpéienne, l'ordre alloit être exécuté,
lorsqu'un autre tribun appellé promptement par les patriciens, moyennant
son opposition, tira des mains des bourreaux le premier magistrat de Rome
après les consuls. Loin d'être puni de sa
violence, *Labéon* fit passer un décret,
en vertu duquel les tribuns devoient
avoir à l'avenir voix délibérative dans

le sénat. Au commencement, leur siège n'étoit qu'à la porte extérieure, afin qu'on pût les appeler quand on avoit besoin d'eux.

Les désordres qui se multiplioient, firent songer le sénat à créer un dictateur. *Scipion* alloit être élu, lorsque le lendemain de cette résolution, on le trouva mort dans son lit, non sans soupçon de violence, dont on remarqua des traces. Ainsi des deux Africains, l'un mourut dans une espèce d'exil, l'autre assassiné. La patrie qu'ils avoient préféré à l'humanité, en fit elle-même justice. La providence donne quelquefois de ces exemples; mais ils sont inutiles pour ceux dont l'amour de la gloire endurcit le cœur. Le second Africain ne laisa à ses enfans que trente-deux livres pesant d'argent, et deux livres et demie d'or. Pauvreté étonnante dans un général qui auroit pu s'enrichir des dépouilles de Carthage. Les patriciens le pleurèrent comme un père; mais le peuple s'opposa aux recherches qu'on vouloit faire sur sa mort, de peur qu'on ne trouvât des preuves contre *Caïus Gracchus* qui succédoit à son frère dans la faveur populaire. Il le remplaçoit aussi par ses talens et par sa haine pour le sénat.

Caïus commença sa carrière politique par le service militaire. Il brigua la questure de l'armée de Sardaigne. Là il se concilia l'estime du général par sa valeur et son exactitude, et l'affection des soldats par son attention à les pourvoir d'habits et de vivres. Le sénat qui avoit les yeux sur lui, craignant ce commencement de crédit, rappella l'armée de Sardaigne, et le laissa dans cette île isolée proquesteur, comme simple caissier de la république. Il paroit qu'il étoit déjà lié à la faction populaire qui se soutenoit à Rome. Elle trouva un appui dans *Fulvius Flaccus*, consul Plébéien. Il la fortifia en faisant passer une loi qui donnoit droit de citoyen Romain à tous les alliés qui n'avoient pu avoir part à la distribution des terres. *Gracchus* ou s'ennuyant dans l'emploi obscur qu'on lui avoit laissé, ou rappellé par ses partisans, quitta son poste, sans la permission du sénat, et revint à Rome. Ce coup d'éclat déceloit ses desseins et sa hardiesse. Il fut accusé, mais absous. La haute estime, et l'extrême inquiétude que le peuple témoigna pendant le cours de son procès, l'enhardit à solliciter le tribunat. *Cornélie* sa mère, dégoutée de ses projets d'illustration, par la fin tragique de son fils aînée, écrivit à celui-ci, d'une campagne où elle étoit retirée, deux lettres fort touchantes.

« Mon fils, lui dit-elle, dans la pre-
» mière, vous ne partagez plus avec per-
» sonne l'affection de votre mère. *Ti-*
» *bérius* n'est plus, vous êtes le seul
» objet de mes espérances et de mes
» craintes. Votre frère s'est abandonné
» à l'esprit de vengeance et en a été
» la victime. Vous immolerez-vous à
» la même passion ? Elle ajoute qu'il lui
» seroit doux à la vérité de voir venger
» la mort de son fils; mais, dit-elle,
» l'idée du salut de ma patrie a plus de
» pouvoir sur moi que celle de la perte
» de mon fils : ah Gracchus ! souvenez-
» vous que le même coup que vous
» porterez à votre patrie, percera le
» sein de votre mère. Que dis-je ? Vous
» succomberez vous-même sous le poids
» de votre téméraire entreprise. Je vous
» perdrai, et vos ennemis resteront.
» Mère infortunée, quelque chose qui
» arrive, les funestes effets des troubles
» que vous allez exciter, retomberont
» sur moi »! Il persiste dans son dessein et s'attira une seconde lettre, dans laquelle elle s'exprimoit en ces termes.
« Fils cruel ! après les meurtriers de
» votre frère, je n'ai pas d'ennemi plus
» cruel que vous. Avois-je lieu de m'at-
» tendre que le seul fils qui me restoit,

» empoisonneroit de chagrin le peu de
» jours que j'ai encore à vivre ? Mal-
» heureuse ! quel spectacle osez-vous
» me proposer ? Faudra-t-il que je
» voie la république détruite avant que
» de mourir ? Gracchus, notre famille a
» déjà assez fourni de scènes tragiques.
» Attendez, pour briguer le tribunat,
» que je sois descendue dans le tom-
» beau. Ô Jupiter ! ne permets pas que
» mon fils persiste dans un dessein qui
» va le perdre lui-même, avec sa mère
» et son pays ».

Vaines remontrances ! Vaines prières ! Il continua de briguer le tribunat et l'obtint. Son élection eut ceci de particulier, que faute de place dans le lieu des comices, plusieurs citoyens montèrent sur le toît des maisons, et donnèrent de là leurs suffrages avec acclamation générale. Ses desseins contre le sénat ne tardèrent pas à éclater. Il fut puissamment secondé par *Fulvius* l'ancien consul, Plébéien furieux, et ennemi déclaré des nobles. Ils donnèrent une nouvelle force à la loi des terres, pour laquelle ils s'étoient fait nommer commissaires. Tout en l'exécutant, *Gracchus* ne négligeoit pas ce qui pouvoit plaire au peuple. Il fit reparer les grands chemins, bâtir un grand nombre de ponts, ériger des colonnes milliaires, placer de distance en distance de grosses pierres pour la comodité des voyageurs, lorsqu'ils vouloient monter à cheval. Malgré le sénat il fit passer une loi qui ordonnoit qu'on batiroit à Rome de grands magasins, qui seroient remplis de blé aux dépens du public, et que chaque semaine, on en distribueroit une certaine quantité aux pauvres, à bas prix. Pour subvenir à ces dépenses, il chargea d'impôts les marchandises de luxe. Par ces réglemens et d'autres semblables, il prit un si grand ascendant sur le peuple, qu'on pouvoit le regarder comme le maître de Rome. Il en profita pour se faire élire une seconde fois tribun.

Pendant cette magistrature, il porta un coup fatal au sénat. Les chevaliers, quoique de la classe du peuple, inclinoient cependant comme riches, pour celle de la noblesse. *Gracchus* gagna cet ordre mitoyen, en leur faisant passer l'autorité la plus précieuse des sénateurs, savoir, le droit de rendre justice. Par ses efforts, et malgré tous ceux des pères conscripts, il fit statuer « que
» le jugement de toutes les causes tant
» civiles que criminelles entre particu-
» culiers, appartiendroit aux chevaliers,
» à l'exclusion des sénateurs. A la fin,

» s'écria-t-il , j'ai humilié le sénat ». Ainsi les chefs de faction se décelent quelquefois. Un mot peut découvrir leurs intentions perverses. Celui-ci prouve que Gracchus étoit bien éloigné de ne travailler que pour l'intérêt du peuple, comme il le publioit, et comme le croyoit ce peuple abusé. Il fit aussi revivre une obligation imposée autrefois aux juges « de ne point permettre qu'on » exécutât une sentence capitale à l'é- » gard d'un citoyen Romain, sans le » consentement et l'ordre du peuple ».

Afin de renforcer ses partisans, *Gracchus* imagina de proposer d'étendre le privilège de citoyens de Rome, qui avoit été conféré à quelques alliés, jusqu'au droit de suffrage dont jouissoient les vrais Romains. Cette nouveauté contredite par le sénat, ne réussit pas. Elle refroidit même la plus saine partie du peuple qui voyoit avec peine le dessein de partager une prérogative dont il avoit joui seul jusqu'alors. Ce projet avoit amené à Rome une foule d'étrangers disposés à l'appuyer. Le sénat s'en allarma, et leur ordonna de sortir. Le tribun les laissa chasser, de crainte, disoit-il, d'exciter une guerre civile. Cette foiblesse porta le premier coup à son crédit. Le sénat continua à l'ébranler, en lui opposant un concurrent dans la personne de *Livius Drusus*, plébéien à la fleur de l'âge, bon orateur, d'une conduite régulière, et entendant les affaires. Les sénateurs concertoient secrétement avec lui des propositions qu'il faisoit en faveur du peuple, et lui laissoient l'honneur de les faire adopter. Par ce moyen bientôt il partagea la faveur populaire avec *Gracchus*. On tendit aussi à celui-ci un piège qui flattoit son amour propre et son ressentiment ; ce fut d'aller rebâtir Carthage, que les *Scipions* ses ennemis quoique ses proches parens avoient détruite.

Qand il revint après avoir déblayé les ruines, et élevé quelqu'apparence de ville qu'il appella *Junonine*, en l'honneur de *Junon*, il trouva *Drusus* son rival avancé dans la faveur populaire. Il réussit néanmoins à se faire nommer une troisième fois tribun. Mais il eut la mal adresse de se brouiller avec ses collègues pour des distinctions et des places au théâtre. Il attaqua aussi le sénat, non comme auparavant, en lui arrachant des droits et des prérogatives au profit du peuple, mais en le calomniant et l'insultant, ce qui plaisoit beaucoup à la populace et non pas à la partie saine des citoyens. Les sénateurs procurèrent le consulat à *Opimius*, ennemi personnel de *Gracchus*, qui avoit fait son possible pour l'exclure de cette dignité. Pour rebâtir Carthage, on avoit ordonné la levée d'un corps de six mille Romains, qui devoient apparemment y former une colonie, et qui sans doute, n'étoient pas des aisés de la capitale. *Gracchus* chargé d'y retourner, afin de mettre la dernière main à cette entreprise, leva ce corps, mais il ne le mena pas loin.

Sur un bruit peut-être répandu exprès, que le sénat alloit révoquer l'ordre de rétablir Carthage, parce que les augures n'étoient pas favorables. *Gracchus* revint avec sa troupe. Son retour en compagnie si suspecte, fut regardé par les patriciens comme une bravade, une véritable aggression. Le jour qu'on devoit agiter de nouveau le rétablissement de Carthage, destinée comme on voit, à être encore même après sa ruine un sujet de crainte pour les Romains, *Gracchus* et son ami *Fulvius* placèrent un grand nombre de leurs partisans sous les portiques du Capitole, comme s'ils vouloient le bloquer. Le consul *Opimius* s'étant acquitté dans le temple du sacrifice qui devoit précéder la délibération, un de ses licteurs en portant les entrailles de la victime hors du temple, passant auprès des amis de *Gracchus*, leur dit brusquement : « Mauvais citoyens que
» vous êtes, faites place aux gens de

» bien ». Cette apostrophe fut payée d'un coup de dague qui étendit l'imprudent mort sur la place. Cet accident, et un grand orage qui survint fit remettre l'assemblée au lendemain.

Pendant la nuit *Opimius* s'empare du Capitole. A la pointe du jour, il assemble le sénat, et fait apporter sous ses yeux le corps sanglant du licteur. Cette vue échauffe les esprits, embrâse les cœurs du désir de la vengeance. On prononce le décret qui ordonne au consul de prendre soin de la république. C'étoit lui donner l'autorité entière de dictateur. Il fait aussitôt prendre les armes à tous les chevaliers romains, et commande à chacun d'eux d'amener deux domestiques bien armés. *Fulvius* apprenant ces dispositions hostiles, assemble la populace, et avec ses deux fils et une multitude confuse va s'emparer du mont Aventin. *Gracchus* averti se prépare à le suivre. Sa femme qui l'aimoit tendrement court à lui toute en larmes pour l'arrêter. Elle le saisit par sa robe, et tenant entre ses bras son fils, gage unique de leur amour : « Où vas tu si matin,
» lui dit-elle, ignore tu que les meur-
» triers de ton frère te préparent le même
» sort qu'il a subi ? tu vas te mettre à
» la tête d'une vile populace, qui t'aban-
» donnera lâchement à la vue du moin-

» dre danger. Si tu as quelqu'affection
» pour moi et pour cet enfant chéri,
» ne risque pas une vie qui nous est si
» précieuse ». Pénétré de douleur,
n'ayant pas la force de répondre, il s'arrache de ses bras. Elle veut le suivre,
et tombe évanouie.

Il joint *Fulvius*. Le premier coup d'œil
leur fit voir à l'un et à l'autre qu'une populace comme celle qui les accompagnoit, etoit incapable de résister à des
troupes consulaires, et à tout le corps
de la noblesse renforcée de ses cliens. Ils
tâchèrent d'entrer en accommodement.
Fulvius avoit un fils de douze ans, admiré de tous ceux qui le connoissoient,
par sa beauté et son esprit. On charge
sa main d'un caducée, on l'envoye offrir la paix. *Opimius* tourne l'ambassade
en ridicule, et ordonne au jeune ambassadeur de dire à ceux qui l'avoient envoyé, que pour obtenir la paix, ils devoient venir eux-mêmes se soumettre
au jugement du sénat. Et parlant au
jeune *Fulvius* : « Enfant, lui dit-il, pre-
» nez garde de ne pas revenir une se-
» conde fois. L'envoi d'un ambassadeur
» tel que vous, ne peut être regardé
» que comme une insulte ». Malgré
ce que cet avertissement pouvoit présenter de menaçant, on le renvoya encore une fois ». C'est trop nous insulter,

» s'écrie *Opimius*, que l'enfant soit
» mené en prison ». Et aussitôt il fait
sonner la charge.

Avant ce tems, il y avoit eu quelques querelles sanglantes entre les Romains; mais on vit alors combattre, pour la première fois, Romains contre Romains dans Rome même, et il y eut une bataille dans les formes. Le choc fut rude: plusieurs patriciens mordirent la poussière. Le consul rencontrant plus de résistance qu'il n'avoit cru, fait proclamer une amnistie pour ceux qui mettront bas les armes, et met en même tems à prix les têtes de *Gracchus* et de *Fulvius*; promettant d'en payer le poids en or à ceux qui viendroient les apporter. Cette proclamation eut son effet, toute cette multitude ou se rendit ou s'enfuit. L'appât de la récompense fit chercher et trouver *Fulvius* et son fils aîné, dont on apporta les têtes au consul. Un meurtrier encouragé par le même motif lui apportoit celle de *Gracchus*. *Septimuteius* qui avoit toujours fait profession d'être ami du tribun, arrache cette tête à l'assassin, et avant que de la livrer à *Opimius*, il emplit le crâne de plomb, afin d'augmenter sa récompense.

L'implacable *Opimius* envoya dans la prison un licteur donner au jeune *Fulvius* le choix du genre de mort qu'il voudroit subir; une pareille offre à un enfant de douze ans! il se mit à pleurer. Un augure Etrusque qui étoit en la même prison, lui dit : « Est-ce donc une chose » si terrible que de mourir ? Je vous » ferai voir que rien n'est si facile ». En même tems il se lance contre un des poteaux de la porte, se fracasse la tête et meurt. L'enfant l'imite et tombe mort aussi. Après une pareille barbarie, on doit s'attendre que l'intraitable *Opimius* n'épargnera personne. Il fait emprisonner et condamner au dernier supplice tous ceux des amis des *Gracques* qu'il peut découvrir, et jeter dans le Tibre les corps de trois mille hommes qui avoient été tués sur le Mont-Aventin: leurs biens furent confisqués. Un décret défendit à leurs parens d'en porter le deuil. Afin de ne pas tout-à-fait choquer le peuple, on chargea de rentes les terres excédentes les cinq-cents arpens qu'il étoit permis de posséder. Ces rentes devoient être payées au trésor, qui devoit à son tour en aider les pauvres ; mais on supprima ensuite ces redevances, par la raison que les patriciens payoient assez par les dépenses auxquelles les obligeoient les fonctions de leurs charges.

Ainsi, il ne resta des entreprises des *Gracques*, que le souvenir de leur inutilité pour l'avantage du peuple. Ils apprirent aux chefs des factions qui les suivirent, l'art d'agiter la populace, de la passionner, de l'enivrer d'espérances, d'exciter et de diriger ses fureurs. *Opimius* peut être regardé comme l'inventeur des proscriptions. En mettant les têtes à prix, il enflamma la cupidité, rompit les liens de la parenté et de l'amitié. Par la vue des citoyens qui tomboient tous les jours sous la hache de sa vengeance, il accoutuma les Romains au sang. Une méprisable apathie, suite de l'avilissement des sentimens, leur faisoit souffrir presque sans murmure, ces barbares exécutions au milieu d'eux. Une curiosité féroce les entraînoit à ces spectacles, dont le goût s'entretint par les combats des gladiateurs qui étoient alors fort communs.

On croit qu'ils tirent leur origine de la Grèce, qu'ils furent substitués aux sacrifices humains qu'on avoit coutume de faire lors des obsèques des grands. Au lieu d'immoler ceux qui devoient les accompagner au bûcher ou au tombeau, on les faisoit battre les uns contre les autres. Des funérailles, cet usage passa aux fêtes publiques, et en devint partie. On n'y admettoit d'abord que des prisonniers de guerre. Des gens libres, ou par émulation de bravoure, ou pour
Gladiateurs.

gagner de l'argent après s'être ruinés en débauches, descendirent ensuite sur l'arène. On vit paroître jusqu'à des femmes : c'étoit un spectacle délicieux pour les Romains. On alla en rafinant et en enchérissant dans cet abominable plaisir. Au premier combat de gladiateurs vu à Rome, il n'y en avoit que six. *Jules César* devenu Edile, en produisit jusqu'à six cent-quarante. Une manière sûre d'obtenir la bienveillance du peuple, étoit de lui procurer ces amusemens. Il les désiroit, les demandoit à grands cris. Il les appelloit un véritable bienfait *munus gladiatorium*. Les femmes surtout y étoient très-assidues. Les poëtes satyriques, qu'on ne croit pas être exagérateurs en cette partie, nous ont dépeint avec quelle curiosité inquiète elles suivoient les mouvemens des combattans ; avec quelle avidité elles attendoient l'issue de leur combat, comme elles s'écrioient d'aise et d'admiration, à la vue d'un coup adroit, qui faisoit tomber un malheureux dans son sang. Les historiens nous racontent aussi d'autres horreurs, comme la barbarie dégoûtante des gens de la lie du peuple, qui, sous prétexte de remède, appliquoient leur bouche sur les blessures des mourans, et en buvoient le sang sortant à gros bouillon. Ainsi l'histoire nous fait voir que les siècles ne mettent point de différence dans le caractère de la populace. La manière d'exprimer sa brutalité varie, mais le fonds reste.

Les cruautés d'*Opimius* ne se passèrent cependant pas sans réclamations : il fut accusé. Comme tout se mélange dans les factions, ce fut un ancien partisan des Gracques nommé *Papirius Carbo*, qui prit sa défense et le fit absoudre. A son tour *Carbo* fut cité en justice pour avoir excité l'aîné des Gracques à demander un second tribunat, et avoir été au moins un des complices de l'assassinat du second *Scipion*. Son accusateur *Crassus*, jeune homme de vingt ans, dédaigna pour le soutien de sa cause, un moyen que lui offroit l'infidélité d'un esclave, qui vola la cassette où étoient les papiers de son maître, et la lui apporta. Il la renvoya sans l'ouvrir avec l'esclave chargé de fers, en disant : « J'aime mieux qu'un ennemi » criminel soit sauvé, que de le perdre » par un si lâche moyen ». En effet, il n'en eut pas besoin ; sa seule éloquence triompha d'un adversaire fort éloquent lui-même, *Carbo* prêt à être condamné s'empoisonna.

Dans ce tems commença à paroître le fameux *Marius*. Il étoit d'une basse extraction, né dans le pays des Volsques. A une taille prodigieuse, et une force de corps peu commune, il joignoit de l'intelligence, du courage et même de la témérité. Son regard avoit quelque chose de farouche. Ses manières étoient rustiques. Sous cet extérieur grossier, il cachoit un grand fond d'esprit. *Scipion* prédit qu'il deviendroit un des grands généraux de la république. Il passa pour arriver à cet honneur par tous les dégrés du service, et ne parvint jamais à un grade plus élevé, que par quelqu'action d'éclat. *Marius* porta dans les affaires civiles la même intrépidité que dans la guerre. Il fut élu tribun. Pendant cette magistrature, malgré le sénat, il introduisit dans les élections un ordre favorable au peuple. Le consul *Cotta* qui avoit été son protecteur voulut s'y opposer. Sans égard pour ses bienfaits, *Marius* le menaça de la prison. Le consul se désista. La hardiesse du tribun lui fit grand honneur dans l'esprit du peuple. Dès lors, il le regarda comme un défenseur assuré contre l'oppression des patriciens.

Les loix contre la dépravation des mœurs marquent qu'il régnoit à Rome de grands désordres. Ils étoient d'autant plus dangéreux, qu'ils affectoient les classes les plus respectables de la république. Les censeurs furent obligés de rayer trente-deux patriciens de la liste des sénateurs. Il fallut faire des réglemens sévères contre le luxe des tables, les jeux de hasard et les concerts publics. Il y eut trois vestales accusées d'avoir manqué à leur vœu : les pontifes n'en firent punir qu'une. Deux autres aussi coupables furent épargnées, tant parce qu'elles appartenoient aux premières familles de la république, que parce que les pontifes craignirent que leur châtiment ne deshonora trop l'ordre sacerdotal. Le peuple murmura. L'examen de l'affaire fut repris, et la décision déférée à *Lucius Crassus*, homme intègre, et très-sévère. Il condamna sans miséricorde les deux vestales épargnées au même supplice que l'autre, à être enterrées vives, et leurs galans qui étoient aussi de premières familles à être battus de verges jusqu'à la mort. On comptoit alors à Rome trois-cents quatre-vingt-quatorze mille trois-cents trente-six citoyens en état de porter les armes.

Outre cela la république avoit des armées dans les Gaules ou les *Stœrn* peuple habitant au pied des Alpes, désespérés de ne pouvoir se défendre, mirent le feu à leurs maisons, tuèrent leurs femmes et leurs enfans, et se jetèrent dans les flammes. En Espagne, *Marius* devenu préteur, eut des succès constans contre les bandits, et obligea les peuples de son gouvernement à cesser de vivre de rapines. *Métellus* triomphoit de la Macédoine, son frère de la Sardaigne et de la Corse ; mais le consul *Papirus* étoit battu par les Cimbres. Entre ces guerres, celle de Numidie contre *Jugurtha* fixoit principalement l'attention des Romains.

2892.
Jugurtha.

Cette attention au reste, se portoit moins sur les opérations militaires que sur les négociations pécuniaires auxquelles les succès ou les revers donnoient plus ou moins d'activité. Elles s'entamèrent sitôt que *Jugurtha*, petit-fils de *Masinissa*, eut fait tuer *Hiempsal* son frère, héritier du trône comme lui. Il en restoit encore un nommé *Adherbal*, avec un égal droit à la couronne, qu'ils devoient partager entre eux trois. Dans le dessein de se soustraire aux efforts homicides de son frère, il se réfugia à Rome dont il réclama la protection. *Jugurtha* l'y suivit, appellé pour rendre compte de sa conduite. L'argent qu'il répandit avec profusion le justifia. Le sénat nomma dix commissaires chargés de partager le royaume entre les deux rivaux. Il n'étoit pas question dans leurs pouvoirs du meurtre du malheureux *Hiempsal*. On le passa sous silence ;

comme si c'étoit un pur accident. *Jugurtha* l'avoit présenté ainsi, et on avoit bien voulu le croire. Ces dix commissaires étoient disposés à n'être pas moins crédules et moins complaisans, sur tout ce que demandroit le possesseur des trésors de Numidie. Ils s'en firent le partage, et s'appliquèrent si peu à assurer le sort d'*Adherbal*, que sitôt qu'ils furent partis, son frère le resserra dans sa propre capitale.

Scaurus, général romain, se présenta, parla fièrement à *Jugurtha*, lui reprocha qu'après avoir assassiné un de ses frères, il vouloit faire mourir l'autre de faim. Il lui ordonna de lever le siége. Il le fit; le Romain se retira. Le Numide revint, prit la ville et assassina son frère de ses propres mains, après lui avoir fait souffrir de cruels tourmens, en punition de ce qu'il avoit appellé contre lui les Romains. Cette conduite de *Scaurus* fut aussi celle de plusieurs autres généraux qu'on envoya contre *Jugurtha*. Ils faisoient des menaces vigoureuses, afin que le prince ne marchanda pas trop pour les appaiser. Ce manége dura jusqu'à ce que le peuple romain instruit et indigné de la basse cupidité, de l'injustice mercénaire de ses sénateurs, fit faire le procès aux coupables. Entre eux se trouva *Opimius* qui s'étoit montré inexorable contre *Grac-*

chus et ses partisans. Il fut condamné ainsi que quelques-uns de ses complices à un bannissement perpétuel, et mourut dans la misère. Ce châtiment leur fut infligé par *Scaurus*, peut-être le plus criminel de tous. Mais il avoit eu l'adresse de se faire mettre à la tête de la commission formée pour cette affaire; et il punit avec la dernière sévérité, plusieurs personnes moins criminelles que lui.

Le peuple voulut aussi qu'on fît une guerre sérieuse à *Jugurtha*. Elle fut confiée à *Métellus*, distingué par sa probité, sa valeur et son habileté militaire. On doit remarquer que les deux fameux rivaux, *Marius* et *Sylla*, servirent dans cette guerre; le premier, en qualité de lieutenant-général, choisi par *Métellus* lui-même, qui lui donna ce grade, mais qui eut tout lieu de se repentir de se l'être attaché. *Marius* avoit tous les talens guerriers; valeur, intrépidité, présence d'esprit dans le danger, promptitude, génie d'expédiens et de ressources. Mais il ne soupçonnoit pas même l'existence de ces dispositions morales qui forment le caractère d'un honnête homme. Plein de vanité, il prétendoit ne devoir son élévation qu'à son mérite. Loin d'en avoir obligation à *Métellus*, les justes éloges donnés à ce général le choquoient. Il décrioit toutes ses actions. A l'entendre, outre que la lenteur et la timidité naturelles de *Métellus*, le mettoient hors d'état d'arrêter un ennemi actif et vigilant, sa politique lui faisoit prolonger la guerre, afin de prolonger son commandement. *Marius* fit passer ses calomnies jusqu'à Rome, où il avoit persuadé qu'avec la moitié des troupes de *Métellus*, en une seule campagne, il étoit capable de finir cette guerre. S'étant ainsi préparé les voies, il brigua le consulat, l'obtint et en même-tems le généralat de *Métellus*.

Revêtu de la dignité de consul, il traita la noblesse avec mépris. Comme c'étoit malgré les patriciens qu'il s'étoit élevé aux premiers rangs de la république, il disoit hautement, qu'il se tenoit plus glorieux de cette victoire qui humilioit les pères conscripts, que de toutes celles qu'il pourroit remporter sur *Jugurtha*, dût-il l'emmener en triomphe à Rome chargé de fers. Ses discours au peuple étoient tous dans ce sens, des éloges pompeux de son mérite, et des invectives contre les patriciens. Cet homme qui avoit publié que *Metellus* avoit trop de troupes, ne s'en trouva pas assez. Il se mit à enrôler dans Rome, et se composa plusieurs légions, à la vérité de la lie du peuple;

mais *Marius* préféroit ces soldats à d'autres, comme s'il eût craint d'avoir dans ses troupes des hommes de meilleure condition que lui.

Pendant que ces occupations prolongoient le séjour du consul à Rome, *Métellus* battoit *Jugurtha*, assiégeoit et prenoit des places. Quand il sut l'arrivée de son ingrat lieutenant, sans le voir, il remit l'armée à un autre, s'embarqua et cingla vers l'Italie. Les Romains furent assez justes pour ne lui pas refuser les honneurs du triomphe. *Marius* peu sûr de la fermeté et de la discipline de ses nouvelles troupes, les employa d'abord à une expédition qui demandoit plus de patience que de courage. Il leur fit traverser les sables brûlans de l'Afrique, infestée de serpens monstrueux, que la faim et la chaleur rendoient plus redoutables, pour aller prendre Capsa, entourée de tous côtés d'un vaste désert qui la rendoit presque inaccessible. Aussi trouva-t-il les habitans dans une profonde sécurité, et il n'eut qu'à se présenter pour s'emparer de la ville, où il fit un grand butin. Une surprise due au hasard le rendit maître de Mulucha, forteresse importante. Après cela, il promena son armée en Numidie et en Mauritanie, pilla, brûla, ravagea, massacra, et remplit ces royaumes de la terreur de son nom.

Il lui arriva alors un renfort nécessaire à son armée épuisée, sous la conduite de *Sylla*, l'opposé de *Marius*, jeune patricien, poli, aimable, élevé dans les délices de Rome, auxquels il s'étoit livré. Une courtisanne nommée *Nicopolis*, prit pour lui une passion violente. Comme il y répondit par un attachement sincère, non-seulement elle partagea avec lui ses revenus, mais elle lui laissa en mourant de très-grands biens. *Marius* regardoit *Sylla* comme un efféminé. A ce titre, et en qualité de patricien, il n'avoit pas été content de lui voir solliciter et obtenir la questure de son armée. Il le laissa tant qu'il put à Rome faire recrue; mais il fallut bien à la fin que le questeur s'acquitât de sa charge. Arrivé en Afrique, il changea absolument de conduite, renonça aux plaisirs, se montra toujours prêt aux fatigues comme aux dangers, vécut aussi frugalement que le moindre soldat; il affectoit d'imiter le général jusque dans ses manières agrestes, et obtint ainsi son estime et sa confiance, au point d'être déclaré premier lieutenant de l'armée.

Dans ce poste, *Sylla* s'acquit à juste

titre la réputation de général habile, et d'adroit négociateur. Il mérita cette dernière qualité sur-tout par la dextérité avec laquelle il mania l'esprit de *Bocchus* roi de Mauritanie, gendre de *Jugurtha*, et l'amena à livrer son beau-père. Député vers ce monarque comme ambassadeur de *Marius*, Sylla marchoit avec un corps d'armée à la vérité assez fort ; mais tout entouré de pièges et d'embuches. Après quelques journées de chemin, *Volux*, fils de *Bocchus* le joignit. Il venoit préparer le Romain à faire entrer le roi Numide dans le traité qu'il alloit conclure avec le Mauritanien. Il crut apparemment gagner quelque chose sur *Sylla* en l'effrayant. Vers le milieu de la nuit, le jeune prince entre précipitamment dans la tente de Sylla, avec un air d'épouvante. « J'apprends, lui dit-il, que Ju-
» gurtha marche à nous avec des forces
» supérieures. Fuyons, laissez là vos
» troupes, je m'engage à vous conduire
» en lieu de sûreté. Que je fuie, répond
» fièrement Sylla, que je fuie devant
» un ennemi vaincu tant de fois ! que
» j'abandonne mes soldats ! Non, je
» connois leur valeur. Ils vaincront avec
» moi, ou je périrai avec eux ».

Ce n'étoit qu'une fausse allarme donnée exprès ; mais bientôt le danger de-

vint réel. *Jugurtha* en effet approchoit. Les soldats Romains voyant tout-à-coup son armée à peu de distance, s'écrient : « nous sommes trahis, Volux
» nous a vendus. Massacrons le traî-
» tre ». *Sylla* prend un air d'assurance,
» encourage ses gens, les exhorte à soutenir dans cette occasion périlleuse l'honneur du nom Romain. Puis s'adressant à *Volux*, il lui dit : « je suis con-
» vaincu que vous nous trahissez ; je
» veux être plus généreux que vous.
» Je vous sauve la vie, partez. Allez
» joindre *Jugurtha* ». Le jeune prince tache de se disculper. Il assure Sylla que le Numide n'a d'autre dessein que de lui faire sa cour, et de le disposer à lui être favorable. « Essayez plutôt,
» lui dit-il, allons le trouver, vous verrez
» qu'il n'y a rien à craindre ». Le Romain se détermine à cette démarche hasardeuse. En effet, *Jugurtha* ouvre à sa troupe un passage libre à travers son armée. Le succès de cette témérité mérita à *Sylla* le surnom de *fortuné*.

Arrivé près de *Bocchus*, le grand point étoit de séparer la cause du beau-père de celle du gendre. L'ambassadeur obtint à cet égard, peut-être plus qu'il n'espéroit. Il est à remarquer que les deux hommes qui se disputoient le Mauritanien, se servoient des mêmes raisons,

et comptoient l'un et l'autre commencer une trahison. « Je ne pourrai, disoit *Ju-*
» *gurtha* à *Bocchus*, compter sur ce que
» vous me promettez au nom des Ro-
» mains, si vous ne me donnez en otage
» leur ambassadeur. *Sylla* disoit aussi
» à *Bocchus*, les plus puissans des
» rois ne peuvent obtenir l'alliance de
» Rome, que par quelque service ex-
» traordinaire. Profitez de l'occasion,
» livrez-nous le barbare, le per-
« fide *Jugurtha* encore rougi du sang
» de ses frères. Aidez Rome à exé-
» cuter la vengeance des dieux, et
» comptez à jamais sur la protection
» et l'amitié des Romains. Quoi, ré-
» pondoit Bocchus, trahir un beau-
» père, un roi voisin, un ami, un
» allié! que pensera toute l'Afrique ».
La douce, l'insinuante, la persuasive éloquence de *Sylla* reprima cet élan d'honneur. Il amena le gendre à concerter
avec lui les mesures pour surprendre
son beau-père. *Jugurtha* se trouva
chargé de fers au moment que sur les
espérances à lui données par *Bocchus*,
il se croyoit maître de *Sylla*. Celui-ci
conduisit son captif à Marius.

Ainsi finit la guerre de Numidie.
Marius fit marcher *Jugurtha* et ses deux
fils à son triomphe, où il porta entre
autres dépouilles de ce royaume, trois

mille sept cents livres pésant d'or en lingots, cinq mille sept cents soixante et quinze livres pésant d'argent en barre, et une grosse somme en espèces : tout cela pour le trésor public, sans compter ce que chaque soldat et les généraux eurent pour leur part du butin. Ces déprédations étoient nécessaires au soutien d'une république telle que Rome. Sans les richesses qu'elle tiroit du pillage, elle n'auroit pu entretenir ses trois ou quatre cents mille citoyens, sans profession, dont l'oisiveté garnissoit la place publique dans la discussion des affaires, et fondoit les armées. De pareilles républiques mêlées d'aristocratie et de démocratie, ne pouvant être sans factions, il faut à la populace des ambitieux qui l'achètent, et aux ambitieux, une populace qui se vende. Le prix du marché se trouve dans le butin qu'apportent les vainqueurs. La lute se soutient entre les compétiteurs, jusqu'à ce que le peuple ouvrant les yeux, foule aux pieds et ses idoles et ses adorateurs. Ce fut cette constitution, si on peut appeler ainsi un état perpétuel de discorde, ce fut cette constitution qui éleva les Romains au plus haut dégré de puissance, et les précipita ensuite dans l'abime d'une honteuse servitude.

*28. 8.
Guerre des esclaves.*

Ils étoient vers ce tems occupés de deux guerres inquiétantes; la révolte des esclaves, et l'irruption des Cimbres et des Teutons. La première commença en Italie, et fut causée par l'amour. Un chevalier Romain nommé *Vettius*, demeurant à Capoue, épris d'une violente passion pour une belle esclave, l'acheta à crédit. Quand il fallut la payer, ruiné par ses débauches, il ne se trouva pas d'argent. Son commerce avec la belle esclave, l'avoit familiarisé avec les compagnons de sa servitude. Le Romain leur fit connoître leurs forces, les engagea à se révolter, et s'établit leur chef. Pour premier exploit, il tua ceux auxquels il devoit le prix de sa maîtresse. Mais Capoue étoit trop près de Rome pour que cette insurrection eût un succès constant. On envoya contre lui des forces imposantes, sous le préteur *Lucullus*. *Vettius* prêt à tomber entre ses mains, se tua, et la révolte cessa de ce côté. Un réglement juste, mais donné sans en avoir prévu les suites, en causa une bien plus dangereuse en Sicile et dans les villes voisines.

Les Romains faisoient esclaves sans distinction, tous les prisonniers. Il se trouvoit souvent dans les armées opposées aux Romains, des malheureux qui avoient été enlevés auparavant sur les terres des alliés de la république, et incorporés malgré eux dans les nations en guerre avec les Romains. Pris par ceux-ci, ils subissoient comme les autres, le sort de la servitude. A la réquisition de *Nicomède*, roi de Bythinie, la république par une inspiration de justice qui ne lui étoit pas ordinaire, ordonna que la liberté seroit rendue à tous les esclaves nés dans les royaumes alliés. Il s'en trouvoit un grand nombre. *Licinius Nerva*, préteur de Sicile, voulut d'abord faire exécuter la loi. Il brisa les fers de quatre cents de ces infortunés, et déclara qu'il écouteroit tous ceux qui auroient des réclamations à présenter. Mais soit qu'il fût effrayé de la multitude des réclamans, soit qu'il ne pût résister aux raisons pécuniaires opposées par les maîtres, non-seulement il cessa la manu-mission, mais il se fit connoître disposé à remettre dans les chaines ceux qu'il en avoit déjà tirés. Ces derniers s'attroupèrent, en appellèrent d'autres, et se choisirent un général nommé *Salvius*, joueur de flûte, auquel ils donnèrent le titre de roi.

Il s'en montra digne, ainsi que du commandement, par les victoires qu'il remporta. Son armée déjà composée de vingt mille fantassins et de deux mille chevaux, fut renforcée par dix mille hommes que lui amena *Athénion*, du voisinage d'Egesse et de Lilibée. Les deux chefs se partagèrent les opérations de la guerre. *Salvius* se chargea de la défense des villes, et *Athénion* de tenir la campagne. Il se trouvoit à la tête de quarante mille esclaves qui avoient presque tous servi avant que de perdre la liberté; aussi balancèrent-ils long-tems l'événement d'une bataille que *Lucullus* vainqueur de ceux de Capoue, leur livra. Ils l'auroient gagnée, si *Athénion*, blessé aux deux genoux, ne fut tombé de cheval. On le crut tué; son armée se débanda; mais il se tira de dessous un monceau de morts qui le couvroient, gagna la ville de Triocola, qui étoit leur chef-lieu. Il y soutint un long siége contre *Lucullus*, que sa résistance lassa. *Athénion* délivré et devenu le seul chef, parce que *Salvius* mourut, se remit en campagne. Prêt à livrer une seconde bataille au successeur de *Lucullus*, nommé *Marius Aquilius*, l'esclave proposa un combat singulier au Romain. Il eut lieu entre les deux armées. La fortune trompa l'espoir du brave *Athénion*. Il fut tué. Son armée toute entière prit la fuite. Ce ne fut plus qu'une boucherie. Dix mille qui se sauvèrent dans leur camp, aimèrent mieux se tuer les uns les autres, que de se rendre aux Romains. Cette guerre qui dura quatre ans, leur coûta un million d'esclaves.

L'irruption des Cimbres et des Teutons, fut précédée par une guerre malheureuse dans les Gaules. *Cœpion*, en qualité de consul, y avoit eu des succès. Il prit le fameux trésor de Toulouse, provenant du pillage du temple de Delphe, par les Gaulois. On le fait monter à cent mille livres pesant d'or et autant d'argent. Il ne pouvoit se dispenser de le faire porter à Rome. En effet, il l'envoya à Marseille sous une escorte, pour être embarqué. Mais il plaça sur le chemin des troupes plus nombreuses. Les soldats qu'il fit passer pour des brigands, enlevèrent la part du public, la lui rapportèrent, et il se l'appropria. Un homme de ce caractère ne devoit pas voir de bon œil un successeur, son consulat fini. Il regarda le nouveau consul *Mallius*, sinon comme ennemi, du moins comme envoyé pour rogner ses profits. On lui avoit laissé en qualité de proconsul une autorité, mais subordonnée. *Cœpion* ne voulut pas reconnoître de maître. Les deux rivaux se brouillèrent. Les officiers ne pouvant les raccommoder, furent obligés de partager l'armée. Cette mésintelli-

…ence donna grand avantage aux Gaulois et aux Cimbres, réunis et bien d'accord. De concert, ils attaquèrent les camps des généraux romains. Les Gaulois, celui du consul *Mallius*; les Cimbres, celui de *Cœpion*. La victoire se déclara pour eux.

Quatre-vingt mille hommes, tant Romains qu'alliés, avec les deux fils du consul, et quarante mille valets ou vivandiers, périrent dans cette fatale journée. Il n'échappa des deux armées romaines, que dix hommes avec les deux généraux. De ces dix étoit *Sertorius*, qui devint depuis si célèbre. Ces cent-vingt mille périrent pour l'acomplissement d'un vœu fait par les vainqueurs, avant la bataille. En conséquence, ils noyèrent les chevaux, tuèrent tous les prisonniers, détruisirent les dépouilles, jetèrent l'or et l'argent dans le Rhône : de sorte que le vol de *Cœpion*, ne lui profita pas.

Guerre des Cimbres et Teutons.

L'indignation éclata dans Rome contre *Cœpion*, qui étoit patricien. Le peuple le déposa avec ignominie. Le sénat regarda ce châtiment, dont il n'y avoit pas encore d'exemple, comme une injure faite à son corps; mais on lui préparoit d'autres couleuvres à dévorer. Un tribun transféra au peuple le droit d'élire les pontifes. Un autre fit passer une loi en vertu de laquelle tout citoyen dégradé par un décret du peuple, étoit privé pour toujours de sa place dans le sénat. Par là, ce corps perdoit le droit de rétablir ceux qui avoient été flétris par le peuple. Un troisième tribun fit arrêter que tous les alliés du pays latin, qui accuseroient un sénateur, et prouveroient leur accusation, jouiroient des priviléges de citoyen romain. Mais la plus grande mortification pour le sénat, fut de voir choisir pour la guerre des Gaules, *Marius*, son ennemi déclaré, et de le voir élire une seconde fois consul, quoiqu'absent, et qu'il ne se fut pas écoulé six ans depuis son premier consulat. Deux conditions, présence et intervalle de dix ans, sur lesquelles on n'avoit pas encore passé.

Ce choix épouvanta d'avance les jeunes Romains destinés par leur naissance à la guerre; mais qui craignoient d'être commandés durement. Toute la conduite de *Marius* avoit quelque chose d'austère. Point de repas, point de plaisirs, point de luxe, la plus grande simplicité dans les habits, une frugalité exemplaire, une manière de signifier sa volonté qui ne souffroit ni réplique ni délai. Le seul son de sa voix effrayoit, et faisoit trembler ceux à qui il donnoit des ordres. Il envoya *Sylla*, son lieutenant, nétoyer le pays au bas des Pyrénées, du côté de Narbonne, où il comptoit attendre les Cimbres, qui, accompagnés des Gaulois et des Teutons, étoient allés faire une irruption en Espagne. Il suivit son lieutenant de près, et établit dans son armée la plus sévère discipline.

Un de ses neveux fut tué par un soldat qu'il vouloit débaucher. Loin de venger la mort de son neveu, qu'il regrettoit sincèrement, *Marius* mit lui-même sur la tête du meurtrier, une de ces couronnes accordées par les généraux aux seuls soldats qui s'étoient distingués par quelqu'action d'éclat. Ce généreux trait d'équité publié à Rome, y augmenta son crédit, et contribua à lui procurer un troisième consulat. Quand ce vint au quatrième, il se rencontra plus de difficultés. *Marius* fit semblant de vouloir qu'on ne violât pas si ouvertement et si souvent les règles en sa faveur. Il déclara qu'il ne permettroit pas même qu'on mît son nom parmi ceux des candidats. Mais *Saturninus*, un des tribuns de concert avec lui, tenoit un langage différent. Il disoit qu'il falloit forcer *Marius*, que son refus dans les circonstances du danger pressant de la république, menacée d'une inondation de barbares, étoit une véritable trahison. Ce jeu fut si bien joué, que *Marius* accepta comme malgré lui, pour la quatrième fois, les faisceaux consulaires.

Les Cimbres ne revinrent pas par où *Marius* les attendoit. Ils tournèrent du côté de l'Italie par les Alpes orientales, pendant que les Teutons et d'autres nations Gauloises et Helvétiques, se proposoient de les passer du côté de l'Occident. *Marius* alla à la rencontre de ces derniers, et les attendit auprès d'Arles. Quand ils s'approchèrent, tout le pays, jusqu'où la vue pouvoit porter, en parut couvert. Ils désiroient la bataille, parce que leurs provisions s'épuisoient, et qu'ils ne pouvoient espérer d'en trouver dans un pays que le consul avoit eu soin de dévaster. Les Romains la désiroient aussi, parce qu'ils ne pouvoient souffrir les bravades par lesquelles les barbares venoient les insulter jusque sur leurs retranchemens.

Marius eut peur de ne pas pouvoir les contenir, et eut recours à une ruse religieuse, la plus puissante de toutes, sur le peuple. Sa femme *Julie*, de la famille des *Césars*, lui avoit envoyé une fameuse devineresse. Le consul la reçut avec le plus grand respect. Comme si elle eut possédé le talent de prédire l'avenir, il la consultoit dans les occasions importantes. Priée par le général de lui apprendre qu'elle étoit à l'égard du combat demandé par l'armée, la volonté des Dieux; elle ne manqua pas de prononcer qu'un engagement seroit fatal à la république. Cette réponse calma les soldats, et les tint dans une grande soumission à la volonté du général. Il donna lui-même à son armée l'exemple des mépris pour les provocations de l'ennemi. Un Teuton de la plus haute taille, vint jusqu'à la porte du camp, le défier à un combat singulier. Il répondit: « si le Germain est las de vivre, » qu'il aille se pendre ». Le consul détermina donc ses légions à laisser tranquillement défiler sous leurs yeux l'immense multitude des Teutons, qui furent six jours à passer.

Il paroît que cette marche les partagea. *Marius* en atteignit près d'Aix, au bord du Cénus, nommé depuis la rivière d'Arc, une division composée principalement des *Ambrons*, qu'il défit entièrement. Les femmes retranchées dans leur camp, ne pouvant ni se défendre, ni obtenir pour leur honneur, la sûreté qu'elles demandoient, égorgèrent leurs enfans et se tuèrent elles-mêmes. Non loin de là, campoient les Teutons, qui n'avoient pris aucune part au combat. *Marius* les attaque à leur tour, et remporte une victoire complette. Les historiens font monter à deux-cents quatre-vingt-dix mille hommes, le nombre de ceux qui furent tués ou faits prisonniers dans les deux batailles. Ces succès valurent à *Marius* un cinquième consulat, et un décret qui lui conféroit l'honneur du triomphe. Après l'avoir lu, il dit : « Le consulat m'impose l'obligation de » vaincre les Cimbres comme j'ai fait » les Teutons ; Je l'accepte. Quant au » triomphe, je désire qu'il n'en soit » parlé, que quand j'aurai achevé ma » victoire. La pompe d'un triomphe » sera déplacée, aussi long-tems qu'il » y aura des barbares sur les frontières » d'Italie ».

On lui avoit donné pour collègue, dans le consulat, *Manilius Aquilius*, qui étoit chargé de défendre l'Italie contre les Cimbres. Il avoit, dans son armée, *Sylla*. On ne sait pourquoi il avoit quitté *Marius*, son premier général. Mais on ne doit pas être étonné que la bonne intelligence n'ait pas duré long-tems entre des hommes de caractère, de mœurs, et de factions si opposées. *Sylla* inspira apparemment à *Manilius* les précautions qu'il prit, pour que *Marius* ne pût s'attribuer tout l'honneur des succès, lorsqu'il fut appellé à grands cris par les Romains, pour venir aider à *Ma-*

nilius à repousser les Cimbres. S'ils eussent connu leurs avantages, ils auroient pu pénétrer jusqu'à Rome. *Sylla* ne consultant que le bien public, sitôt que *Marius* fut arrivé près de l'armée de *Manilius*, alla lui offrir des vivres et d'autres secours. Comme il ne pouvoit guères s'en passer, il n'osa pas le refuser; mais il reçut ce service de si mauvaise grace, que *Sylla*, sans redouter la supériorité que donnoient à *Marius* les cinq consulats sur lui qui n'avoit encore été revêtu d'aucun des grands emplois de la république, se déclara ouvertement son ennemi.

 Marius s'empara, de droit, du commandement, parce que le tems du consulat de *Catulus* s'étant écoulé, il n'étoit plus que proconsul. Les Cimbres qui attendoient les Teutons, voulurent entamer une négociation pour prolonger le tems. Ils envoyèrent demander qu'on leur permît, ainsi qu'à leurs alliés les Teutons, de s'établir dans le pays même où ils étoient. *Marius* leur répondit :
« Vous demandez des terres pour vos
» alliés les Teutons. Ignorez-vous qu'ils
» en ont déjà, ils pourrissent actuelle-
» ment dans les champs le long du Genus.
» Nous vous ferons repentir de cette
» raillerie, répondirent les Cimbres,
» quand nos alliés auront passé les Alpes.

» Ils les ont déjà passées, répartit *Ma-*
» *rius*, les voici, en leur montrant les
» prisonniers teutons enchaînés, allez
» vous préparer à venir les joindre ».
Contre la coutume des Romains, il leur
assigna, sur leur demande, le jour de
la bataille. Elle fut assez bien disputée,
et entièrement funeste aux malheureux
Cimbres. Redoutant les efforts d'une armée disciplinée, ils avoient eu l'imprudence de se lier avec des cordes les uns
aux autres, afin de présenter, s'ils avoient
pu, un front inébranlable. Mais quand
les premières lignes furent rompues, ce
ne fut plus qu'une déroute et un massacre général. Les femmes se défendirent
comme celles des Teutons, et eurent
le même sort. On aura peine à croire
que les Romains perdirent tout au plus
trois cents hommes, pendant que soixante
mille Cimbres furent faits prisonniers,
et que cent vingt mille restèrent sur le
champ de bataille.

Libérateur de la patrie, troisième
fondateur de Rome ; tels furent les
titres que, dans son enthousiasme, le
peuple romain prodigua à *Marius*. Cependant, il n'étoit pas bien prouvé qu'à
lui principalement fut dû l'honneur de
la victoire. Au contraire, comme *Ca-*
tulus avoit eu soin de faire marquer les
dards de ses soldats, il fut reconnu par

des examinateurs choisis, que les coups les plus funestes aux Cimbres, étoient partis des cohortes de *Catulus*. D'ailleurs, le consul n'avoit enlevé que deux étendards pendant que *Sylla* en avoit rapporté trente et un au camp du proconsul. Pour ôter tout sujet de querelles, il fut décidé qu'ils triompheroient ensemble. Il n'y avoit plus de raisons pour perpétuer les consulats de *Marius*; mais il en avoit le désir, ce qui pour lors valoit mieux que des raisons. Il brigua donc; quoique naturellement fier et dur, il devint humble et civil. Il caressoit jusqu'au moindre citoyen. *Marius*, doux et complaisant! que ne peut l'ambition? Il obtint une sixième fois les faisceaux consulaires, et l'emporta sur le grand *Métellus* le *Numidique*, qu'il avoit déjà supplanté dans la guerre de *Jugurtha*.

Sous ce consulat, la république fut en grand risque, par l'association de *Marius*, de *Glaucia*, préteur, et d'*Apuleius* qui, pour être tribun, fit tuer dans les comices, son compétiteur, très-honnête homme. Ce triumvirat avoit à sa disposition, non-seulement la populace de Rome, mais la plus vile partie des tribus suburbicaires. Les triumvirs les appelloient à leur secours quand ils en avoient besoin; ces hordes soudoyées accouroient, entouroient la place, et par leurs clameurs et leurs menaces, empêchoient les citoyens de donner leurs voix ; on les forçoit de voter dans le sens de ceux qui les payoient. Ces trois hommes ne se proposoient pas moins que de s'emparer de l'autorité suprême. Pour cela il falloit détruire le sénat, ou le rendre impuissant en l'avilissant.

De tous tems le serment a été une arme des conjurations. *Apuleius*, dans le dessein de mettre les sénateurs les plus estimés entre leur conscience et leur honneur, proposa et fit statuer qu'ils jureroient en pleine assemblée, de confirmer tout ce qui seroit décrété par le peuple. Les principaux pères conscripts voulurent faire sentir à la saine partie du peuple le danger d'une pareille loi, qui bouleversoit absolument la constitution de la république, en mettant le peuple au-dessus du sénat. Ils furent arrachés avec violence de la tribune aux harangues, et poursuivis outrageusement. En rendant compte le lendemain au sénat, selon le devoir de sa charge, de cette scène, qui s'étoit passée dans la place, le consul déclara qu'il ne prêteroit jamais le serment. « Si la loi qu'on
» fera est bonne, dit-il, on l'observera
» bien sans jurer ; si elle est mauvaise,
» le serment ne pourroit nous obliger à
» la pratiquer ». Mais ce raisonnement,

bon en lui-même, n'étoit de sa part qu'un piége pour autoriser les sénateurs, et sur-tout *Métellus*, dont il vouloit se débarrasser, à ne point jurer; et les exposer ainsi aux insultes et aux mauvais traitemens de ses satellites.

Quant à lui, au jour fixé pour le serment, il déclara au sénat que quand il avoit promis de ne pas jurer, c'est qu'il n'avoit pas auparavant assez bien examiné l'affaire; qu'il n'étoit pas opiniâtre et qu'il prêteroit le serment. Les sénateurs, bien étonnés, n'osoient ouvrir la bouche. Il fait semblant de regarder leur silence comme une adhésion, et les traîne à sa suite au temple de *Saturne*, où se faisoient ordinairement ces actes religieux, et prête le serment. Aucun des sénateurs n'ose le refuser, excepté *Métellus*. En vain ses confrères le prient, le conjurent de se prêter aux circonstances. Il répond : « Les circonstances » ne changent point la nature d'une action injuste. Rien n'est plus ordinaire, » ajoute-t-il en les regardant, que de » faire son devoir quand on ne court » aucun risque; mais le vrai caractère » d'un homme de bien consiste à braver » le danger qu'il y auroit à demeurer » fidèle à son devoir ». Cette fermeté, qu'on traita d'obstination, fut sur-le-champ punie par un arrêt de bannis-

sement. Le corps des patriciens et les tribus de la ville, offrirent de s'opposer, même par la force, à ce décret injuste de la populace; mais *Métellus* déclara qu'il ne souffriroit pas qu'une seule goutte de sang fut répandue pour lui. En partant il dit : « Ou les affaires chan-
» geront de face, et le peuple se re-
» pentira de ce qu'il a fait ; en ce cas
» je serai rappellé ; ou les choses res-
» teront en l'état où elles sont, et alors
» il vaut mieux pour moi que je sois loin
» de Rome ».

Marius dans toute cette affaire joua le rôle d'un hypocrite. Il faisoit semblant de vouloir reconcilier le sénat avec le peuple, et c'étoit lui qui par ses deux agens *Apuleius* et *Glaucia* fournissoit secrétement la matière des querelles qui brouilloient davantage les deux corps. Cependant ces trois hommes n'étoient pas toujours d'accord. Rarement il y a une paix constante entre les méchans. *Glaucia* voulut avoir le consulat, et *Apuleius* faire donner le tribunat à un indigne protégé, malgré le consul, qui lui-même tâchoit d'obtenir une septième fois les faisceaux. Ils ne réussirent ni l'un ni l'autre. *Glaucia* enragé d'échouer fit publiquement assassiner son compétiteur. Après ce crime, il leva le masque; lui et *Apuleius* entreprirent ouvertement de détruire la république. La populace à laquelle ils inspirèrent leurs sentimens, déclara *Apuleius* général et même roi, si on en croit quelques historiens. Les deux rebelles s'emparèrent du Capitole.

Ils devoient y être renforcés par la populace des tribus de la campagne; mais les chevaliers, les patriciens, et tous ceux qui avoient à cœur la conservation de la république s'armèrent et s'opposèrent à leur passage. Il y eut dans la place publique un combat sanglant où la populace eut le dessous. Les vainqueurs mirent le siége devant la citadelle. *Marius* qui pendant ces troubles n'avoit pu s'empêcher de prendre les mesures convenables contre les conjurés, différoit cependant de les pousser à bout, et auroit bien désiré sauver ces hommes désespérés, dont la fureur pouvoit lui devenir utile. Mais les bons citoyens las de ses délais, coupèrent les conduits par où l'eau passoit au Capitole. En peu de tems, les révoltés furent réduits à la plus fâcheuse situation. Ils offrirent alors de se rendre à *Marius* qui leur promit la vie sauve. Mais le peuple ne ratifia pas ce traité. Revenu des préjugés qu'on lui avoit inspiré, la populace massacra elle-même *Apuleius* et *Glaucia*. On rappella *Métellus*. Pour n'être pas témoin de son retour glorieux, et piqué du discrédit qu'il éprouvoit à Rome, *Marius* fit un voyage en Asie, sous prétexte de s'y acquitter d'un vœu; mais comme il devoit sa grandeur au métier des armes, et qu'il ne pouvoit se soutenir que par la guerre, son principal but étoit d'en allumer une: Il fit dans ce dessein tout ce qu'il put pour choquer *Mithridate*, en lui proposant l'alternative, qui, disoit-il, ne souffroit pas de parti mitoyen, ou de se rendre plus puissant que les Romains, ou de se soumettre à leur volonté. Le roi de Pont, quoique le plus fier de tous les monarques, n'étant pas encore prêt, dissimula cette injure.

Au chagrin de ne pouvoir provoquer une guerre étrangère, se joignoit pour *Marius*, celui de savoir que Rome jouissoit de la plus grande tranquillité. Sans grades, sans dignités, *Métellus* y entretenoit la paix. Sa vertu lui valoit une magistrature. Il indiquoit les consuls et les tribuns et ils étoient nommés. Il indiquoit les factieux et ils étoient réprimés et punis. Un esprit de réforme sembla vouloir s'insinuer dans la république. Le proconsul *Mucius-Scævola*, rechercha en Asie les chevaliers romains, qui y tenoient à ferme les terres de la république et levoient les impôts.

Il les convainquit de vexations, et les punit sévérement. A son départ les peuples heureux par ses soins, instituèrent une fête qui se célébroit tous les ans pour perpétuer la mémoire de ses vertus et de leur reconnoissance. Elle s'appella de son nom *Mutia*, et lui fit plus d'honneur qu'un triomphe. Plusieurs préteurs dans les provinces suivirent son exemple, et allégèrent le joug Romain.

Pour contraster à ce tableau consolant, on doit dire qu'en Espagne le consul *Didius*, sur le simple soupçon qu'une ville, qui à la vérité s'étoit déjà révoltée, pourroit se révolter encore, en appella tous les habitans dans son camp. Ils s'y rendirent sur la parole du général. Quand il les tint en son pouvoir, il les divisa en trois corps, hommes, femmes et enfans. Pendant qu'étonnés de ce partage, ils attendoient leur sort avec inquiétude, il lache sur eux ses légionnaires, et les fait tous passer au fil de l'épée. Ce massacre exécuté avec la dernière barbarie, fut approuvé à Rome.

Pendant ce tems, ce peuple qui envoyoit ainsi le carnage et la mort chez les peuples conquis, s'amusoit de la querelle de deux de ses censeurs. *Ahenobarbus* accusa *Crassus* son collègue d'un attachement excessif pour une murène. Ce poisson favori étoit si appri-

voisé, qu'il venoit prendre du pain dans sa main, et le grave censeur l'aimoit tellement, qu'il se faisoit un plaisir de de l'orner de riches bijoux. Etant mort, il en prit le deuil, et lui érigea une espèce de monument. *Crassus* dans sa défense tourna l'accusation de son collègue en plaisanterie. « A la vérité, lui
» dit-il, je me suis rendu coupable d'un
» crime énorme, j'ai pleuré la perte d'un
» poisson favori ; mais vous, *Ahenobar-*
» *bus*, vous avez soutenu la perte de trois
» femmes, sans répandre une seule
» larme ».

La fureur des spectacles régnoit toujours à Rome. *Bocchus* avoit envoyé à *Sylla* cent lions et quelques chasseurs de Mauritanie, accoutumés à combattre ces animaux. *Sylla* en donna dans le cirque le spectacle au peuple qui fut si charmé de cette nouveauté, que le souvenir de cette fête ne contribua pas peu à le faire élever aux premiers emplois de la république. En même tems, le peu délicat *Bocchus* envoya des statues d'or qui représentoient de quelle manière il avoit livré son beau-père à *Sylla*. *Marius* qui étoit revenu à Rome fut très-piqué de ce que ces trophées faisoient plus d'honneur à *Sylla* qu'à lui, il mit tout en œuvre pour empêcher qu'ils ne fussent portés dans le Capitole. *Sylla* s'efforça de les y faire placer. La lutte entre ces deux hommes pensa causer une sédition, que la vigilance des consuls prévint. En haine de *Marius* et autant pour lui faire dépit que pour flatter *Sylla*, le sénat se plaisoit à donner à celui-ci les commissions gracieuses.

Il le chargea d'aller mettre en possession de son royaume, *Ariobarzane*, roi de Cappadoce. A cette occasion, *Sylla* dont la réputation s'étendoit, reçut les ambassadeurs d'*Arbace*, roi des Parthes. Autant de mortifications pour *Marius*, désespéré de se voir négligé. Il s'étoit logé sur la place publique pour la commodité, disoit-il, de ses cliens. Mais malgré ses invitations, ses manières dures et hautaines en écartoient tout le monde. Vieux guerrier, il éprouvoit le sort de ses semblables, qui parviennent à un âge avancé, en tems de paix. Leurs victoires sont oubliées ; et quand ils ne se rendent pas recommandables par des vertus civiles, on les traite eux-mêmes comme des vieilles armes rouillées qu'on regarde comme inutiles.

2212.
Guerre des Alliés.

On seroit étonné de ne pas voir figurer ces deux rivaux dans la guerre des alliés, qui ouvroit un si beau champ à l'intrigue. Elle prit son origine dans les mauvaises mesures d'un excellent citoyen. Le tribun *Livius Drusus*, profondément touché des maux que préparoit à l'état le mécontement sourd des trois ordres prêt à éclater, entreprit de les réconcilier. Par les loix des *Gracques* le droit de connoitre des causes civiles avoit été enlevé au sénat, et donné aux chevaliers. C'étoit une pierre d'achoppement entre les deux corps. Les mêmes loix des *Gracques*, touchant la distribution des terres, mal exécutées, entretenoient un levain de division entre les pauvres et les riches. Enfin les Italiens, alliés de Rome, se plaignoient également du sénat et du peuple. Ils avoient à la vérité quelques droits de citoyens romains ; mais ils les vouloient tous, principalement le droit de suffrage. Qui plus que nous, disoient-ils, a contribué aux conquêtes de la république ? Nous payons des taxes considérables, en tems de guerre nous fournissons plus de troupes qu'on n'en leve à Rome ; il est donc juste que nous partagions les honneurs et les emplois d'un état que nous avons aggrandi aux dépens de nos biens et de notre sang.

Drusus se flatta d'avoir des moyens de concilier tous ces intérêts. Il voulut commencer par le sénat et les chevaliers. La jurisdiction, dont l'exercice les divisoit, il proposa de la rendre au sénat, mais d'y incorporer trois cents chevaliers, afin de les dédommager du pouvoir par l'honneur. Mais le très-grand nombre des chevaliers qui n'espéroient pas d'être compris dans les trois cents, déclarèrent qu'à quelque prix que ce fût, ils ne consentiroient pas à être privés de leur juridiction. Les sénateurs refusèrent aussi de recevoir entre eux tant d'hommes d'une naissance inférieure. *Drusus* ne pouvant faire adopter de bonne grace son projet par les deux corps, résolut de l'y forcer par le peuple. Il employa pour le gagner, le moyen infaillible des distributions gratuites.

Le tribun proposa de faire donner journellement aux citoyens indigens, la quantité de pain dont ils pouvoient avoir besoin. Cette libéralité, disoit-il, n'épuisera pas le trésor public, où il entre annuellement des sommes immenses. Il y avoit même alors en dépôt, dans le temple de *Saturne*, un million six cents vingt mille huit cents vingt-neuf livres pesant d'or. Faut-il, ajoutoit-il, que le trésor public ressemble à la mer, qui engloutit tout et ne rend rien? Il réussit à faire passer cette loi, à la grande satisfaction des pauvres. Mais les mouvemens qu'il se donna pour faire obtenir aux alliés leurs prétentions, dans l'intention de grossir le parti du peuple, n'eut pas le même succès. Non-seulement les sénateurs et les chevaliers s'y opposèrent, mais la partie la plus distinguée du peuple ne vit pas de bon œil, qu'on voulût lui donner pour collègues des hommes qu'elle étoit accoutumée à regarder comme des sujets.

Le jour que cette affaire devoit être agitée, les alliés se rendirent en foule dans la ville; mais voyant les efforts du tribun inutiles, ils résolurent d'assassiner les deux consuls, leurs principaux adversaires. *Drusus*, instruit du complot qu'on lui avoit caché, fit sur-le-champ avertir les consuls; mais lui-même n'échappa pas au fer des assassins. Dans la place même où il venoit de haranguer le peuple, il fut frappé d'un coup mortel. « Ingrate patrie ! s'écria-t-il, trouveras-tu » jamais un homme plus zélé pour tes » vrais intérêts que je ne l'ai été » ! Il expira quelques heures après, laissant cette leçon, qu'il faut savoir proportionner son zèle à ses forces.

La mort de *Drusus*, si lâchement assassiné pour avoir voulu procurer un droit juste aux plus fidèles alliés de Rome, les irrita. Ils prirent les armes de tous côtés. Jamais la république n'eut à combatre à la fois tant d'ennemis formidables. Ils avoient tous servi dans les armées, ils étoient aussi bien disciplinés que les légions; leurs chefs avoient appris le métier de la guerre sous les plus habiles généraux de Rome. Jamais les romains n'avoient gagné une bataille que les alliés n'y eussent eu une part considérable, sur-tout les Marses, peuple brave et hautain, qui pensèrent finir la guerre en la commençant. *Pompœdius Silo*, leur chef, assembla dix mille hommes intrépides. Il alloit droit à Rome qu'il auroit surprise, lorsqu'il fut rencontré par *Cneius Domitius*, son ancien ami, qui s'en alloit tranquillement à sa maison de campagne. Le romain, apparemment par quelques promesses de conciliation, engagea le Marse à se retirer.

Ce coup qui auroit été décisif, étant manqué, les alliés prirent des mesures vigoureuses pour la guerre. Ils érigèrent une république en opposition à celle de Rome, en placèrent le siège à Corinficium, grande et forte ville. Ils rassemblèrent les otages de tous les peuples qui voulurent entrer dans leur ligue, dont ils exigèrent ces gages de fidélité. Leur sénat fut formé de cinq cents membres. Ils créèrent des consuls, des tribuns, des préteurs, et sur-tout, ils levèrent des corps considérables de troupes qu'ils mirent sous le commandement de chefs expérimentés. Les Romains distribuèrent aussi leurs légions aux capitaines les plus distingués, les

Pompée, les *César*, les *Marcellus*, les *Marius*, les *Sylla*. On vit à la tête d'une poignée d'hommes, ces grands généraux qui avoient commandé des armées de cent mille hommes et plus, et toutes les ruses de guerre autrefois employées pour soumettre des empires furent mises dans cette circonstance en usage pour battre une cohorte ou conquérir un village.

Il y eut plusieurs actions indécises, dans lesquelles les plus grands avantages restèrent aux alliés. Des consuls, des proconsuls furent défaits, et *Marius* lui-même essuya un échec d'autant plus mortifiant, que *Sylla*, presque le seul des commandans, soutint l'honneur des armes romaines. Le vieux général, confus et rongé de jalousie, se retira à Rome, d'où vint enfin une loi assez adroite qui achemina à la paix. Elle portoit : « Que
» tous les peuples d'Italie dont l'alliance
» avec Rome ne pouvoit être révoquée
» en doute, jouiroient du droit de ci-
» toyen romain ; et que tous ceux de
» ces alliés qui se trouvoient alors en Ita-
» lie, seroient censés citoyens de Rome,
» pourvu qu'ils allassent faire inscrire
» leur nom dans l'intervalle de soixante
» jours, chez un des préteurs établis
» pour le recevoir ». Cette publication fit tomber les armes des mains d'une multitude, qui s'empressa de se faire

inscrire; et la guerre finit comme d'elle-même. De ces nouveaux citoyens, on forma des tribus qui furent mises à la suite des autres. Ces nouveaux agrégés auroient bien désiré d'être incorporés proportionnellement dans les trente-cinq anciennes. Ils sentirent que cet ordre établi rendoit illusoire le droit qui leur étoit accordé, puisque leurs tribus ne pouvant, suivant leur rang établi, donner leurs voix qu'après les autres, la pluralité seroit déjà acquise quand on en viendroit à eux. Mais ils se contentèrent pour le présent de cette concession, persuadés que tout ce qui se passoit à Rome et dans les armées fourniroit bientôt l'occasion d'étendre leur privilége.

A Rome, on assassinoit publiquement. *Asellion*, préteur, ayant irrité les riches par plusieurs jugemens contre l'usure, fut poignardé pendant qu'il offroit un sacrifice. Le sénat ordonna la recherche des coupables. Mais l'argent des usuriers imposa silence aux accusateurs et aux témoins. Il résulta seulement de-là une défense en forme de loi, de paroître jamais dans la place avec quelque arme que ce fût. Dans les armées, on n'étoit pas plus à l'abri des entreprises sanguinaires. Le consul *Porcius*, dans un assaut, tomba sous le fer, non des ennemis, mais de ses soldats. Les légions massacrèrent *Posthumius*, leur général. *Sylla* eut ordre d'aller les châtier. A leur grand étonnement, il se contenta de les incorporer dans les siennes, et ne leur fit pas même de reproches. Cette extrême indulgence lui gagna les légionnaires, qui lui formèrent une armée très-affectionnée.

Il avoit été nommé consul en récompense de ses exploits contre les alliés; il obtint aussi d'être envoyé contre *Mithridate*. Ce choix chagrina *Marius*, qui croyoit s'être ménagé cette guerre, dans l'espérance du butin qu'il comptoit y faire. Il regardoit comme une espèce de vol, le commandement donné à son rival, toujours favorisé par les sénateurs. Il se proposa de reprendre s'il pouvoit cette proie qui lui échappoit, et il se trouva puissamment secondé par *Sulpicius*, tribun du peuple, ennemi déclaré du sénat. L'histoire en a tracé ce portrait: « Sulpicius surpassoit le reste des
» hommes en méchanceté. Son carac-
» tère étoit un composé de cruauté,
» d'impudence et de toutes sortes de
» vices. Il avoit à ses gages trois mille
» hommes, noyés de dettes et de crimes,
» et étoit sans cesse entouré d'une com-
» pagnie de jeunes chevaliers, qu'il ap-
» pelloit ses satellites anti-sénatoriaux ».

La haine qu'il avoit pour le sénat,

étoit la mesure des priviléges qu'il s'efforçoit de procurer au peuple. Comme il trouvoit quelquefois dans ce dernier ordre des obstacles à ses prétentions ambitieuses, il entreprit de le composer de manière à s'en rendre maître. L'incorporation des nouvelles tribus des alliés dans les trente-cinq anciennes, pouvoit lui être à cet égard d'une grande utilité ; c'étoit un moyen à-peu-près sûr de se rendre maître de la pluralité des suffrages ; parce qu'il étoit possible que ceux qui lui auroient cette obligation, voteroient à son gré. Le sénat s'opposa à ce projet. Il y eut à cette occasion une sédition, dans laquelle le gendre de *Sylla* fut tué. Lui-même courut risque de la vie. Il n'eut d'autre parti à prendre que de se réfugier dans la maison de son plus mortel ennemi. *Marius* exigea sa parole qu'il ne contrariroit pas ses projets. Il la donna, et se sauva dans son armée, qu'il tenoit sur pied pour l'expédition contre *Mithridate*. A peine y arrivoit-il, que deux tribuns militaires, messagers du sénat, tremblans sous le couteau de Marius, vinrent intimer à cette armée l'ordre de ne plus obéir à *Sylla*, mais à *Marius*, qui s'étoit fait charger de la guerre d'Asie. Les soldats, fort attachés à leur général, lapidèrent les messagers, et s'écrièrent : « Allons à

» Rome. Vengeons les outrages faits à
» la dignité consulaire et l'oppression de
» nos concitoyens ».

Ce fut le commencement des cruelles représailles qui ensanglantèrent si long-tems la capitale du monde. *Marius* fit passer au fil de l'épée tous les amis que *Sylla* avoit dans Rome, et abandonna leurs biens au pillage. Le consul marcha contre la ville avec toute son armée pleine d'ardeur. Quelques officiers cependant le quittèrent et se retirèrent dans les campagnes voisines pour ne pas prendre part à la guerre civile. *Marius* et *Sulpicius*, n'ayant à opposer à une armée irritée, qu'une poignée de factieux, dépêchèrent de la part du sénat deux préteurs chargés de défendre à *Sylla* d'avancer. Si le général ne s'étoit pas opposé à la fureur du soldat, les prêtres auroient eu le même sort que les tribuns. Il arriva ensuite des courriers porteurs de propositions destinées seulement à retarder la marche. Le consul opposa ruse à ruse. Devant ces courriers, il ordonna qu'on marqua le camp, et sitôt qu'ils furent partis, il fit marcher son armée, qui arriva presqu'aussitôt qu'eux devant Rome.

Il n'eut pas de peine à s'emparer des portes et des remparts. Après une vraie bataille dans les rues, la populace de

Sulpicius et de *Marius* se sauva et se cacha par-tout où elle put. Les principaux partisans suivirent leurs chefs, qui trouvèrent moyen de sortir de la ville. Par les soins de *Sylla*, il n'y eut point de pillage. Dès le lendemain, tout fut paisible dans Rome, et le consul harangua le peuple avec autant de tranquillité que s'il ne s'étoit rien passé. Il fit décréter des loix qui rendoient au sénat son autorité, et resserroient dans d'étroites bornes celles du peuple. Les têtes de *Marius* et d'*Apuleius* furent mises à prix. *Sylla* envoya de tous côtés des troupes pour les prendre. *Apuleius* tomba entre leurs mains. Un de ses esclaves le livra. *Sylla* lui fit donner la liberté et la somme promise, et le fit ensuite précipiter de la Roche-Tarpéienne pour avoir trahi son maître. On mit la tête du tribun au bout d'une perche, vis-à-vis la tribune aux harangues, d'où il avoit si souvent adressé au peuple des discours séditieux.

Fuite de Marius.

La fuite de *Marius* est accompagnée d'événemens dont les vicissitudes peuvent servir d'encouragement à ceux que le sort réduiroit à des extrémités semblables. En sortant de Rome, presque tous ceux qui l'accompagnoient l'abandonnent. Il se cache dans une ferme avec son gendre et quelques domestiques. Les vivres leur manquant, il envoye *Marius* son fils en chercher, mais avant son retour, le père est obligé de fuir. Prêt à être enveloppé par un détachement de cavalerie qui le serroit de près, il gagne le bord de la mer, y trouve par hasard une barque, se met dessus, et est rejetté à terre par un gros tems. Errant et pressé par le besoin, il craignoit également et de rencontrer quelqu'un qui le livrât, et de n'en pas rencontrer, de peur de mourir de faim. Dans cette inquiétude, il apperçoit des bergers, va à eux, leur demande du pain. Ils n'en avoient pas. Quelques-uns d'entre eux le reconnoissent et lui conseillent de se retirer au plutôt, s'il ne veut tomber dans un détachement de cavalerie qu'ils ont vu aux environs.

Le malheureux proscrit se sauve dans un bois où il passe une nuit cruelle. Le lendemain, toujours dévoré de la faim, il a le courage d'amuser ses compagnons d'infortune par des récits consolans, et des présages qu'il avoit, disoit-il, d'un sort plus favorable. Pendant qu'ils suivoient la côte, incertains sur le lieu où ils vouloient aller, des cavaliers se mettent à toute bride à leur poursuite. En mêmetems se présentent deux petits vaisseaux sous voile. Sans délibérer, *Marius* et sa suite se jettent à la nage. Ils sont reçus à bord, mais on délibéra quelques tems si on obéiroit aux cavaliers qui crioient de livrer les proscrits, ou de les jeter dans la mer. La compassion l'emporta; ce ne fut cependant pas pour long-tems. L'un des deux vaisseaux débarqua le gendre dans une île. Les matelots de l'autre, qui portoit *Marius*, arrêtés par un calme, conseillent à *Marius*, comme par compassion, de descendre à terre pour y prendre quelque repos, en attendant que le vent s'élève, et permette de continuer la route. Il croit les perfides, dont le but n'étoit que de se débarrasser de lui. Après un sommeil de quelques heures, il se réveille, plus de vaisseau à l'ancre, plus de domestiques, tout avoit disparu.

Dans cet affreux dénuement, le courage ne l'abandonne pas encore. Il suit un marais formé par un débordement, quelquefois dans l'eau jusqu'à la ceinture. Il arrive à la cabane isolée d'un vieillard. « Sauvez, lui dit-il, un homme » qui pourra avoir quelqu'occasion de » reconnoître ce service bien audelà » de votre attente ». La cabane n'étoit pas un endroit sûr. Le vieillard le mène dans le creux d'un rocher. Pendant que *Marius* s'y tapit, des cavaliers envoyés de Minturne, ville voisine, qui le suivoient à la piste, arrêtent le vieillard hospitalier. Ils veulent exiger qu'il leur dise le lieu où est caché celui qu'ils cherchent. Il se défend. *Marius* qui entendoit la dispute, pour tromper le vieillard en cas qu'il céda, se glisse dans l'eau, s'y enfonce jusqu'au menton, et se couvre la tête de roseaux. Mais les cavaliers remarquent que l'eau est troublée récemment, et cherchent si bien qu'ils trouvent leurs proie, et l'emmènent à Minturne.

Après quelques jours de délibération, les magistrats de Minturne se déterminent à obéir au décret qui proscrivoit *Marius*. Ils lui envoyent un bourreau dans la prison. Il entre armé d'un poignard. Le lieu étoit obscur. Les yeux flamboyans de *Marius* y jetoient seuls quelques clarté. « Arrête, s'écrie le » vieux général d'une voix tonnante, » arrête malheureux, oseras-tu tuer » *Caius Marius* ». A cette exclamation le fer du meurtrier tombe de ses mains. Il fuit. « Non, dit-il, je ne saurois tuer » *Marius* ». Les magistrats de Minturne regardent cet événement comme un signe de la volonté du ciel. « Qu'il » aille où il voudra, s'écrièrent-ils tous » de concert, qu'il subisse ailleurs le » sort que les dieux lui réservent. Veuil- » lent ces mêmes dieux nous pardonner

» de ne pas lui avoir accordé un asile
» dans notre ville ». Ils font aussitôt
équiper un vaisseau sur lequel il regagne
l'ile où avoient été débarqués son gendre
et ses compagnons de voyage.

Mais il n'étoit pas au bout de ses malheurs. Ils cingloient vers l'Afrique où le nom de *Marius* étoit connu et révéré. Un calme les arrête dans la mer de Sicile où commandoit un questeur de la faction de *Sylla*, qui n'auroit pas fait grâce au chef s'il avoit pu le saisir, puisqu'il fit tuer seize hommes de sa suite que le besoin avoit amenés à terre. *Marius* trouva un nouveau danger dans le port de Carthage où il débarqua. *Sextilius* préteur d'Afrique, ne voulant ni désobéir au sénat, ni encourir la haine de la faction de *Marius* en le faisant mourir, prit le parti mitoyen de lui ordonner de se retirer, sous peine s'il ne le faisoit, d'exécuter le décret de proscription. A cet ordre accablant, *Marius* garda un morne silence. Il regardoit fixement l'officier qui l'avoit apporté. « Que répondrai-je de votre part au pré-
» teur? demanda l'envoyé. Dites-lui,
» répond le proscrit, que vous avez
» vu *Marius* banni de son pays, et assis
» sur les ruines de Carthage ». C'étoit exprimer d'une manière bien énergique, l'inconstance des grandeurs humaines.

Dans une île sur cette côte, se joignirent à l'ancien vainqueur de *Jugurtha* quelques compagnons de son infortune, entre autres *Marius* son fils.

Moins malheureux que son père, il étoit parvenu sans grand danger à la cour d'*Hiempsal*, roi de Numidie, qui le reçut bien. Mais ce prince lui laissa entrevoir quelque fluctuation dans ses résolutions, partagé entre la crainte de déplaire à *Sylla*, et le désir de protéger son hôte. Le Romain étoit très-aimable. La tendresse d'une belle Numide, concubine du roi, lui procura le moyen de quitter un asile qui pouvoit devenir dangereux. L'empressement de rejoindre son père dont il apprit l'arrivée sur les côtes d'Afrique, l'engagea aussi à ne pas négliger la ressource que l'amour lui offroit. L'entrevue du père et du fils fut tendre après tant de périls. Pendant qu'ils s'entretenoient de leurs affaires en se promenant sur le bord de la mer, le vieux guerrier apperçut deux scorpions qui se battoient avec fureur. Comme il avoit toujours la tête pleine de présages, ce combat lui parut de sinistre augure. « Quelque danger, dit-» il, nous menace ici. Fuyons ». Une barque se rencontre à propos. Il y monte avec toute sa suite. Dans ce moment la plage est couverte de cavaliers Numides envoyés par le roi doublement irrité du départ de son hôte, et de l'enlèvement de sa favorite. Echappés à ce danger, les *Marius* se retirent dans une île, attendant l'accomplissement des espérances que l'état de Rome leur faisoit concevoir.

L'empire que *Sylla* y avoit pris, ne plaisoit pas à tout le monde. Le peuple contempla avec indignation la tête d'un de ses premiers magistrats exposée en public; et quoique les sénateurs vissent avec plaisir le peuple humilié, ils ne pouvoient se dissimuler qu'il étoit aussi humiliant pour leurs corps, que quelques-uns de leurs collègues fussent proscrits comme d'infames brigands. D'ailleurs l'acharnement de *Sylla* à poursuivre un homme qui peu de tems auparavant lui avoit sauvé la vie, lui fit perdre l'affection de beaucoup de citoyens; de sorte qu'il ne put faire nommer au consulat pour lui succéder deux de ses amis qu'il présenta. Loin de laisser paroitre son ressentiment de ce refus, il dit : « Je suis » charmé d'avoir contribué à rendre au » peuple la liberté de se choisir ses » magistrats ». Mais on savoit que penser de ce désintéressement. Ne pouvant mieux faire, il exigea de *Cinna* qui fut élu, le serment d'être inviolablement attaché aux intérêts du sénat.

Un serment ne change pas les inclinations. *Cinna* toujours dévoué au parti populaire, ne devint pas en jurant plus ami du sénat. Dès qu'il fut revêtu de la dignité consulaire, il se montra en toute occasion ennemi du corps dont il étoit le chef, et se ligua avec *Virginius* tribun du peuple. Afin d'ôter aux pères conscripts leur plus ferme appui, malgré la fidélité qu'il avoit jurée à *Sylla*, il le cita devant le peuple, pour rendre compte de sa conduite. Après ce coup d'autorité de ses adversaires, l'ex-consul ne se croyant pas en sûreté en Italie, embarqua ses troupes, et fit voile avec elles pour l'Orient.

Son départ fit croire à *Cinna* qu'il alloit réussir dans ses projets. Le premier étoit de se rendre maître des suffrages, en incorporant les alliés dans les tribus; mais le consul trouva un adversaire redoutable dans *Octavius* son collègue. On en vint aux mains dans Rome même. Il resta dix mille alliés sur la place. *Cinna* vaincu, fut dégradé du consulat; mais les alliés pour lesquels il avoit combattu, se réunirent autour de lui, et composèrent une nombreuse armée. Outre cela, il rappella les proscrits et sur-tout *Marius*. Sitôt que le retour du vieux guerrier fut divulgué, une multitude de gens de la campagne, d'esclaves fugitifs, de gens sans aveu, allèrent l'attendre à son débarquement. Il y trouva aussi une lettre de *Cinna*, qui lui donnoit le titre de proconsul, et la permission de se faire une garde de licteurs.

Marius affectant une humilité qui n'étoit guères de son caractère, refusa le titre et les licteurs. Il parut revêtu d'un vieil habit, ses cheveux et sa barbe étoient mal en ordre. Il marchoit d'un pas lent, comme un homme qui succombe sous ses maux; mais à travers ces apparences de tristesse, on appercevoit dans ses regards de la joie et de la fierté. Sa vue étoit plus propre à inspirer de la frayeur que de la pitié. *Marius*, *Cinna*, *Sertorius* et *Carbon*, ces derniers ennemis personnels de *Sylla*, qui leur avoit fait manquer des places de tribuns, convinrent dans un conseil de guerre de marcher droit à Rome, et s'assignèrent les postes qu'ils devoient occuper dans le blocus.

La première action entre les postes avancés, sans être fort meurtrière, est remarquable par un de ces événemens qui doivent ajouter à l'horreur qu'inspirent les guerres civiles. Deux frères se rencontrèrent dans la mêlée, et se combattirent sans se connoître : l'un blessa l'autre mortellement. Quand il entendit la voix de son frère mourant, il courut l'embrasser, et voyant qu'il alloit rendre le dernier soupir : « Cher » frère, lui dit-il, après avoir été sé- » parés d'intérêt, un même bûcher nous » réunira ». En achevant ces mots, il se perce de l'épée encore teinte du sang de son frère, et meurt à ses côtés. Un événement si touchant, fit quelqu'impression sur les soldats ; mais l'esprit de parti devenu une véritable fureur, avoit trop endurci les cœurs, pour que cette impression fut durable. Rome se trouva serrée par quatre armée. Le sénat fut obligé de plier. Il rendit à *Cinna* les faisceaux consulaires, et ouvrit les portes.

Dans la conférence qui fut tenue à ce sujet les sénateurs voulurent exiger du consul rétabli, le serment d'épargner le sang des citoyens, et de ne faire mourir aucun Romain, que selon les formes établies par la loi. *Cinna* promit de ne jamais consentir qu'on mit aucun citoyen à mort. *Marius* qui étoit présent, ne dit pas un mot ; mais ses regards ou la fureur étoit peinte menaçoient la ville de meurtres et de carnage. Quand il fut sur la porte, il s'arrêta. On le pressa de continuer son chemin : « Il ne convient pas, dit-il d'un ton » mocqueur, à un malheureux proscrit » de mettre le pied dans la ville, avant » que son arrêt de bannissement soit ré-

» voqué ». *Cinna* se rendit sur la place publique, convoqua le peuple; mais avant que les suffrages fussent recueillis, *Marius* impatient de répandre le sang étoit déjà entré à la tête de ses satellites, les plus scélérats des hommes.

Il leur donna l'ordre de massacrer impitoyablement tous ceux qui le salueroient, auxquels il ne rendroit pas le salut. Ce signal fut un arrêt de mort pour plusieurs flatteurs qui s'empressoient de venir faire leur cour au tyran. Les gardes de *Marius* ne mirent aucune borne à leur cruauté, à leur avarice, en un mot à leurs désirs les plus effrénés. Les femmes les plus respectables de la république, devinrent les objets de leur débauche. Le désordre alla à un tel excès, que *Cinna* et *Sertorius*, ne trouvant d'autre moyen de délivrer Rome de cette infâme troupe d'assassins, les firent entourer dans leur demeure pendant la nuit, et égorger jusqu'au dernier. *Marius* fut très-sensible à ce massacre de sa garde favorite. Il s'en dédommagea, en lançant avec ses deux collègues *Cinna* et *Carbon*, malgré *Sertorius*, l'arrêt de proscription contre tous les sénateurs qui s'étoient déclarés contre le peuple.

En cinq jours que dura la boucherie, la plupart furent exterminés. On exposa leurs têtes en spectacle, vis-à-vis de la tribune aux harangues, et leurs corps furent traînés avec des crocs jusqu'à la grande place, pour y être dévorés par les chiens. Pendant que *Marius* assouvissoit sa rage dans l'enceinte de Rome, ses soldats assassinoient dans la campagne, tous les partisans de *Sylla*, qui s'étoient flattés d'y trouver un asile. Comme la peine de mort étoit décernée contre ceux qui cacheroient les proscrits, il y eu peu de Romains assez généreux, pour ne pas découvrir leurs parens ou leurs amis qui s'étoient réfugiés chez eux. Triste effet des guerres civiles qui rompent les liens les plus sacrés. Quelques esclaves firent honte en cette occasion aux hommes libres. Ils sauvèrent leurs maîtres. Les talens, la probité, ne servoient point de sauve-garde. *Marc Antoine*, fameux orateur, entouré d'assassins, suspendoit leur fer par son éloquence. *Annius*, leur chef, surpris du retard de ses bourreaux, entre, les trouve étonnés et attendris jusqu'aux larmes. Il prend lui-même le poignard, et fait tomber l'orateur à ses pieds. *Mérula*, estimé par sa probité, sa douceur et toutes les vertus civiques, n'avoit d'autre crime, aux yeux même des tyrans, que de s'être prêté à la dignité de consul, pendant la dégradation de *Cinna*.

Cinna lui-même vouloit le sauver. A toutes les instances, *Marius* répondit froidement : « il faut qu'il meure ». Sans consulter le peuple, *Cinna*, dont le consulat expiroit, s'installa lui-même consul, et nomma *Marius*, qui le fut ainsi pour la septième fois.

Sylla apprit toutes ces horreurs en Asie, où il faisoit une guerre heureuse. Il se hâta de la terminer, et écrivit au sénat. Sa lettre contenoit une longue énumération de tout ce qu'il avoit fait pour la république, dans les guerres contre *Jugurtha*, contre les Cimbres et les Teutons, et en dernier lieu contre *Mithridate*, le plus redoutable monarque de l'Orient. Il finissoit par ces mots : « pour récompense de ces services, on
» a mis ma tête à prix. Mes amis ont
» été massacrés, ma femme et mes
» enfans ont été obligés d'abandonner
» leur patrie. Ma maison est rasée, mes
» biens sont confisqués. Toutes les loix
» faites sous mon consulat, sont annul-
» lées. Attendez-vous, pères conscripts,
» à me voir aux portes de Rome avec
» une armée victorieuse. Je pourrai
» peut-être alors venger les outrages
» que j'ai soufferts, et châtier les ty-
» rans eux-mêmes, et les instrumens
» de leur tyrannie.

Cette lettre donna de l'inquiétude

aux consuls. Ils considéroient qu'ils n'auroient pas à combattre une multitude indisciplinée, ni des chefs sans habileté et sans énergie, tels que *Mérula* et *Octavius*, son collègue, qui leur avoit ouvert les portes de Rome. Il semble que *Marius*, sur-tout éprouvé par tant de malheurs, redoutoit d'y être exposé dans sa vieillesse, l'âge du repos. On avoit beau le rassurer, on lui entendoit quelquefois dire : « l'antre même d'un » lion absent, est affrayant ». Pour dissiper ces noires idées, il se jeta dans la débauche de la table. L'excès du vin le mit bientôt au tombeau. D'autres disent que se promenant une nuit, après souper, avec ses amis, il leur rappella toutes ses avantures, et termina son récit par cette réflexion : « à mon âge, » il ne me convient plus de me fier à » une déesse aussi inconstante que la » fortune ». Le terrible vieillard s'attendrissant dans ce moment, contre son ordinaire, les embrassa tous, se retira, et se donna la mort.

Marius le fils, que *Cinna* s'associa, illustra les obsèques de son père, par le meurtre de tous les sénateurs qui se trouvèrent à Rome et dans les environs. La faction revêtit à la place de *Marius*, de la dignité de consul, *Valérius Flaccus*. Il signala le commencement de sa magistrature, par une loi qui acquittoit tous les débiteurs en payant le quart de ce qu'ils devoient. *Cinna* à la fin de son consulat, s'en donna un troisième, et prit *Carbon* pour collègue. *Valérius* avoit été envoyé en Asie, moins pour continuer la guerre contre *Mithridate*, que pour y contenir *Sylla*, dont on craignoit le retour en Italie. Comme il n'étoit pas fort habile général, on lui donna, pour lieutenant, *Fimbria*. Peu content de la seconde place, *Fimbria* ambitionna la première. Il y parvint, en révoltant l'armée contre le général qu'il tua de sa propre main. Cette même armée l'abandonna presqu'entière, quand il voulut se mesurer avec *Sylla*. Outré de cette désertion, *Fimbria* voulut assassiner son rival. Le coup manqua. *Sylla* étoit prêt à le forcer dans son camp, lorsqu'il demanda une conférence. « Point » d'autre condition, répondit *Sylla*, » que de regagner l'Italie ; je lui assurerai » la vie, et lui fournirai tout ce qui » sera nécessaire. Moi, repartit l'orgueil- » leux *Fimbria*, moi retourner seul en » Italie. Je sais un chemin plus court ». Il se retire dans sa tente, et se perce de son épée.

Pendant ces délais, *Cinna* et *Carbon* établissoient leur autorité dans Rome. Néanmoins, le premier fut tué dans une émeute. *Carbon* resta seul chef de la faction. Elle s'étoit prodigieusement renforcée, tant par les gens timides, que l'épouvante des proscriptions avoit jeté du côté le plus fort, que par les intrigans, gens ardens, peuple, chevaliers, sénateurs, qui espéroient trouver du crédit, de la richesse ou du pouvoir dans un nouvel ordre de choses. Le sénat n'étoit plus peuplé que de ces sortes de personnes. Tous les autres, ou s'étoient réfugiés auprès de *Sylla*, ou l'attendoient avec impatience, pour se joindre à lui, sitôt qu'il auroit mis le pied en Italie.

Aussi, quand il écrivit au sénat qu'il se mettoit en chemin, ce corps, composé comme nous venons de le dire, lui envoya des députés, et le conjura de ne point exciter une guerre civile. En réponse, il déclara aux sénateurs, qu'il partoit pour faire périr ses ennemis ou par l'épée, ou par la hache des bourreaux. Après un aveu si terrible, il ne fallut plus songer qu'à se défendre. On leva jusqu'à deux cents mille hommes destinés à border les côtes, et à fermer tous les chemins. Ils étoient commandés par *Scipion* et *Norbanus*, consuls, le jeune *Marius*, et beaucoup d'autres chefs que *Sylla* n'estimoit pas assez pour les craindre. Le seul qui auroit pu lui en imposer, *Carbon* faisoit la guerre dans la Gaule cisalpine.

Malgré ces généraux et la multitude qui les suivoit, *Sylla* descend en Italie avec une armée qui lui étoit si attachée, que les soldats lui offrirent leur part du butin fait sur *Mithridate*, s'il en avoit besoin. Cette offre généreuse devint inutile à leur chef, par l'arrivée de *Verrès*, qui lui apporta la caisse militaire d'une des armées ennemies, dont il étoit questeur. Quelque fût le courage de ses troupes, le grand nombre pensa l'emporter dans une occasion, où il se trouva enveloppé par *Scipion*. *Sylla* suspendit les efforts du consul par une conférence, pendant laquelle, il agit si bien, qu'il débaucha toute son armée. Il ne lui resta pas un seul homme. A la nouvelle d'une désertion si générale, *Carbon* s'écria tout étonné : « Nous avons en tête un lion » et un renard ; mais le renard est plus » redoutable que le lion ».

Le malheureux consul éprouva encore la même infortune vis-à-vis du jeune *Pompée* attaché au parti de *Sylla*, et qui débaucha aussi à *Scipion* une nouvelle armée qu'il avoit levée, mais celui-ci soutint encore la guerre moyennant la capacité et les efforts de *Carbon* qui revint d'Espagne. Ce *Carbon* se fit nommer consul avec le jeune *Marius*, qui appella au secours de la faction les Samnites. Ils vinrent au nombre de quarante mille hommes, sous *Pontius Télésianus* général habile. Ce secours lui étoit nécessaire, parce que *Carnias* un de ses lieutenans, fut battu par *Métellus* partisan de *Sylla*. Le cruel *Marius* se vengea de cette défaite, en faisant mourir tous ceux des amis de *Sylla* qui rentroient dans Rome. Mais lui-même fut aussi battu par *Sylla*, et se réfugia dans Préneste. Cette victoire ouvrit Rome au vainqueur. Il assembla le peuple, se plaignit de tout ce qu'on avoit fait à son égard, confisqua les biens des partisans de *Marius*, conféra à ses amis les charges de ceux de ses ennemis qui avoient pris la fuite. Cette première entrée dans la capitale, ne fut souillée d'aucun acte de cruauté Il la quitta après avoir mis l'ordre que les circonstances pouvoient permettre, et alla commencer le siège de Préneste que ses troupes tenoient investie.

Pendant ce tems, ses généraux remportoient de tous côtés des avantages. La trahison le servoit aussi, non qu'il la provoquât; mais on savoit qu'elle ne lui déplaisoit pas. Sur cette assurance *Albinovanus* lieutenant d'une armée ennemie, invita à un grand repas son général, et ses principaux officiers, et les fit tous massacrer à la fin. Se croyant suffisamment recommandé à *Sylla* par ce service, il passa au camp avec ses complices, et fut bien reçu. Effrayé de cette trahison et de plusieurs échecs, *Carbon* abandonna son armée encore forte de quarante mille hommes, et se sauva en Afrique avec un petit nombre d'amis. L'armée privée de son général, attaquée par *Pompée* se défendit mal. Vingt mille restèrent sur la place, les autres se dispersèrent.

Des chefs de la faction de *Marius*, *Cinna* étoit mort, *Carbon* en fuite, *Marius* renfermé dans Préneste. Le seul *Spartacus* le plus honnête homme de tous, faisoit encore la guerre en Espagne; mais il se trouvoit trop éloigné pour que *Sylla* en eut de l'ombrage. Il se croyoit donc maître de l'Italie, lorsqu'il apprend que *Télésianus* chef des Samnites, avec son armée qui n'avoit pas été entamée marchoit au secours de Préneste. *Sylla* va au devant de lui, et mande à *Pompée* qui étoit à la tête des troupes victorieuses de l'armée abandonnée par *Carbon*, de suivre le Samnite, afin de l'enfermer entre leurs deux armées. Le Samnite pressé des deux côtés, prend la plus hardie des résolutions. Il décampe la nuit, se détourne de sa route, avance vers Rome, et ar-

rive sous les murs à la pointe du jour. Alors il jette le masque, et se montrant aussi peu ami de *Marius* que de *Sylla*, il déclare à ses soldats presque tous Samnites et Lucaniens, que son but n'est pas de secourir romain contre romain; mais d'exterminer s'il est possible toute la nation, et d'ensevelir les habitans de cette orgueilleuse ville sous ses ruines. « Allons, leur dit-il, mettons les hors
» d'état de dominer l'Italie. Que tout
» soit mis à feu et à sang. Qu'on ne fasse
» aucune grace, le genre humain ne
» sauroit être libre aussi longtems qu'il
» restera un Romain ».

Quelque résistance que firent les jeunes patriciens renfermés dans les murs, donna le tems à *Sylla* d'accourir en personne à son secours. Mais l'aile qu'il commandoit fut battue, et il courut risque de la vie en voulant rallier les fuyards. Dans ce danger, il tire de son sein une image d'or d'Apollon qu'il avoit apportée de Delphes. « Grand Apollon, lui dit-
» il, toi qui as dans tant de batailles ac-
» cordé la victoire à *Sylla*, et qui l'as
» élevé au faîte de la gloire, m'as tu
» conduit aux portes de ma patrie, pour
» y périr honteusement »? Cette prière marque qu'à la capacité militaire, *Sylla* joignoit les sentimens religieux. Pendant qu'il étoit chassé vers son camp, il ap-

prend que *Crassus* son lieutenant commandant de l'autre aile, avoit battu celle des Samnites qui lui étoient opposée. *Télésianus* ignorant cette défaite, menoit ses soldats à Rome, en criant : « Courage, » mes braves amis, courage, nous en » serons bientôt maîtres. Il n'y aura de » sûreté pour nous, que quand nous » aurons détruit ce repaire de loups ». *Crassus* le surprend dans cette confiance. Le valeureux Samnite fut tué en donnant des preuves de courage égales à celui du plus fameux héros de l'antiquité. Son armée mise en fuite, se retira en grande partie du côté d'Antemnes. Les Romains trouvés dans son armée furent décapités sur le champ de bataille. Triste présage du sort qui attendoit les autres.

Entre les Samnites retirés au nombre de plusieurs mille à Antemnes, où ils auroient pu se défendre, trois mille se présentèrent à *Sylla*, et lui demandèsent grace. « Je vous l'accorderai, dit- » il, à condition, que vous tomberez » l'épée à la main sur ceux de vos com- » pagnons qui refuseront de se joindre » à vous ». Ce nouveau genre de proscription, excita entre eux un furieux combat dont il resta cinq ou six mille que *Sylla* emmena à Rome avec lui. Il les fit renfermer dans le Cirque, et assembla le sénat dans le temple de Bellone tout auprès. Pendant qu'il haranguoit, on entendit des cris affreux qui troublèrent les auditeurs. C'étoit ces malheureux prisonniers qu'on massacroit. *Sylla* sans se troubler, dit aux sénateurs d'un air froid. « Ecoutez, » pères conscripts, le discours que je » vous adresse. Ne vous mettez pas en » peine de ce qui se passe ailleurs. Le » bruit que vous entendez est occasionné » par quelques mal intentionnés que je » fais chatier ». Cette affreuse exécution glaça tous les cœurs d'effroi. On avoit connu *Sylla* porté à la compassion, au point qu'on le vit quelquefois répandre des larmes, quand quelque spectacle touchant s'offroit à ses yeux; mais les succès qui suivirent ses revers, altérèrent les bonnes qualités dont la nature l'avoit orné, et y substituèrent l'arrogance, l'inhumanité, et tous les vices qui en général sont les effets d'une puissance sans bornes.

Il ne s'en faisoit ni honte ni scrupule. En pleins comices, il dit au peuple qu'il avoit assemblé : « J'ai vaincu. Ceux qui » m'ont contraint à prendre les armes « contre ma patrie expieront par le sang, » le sang que j'ai été obligé de répandre. » Je n'épargnerai pas un seul de ceux » qui ont porté les armes contre moi.

» Ils périront tous ». Devenu maître de Préneste après un siège assez difficile, il contempla avec plaisir la tête du jeune *Marius* qui lui fut présentée. « De quoi » se mêloit, dit-il, ce jeune téméraire? » de vouloir tenir le gouvernail, avant » d'avoir appris à manier la rame ». Il établit dans Préneste un tribunal, afin de donner un air de justice à la vengeance qu'il vouloit tirer des partisans de *Marius* enfermés dans cette ville, et des habitans qui s'étoient montrés attachés à lui. Mais la forme juridique, quoique toujours suivie d'une sentence de mort, lui parut trop longue. Il fit enfermer tous ceux qui lui étoient suspects, ou odieux, au nombre de douze mille, dans un même endroit, où on les massacra sous ses yeux. Un Prénestin auquel il vouloit sauver la vie, parce qu'il avoit été autrefois bien reçu dans sa maison, lui répondit généreusement : » Je ne veux pas devoir la vie au bour- » reau de mon pays ». Il se jeta dans la foule, et périt avec les autres.

Ce que n'avoit pas imaginé *Marius*, *Sylla* le fit; il mit une espèce d'ordre dans les proscriptions. La première liste qu'il fit afficher, condamnoit à mort quarante sénateurs, seize cents chevaliers, et quiconque accorderoit une retraite à un proscrit, fût-ce son fils, son frère, ou son propre père. Récompense au contraire pour tout meurtrier, fût-ce un esclave assassin de son maître, et un fils de son père. Les enfans des proscrits étoient déclarés infâmes jusqu'à la seconde génération, et leurs biens confisqués. Tout le monde se mêla de l'abominable métier d'assassin. *Catilina Patricien*, s'y distingua. Il avoit auparavant tué son frère. Pour être censé absous de ce crime, il pria *Sylla* de mettre l'assassiné au nombre des proscrits. Il marqua sa reconnoissance de cette faveur en se distinguant entre les plus cruels bourreaux. *Catilina* égorgeoit jusqu'au pied des autels. C'étoit un jeune tigre qui en léchant le sang, s'apprenoit à déchirer. Il y eut aussi de ces supplices plus affreux que la mort. On remarqua principalement celui de *Marcus Marius*, proche parent du vieux *Marius*, dont le plus grand crime étoit d'être aimé du peuple. Il fut battu de verges dans toutes les rues de Rome, mené ensuite au-delà du Tibre, où les satellites de *Sylla* lui coupèrent les mains et les oreilles, lui arrachèrent la langue, et lui brisèrent tous les os. *Sylla* assistoit à ce spectacle. Ayant remarqué quelque démonstration de pitié dans un homme témoin de ces cruautés, il le fit tuer sur-le-champ.

 Les ministres de ces cruautés profitè-

rent de ce tems de trouble et d'horreur, pour satisfaire leurs ressentimens particuliers et leur avarice. Le massacre devint si général, que ses meilleurs amis lui en firent reproche. Un jeune sénateur nommé *Caius Metellus*, lui demanda un jour en plein sénat : « Quand
» mettrez-vous fin aux calamités de nos
» concitoyens ? Nous n'intercédons pas,
» ajouta-t-il, en faveur de ceux que
» vous avez résolu de faire mourir, mais
» nous vous supplions seulement de tirer
» d'inquiétude ceux que vous voulez
» sauver. Je ne sais encore, répondit
» *Sylla*, ceux à qui j'accorderai grace.
» Nommez donc, répartit *Metellus*,
» ceux que vous voulez exterminer. C'est
» ce que je ferai, répliqua *Sylla* », et sur-le-champ il fit afficher une nouvelle liste de quatre-vingt proscrits, la plupart sénateurs ou patriciens. Le jeune *Caton*, âgé de quatorze ans, laissa aussi échapper un trait de hardiesse, qui marqua ce qu'il devoit être un jour. Son gouverneur le menoit souvent chez le tyran, qui lui marquoit beaucoup de considération. Le jeune romain y voyoit apporter les têtes des plus illustres proscrits. « Comment se peut-il, dit-il un
» jour à son gouverneur, que l'auteur
» de tant de meurtres ne soit pas assas-
» siné à son tour ? parce qu'il est plus

» craint que haï, répondit le gouver-
» neur, donnez moi donc une épée,
» répartit l'intrépide élève, afin que
» d'un seul coup je délivre ma patrie
» d'un joug si tyrannique ».

Les principaux partisans de *Sylla* mettoient une espèce d'émulation à imiter
sa cruauté. On doit remarquer l'ingratitude de *Pompée* envers *Carbon*, qui
lui avoit autrefois sauvé ses biens pater-
nels confisqués par les tribuns. Le complice de *Marius*, s'étoit, comme nous
l'avons vu, sauvé en Afrique. Mandé
par *Pompée*, préteur de Sicile, il se
flattoit que l'esprit de parti n'auroit pas
étouffé tout sentiment de reconnoissance
pour un ami qui l'avoit préservé de la
misère; mais il se trompa. Le jeune magistrat n'eut pas honte de faire comparoître à son tribunal le vieux consul
chargé de fers. Il permit qu'il se prosterna à ses pieds, et reçut ses soumis-
sions avec un orgueil qui choqua même
ses plus intimes amis. Après lui avoir
reproché les troubles qu'il avoit causés
dans la république, il le condamna à
mort, et fit exécuter la sentence sur-le-
champ. A la vérité, il laissa échapper les
Romains pris avec lui. Ce fut autant de
victimes soustraites au glaive extermina-
teur de *Sylla*. Il comptoit lui-même environ neuf mille sénateurs, chevaliers

ou citoyens dont il s'étoit rappellé les noms, massacrés par son ordre. « Ceux » dont je ne me suis pas souvenu, » disoit-il, auront leur tour ». Après ces barbares exécutions, il se retira tranquillement à une maison de campagne, comme pour y prendre du repos. De là, il écrivit au sénat, qu'il lui paroissoit convenable et même nécessaire d'élire un dictateur. Il fit même entendre qu'il se prêteroit volontiers à se laisser choisir. Cette insinuation valoit un ordre. La crainte plus que l'inclination le fit nommer, sans mettre aucune borne à l'étentendue et à la durée de sa puissance.

2922.
On doit dire à la louange de *Sylla*, qu'il ne fit pendant sa dictature que des loix sages, et qui auroient pu prévenir les malheurs de la république, si elles avoient été constamment suivies. Mais il les fit avec un empire qui lui attira quelquefois des obstacles. Dans une de ces circonstances, il récita au peuple une fable qui explique les motifs de sa conduite sévère et quelquefois cruelle. « La » vermine, leur dit-il, incommodoit » tellement un laboureur, qu'il se dépouilla de ses habits, et tua tous les » poux qu'il trouva. Peu de jours après, » ils commencèrent de nouveau à le » tourmenter, et ceux qu'il tua pour » lors, furent en bien plus grand nom-

» bre que la première fois. Enfin ils re-
» parurent une troisième. Ce qui irrita
» tellement le laboureur, que quittant
» tous ses vêtemens, il les jetta au feu
» et les brûla. Appliquez vous cette fa-
» ble, ajouta-t-il, elle vous convient à
» merveille. Jusqu'à présent les séditions
» de votre ville n'ont fait répandre que
» peu de sang. Tremblez, qu'à la fin
» l'apologue ne se réalise quelque jours
» parmi vous ». Il leur disoit cela au
moment qu'il venoit d'ordonner à un
centurion d'aller couper la tête au milieu de la place, à un homme aimé du
peuple, qui malgré lui briguoit le tribunat.

Les places qu'il ne donnoit pas par
l'autorité de sa charge, on les obtenoit
par son crédit. Ainsi il fit conférer à
Pompée le commandement en Asie, où
ce général de vingt-quatre ans, exter-
mina en quarante-cinq jours les restes
de la faction de *Marius*, dans cette
partie du monde. Le dictateur fut jaloux
de sa gloire, et lui envia le triomphe;
mais il le combla de caresses, et lui
donna le nom de *Grand*, qu'il porta
toujours depuis. Cependant le jeune général ne renonça point à un honneur
qu'il croyoit mériter, et continua de le
solliciter. Le peuple penchoit pour lui.
Sylla s'y opposoit ouvertement. « J'em-

» ploirai tout pour l'empêcher », dit-il au candidat; n'importe répondit hardiment celui-ci, « le peuple aime à » adorer le soleil levant ». Ce mot fit trembler les assistans pour le téméraire. Mais comme emporté par une force irrésistible, le dictateur s'écria : « Eh bien, » qu'il triomphe au nom des dieux »! Il n'avoit pas la même indulgence pour *Jules César*, qui commençoit alors à paroître. *Sylla* se sentoit pour lui une certaine répugnance. « Tout jeune qu'il » est, disoit-il, je démêle en lui plus » d'un *Marius* ». *César* eut la prudence de se soustraire aux soupçons d'un homme si redoutable. Il se mit à voyager, parcourut une partie de l'Italie, resta quelque tems à la cour de *Nicomède*, roi de Bythinie. Ses liaisons avec ce prince, ne firent point d'honneur à ses mœurs. Il se jeta ensuite comme volontaire dans une armée romaine, en Asie où il commença à développer la valeur et les talens qui l'ont rendu si célèbre.

Sylla avare de l'honneur du triomphe, pour *Pompée*, ne l'avoit pas été pour lui-même. Celui qu'il se permit dura plusieurs jours, accompagné de jeux, de spectacles, de festins, où s'assit tout le peuple; les tables étoient chargées des mets les plus rares et les plus exquis. Le premier jour on porta en pompe devant le triomphateur, quinze mille livres pésant d'or, et cent quinze mille d'argent. Le second treize mille d'or, et sept mille d'argent, somme prodigieuse et bien étonnante, après les dépenses de la guerre civile, gouffre d'argent et d'hommes. On en comptoit encore dans Rome quatre cents mille en état de porter les armes. *Sylla* ferma la cérémonie par un discours au peuple, dans lequel il déclara, que comme les autres généraux prenoient le nom des pays qu'ils avoient conquis, lui qui reconnoissoit devoir tous ses succès à la fortune, vouloit désormais être appellé *le fortuné*.

Mais dans ce cœur tout plein du sentiment de son bonheur, il restoit encore une place pour l'amour. Une jeune femme nommé *Valérie*, s'en saisit. Elle étoit depuis peu de jours séparée de son mari ; mais sa réputation ne souffroit pas de ce divorce. Vive et enjouée, et sans doute peu timide, elle fixa l'irrésolution de *Sylla* par une agacerie qui passeroit pour liberté dans nos mœurs. Pendant qu'il étoit attentif au spectacle, elle se glisse derrière lui, et mettant légèrement la main sur son épaule, elle arrache un poil de son habit, et se remet promptement à sa place. Le dictateur tourne brusquement la tête, et pendant qu'il cherche à démêler le but de cette familiarité, *Valerie* lui dit d'un air gracieux : « Ce n'est point seigneur » pour vous manquer de respect, mais » pour avoir quelque part à votre bon- » heur ». Ainsi dès ce tems, on croyoit que quelque chose prise à une personne heureuse, pouvoit porter bonheur. L'action, le son de la voix, les graces de *Valerie*, firent sur *Sylla* une telle impression, que d'ailleurs se trouvant veuf, information faite de sa famille et de son caractère, il l'épousa.

Il ne restoit plus à *Sylla* que d'assurer tant de bonheur sur des bases solides. Celles qu'il choisit, ne pouvoient être apperçues que par un génie élevé, ni employées que par un caractère intrépide. Monté au faite de la grandeur sur les cadavres de cent sénateurs, de trois mille chevaliers, sans compter plus de cent mille citoyens morts par le fer des assassins, le chagrin ou la misère, entouré pour ainsi dire de ces spectres que sa présence effraye encore, il paroît à la tribune aux harangues. Le peuple étoit convoqué pour quelque chose extraordinaire. Dans un discours énergique, *Sylla* peint la situation déplorable de Rome, quand il revint d'Asie, l'état malheureux auxquels elle étoit réduite. « J'ai, dit-il, » à la vérité employée des remèdes

» violens. J'ai peu ménagé le sang ; mais
» en agissant autrement, je n'aurois fait
» qu'augmenter les maux au lieu de les
» détruire. Maintenant que tout est
» tranquille, Romains, ajouta-t-il, en
» renforçant sa voix, je renonce à la
» dictature, et à l'autorité sans bornes
» que vous m'avez conféré. Gouvernez-
» vous par vos propres loix. Qu'il se
» présente celui qui voudra me faire
» rendre compte de mon administration,
» je suis prêt à le satisfaire ». Après
ces mots, il descend de la tribune, congédie ses licteurs et ses gardes. La foule s'ouvre, il passe. L'étonnement impose silence. Un seul homme élève la voix, et l'outrage par des injures. *Sylla* se retourne tranquillement vers ses amis qui le suivoient et leur dit: « Voilà un
» jeune homme qui empêchera qu'un
» autre n'abdique la puissance souve-
» raine ». Il se retira à la campagne, mais il y resta peu, de peur qu'on ne crut que la crainte l'éloignoit de la ville.

Sylla se mêla encore quelquefois des affaires publiques ; mais il y mettoit peu d'intérêt, et souffroit d'être contredit. Malgré les charmes et l'agréable société de *Valérie*, on dit qu'il donna dans la débauche, et qu'elle hâta sa mort. Tourmenté par une maladie, fruit, dit-on, de cette débauche, déchiré par une vermine renaissante, qui lui rongeoit les entrailles, empoisonnoit malgré tous ses soins, sa nourriture et sa boisson, il faisoit diversion à ses douleurs, en écrivant ses mémoires. Son dernier ouvrage fut un code de loix pour les habitans de Pouzole qui le lui avoient demandé, et sa dernière action, un trait de cruauté. Un de ses fermiers différoit de payer, dans l'espérance que la mort prochaine de *Sylla* l'en dispenseroit. Le fougueux moribond le fait traîner dans sa chambre, et étrangler sous ses yeux. Il mourut à l'âge de soixante-deux ans; et ses funérailles, malgré ses envieux, furent magnifiques. Tous les corps de l'Etat y assistèrent. Les vestales et les pontifes chantèrent ses louanges. Sur le tombeau qui renfermoit l'urne de ses cendres, on grava cette épitaphe qu'il s'étoit faite lui-même: *Je suis* Sylla le Fortuné, *qui, dans le cours de ma vie, ai surpassé mes amis et mes ennemis, les uns par le bien, les autres par le mal que je leur ai fait.* Il fit des legs à tous ses amis. *Pompée*, coupable à son égard de quelqu'ingratitude, ne se trouva pas sur son testament.

Sa mort fut le signal des troubles qui recommencèrent dans la république. *Lepidus* et *Catulus* les renouvellèrent. Le premier attaché au peuple, le second partisan du sénat, et secondé par *Pompée; Lepidus* eut bientôt perdu son crédit. Il alla mourir obscurément en Sardaigne. Mais la faction de *Marius* étoit encore soutenue en Espagne par le brave *Sertorius*. Tous les efforts des lieutenans de *Sylla* avoient échoué contre ce courageux romain. Il s'étoit fait une espèce d'empire en Lusitanie, fondé moins sur la force que sur l'estime et l'amour du peuple. Jamais homme ne gouverna avec plus de douceur et d'équité. Il avoit établi un sénat, d'où émanoient tous les ordres, et auquel il soumettoit lui-même sa conduite. Ses talens militaires étoient aussi distingués que ses vertus. Admirable sur-tout pour avoir toujours fait de grandes choses avec de petites armées. Il s'appliquoit à connoître le caractère des généraux ennemis, et se conduisoit à leur égard plus par cette connoissance, que par les règles. Il en eut successivement six en tête, qui commandoient des cent vingt mille hommes d'infanterie, dix mille cavaliers, deux mille archers. Il leur résista, les battit, ou reparut toujours en force après les échecs.

La biche de *Sertorius* est fameuse. Elle lui avoit été donnée jeune. Il l'apprivoisa tellement qu'elle devint obéissante à ses moindres volontés. Jamais elle ne le quittoit, même dans le tumulte des batailles. L'admiration que sa familiarité et sa docilité excitoient, donna à son maître l'idée de la faire passer pour un présent de *Diane*. Il fit entendre qu'elle l'instruisoit de tous les événemens, et des plus grands secrets. Si par hasard il découvroit que les ennemis marchoient de tel côté, il disoit que sa biche lui en avoit donné avis, et y envoyoit un détachement. S'il étoit instruit de quelqu'avantage remporté par ses lieutenans, il faisoit cacher le courier, et paroître sa biche couronnée de fleurs. Des hommes apostés insinuoient aux soldats que ces signes de triomphe venoient des dieux, et que certainement bientôt on auroit la nouvelle de quelqu'événement favorable. Ce qui ne manquoit pas d'arriver. Pareilles ruses, ou approchantes, selon les superstitions en vigueur, ne sont pas exclusivement particulières aux siècles d'ignorance.

Mais celle de *Sertorius* lui auroit servi de peu de choses sans ses grands talens. Il se trouva enfin en tête les deux plus fameux généraux de la république, *Métellus* et *Pompée*. Le premier, rendu circonspect par l'âge et l'expérience ; le second, emporté quelquefois par l'ardeur bouillante de la jeunesse, avoit brigué avec chaleur cette expédition, dans

l'espérance de la mettre bientôt à fin, et d'en avoir toute la gloire. Dans cette confiance, il avançoit avec peu de précautions, et se flattoit inconsidérément du succès. Il couroit un jour au secours d'une place attaquée par *Sertorius*, et crut avoir renfermé le général lusitanien entre lui et la ville; mais celui-ci avoit laissé au loin un corps qui enferma le Romain lui-même. Ne se doutant pas de cette ruse, *Pompée* écrit aux assiégés qu'il va au plus vite chasser leurs ennemis. *Sertorius* ayant surpris la lettre, dit : « L'é-
» colier de *Sylla* devroit apprendre qu'il
» est essentiel à un général de regarder
» plutôt derrière lui que devant ». Il prit la ville et la détruisit, moins par cruauté que pour faire dépit à *Pompée*, dont le ton avantageux lui déplaisoit.

Dans une autre occasion, *Sertorius* donna encore une leçon mortifiante à *Pompée* qu'il avoit déjà battu plusieurs fois, et qu'il auroit entièrement défait, si *Métellus* ne fût arrivé à son secours. « Si cette vieille ne fût survenue, dit
» *Sertorius*, j'aurois renvoyé ce petit
» garçon à Rome, après l'avoir châtié
» comme il le mérite ». A force de victoires, le Lusitanien contraignit ses deux rivaux de se retirer, et les relégua au pied des Alpes, dans une situation fort embarrassante. *Pompée*, le plus pressé

des deux, demanda, à Rome, des secours prompts et abondans. *Sertorius*, toujours attaché à sa patrie, envoya proposer, aux deux généraux, qu'ils fissent révoquer son décret de proscription, qu'alors il se soumettroit, et licencieroit ses troupes. Dans le même tems, des ambassadeurs de *Mithridate* lui ayant été envoyés pour l'exhorter à prendre le parti de ce monarque, et pour lui offrir des secours; il leur répondit qu'il accepteroit volontiers l'alliance du roi, pourvu qu'il s'engageât à ne point empiéter sur les provinces d'Asie, qui appartenoient à la république. « Quels ordres, dit le monarque, » m'enverroit donc *Sertorius*, s'il pré‑ » sidoit au sénat de Rome? puisque » banni et relégué sur les bords de la » mer Atlantique, il me menace de la » guerre si j'entreprends sur l'Asie ».

Ce grand homme méritoit un meilleur sort que celui qui termina ses jours. Un ingrat qu'il avoit reçu lorsque ses soldats l'abandonnoient, *Perpenna*, auquel il avoit conféré un grade distingué dans son armée, par jalousie, par ambition, forma un complot contre sa vie. *Sertorius* mourut assassiné. Après cela, il ne fut pas difficile à *Pompée* de finir cette guerre dont les détails ne lui étoient pas honorables, mais le succès le cou‑

vrit de gloire. *Perpenna*, tombé entre ses mains par le sort des armes, offrit de lui remettre la correspondance de *Sertorius* avec quelques grands personnages de la république, qui le pressoient de passer en Italie. *Pompée* reçut le paquet, et le jeta au feu tout cacheté, en présence de ses officiers. Il fit trancher la tête à *Perpenna*. Sa discrétion à l'égard des amis de *Sertorius* lui gagna leur estime et leur confiance, dont il sut tirer avantage dans des occasions importantes.

Deux autres guerres fatiguoient la république. La première, celle des esclaves, attaquoit ses fondemens, parce qu'elle se faisoit dans le sein de l'Italie, sous la conduite d'un gladiateur thrace de nation, nommé *Spartacus*. Ses soldats n'ayant pas de grace à attendre, n'en faisoient aucune. Ils se trouvoient au nombre de cent vingt mille hommes, tous esclaves fugitifs, la plupart pris dans les guerres, et par conséquent susceptibles de discipline. *Spartacus* trouva moyen de l'établir entre ces volontaires. Il eut des forteresses de retraite, des arsenaux, des magasins, et étonna souvent les Romains par des marches imprévues, et des stratagèmes suivis de victoires. Il battit plusieurs généraux expérimentés, et fut enfin défait par *Cras-*

sus, dans une bataille décisive. Au moment du combat, on lui présenta son cheval. Il le perça de son épée. « Si la » victoire est à nous, je ne manquerai » pas de chevaux, si elle se déclare pour » les Romains, il me devient inutile ». En effet, après une longue mêlée, abandonné par les siens, il continua de se défendre avec un courage intrépide. Malgré une blessure considérable qu'il avoit reçu, il combattit à genoux, le bouclier d'une main, l'épée de l'autre. Il immoloit tous ceux qui osoient l'approcher. A la fin, percé de coups, il expira sur un monceau de Romains. Quelques fugitifs se rallièrent et gagnèrent la Lucanie. *Pompée* reçut ordre de les aller exterminer. C'étoit son sort de ramasser les lauriers des autres, quoiqu'on ne puisse disconvenir qu'il savoit en cueillir lui-même. Comme il avoit profité en Espagne des succès de *Métellus*, il se para en Italie des couronnes de *Crassus*. Il écrivit imprudemment au sénat : « *Crassus* a vaincu les gladiateurs en » bataille rangée, mais aussi j'ai arraché » jusqu'aux dernières racines de sa ré- » bellion ». On les récompensa également tous les deux, en les faisant consuls ; mais comme ils étoient également ambitieux, ils se brouillèrent, et leur discorde pensa entraîner une guerre civile. Cependant ils se ménagèrent sur les instances et les prières des sénateurs, et leur consulat se passa assez paisiblement.

L'objet de ces querelles étoit toujours la faveur du peuple que les rivaux se disputoient, afin d'obtenir la nomination aux places dont on pouvoit tirer de la gloire ou du profit. Il s'en présenta une occasion que *Pompée* ne laissa pas échapper. C'étoit la guerre des pirates, qui succéda à celle des esclaves. Répandus dans les îles de l'Archipel, ces pirates infestoient les mers, pilloient les côtes, interceptoient le commerce, arrêtoient les blés d'Asie, et firent même craindre à Rome la famine. Personne ne leur échappoit. *César* lui-même tomba entre leurs mains. La jalousie de *Sylla* l'avoit obligé de quitter Rome; il y revint après la mort du dictateur, et s'y distingua par son éloquence, n'ayant que vingt-deux ans; mais n'étant pas encore content de son talent, afin de s'y perfectionner, il partit pour Rhodes, où *Apollonius*, habile rhéteur, donnoit des leçons. En chemin il fut pris, et passa avec les pirates trente-huit jours. Il employa ce tems à composer des harangues et à faire des vers, qu'il leur lisoit avec grace. Quand ces gens grossiers ne l'écoutoient pas assez attentive-

César chez les Pirates.

ment à son gré, il se fachoit et les traitoit mal. S'il leur arrivoit de troubler son sommeil, il les menaçoit de les faire mettre en croix quand il seroit libre. Il tint en effet parole à quelques-uns; car sa rançon payée, il se mit à faire des courses sur eux, et il en prit quelques-uns, qu'en exécution de sa promesse, il fit crucifier. Il courut de-là à d'autres expéditions militaires.

L'audace et la force des pirates, secondés par *Mithridate*, s'accrut au point qu'il fallut envoyer contre eux, non des vaisseaux isolés, mais une flotte. *Marc Antoine*, qui en eut le commandement, se laissa battre. Les pirates pendirent les prisonniers au haut de leurs mâts, avec les chaines que les Romains avoient apportées pour les en charger. Ce spectacle fut si sensible au malheureux général, qu'il en mourut de chagrin. Cette guerre prit alors un caractère très-important, sur-tout à cause de celle de *Mithridate* qui pouvoit y être jointe. Sa direction excita le désir et l'émulation des principaux capitaines. *Pompée* ne manqua pas de se mettre sur les rangs. Il étoit soutenu auprès du peuple par le tribun *Gabinius*. L'extention qu'on prétendoit donner à ce commandement, exigeoit la plus sérieuse attention. Il ne s'agissoit pas moins que de mettre entre les mains d'un seul homme le pouvoir sur toutes les mers jusqu'aux colonnes d'*Hercule*, et sur terre, à la distance de quatre cent stades des côtes, de l'autoriser à faire toutes les levées qu'il jugeroit convenables, tant en soldats qu'en matelots, à prendre dans le trésor public l'argent qu'il croiroit nécessaire, sans être obligé d'en justifier l'emploi; enfin, de nommer selon sa volonté quinze sénateurs pour servir dans son armée en qualité de lieutenans; et c'étoit pour trois ans qu'on devoit lui confier un pouvoir aussi redoutable.

Gabinius lui avoit donné cette étendue, parce qu'il comptoit en faire revêtir son ami *Pompée*. Les sénateurs les plus sages s'en alarmèrent, et entreprirent d'en faire sentir au peuple les inconvéniens. Mais ceux qui parlèrent contre *Pompée*, dont la brigue s'étoit déclarée, furent peu écoutés. *Catulus*, prince du sénat, prit un tour qu'il crut devoir lui concilier l'attention et le faire réussir. Tout son discours roula sur les louanges de *Pompée*, qu'il peignit comme un homme nécessaire à la république. Il conjura les tribuns de ne pas exposer une tête si chère aux dangers d'une expédition maritime si périlleuse. « Si vous le perdez, » dit-il, où trouverez-vous un autre

» Pompée, ou qui pourrez-vous lui
» substituer? Toi-même, Catulus, s'é-
» cria le peuple ». Le compliment flatteur ferma la bouche au sénateur. Après quelques débats assez inutiles, puisque le parti étoit pris, *Pompée* fut élu. Le peuple, aussi peu capable de mettre des bornes à sa faveur qu'à sa haine, donna plus que *Gabinius* ne demandoit. Avec le titre de proconsul, on accorda à *Pompée* cinq-cents vaisseaux, cent-vingt mille hommes d'infanterie, cinq mille de cavalerie, vingt-cinq sénateurs pour lui servir de lieutenans-généraux, deux questeurs et une grosse somme d'argent qu'on lui compta avant son départ.

Avec ces moyens, il ne lui fut pas difficile de remplir la commission dont il étoit chargé. Il balaya les mers, détruisit huit ou neuf cent vaisseaux, fit mourir dix mille pirates, se rendit maître de cent vingt villes ou châteaux dont ils s'étoient emparés, rendit la liberté à un nombre prodigieux de captifs, et fit plus de vingt mille prisonniers, qu'il envoya peupler quatre villes que ces pirates avoient rendu désertes. Au lieu de trois ans qui lui étoient donnés pour cette expédition, *Pompée* n'y mit que quatre mois. Quand ces nouvelles furent portées à Rome, *Manlius*, autre tribun dévoué au général vainqueur, profita de

l'espèce d'ivresse que la joie causa au peuple, pour le disposer à des graces bien plus étendues en faveur de *Pompée*. Il fut proposé de rappeller d'Asie *Lucullus*, qui faisoit la guerre à *Tigrane* et à *Mithridate*, d'en donner la conduite à *Pompée*, avec le commandement dans la Cilicie et la Paphlagonie, la Phrygie, la Licaonie, la Cappadoce, l'Arménie, d'où on retireroit les sénateurs qui les gouvernoient. Ce projet, quand le tribun le proclama dans l'assemblée, consterna les patriciens et les républicains zélés. « Nous avons donc,
» dirent-ils, un souverain. La répu-
» blique est devenue une monarchie.
» Les services de Lucullus, l'honneur
» de Glabrio et de Marcius sont sacrifiés
» à l'avancement de Pompée. Sylla n'a
» jamais poussé la tyrannie plus loin ».

Deux consulaires, *Catulus* et *Hortensius*, furent les seuls qui osèrent s'opposer à la loi *Manilia*, appellée ainsi du nom de son auteur. Le premier sur-tout n'oublia rien de ce qui pouvoit convaincre le peuple du danger de confier à un seul homme une autorité si étendue. Il démontra le tort qu'on faisoit à *Lucullus* et aux autres commandans, tous arrivés à leurs gouvernemens par des victoires. Il fit le tableau le plus pathétique des inconvéniens d'une puissance sans bornes; et voyant que ses raisons n'étoient pas goûtées de la multitude, il adressa la parole aux sénateurs : « Fuyons, » leur dit-il, pères conscripts, retirons-» nous comme nos pères sur quelque » montagne ou sur des rochers, qui » pourront nous servir d'asile contre la » servitude dont on nous menace ». Le reste du sénat, où *Pompée* avoit beaucoup de partisans, garda le silence. On attendoit quelques réclamations de *Jules César*, qu'on savoit n'être pas adorateur de l'idole du peuple; mais il n'étoit pas fâché de voir perdre aux Romains le goût républicain, même en faveur d'un rival, et il parla pour la loi. *Cicéron* en fit autant, afin de s'élever au consulat par la faction de *Pompée*, qui enchainoit les suffrages. Le vainqueur des pirates reçut en Asie, où il étoit encore, le décret qu'il désiroit; mais il le reçut avec un air d'indifférence et même de dédain qui choqua jusqu'à ses amis. « Quoi, » dit-il, Rome veut-elle me charger en-» core d'une nouvelle guerre? N'aurai-» je jamais aucun repos? Faut-il que je » sacrifie aux désirs de mes compa-» triotes les douceurs d'une vie retirée, » et le plaisir d'être avec une femme » que j'aime? Heureux ceux qui, con-

» fondus dans la foule, vivent ignorés et
» tranquilles » ! Modération hypocrite
qui ne trompa personne !

César que nous avions laissé en Asie occupé d'expéditions militaires étoit revenu à Rome où il exerçoit d'autres talens. Il se fit élire édile, et donna pendant sa magistrature des spectacles magnifiques, des jeux, un combat de six cent quarante gladiateurs. Il apporta à ces divertissemens les attentions les plus flatteuses pour le peuple, afin qu'il fût placé commodément sur des gradins, qu'il ne fut exposé ni à la pluie, ni au soleil. A ces choses de pur agrément, il en joignit de plus solides. La voje Apienne très-dégradée fut réparée par ses soins, et presque toute à ses dépens. Il s'endetta de plus de six millions pour tous ces objets ; il étoit d'ailleurs honnête, prévenant, affable. Sa générosité n'avoit pas de bornes. Les plus clairvoyans des sénateurs appercevoient dans sa conduite des vues d'ambition très-suspectes. *Cicéron* le soupçonna. « Dans
» la plupart de ses actions, disoit-il,
» j'entrevois un tyran; mais lorsque je
» le vois si occupé du soin d'arranger
» ses cheveux, je ne puis croire qu'il
» songe à renverser la république ».
Quelques hardiesses qui échappèrent à *César*, ou que la faveur du peuple lui

[marginal note:] 2940. Popularité de César.

fit hasarder, tournèrent les soupçons en certitude.

Quoique le sénat et la noblesse eussent en horreur le nom de *Marius*, il prononça publiquement l'oraison funèbre de sa tante *Julie*, veuve de *Marius*. A cette occasion, il osa étaler les images du tyran. Les patriciens se soulevèrent contre cette audace, l'accusèrent hautement de vouloir faire revivre la faction d'un homme déclaré ennemi de la patrie; mais loin de céder à ces clameurs, toujours favorisé du peuple, il fit porter pendant la nuit au Capitole les trophées de *Marius*, qui en avoient été enlevés par *Sylla*. Comme ces trophées étoient des chefs-d'œuvre de l'art, ils attirèrent un grand nombre de spectateurs. Plusieurs entre les plébéiens encore pleins de reconnoissance des bienfaits de leur protecteur, ne purent s'empêcher de verser des larmes. « Ce n'est donc plus par des souter- » rains, s'écria alors *Catulus* en plein » sénat, c'est en dressant ouvertement » ses batteries, que César attaque la » république ». Mais l'accusé sut, sinon écarter les soupçons, du moins empêcher qu'ils n'eussent pour lui des suites fâcheuses, plus adroit que *Catilina* dont la conjuration éclata dans ce tems.

Catilina. *Lucius-Sergius Catilina*, d'une famille patricienne, étoit un monstre pire peut-être que tous ceux qui ont figuré dans les annales des méchans. Il eut dans sa première jeunesse, d'une femme de qualité qui s'abandonna à lui, une fille dont il devint l'époux. Il séduisit une vestale, tua son propre frère, fut un des ardens exécuteurs des barbaries de *Sylla*. Perdu de débauches, noyé de dettes, il n'avoit d'autre ressource que le bouleversement de la république, qu'il devoit commencer par le pillage de Rome. Ce projet lui attacha tous ceux qui s'étoient ruinés comme lui, et n'avoient d'espérance que dans le désordre. *Catilina* les comptoit en grand nombre dans le sénat, et parmi les jeunes patriciens chez lesquels la licence étoit à son comble. Son libertinage effréné l'avoit rendu familier avec tout ce qu'il y avoit à Rome de gens sans mœurs et de scélérats; et son audace leur inspiroit de la confiance pour tout les projets qu'il voudroit leur faire adopter.

Son plan étoit assez bien conçu. Il emprunta de grosses sommes, et en fit emprunter par ses principaux partisans. Cet expédient avoit le double motif de lier à son entreprise les préteurs, sans qu'ils le sussent, et de lui fournir des troupes pour attaquer la ville par dehors, lorsque le jour seroit arrivé d'exciter des troubles au dedans. Il chargea de cet argent *Mallius*, soldat de fortune, qui lui leva secrétement une armée, presqu'entièrement composée de vétérans de *Sylla*. Tout réussissoit au conspirateur. Les mécontens de tous les ordres se réunissoient à lui. Il choisit entre les conjurés des chefs dont il s'assura par des sermens affreux. On prétend qu'ils se présentèrent l'un à l'autre une coupe pleine de sang humain, qu'ils portèrent à leurs lèvres, et sur laquelle ils dévouèrent aux dieux infernaux par les plus terribles imprécations ceux qui révéleroient le secret.

Mais l'amour se joue des sermens. *Fulvie*, femme de distinction, s'étant déshonorée par un commerce criminel avec *Quintus Curius*, un des conspirateurs, l'abandonna lorsqu'elle le vit devenu pauvre, quoiqu'il se fut ruiné pour elle. Le foible amant au lieu de la mépriser, chercha à regagner ses bonnes graces, et se flatta d'y parvenir par un moyen qui étoit, disoit-il, un secret qu'il ne lui révéleroit jamais. Mais ce secret ne tint pas contre les artifices de *Fulvie*. Elle l'arracha à force de caresses, et en instruisit *Cicéron*, alors consul. Par ce moyen, le chef du sénat qui avoit déjà eu vent de quelque complot, en connut tous les détails. Les conjurés devoient mettre le feu au même instant dans différens quartiers de la ville, profiter du désordre que causeroit l'incendie pour assassiner le consul et les principaux sénateurs dans leurs maisons, se rendre maîtres du Capitole, et s'y fortifier en attendant que *Mallius* arrivât avec ses vétérans.

Il n'y avoit pas de tems à perdre. *Cicéron* révéla le complot en plein sénat. *Catilina* étoit présent : la harangue du consul est un chef-d'œuvre d'éloquence véhémente. A travers les beautés dont les Catilinaires étincellent, on remarquera que l'orateur se permettoit dans l'auguste assemblée du sénat des apostrophes équivalentes aux injures les plus grossières, qu'on prononceroit en français. *Catilina* les écouta froidement. Il prit à son tour la parole, pria le sénat de ne pas faire attention aux calomnies du consul; que c'étoit son ennemi personnel, d'ailleurs homme nouveau, qui n'avoit pas une maison dans Rome, inculpation assez puissante sur l'esprit des propriétaires. Mais les sénateurs ne se laissèrent pas prendre aux récriminations de *Catilina* : ses voisins se levèrent d'auprès de lui avec horreur. On l'accabla de tous côtés des noms d'incendiaires et de parricide. « Eh! bien, » s'écria-t-il avec fureur, puisque vous

» me poussez à bout, je ne périrai point
» seul, et j'aurai la satisfaction d'entraî-
» ner avec moi ceux qui ont juré ma
» perte ». Il assemble ses amis, et les
exhorte à saisir la première occasion de
mettre le feu à la ville, et d'exécuter
les massacres projettés. « Pour moi,
» dit-il, je vais me mettre à la téte
» des forces que *Mallius* lève en Etru-
» rie. Bientôt vous me verrez aux portes
» de Rome avec une armée capable de
» faire trembler les plus hardis de mes
» ennemis ».

Le sénat déclara *Catilina* ennemi de
la patrie, et autorisa les consuls par
un décret *à veiller au salut de la république*. Cette formule leur donnoit
l'autorité dictatoriale. *Cicéron* avoit à
la vérité de fortes preuves pour accuser;
mais point pour condamner et punir. Des
ambassadeurs Allobroges qui se rencon-
troient alors à Rome, lui en fournirent.
Les conjurés tachèrent de les engager
à leur donner des troupes, qu'ils auroient jointes à celles de *Mallius*. Ces
envoyés, bons politiques, trouvèrent
plus avantageux à leurs commettans de
montrer de l'attachement aux premiers
magistrats, qu'à une faction moins pru-
dente que vive et emportée. Ils aver-
tirent *Cicéron* des tentatives faites auprès d'eux. Celui-ci les engagea à s'y

prêter. Par son conseil, ils tirèrent des chefs du complot, la signature d'un écrit par lequel ces inconsidérés faisoient aux ambassadeurs des promesses, en retour des soldats que les Allobroges s'engagoient à leur envoyer. Les Allobroges remirent ce traité au consul. Muni de cette pièce, *Cicéron* fait arrêter les principaux dans leurs maisons. Il produit les preuves au sénat. Ils furent condamnés et exécutés sur le champ. Moyennant les mesures que le consul prit, de mettre des gardes dans chaque quartier, et autour des maisons menacées, pour prévenir tant les incendiaires que les assassins, il n'y eut pas de trouble dans la ville.

On envoya une armée contre celle de *Mallius*, à laquelle Catilina s'étoit joint. Ce chef des conjurés ne refusa pas la bataille qui lui étoit présentée. Elle fut longue et sanglante. Trois mille rebelles périrent dans l'action. Le corps de *Catilina* fut trouvé sous un tas de morts : il respiroit encore, et il conservoit dans les derniers momens de sa vie, cet air terrible qui l'avoit rendu l'effroi de ses ennemis. *Pétréius*, soldat de fortune, qui commandoit l'armée de la république, ne voulut pas qu'on poursuivît les fuyards, qui presque tous étoient romains, afin qu'ils pussent aller rejoindre leurs familles. Cette indulgence étoit louable pour les subalternes égarés et séduits ; mais beaucoup de sénateurs ne vouloient pas qu'elle s'étendît jusqu'aux chefs. Il y eut à ce sujet de grands débats dans le sénat. *César* y fit un magnifique éloge de la clémence. Il plaidoit pour lui-même, car on ne doutoit pas qu'il n'eût su la conjuration. Un membre du sénat l'accusa ouvertement, et s'engagea à démontrer par les papiers de *Catilina*, que *César* entretenoit des intelligences secrètes avec les conjurés. Mais *Cicéron* alors tout puissant, étouffa les dénonciations. Néanmoins lorsque *César* sortit du sénat, il courut risque de la vie. Les chevaliers qui étoient de garde tournèrent vers lui la pointe de leurs épées, en fixant les yeux sur le consul, comme pour recevoir ses ordres. Il leur fit un signe favorable, et *César* passa. Cicéron acquit en cette occasion les titres flatteurs » de libérateur de Rome, de se » cond fondateur de la ville, de père » de la patrie » que le peuple lui donna, en le reconduisant à sa maison en triomphe.

Clodius.
Le même peuple allia en cette circonstance la reconnoissance à l'égard de celui qui avoit dissipé la conjuration, avec l'estime pour *César*, qui l'avoit

approuvée, et peut être secondée. Il lui donna la préférence pour la dignité de souverain pontife, sur deux des plus grands hommes de la république, et des plus respectés. La thiare pontificale ne le mit pas à l'abri d'un événement, dont néanmoins il se tira avec un ton de dignité qui imposa silence aux railleurs. Sa femme *Pompéia* étoit éprise d'une ardente passion pour *Clodius*, jeune patricien, décrié pour ses débauches. *Aurélie* mère de *César* et *Julie* sa sœur, soupçonnant les sentimens de *Pompéia*, l'observoient de près, et l'empêchoient de voir son amant. Elle profita pour lui donner un rendez-vous, de la fête de la bonne déesse, dont les mystères n'admettoient point d'hommes. Cette règle étoit si sévère, que les femmes portoient le scrupule jusqu'à voiler les tableaux qui représentoient des hommes ou des animaux mâles. *Clodius* fut introduit par un esclave sous l'habillement de femme. Sa jeunesse étoit favorable à ce déguisement. L'impatience de voir sa maîtresse, le fit sortir de la chambre où il avoit été caché. Il erra dans la maison, fut rencontré par une autre esclave qui reconnut son sexe, et donna l'alarme à toute l'assemblée. Il regagna l'endroit où il étoit caché d'abord; mais on le retrouva, et il fut chassé honteusement. La ville entière ne s'entretint le lendemain que de l'attentat horrible de *Clodius*. Il fut publiquement accusé d'avoir prophané les mystères; mais le peuple quoique superstitieux se déclara en sa faveur; de sorte que les juges par complaisance pour la multitude, le déclarèrent innocent. Cependant *César* répudia sa femme. Les ennemis de *Clodius* qui avoient *Cicéron* à leur tête, croyant avoir trouvé dans l'action du pontife une nouvelle preuve contre le sacrilège, renouvellèrent leur accusation. Ils firent paroître *César* dans la cause. Il déclara qu'il n'avoit rien à dire contre l'accusé. « Pourquoi donc, » lui demanda-t-on, avez-vous répudiée » votre femme ? Il répondit noblement, » parce que la femme de *César* ne doit » pas même être soupçonnée ».

Pompée revint alors d'Asie, où il avoit conquis plusieurs royaumes. On estime plus de soixante et douze millions, le butin qui fut partagé entre lui et ses soldats, et plus de trois cents, l'or et l'argent qu'il déposa dans le trésor public. Avec ces richesses, sa renommée et l'affection de ses soldats, il auroit pu asservir la république. Le sénat le craignit. Mais *Pompée* quoique très-ambitieux, étoit en même-tems pacifique ; et s'il avoit à parvenir à l'autorité suprême, il désiroit que ce fût par la douceur et sans violence. Il se fit une grande réputation de modération, en se contentant du triomphe, et d'humanité, en ne faisant mourir aucun de ses illustres prisonniers, contre la coutume barbare des triomphateurs, et en les renvoyant aux frais du public, ou dans leur royaume, lorsqu'il ne les y crut pas dangéreux, ou dans les pays qui leur plurent.

Qu'on se représente maintenant Rome habitée par *Pompée*, jaloux, fier et ambitieux, malgré sa modestie apparente, *Lucullus* grand général, immensément riche, irrité contre *Pompée* qui l'avoit supplanté dans le gouvernement d'Asie, *César* qui ne le cédoit à personne en désir de dominer, porté à la puissance par tous ceux qui n'avoient que son agrandissement pour nantissement des millions qu'il leur avoit empruntés, *Crassus* alors le plus riche des romains, auquel les historiens donnent au moins quatre-vingt millions. On peut mettre à la suite de ces chefs, *Cicéron* flottant entre les deux partis, recherché par son éloquence, l'audacieux *Clodius*, factieux par goût, et enfin une multitude d'intrigans subalternes. D'un autre côté, en opposition à l'irruption méditée contre la république, un seul rempart, le vertueux, l'inflexible *Caton*, aidé de peu d'amis fidèles comme lui à la liberté de la patrie. Qu'on juge par ce tableau, de quels dangers Rome se trouvoit menacée.

Pompée après le fracas de son triomphe, demanda au sénat deux choses: des terres pour ses vétérans dans le pays conquis, et l'approbation par un seul décret de tout ce qu'il avoit fait en Asie. Cette demande marque qu'on avoit coutume de discuter en détail les actions des généraux : coutume qui étoit un excellent frein contre l'arbitraire et la licence. La première demande n'éprouva pas de difficulté. Mais la seconde trouva un obstacle puissant dans le zèle de *Caton*, qui représenta ce décret comme le tombeau de la liberté. *Métellus* et *Lucullus* se joignirent à lui. *Pompée* avoit fait *Métellus* consul, et le croyoit son ami; mais il étoit son ennemi secret, parceque *Pompée* avoit répudiée *Marcie* sa sœur. Le refus du sénat affligea douloureusement le vainqueur d'Asie. N'ayant plus de troupes à sa disposition, il y suppléa par l'intrigue. Il fit bassement sa cour au peuple, ce qui déplut au sénat, et ne le fit pas plus aimer de la multitude. Afin de se procurer auprès d'elle un appui solide, il s'employa à faire élire tribun du peuple *Clodius* réputé infâme, depuis l'aventure des mystères *de la bonne déesse.* Celui-ci désiroit ardemment cette dignité, pour se venger de *Cicéron* qui avoit été son plus opiniâtre accusateur. Les liaisons de *Pompée* avec cet homme ne lui firent pas d'honneur.

C'est dans cette situation, déchu de son crédit dans le sénat, mais assez favorisé du peuple, que *César* se trouva lorsqu'il revint d'Espagne. Ce gouvernement lui étoit échu par le sort après sa préture ; mais il avoit éprouvé pour son départ, un obstacle de la part de ses créanciers. Les plus timides ne voyoient pas sans inquiétudes leur débiteur destiné à un si grand éloignement. Le riche *Crassus* le cautionna, et lui donna de l'argent. En traversant les Alpes, il s'arrêta dans une village, dont les habitans portoient tous les livrées de la misère. Un compagnon de voyage de *César* lui dit en plaisantant : « Croyez-vous qu'il y ait ici quelque brigue pour les charges ? *César* lui répondit très-sérieusement : J'aimerois mieux être le premier parmi ces pauvres habitans, que le second à Rome ». Arrivé en Espagne, il attaqua sans distinction et sans motif tous les pays qui pouvoient lui fournir du butin, aussi dit-on, qu'il

2-14.
Ier. Triumvirat.

en rapporta trois-cents soixante-huit millions. Il ne les mit pas comme les généraux ses prédécesseurs dans le trésor public; mais d'une partie, il paya ses dettes, et garda le reste. On ne pouvoit obtenir le triomphe, qu'en restant hors de la ville avec ses troupes, ni briguer le consulat qu'en personne, et dans la place publique. *César* préféra l'utile à l'honorable. Il renonça au triomphe, et vint briguer le consulat qu'il obtint à l'aide d'une négociation politique. *Pompée* par sa réputation, *Crassus* par sa richesse, s'étoient acquis une espèce de droit sur les suffrages. Mais ils étoient ennemis; on ne pouvoit guères s'attacher à l'un, sans se brouiller avec l'autre. *César* les reconcilia. Il fit plus, en leur prouvant qu'il étoit de leur intérêt de rester perpétuellement unis, il les engagea à signer un traité par lequel ils s'obligeoient à se secourir réciproquement dans toutes les occasions, et à ne rien entreprendre sans leur aveu respectif. Il eut l'adresse de se mettre en tiers dans cette association, qui fut le premier triumvirat.

Les triumvirs résolus de s'emparer du gouvernement, s'appliquèrent à gagner le grand nombre. *César* se chargea de proposer une loi agraire revêtue de modifications qui la rendoient très-équitable, puisqu'elle ne tomboit que sur des terres appartenantes à la république, qui ne seroient distribuées qu'aux citoyens pauvres, chargés au moins de trois enfans. *Caton* s'y opposa, non, disoit-il, que la loi telle qu'elle étoit proposée fut sujette à inconvéniens pour le présent; mais parce qu'elle pouvoit en avoir dans la suite de très-funestes, qu'il y avoit toujours du danger à toucher aux principes de l'administration; qu'enfin quiconque employoit ses richesses à gagner les suffrages de la multitude devenoit suspect à juste titre. Cette inculpation assez directe, et faite publiquement, piqua *César* qui comme tous les chefs de parti, n'aimoit pas à être deviné. Il ordonna dans le premier moment à ses licteurs de mener *Caton* en prison; mais revenu de sa vivacité, il le fit relâcher. Les triumvirs gagnèrent aussi les chevaliers, en leur faisant remettre un tiers sur les impositions qu'ils payoient tous les ans à la république.

Ces générosités qui ne coûtoient rien aux trois collégues, mais dont ils avoient tout l'honneur, leur donnoient un grand crédit. Il devenoit si effrayant pour les vrais républicains, que *Caton* désespérant de la république, vouloit quitter Rome. « Si vous pouvez vous passer

» de Rome, lui dit *Cicéron*, Rome ne » peut se passer de vous ». Ce compliment amollit l'inflexibilité du rigide sénateur, il se prêta aux circonstances. L'orateur suivit la même conduite ; mais il se fit tort auprès des triumvirs, par les plaisanteries et les sarcasmes qu'il se permettoit au sujet de l'ambition. Ils prirent la chose au sérieux, et résolurent de faire taire et repentir le railleur.

Disgrâce de Cicéron.   On connoissoit la haine envenimée de *Clodius* contre *Cicéron*, son accusateur dans l'affaire de la bonne déesse. Les triumvirs le firent élire tribun. Avec l'autorité que lui donnoit cette charge, il mortifia l'orateur dans toutes les circonstances que lui offroit la part que *Cicéron* prenoit dans les affaires publiques. Il dressa ses batteries de loin, et quand tout fut bien préparé, il monta à la tribune aux harangues, et proposa ce décret : « Que celui qui auroit eu part » à la condamnation d'un citoyen romain, » et auroit exécuté la sentence avant » que le peuple l'eut confirmée, seroit » regardé comme criminel et poursuivi » comme tel ». Cette espèce d'anathême tomboit directement sur *Cicéron* qui par la simple délégation du sénat, sans attendre l'autorisation du peuple, s'étoit cru, et avoit été réellement en droit de faire mourir dans la prison les chefs du complot de *Catilina*. Frappé de l'accusation comme d'un coup de foudre, *Cicéron* ne montra dans cette occasion ni courage ni fermeté. Il quitta son habit ordinaire, laissa croître sa barbe, et s'adressant à ses amis, il les prioit de le défendre. Il ne sut prendre aucun parti. On lui conseilla de suivre *César* dans les Gaules en qualité de lieutenant. Celui-ci content de tirer le malin orateur de Rome y consentit. *Cicéron* accepta, et refusa ensuite ; ce qui rendit le triumvir plus ardent contre lui. Même variation à l'égard de *Clodius* lui-même, dont il rechercha et rejeta les bonnes grâces. Enfin *le libérateur, le second fondateur de Rome, le père de la patrie,* persuadé de la mauvaise volonté de ce même peuple qui lui avoit donné ces titres pompeux, fut contraint de se dérober par la fuite à sa fureur. Un décret ordonna que ses biens seroit vendus au profit du trésor public, mais il ne se présenta personne pour les acheter. Sa maison de ville et celle de campagne furent démolies, et les effets qu'elles contenoient réduits en cendres, et afin qu'il ne put en recouvrer même le terrein, les pontifes eurent ordre de le consacrer.

Ces malheurs arrivèrent à *Cicéron*, parce que n'ayant pas ménagé dans ses railleries *Pompée* son ancien ami, il en fut abandonné. Mais la fuite de l'orateur laissant le champ libre à *Clodius*, celui-ci devint entreprenant, et se fit même craindre de *Pompée*. Il étoit le seul triumvir à Rome. *César* et *Crassus* faisoient la guerre chacun dans une partie des Gaules. Dans la nécessité d'opposer de vigoureux efforts à l'insolence de *Clodius*, *Pompée* résolut de faire rappeller *Cicéron*. Le sénat y consentit volontiers ; le peuple l'imita. *Clodius* s'y opposa en vain. L'orateur revint dans la ville, *porté*, comme il le dit lui-même, *sur les épaules de tous les habitans de Rome*. On leva l'espèce d'anathéme lancé sur le terrein de ses maisons. Elles furent rebâties aux frais du trésor public. Son autorité, comme il arrive ordinairement, au retour du crédit, devint parmi le peuple plus grande qu'auparavant. Il fit conférer à *Pompée* son bienfaiteur pour cinq ans l'utile et honorable commission d'approvisionner Rome de grains, ce qui lui donnoit une puissance suprême sur tous les ports de la Méditerranée.

César étoit jaloux de l'autorité que *Pompée* acquéroit dans Rome, et *Pompée* des victoires de *César* dans les Gaules. *Crassus* tenoit l'équilibre entre eux. Quoiqu'ils ne s'aimassent pas, ils restoient publiquement unis dans la crainte que

Crassus ne se joignit à celui des deux qui seroit attaqué par l'autre. Ainsi les triumvirs maintenoient en commun leur pouvoir. Il fut encore augmenté par la dignité consulaire que *Pompée* et *Crassus* crurent important de se faire conférer. *César* voyoit pour lui-même de l'inconvénient dans l'augmentation de crédit que les faisceaux alloient procurer à ses deux collègues. Mais il n'y avoit que ce moyen d'éloigner du consulat *Domitius Aenobardus*, son ennemi, porté par tout le sénat, et qui déclaroit hautement que sitôt qu'il seroit consul, il feroit ôter à *César* le commandement des Gaules. Il auroit été dur à ce général de perdre le fruit qu'il espéroit de ses conquêtes ; c'est pourquoi dans une première conférence que les triumvirs eurent ensemble, ils s'accordèrent réciproquement leurs prétentions, et dans une seconde, ils donnèrent à leur pouvoir une solidité à l'abri de toute atteinte.

Ils se partagèrent tout l'empire, tant entre eux, qu'entre leurs affidés les plus sûrs. Il fut stipulé que *César* conserveroit les Gaules, que *Pompée* auroit l'Espagne, *Crassus* la Syrie et la Macédoine, que ces gouvernemens ne pourroient être révoqués qu'après cinq ans expirés. Que pendant cet espace de tems, ils seroient les maîtres de faire toutes les levées qu'ils jugeroient convenables, et d'exiger toutes les contributions et toutes les troupes qu'ils voudroient des rois et des princes alliés de la république. Ils formèrent aussi des gouvernemens moins étendus, revêtus de privilèges moindres et révocables, qu'ils attachèrent à leurs grandes provinces, et distribuèrent à leurs partisans. Ces choses réglées, *Pompée* au lieu d'aller en Espagne, resta de l'aveu des autres à Rome avec un armée répandue aux environs pour contenir le sénat. *Crassus* pressé du désir de s'illustrer par une guerre contre les Parthes, partit pour l'Asie, et *César* continua de se couvrir de gloire dans les Gaules.

Il a été lui-même l'historien de ses exploits. On admire dans ses *commentaires* la rapidité de ses marches, sa hardiesse à affronter des armées prodigieuses de peuples alliés, son adresse à les désunir, ses ressources dans les dangers, son courage dans l'action ; et si on peut se servir de ce terme, son insatiabilité de gloire et de butin. C'étoit sans doute cette passion qui rendoit légitime à ses yeux, le massacre, le pillage, l'incendie et l'attaque des peuples qui n'avoient jamais connu, ni par conséquent offensé les Romains. Il en tiroit ces richesses immenses qu'il envoyoit à

Rome pour soutenir sa faction, quand il fut brouillé avec *Pompée*.

Le premier échec à leur intelligence, fut la mort de *Julie* fille de *César* et femme de *Pompée*. Cette princesse également chère à son mari et à son père, empêcha tant qu'elle vécut, qu'il n'y eut entre eux aucune rupture. Le second échec fut la mort de *Crassus*, qui tenoit la balance entre les deux rivaux. Il périt avec toute son armée dans sa malheureuse expédition contre les Parthes. Ainsi finit le premier triumvirat. Mais les querelles entre les deux aspirans, ne commencèrent pas aussitôt. Ils conservèrent plusieurs années les déhors de l'amitié. *Pompée* se priva lui-même de quelques légions qu'il envoya au secours de *César* dans des tems de détresse. Et *César* quoique très-puissant dans Rome par l'argent que ses amis distribuoient de sa part au peuple, ne s'opposoit pas à l'autorité que *Pompée* y prenoit.

Elle auroit pu s'il avoit voulu, servir à réprimer la licence horrible dont cette ville toute livrée à l'intrigue et corrompue par la vénalité étoit le théâtre. Les meurtres y étoient communs. Celui de *Clodius* ce fameux tribun du peuple assassiné par *Milon*, excita une émeute dangereuse. La populace indignée de la mort de son défenseur, dont le sénat éludoit la punition, se jeta avec impétuosité dans la salle, brisa les bancs des sénateurs, et en fit un bûcher, sur lequelle elle brûla comme un holocauste à la liberté, le corps de son protecteur. *Pompée* avoit assez de forces pour réprimer ces désordres; mais il n'étoit pas faché de les laisser croître, afin de se rendre nécessaire. En effet ses amis profitèrent d'un moment où les violences fruits de la discorde générale étoient portées à leur comble, pour proposer de l'élire dictateur. Le senat dont *Pompée* avoit depuis long-tems sollicité et gagné les bonnes graces y consentoit. *Caton* seul s'y opposa. Il fit sentir le danger de remettre une autorité si étendue et si arbitraire entre les mains d'un homme déja si puissant; et puisque de deux maux il falloit choisir le moindre, il proposa de le faire seul consul; ce qui du moins ne le dispensoit pas de responsabilité, comme auroit fait la dictature. On lui accorda en mème tems une augmentation de troupes, des fonds plus qu'il n'en falloit pour les payer, la continuation de son gouvernement d'Espagne pendant quatre ans, et la permission de le faire régir par ses lieutenans.

Pompée auroit pu se faire continuer seul dans le consulat, mais il eut la modération apparente de s'associer *Cécilius Métellus*, dont il avoit épousé la fille *Cornélie*. Cette alliance lui donna un grand relief dans le sénat, où *Métellus* jouissoit d'une considération méritée. Il se fit l'année suivante remplacer par *Sulpicius Rufus* et *Claudius Métellus*, celui-ci ennemi déclaré de *César* et s'en faisant honneur. Quand il fut en charge, il mit en délibération dans l'assemblée du sénat, de rappeller le gouverneur des Gaules, quoique le tems de son gouvernement ne fut pas expiré. La proposition fut rejetée. Elle dut faire prévoir à *César* ce qui arriveroit quand il demanderoit la prolongation de son commandement. En effet, il essuya un refus du sénat. On dit que quand il en reçut la nouvelle, il porta la main sur la garde de son épée, et s'écria : « Ceci me donnera ce que *Pompée* me refuse ».

Il ne pouvoit douter que sa disgrace ne fut l'ouvrage de son ancien collègue. *Pompée* mettoit en place tous ceux qu'il savoit contraires au vainqueur des Gaules. Mais il eut la mal-adresse de confier des dignités importantes, comme le consulat et le tribunat, à des hommes que l'argent pouvoit tenter, et qui en avoient besoin. Qu'on juge des autres par le seul *Curion*, jeune patricien, doué de grands talens, mais perdu de réputation par ses débauches. Il devoit plus de cent millions. *César* le gagna. Que ce fut en payant toutes ses dettes, ou seulement la plus grande partie ; il reste toujours constant, qu'un général qui avoit de pareils trésors à sa disposition, ne devoit pas succomber. Le consul *Paul Emile*, quoiqu'assez cher, lui coûta beaucoup moins. D'autres s'imbibèrent aussi de l'argent des Gaules, qui couloit à grands flots dans Rome.

Lorsque le tems du gouvernement de *César* expira, *Curion* lui rendit un service important. Il proposa au sénat et au peuple de continuer les deux généraux d'Asie et des Gaules dans leur commandement, ou de les rappeller tous les deux. Il appuya sa proposition d'un motif déterminant. « Celui des » deux, dit-il, qui restera seul armé, » deviendra le tyran de Rome ; au lieu » que le pouvoir de l'un balancera celui » de l'autre, si chacun conserve son » emploi ». *Pompée*, contre l'attente de *Curion*, offrit d'abdiquer, et de licencier son armée, si *César* en faisoit autant. Le tribun ne se laissa pas prendre à ce piége ; il déclara à *Pompée* que comme le plus fort, le plus proche, celui dont la puissance devoit être la plus redoutable, c'étoit à lui à commencer. *César* de son côté écrivit au sénat, et demanda à être continué dans son gouvernement, comme l'avoit été *Pompée*. Il fit même aussi l'offre, qu'il auroit peut-être été fâché de voir accepter, de se démettre, pourvu que *Pompée* en fit autant. Mais le parti étoit bien pris. Le sénat lança le fatal décret, qui détermina la guerre civile, conçu en ces termes : « Les consuls en charge, les » les proconsuls, *Pompée*, les préteurs, » et tous ceux qui ont été consuls, qui » sont maintenant à Rome ou dans les » environs, pourvoiront par les moyens » les plus prompts et les plus efficaces » à la sûreté de la république ».

Comme si ce décret eut valu toutes les forces du monde, *Pompée* ayant en tête un ennemi si actif et si redoutable, ne vaquoit que très-négligemment à ses préparatifs. Surpris de cette lenteur avec tant d'ambition, *Cicéron* lui demanda qu'elles troupes il comptoit opposer à *César*. « Il me suffit, répondit-» il, de frapper la terre du pied, et » aussitôt il en sortira une armée ». Il crut qu'il suffisoit de s'assurer des province de la république, en y nommant des gouverneurs à sa dévotion. Il donna la Syrie à *Cœcilius Métellus*, son beau-père. *Aenobardus* fut chargé de remplacer *César* en Gaule, *Caton* eut la Sicile, *Cotta* l'Afrique, *Tuberon* la

Sardaigne. Le soin des côtes fut confié à *Bibulus* et à *Cicéron*. Enfin, le Pont, la Bithynie, Chypre, la Macédoine et les autres provinces, aux partisans de *Pompée*, qui prit le titre de *généralissime de la république*. Mais le généralissime n'étoit même pas en cette occasion général, puisqu'il s'en tint au peu de troupes qu'il avoit autour de lui, et qu'il se laissa surprendre, au lieu d'user de la permission qu'il avoit de lever trente mille Romains, et autant d'auxiliaires qu'il le jugeroit nécessaire.

Moins confiant et plus prompt, *César* ne négligeoit aucun des moyens propres à accélérer et à rendre certains ses succès. Il s'assura de son armée par un nouveau serment de fidélité. *Curion* et deux autres tribuns s'étant sauvés de Rome, habillés en esclaves, dans la crainte, disoient-ils, du despotisme de *Pompée*, *César* les présenta dans ce déguisement à son armée. Il enflamma par cette vue, ce qu'il avoit de soldats Romains, du désir de délivrer leur patrie de la tyrannie. Il s'étoit avancé sur les frontières, entre son gouvernement des Gaules et l'Italie proprement dite, encore incertain du parti qu'il prendroit. S'il vouloit déclarer la guerre, il lui devenoit nécessaire de se faire un point d'appui. La ville d'Ariminium y étoit très-propre. Il envoye un détachement du côté du Rubicon, avec ordre au commandant de s'arrêter au bord de la rivière. Dans sa marche, il donne un grand repas à ses principaux officiers, assiste à un combat de gladiateurs : au déclin du jour, il quitte table et spectacle, prie les convives de l'attendre, se jete avec quelques-uns de ses principaux confidens, sur un chariot de louage, et arrive à son détachement sur le bord de la rivière. Il vouloit la passer, changeoit de sentiment, avançoit, reculoit : « Si je ne passe pas le Rubicon, dit- » il à *Pollio*, je suis perdu. Si je le » passe, quels malheurs vont tomber » sur Rome » ! Dans cette perplexité, la haine de ses ennemis, leurs efforts, pour le faire périr, leur profonde malice, lui reviennent à l'esprit. « Ils le » veulent, s'écrie-t-il, allons où leur » fureur nous pousse, et où les dieux » nous appellent. Le sort en est jeté ». Il traverse la rivière, s'empare d'Ariminium à la pointe du jour, et appelle sa grande armée.

On fut aussi étonné à Rome, que si on n'eut pas dû s'attendre à cette événement. La frayeur étoit générale. Les citoyens fuyoient à la campagne, et les habitans de la campagne à la ville. Le sénat s'assembloit, délibéroit, et ne décidoit rien. *Pompée* alors n'étoit pas sans alarmes. Il lui étoit fort difficile de réunir en peu de tems ses troupes dispersées dans les provinces. « Frappez donc du » pied la terre, lui dit un moqueur, » faites-en sortir les légions que vous » avez promises ». *Pompée* auroit pu les trouver dans Rome, mais il ne lui parut pas sûr d'armer le peuple, qu'on savoit dévoué à *César*. Il jugea même prudent de s'éloigner de la ville, et afin de paroître toujours comme entouré de la république, il fit publier de la part du sénat, que tout magistrat ou sénateur, qui refuseroit de le suivre, seroit déclaré ennemi de la patrie. Cette proclamation attacha à ses pas, tous ceux qui étoient revêtus de quelques charges éminentes. Ils le suivirent à Capoue, où il se retira.

César le poursuivit de si près, qu'il ne lui resta d'autre ressource, que de se sauver à Brundusium, avec le peu de troupes qu'il avoit. Il s'y embarqua pour l'Asie. Son rival se trouva ainsi maître de l'Italie, et marcha à Rome. Il mit tout en œuvre pour y faire revenir les sénateurs que la frayeur en avoit chassés. Il leur écrivit à tous. Dans ses lettres, il les prioit de revenir promptement, afin de l'assister de leurs conseils.

La conduite qu'il tenoit à l'égard de ceux qui tomboient entre ses mains, étoit bien capable d'inspirer de la confiance à ceux qu'il rappelloit. Il leur donna à tous, non-seulement la vie, mais la liberté. *Aenobardus*, son ennemi, déclaré avoir ordonné à un de ses esclaves de lui donner une prise de poison. Il l'avala. Pendant qu'il attendoit la mort, il apprit la manière généreuse dont *César* en agissoit avec les prisonniers. Le malheureux fut au désespoir de sa précipitation. Mais l'esclave qui ne lui avoit fait prendre qu'un soporifique, le détrompa, et il put jouir des bienfaits du vainqueur. Celui-ci désiroit sur-tout de gagner *Cicéron*. Il alla le trouver à sa maison de campagne, et le pressa fortement de revenir à Rome, persuadé que son exemple pourroit en attirer beaucoup d'autres. *César* lui déclara qu'il n'avoit d'autre but que de l'employer à un accomodement entre *Pompée* et lui. *Cicéron* mit à son retour à Rome la condition de dire librement son avis sur les affaires. Cette réponse ne plut pas au général. Il quitta l'orateur en l'avertissant amicalement, mais très-sérieusement, de ne rien dire ni rien faire dans des circonstances si délicates, sans y avoir bien pensé.

Arrivé dans la capitale, *César* y fut

reçu avec acclamation par le peuple, pour lequel il étoit depuis dix ans une espèce de providence cachée, c'est-à-dire, qu'il l'enrichissoit sans être vu; mais comme tout à un terme, il étoit tems que le trésor de la république vînt au secours de sa caisse épuisée. Les tribuns lui représentent qu'il n'étoit permis de l'ouvrir que du consentement des consuls; il leur répondit: « Les armes et » les loix ne s'accordent pas. Dès que » j'aurai mis bas les armes, j'obéirai aux » loix. Pour vous, faites d'aussi longues » harangues qu'il vous plaira; mais pour » le présent, je vous conseille de vous » retirer ». Comme la clef ne se trouvoit pas, *César* ordonna d'enfoncer les portes; *Metellus* vouloit encore s'y opposer : *César* mit la main sur la garde de son épée, et menaça de le tuer. Jeune homme, lui dit-il : « Vous savez qu'il » m'en coûte davantage de faire une » pareille menace que de l'exécuter ». *Metellus* effrayé ne répliqua pas, et *César* pris trois cents mille livres pesant d'or.

Il cassa ensuite toutes les nomminations de gouvernement faites par *Pompée*, et y subrogea ses créatures, qu'il chargea de commencer la guerre contre celles de *Pompée*, sur-tout les points de la république. Pour lui, il se réserva la poursuite de son rival. Après ses premiers succès si éclatans, la fortune parut l'avoir tout-à-coup abandonné. Il eut en Espagne des revers qui furent crus décisifs. Quand on en reçut la nouvelle à Rome, beaucoup de sénateurs qui s'étoient tenus neutres, s'empressèrent d'aller joindre *Pompée* en Asie. Mais *César* se tira des dangers dont on croyoit qu'il ne pourroit jamais se dégager, et revint victorieux à Rome. Il se fit élire dictateur. Après avoir gardé onze jours cette dignité, il se nomma lui-même consul. Pendant cette magistrature, il se concilia par sa douceur, sa modération et son équité, l'affection du peuple, et l'estime des patriciens qui lui restoient.

Le plus grand nombre étoit du côté de *Pompée*. Il en comptoit deux cents présidés par deux anciens consuls. Ils se déclarèrent le seul sénat romain. Ils tenoient leur séance à Thessalonique où *Pompée* leur avoit fait bâtir une salle magnifique. Cette affluence de patriciens parmi lesquels se trouvoient les plus vertueux de la république, fit nommer le parti de *Pompée*, *la bonne cause*, à cette opinion avantageuse, se joignit la supériorité des forces. Le général Asiatique, revenu de son engourdissement, ramassa des troupes nombreuses de terre et de mer, et montra à son tour un front formidable à son adversaire; mais celui-ci n'en fut pas effrayé, et ne l'en poursuivoit pas moins, quoiqu'avec une armée bien inférieure; elle fut encore diminuée par un écheo considérable qu'il éprouva sur les frontières de la Macédoine. Il lui fut d'autant plus sensible, qu'outre cela, des secours qui lui arrivoient par mer, furent interceptés. *César* réduit à un petit nombre de soldats, appréhendant à chaque instant d'être attaqué, si *Pompée* venoit à découvrir sa foiblesse, écrivit lettre sur lettre à *Marc-Antoine*, commandant d'un corps qu'il avoit laissé sur les côtes d'Italie, de l'embarquer et de le lui amener.

N'en recevant aucune nouvelle, il prend le parti désespéré de se déguiser en esclave, de se jeter sur une barque de pêcheur, et d'aller lui-même s'informer du motif des retards, à travers la flotte ennemie, qui croisoit sur les côtes de Grece et d'Italie. Un vent violent s'élève, et met la petite embarcation en danger. Le patron pâlit. Le passager qui ne s'étoit pas fait connoître, se découvre, le prend par la main et lui dit: « Ne » craint rien, mon ami, tu portes *César* » et sa fortune ». La tempête augmentant, il est obligé de regagner la terre. Ses soldats que son départ avoit désolés, l'environnent et lui disent avec une tendresse mêlée d'indignation : « Pourquoi » désespérer ? Faut-il tant de monde » pour vaincre avec vous » ?

Quelque confiance que lui inspirât le propos de ces braves gens, il crut prudent de faire des démarches pacifiques auprès de *Pompée*. Il lui fit porter les propositions suivantes : Qu'ils licencieroient leurs armées dans l'espace de trois jours, qu'ils renoueroient leur ancienne amitié par des sermens solennels, et qu'ils retourneroient en Italie. C'étoit la seconde fois depuis qu'ils étoient en présence, que *César* offroit le caducée de la paix. *Pompée*, fier de ses forces, le repoussa encore. Mais comme les armes sont journalières, *César* avec sa petite troupe le bloqua dans son camp. Par un semblable effet des vicissitudes de la fortune, *Pompée* battit son ennemi, et l'auroit entièrement défait s'il l'avoit poursuit ; mais il craignit quelqu'embuscades. Ce qui étoit prudence, fut regardé par l'armée de *Pompée* comme un délai politique, fondé sur le désir de perpétuer son commandement.

Il y avoit dans cette armée beaucoup de noblesse, jeunes patriciens, qui au lieu de rester dans leurs foyers et de les défendre quand *César* les attaqua, s'étoient dispersés de tous côtés ; et enfin

réunis dans le camp de *Pompée*, quand ils crurent trouver un sûr asile à la terreur, comme il arrive souvent, succéda l'excès de confiance. Se voyant entourés de nombreux bataillons, ils demandoient à grands cris une action décisive, et inspiroient la même ardeur aux troupes. Dans leur présomptueux délire, ils se croyoient déjà maîtres de tout. Ces ambitieux se distribuoient les faisceaux consulaires et tribunitiens, les chaires curules, la thiare pontificale. Les avares puisoient déjà dans les trésors de *César*. Ils briguoient la confiscation des biens de ses plus riches partisans. L'un vouloit les superbes jardins de *César* à Baies, l'autre se contentoit d'une maison magnifique. En un mot, ils étoient tous moins occupés des moyens de vaincre, que du soin de recueillir d'avance les fruits de la victoire, « comme si, dit un historien, ils
» n'eussent eu à combattre que quelque
» petit roi, et non pas ce *César*
» qui avoit pris mille villes d'assaut,
» subjugué plus de trois cent nations
» différentes, remporté des victoires
» sans nombre, et fait un million de pri-
» sonniers, sans compter un nombre
» presque pareil qui avoit péri par son
» épée ».

Leur téméraire confiance étoit fondée sur la grandeur de leurs forces. L'armée

de *Pompée* consistoit en quarante-cinq mille fantassins, sept mille chevaux et un grand nombre d'archers et de frondeurs. Au lieu que *César*, avec tous les renforts qui lui étoient survenus, n'avoit que vingt-deux mille hommes de pied et mille chevaux; mais tous vieux soldats, dont *Pompée* lui-même redoutoit la bravoure et la discipline. Il ne cacha pas ce sentiment à ses troupes dans la harangue qu'il leur fit au moment du combat. « C'est, dit-il, votre volonté qui
» me détermine à hasarder la bataille
» contre mon sentiment. Donnez-moi
» du moins la satisfaction de voir que
» je n'ai pas inutilement compté sur votre
» valeur ». *César*, au contraire, ne montra que de l'assurance. « Mes amis, dit-
» il à ses légions, le plus difficile est fait.
» Nous n'aurons plus à combattre la faim
» et le besoin. Mais des hommes, et
» quels hommes? Les mêmes qui ont
» quitté l'Italie, parce qu'ils n'osoient
» nous faire tête, après avoir voulu nous
» priver de l'honneur dû à nos victoires.
» Souvenez-vous de vos promesses,
» lorsque vous vous êtes engagé à moi.
» Vous avez fait vœu de vaincre ou de
» mourir. Je vous donne aujourd'hui le
» moyen de les accomplir. Plus de re-
» traite. J'ai fait détruire vos retran-
» chemens, afin qu'il ne vous reste

« d'autre ressource que la victoire, et
» le camp ennemi pour y loger ».

On remarque que les deux armées parvenues à la portée du trait, gardèrent pendant quelque tems un morne silence. Quel spectacle, en effet, plus effrayant, et plus capable d'attrister, que celui d'hommes unis par le sang et l'amitié, prêts à s'entregorger ! les trompettes sonnent. On se charge avec impétuosité. Le combat se soutient à succès égal entre les deux infanteries ; mais la cavalerie de Pompée quoique plus nombreuse plie. Elle étoit en grande partie composée des jeunes patriciens et chevaliers fugitifs de Rome. On dit que César recommanda à ses soldats de les frapper au visage ; et que moins sensibles à la perte de l'honneur, qu'à la crainte d'être défigurés par des cicatrices, ils tournèrent le dos. *Pompée* voyant la défaite de ce corps d'élite sur lequel il comptoit, au lieu de se joindre aux autres combattans, quitte son armée, et marche à pas lents vers son camp, comme un homme aliéné et sans résolution. Il se retire dans sa tente sans dire un mot, jusqu'à ce que apprenant que l'ennemi maître du champ de bataille, attaquoit ses retranchemens, il s'écrie : « Quoi ! jusque dans mon camp ». Après ces mots, il dépose les marques de sa dignité, se déguise et prend la fuite.

Les cohortes auxquelles *Pompée* en avoit confié la garde, les défendirent avec courage, ce qui rend sa conduite encore plus blâmable. *César* trouva les pavillons des principaux officiers ornés de tapisseries magnifiques, leurs lits parsemés de fleurs, leurs tables couvertes comme pour un grand festin. On lui présenta la cassette où *Pompée* renfermoit ses lettres. Il les fit toutes brûler sans en lire une seule. « J'aime mieux, dit-» il, oublier les crimes que d'être obligé » de les punir ». Il donna la liberté à tous les citoyens Romains. Ceux qui se rendirent furent reçus avec affabilité, et traités avec égards. Il marqua beaucoup d'inquiétude pour le jeune *Brutus*, dont il avoit aimé la mère *Servilie*, et qui s'étoit jeté dans le parti ennemi. Quand il le vit paroître après la bataille, implorant sa clémence, il en marqua une joie extrême. La vue des morts qu'on fait monter à vingt-cinq mille, lui arracha des larmes. Ils s'écria avec un profond soupir : « Ils l'ont voulu. Ils m'ont ré-» duit, par leur obtination, à la cruelle » nécessité de vaincre pour ne pas pé-» rir moi-même ».

Telle fut la fameuse bataille de Pharsale en Thessalie, qui décida de l'Em-

Mort de Pompée.

pire du monde. *Pompée* fuyoit abîmé dans les plus tristes réflexions. Vainqueur pendant trente-quatre ans, maître de la république, l'Univers avoit été soumis à sa puissance, et il ne savoit où trouver un asile. Il se jette sur un navire, et gagne l'île de Lesbos où il avoit envoyé *Sextus Pompée*, son fils et sa femme *Cornélie*. Elle n'avoit su dans sa retraite que les avantages de son mari, et le croyoit vainqueur. Ses malheurs lui furent annoncés par les larmes d'un esclave que son mari envoya la prévenir de son arrivée. L'entrevue de ces deux époux en présence de tout le peuple fut très-touchante. *Cornélie* tomba évanouie entre ses bras. Il la serra tendrement, et lui donna des espérances qu'il n'avoit pas lui-même. Il la fit monter avec son fils sur son vaisseau. Le résultat de la délibération, sur le lieu où on se retireroit fut pour l'Egypte. *Ptolémée*, dont *Pompée* avoit remis le père sur le trône y régnoit. Le fils lui avoit donné des marques de reconnoissance qui sembloient promettre une réception favorable ; mais les malheureux ont-ils des amis ?

Avant l'arrivée de *Pompée*, son sort avoit été décidé dans le conseil du jeune prince. Quand la galère qui le portoit parut, on envoya au-devant de lui une barque où étoient avec *Achillas*, général de l'armée Egyptienne, deux Romains, *Septimius* et *Salvius*, apparemment pour lui inspirer de la confiance. Ils l'invitèrent à entrer dans la barque, parce que la mer vers les bords n'avoit pas assez de fonds pour sa galère. Le rivage étoit couvert de soldats, et la flotte Egyptienne pavoisée comme pour un combat. Ces préparatifs inspirèrent quelque défiance à *Pompée*. *Cornélie* fondoit en larmes et vouloit le retenir. Il s'arrache de ses bras, et descend dans la barque avec *Philippe* son affranchi, et *Scénès* esclave. Un silence profond y régnoit. *Pompée* voulant le rompre, dit à *Septimius* : « Ami, n'avons-nous » pas servi ensemble »? Il répondit brusquement : « Non ». *Pompée* prend un livre et s'amuse à lire. *Cornélie* conduisoit la barque des yeux. Chaque mouvement à terre ou sur la mer, étoit pour elle un sujet de crainte ou d'espérance. Quand la barque se trouva prête d'aborder, *Cornélie* vit quelques personnes de distinction qui alloient au-devant de lui. Ce cortège la rassura, mais dans le même tems *Philippe* affranchi de *Pompée*, lui donnant la main pour lui aider à descendre sur le rivage, *Septimius* lui plonge par derrière son épée dans le corps. *Cornélie* pousse un cri qui fut entendu du rivage. *Pompée* ne pouvant ni se défendre ni se sauver, se couvre le visage de sa robe, et expire sous les coups que *Salvius* et *Achillas* lui portèrent. On lui coupa la tête pour l'embaumer et la présenter à *César*, et son corps fut laissé sur le rivage. *Philippe* son affranchi le lava des eaux de la mer, l'enveloppa d'une ses robes, et ayant fait un bûcher de quelques planches pourries, débris d'une barque de pêcheur, il y consuma le corps de son maître. Un vieux romain qui avoit servi sous *Pompée*, aida l'affranchi dans ce triste devoir. *Lentulus* nouvellement sorti de la charge de consul survient. Il apperçoit *Philippe* qu'il connoissoit, auprès du bûcher funèbre. Pénétré de douleur, il s'écrie : « Est-ce là le sort de » Pompée le grand ». Saisi par les gardes de *Ptolémée*, il paie de sa vie ses tristes regrets. Les matelots de la galère de *Cornélie* voyant que la flotte d'Egypte s'ébranloit, prirent le large, et la sauvèrent avec le jeune *Pompée*.

Quand la tête de *Pompée* fut présentée à *César*, il détourna les yeux d'horreur. Le souvenir de leur ancienne amitié lui arracha des larmes. Il la fit enterrer avec pompe, exigea de *Ptolémée* la liberté des amis de *Pompée*, qu'il avoit fait arrêter, et les reçut avec les marques de la plus sincère amitié. Il écrivit à Rome que le principal avantage qu'il avoit recueilli de ses victoires, étoit de sauver chaque jour la vie à quelques citoyens romains qui avoient pris les armes contre lui. On remarque que tous ceux qui avoient eut part à la mort de *Pompée*, périrent misérablement ; le jeune roi lui-même, *Phothin* et *Achillas* ses deux ministres, et un rhéteur nommé *Théodote*, dont l'avis sanguinaire contre *Pompée* avoit prévalu dans le conseil. Il eut de plus que les autres, le sort d'expirer dans des tourmens affreux, en punition de la trahison dont il étoit l'auteur.

La même perfidie qui avoit été si funeste à *Pompée*, pensa l'être aussi à *César*. Le jeune monarque et ses conseillers, mécontens de ne pas trouver en lui toute la reconnoissance qu'ils en attendoient pour l'avoir délivré de *Pompée*, l'attaquèrent dans Alexandrie, pendant que son armée étoit encore éloignée. Son intrépidité et son sang-froid le tirèrent de plusieurs dangers, où tout autre auroit succombé. Avec des qualités héroïques, ce grand homme montra des foiblesses. *Cléopatre* le captiva ; mais elle le retint moins que les opérations militaires qu'il avoit à consommer.

Pendant qu'il couroit de grands risques sur le rivage du Nil, on le combloit d'honneurs, et on lui prodiguoit une autorité sans bornes sur les bords du Tibre. Du consentement unanime de tous les ordres, il fut nommé consul pour cinq ans, dictateur pour un, chef du collége des tribuns pour toute sa vie, autorisé à faire la guerre et la paix, suivant qu'il le jugeroit à propos. Ces dignités et ces pouvoirs réunis en sa personne, le rendoient maître absolu de la république. Ainsi, sans violences ni proscriptions il eut un pouvoir plus grand que celui dont *Sylla* s'étoit emparé, par le bannissement et la mort d'une infinité de citoyens. En attendant qu'il pût en jouir lui-même, il en confia l'exercice à *Marc-Antoine*, qu'il nomma général de la cavalerie, ou lieutenant du dictateur en Italie. Quand il revint après ces exploits si prompts, qu'il sembloit s'en étonner lui-même, lorsqu'il disoit: *Je suis venu, j'ai vu, j'ai vaincu*; il signala son retour par divers actes de clémence, à l'égard de ses ennemis. *Cicéron* et beaucoup d'autres en firent l'heureuse épreuve. La réputation de ces bienfaits le précéda à Rome, où il fit une entrée modeste, mais qu'il illustra par de bonnes loix qui y rétablirent la tranquillité. Sa modération et la sagesse de ses mœurs contrastoit singulièrement avec le luxe et les débauches de *Marc-Antoine*, son lieutenant, qu'il punit par quelques jours de disgrace.

Il n'entroit pas dans le caractère de *César* de faire sentir son pouvoir à ses amis. Ses ennemis même n'eurent point à se plaindre de ses hauteurs. Il tâchoit de se les concilier par des bienfaits. Le seul *Caton* échappa à son indulgence, et le dictateur en marqua son regret. Cet homme, d'une vertu stoïque, étoit républicain par goût et par conviction. L'autorité d'un seul lui paroissoit, pour ainsi-dire, une insulte faite à l'humanité. Après la défaite de *Pharsale*, où il combattit en lion, il alla susciter des ennemis à *César*, au milieu des bêtes féroces, à travers les sables brûlans de l'Afrique. Désespéré de ne pouvoir y réussir, il se retira à Utique, où il étoit adoré malgré la rigidité de ses principes. Quand *César* approcha, *Caton* exhorta lui-même les habitans à recourir à sa clémence; mais il défendit qu'on le mît au nombre de ceux qui imploroient sa faveur. Il exigea même qu'on ne prononçât pas son nom. « Je ne veux pas, dit-il, devoir à un » tyran des graces que je ne peux re- » garder que comme des marques de » tyrannie. Je mets dans ce rang l'ac- » tion de donner la vie, parce qu'elle

Mort de Caton

» suppose qu'on a la puissance de faire
» mourir ». Il seroit impossible de mettre
plus de réflexion, plus de volonté dans
le projet funeste de se donner la mort.
Il en arrangea les apprêts, savoura avec
une espèce de volupté la douceur de
disposer de lui-même. Il ne se tua pas
du premier coup qui n'étoit pas mortel;
mais il ne voulut pas être sauvé, et
rouvrit lui-même sa plaie. Sa mort causa,
dans Utique, un deuil universel. *César*
dit en l'apprenant: « *Caton*, je t'envie
» ta mort, puisque tu m'as envié la
» gloire de te conserver la vie ».

Avant cette expédition d'Afrique, la
dixième légion, celle que le dictateur
se croyoit la plus attachée, se révolta,
lasse, disoit-elle, de tant de travaux,
et redoutant d'être encore traînée à de
nouvelles fatigues. Après avoir tué ses
deux principaux officiers, de Capoue,
où elle étoit, elle marcha vers Rome,
enseignes déployées. *César* garnit les
portes et les murs, prit toutes les mesures contre la violence, et lui envoya
demander ce qu'elle vouloit. « Nous
» voulons, répondirent les légionnaires,
» parler à *César* lui-même. Qu'ils viennent, répondit-il, qu'ils se rendent au
» champ de Mars, sans autres armes
» que leurs épées ». Quand ils furent
assemblés, sans égard pour les conseils

timides de ses amis, le dictateur alla écouter leurs plaintes. La présence d'un général fameux par tant de victoires leur inspira un tel respect, que les plus hardis d'entr'eux n'osèrent porter la parole. Il fut obligé de les encourager. Ils parlèrent alors de leur âge, de leurs blessures, de la longueur de leur service, puissant motif d'espérer du repos.

Ils s'imaginoient qu'au moment d'une nouvelle guerre, le général ne manqueroit pas de leur faire de grands présens pour les engager à le suivre. Aussi leur étonnement fut sans égal, lorsque, sans témoigner la moindre surprise, il leur dit froidement : » Votre demande est » juste. Je vous licencie, il ne tient qu'à » vous de partir ». Après un moment de silence, remarquant leur consternation, il ajouta : « Je n'ai pas dessein » néanmoins de vous priver des récom- » penses qui vous sont dues ; vous les » aurez quand j'aurai triomphé du reste » de mes ennemis ». A ces mots, ils s'écrièrent tous : « Puisque vous avez » dessein de nous récompenser, nous » vous supplions de nous permettre de » mériter ces récompenses par de nou- » veaux services ». Mais sans paroître avoir aucun égard à leur demande : « Al- » lez, citoyens, leur dit-il, retournez » à vos maisons ». Ce mot *citoyens* fut pour eux un coup de foudre. Ils s'écrièrent : « Nous sommes soldats, nous voulons vous suivre en Afrique ». Feignant de dédaigner autant leurs offres, qu'il avoit méprisé leurs menaces, le dictateur leur tourne le dos, et descend de son tribunal. Ils l'entourent alors, se prosternent à ses pieds, le conjurent de les punir, plutôt que de les licencier si honteusement.

« Non, dit-il, je ne puis me déter» miner à châtier une légion qui s'est » toujours distinguée par sa fidélité, et » que j'ai tendrement aimée. A mon » retour d'Afrique, je vous donnerai » les récompenses que je vous ai pro» mises ; mais vous ne m'accompagne» rez pas ; je saurai vaincre sans vous ». » Ah! s'écrièrent-ils, les yeux baignés » de larmes, décimez-nous plutôt que » de nous priver de l'honneur d'avoir » part à vos victoires. Nous vous sui» vrons comme volontaires, si vous re» fusez de nous mettre au nombre de » vos légions ». Attendri par leur repentir, il ne lui fut pas possible de dissimuler plus long-tems. Il leur rendit le nom de *soldats*, et les assura qu'ils partageroient la gloire et les avantages de ses victoires. Avec de tels soldats, il n'est pas étonnant qu'un pareil général après avoir soumis l'Italie, l'Asie et la Grèce, subjuguat encore l'Afrique. Il permit de rebâtir Carthage et Corinthe ; et ces deux villes, détruites la même année, sortirent la même année de leurs ruines.

Les partisans de *Pompée* s'étoient rassemblés en Espagne auprès de ses deux fils. L'ainé en âge de commander, approchoit déjà de la capacité de son père. *César* ne jugea pas à propos de confier à d'autres une expédition qui devoit mettre le sceau à ses succès. En effet, tout autre que lui n'y auroit pas réussi. Il fut exposé à des difficultés et à des périls supérieurs à tout ce qu'il avoit jamais éprouvé. Ses soldats même, les vieux légionaires furent plus d'une fois rebutés. Ses discours et son exemple, étoient seuls capables de les ramener aux fatigues et aux combats. Il eut sur-tout besoin de sa présence d'esprit, et de toute son intrépidité dans la célèbre bataille de Munda. En circonstance à-peu-près pareille, voyant fuir ses soldats, il lui avoit suffi d'arrêter le porte-enseigne qui se laissoit entraîner par la foule. « Jeune homme, lui » dit-il, tournez la tête, c'est de ce côté » que sont les ennemis » : il tourna et la légion le suivit. A Munda, le dictateur voyoit ses troupes ébranlées, le désordre s'y mettoit, tout étoit perdu. Il met pied à terre, arrache le bouclier d'un des vétérans, se précipite au milieu des ennemis en criant : « sol- » dats n'avez-vous pas honte de livrer » votre général entre les mains de ces » enfans. Dans d'autres occasions, di- » soit-il, par la suite, j'ai combattu » pour la victoire, mais dans celle-ci, » j'ai combattu pour la vie ». Cette action décida du sort de la faction Pompéienne. Toutes les places se rendirent successivement. L'aîné *Pompée* fut tué en fuyant, digne d'un meilleur sort par ses talens et son amour filial. Le second se cacha si bien, que le vainqueur ne put le trouver. Beaucoup de ses ennemis lui furent livrés ou se rendirent, et éprouvèrent également sa clémence, et il revint à Rome, après avoir étouffé, ce qu'il appeloit la rebellion.

Il avoit déjà triomphé dans cette capitale, après son retour d'Afrique, à quatre jours différens des Gaulois, de l'Egypte, de Pharnace et de Juba. Ce qu'on raconte de ces pompes triomphales surpasse toute imagination. Les fêtes et la générosité qui les accompagnoient surpasseroient aussi toute créance, si elles n'étoient attestées par des historiens véridiques. Trois mille six cents livres à chaque soldat, sept mille deux cents livres à chaque centurion. Le triple de cette somme aux officiers et aux tribuns militaires, à chaque citoyen dix boisseaux de froment, dix mesures d'huile, et mille francs d'argent; enfin un repas servi sur vingt-deux mille tables, avec une délicatesse et une profusion étonnantes. Tels sont les moyens par lequel le dictateur faisoit oublier la république. Au bas de la statue que le sénat lui avoit érigée, il apperçut cette inscription : *à César demi Dieu*. Il fit effacer le dernier mot. Il ordonna aussi que les statues de *Pompée* fussent relevées, et par là selon l'observation de *Ciceron*, il assura les siennes.

La cérémonie fut terminée par un discours au sénat, dont on doit recueillir ces traits. « Je ne renouvellerai pas les
» massacres de *Sylla* et de *Marius*,
» dont le seul souvenir me fait horreur.
» J'aurois souhaité sauver l'état sans ré-
» pandre une seule goutte de sang, et
» sans priver Rome d'un seul citoyen ;
» mais cela n'a pas été en mon pouvoir.
» A présent que mes ennemis sont domp-
» tés, je laisserai là l'épée et tacherai
» uniquement de gagner par de bons
» offices, ceux qui continuent de me
» hair ». Il ne se servit en effet de son pouvoir, que pour rétablir le bon ordre.

Il rendit aux magistratures leur dignité, au culte sa majesté, régla le calendrier, bannit le trop grand luxe, et introduisit une réforme salutaire dans les mœurs. Il récompensa par des priviléges et des distinctions, les familles de ceux qui avoient été tués dans la guerre civile pour sa cause, rappella ceux qui s'étoient expatriés, fit plusieurs réglemens utiles pour la justice qu'il confia aux sénateurs et aux chevaliers de la probité la mieux reconnue, distribua les charges et les emplois de la république, les gouvernemens et les comandemens des armées à ses partisans les plus affectionnés; mais se réserva à lui seul l'administration des finances, et se fit créer dictateur perpétuel.

2760. Une puissance si étendue conférée à un homme pour toute sa vie, quoiqu'elle annonçât la chûte de la république, ne fut pas regardée de mauvais œil par le peuple. Il n'en fut pas ainsi du titre de roi que le dictateur voulut se faire donner. Il en avoit tout le pouvoir, et même le pouvoir le plus absolu, ce qui est l'essentiel : et c'est une manie inconcevable dans un homme tel que *César*, d'avoir ambitionné un nom qu'il savoit être odieux aux Romains. Ses flatteurs, à la tête desquels se montroit *Marc Antoine*, lui présentèrent un diadême enveloppé de fleurs dans une fête publique. S'appercevant que cet hommage n'étoit pas regardé favorablement, *César* le repoussa. Le lendemain toutes ses statues se trouvèrent ornées de couronnes. Le peuple murmura : les tribuns les firent enlever ; mais le dictateur les en blâma, et le peuple s'indigna ouvertement de la réprimande ; au contraire, il accueillit avec des transports de joie, le refus que *César* fit dans une circonstance d'accepter ce titre que des supplians lui donnoient. *Je m'appelle César*, dit-il, *et non pas roi*.

D'un autre côté, quelques efforts que fit le dictateur pour gagner les patriciens, pour se faire pardonner sa fortune, il ne pouvoit y réussir. Envain il fit rendre aux exilés revenus, ce qu'on put recouvrer de leurs biens, ils étoient plus fâchés de la perte, que reconnoissans de la restitution. Envain aussi affectoit-il de partager les dignités, les magistratures entre eux et ses amis ; la moindre préférence les choquoit. Ce fut un passe droit, de cette espèce qui donna un chef aux mécontens. *Caius Cassius*, d'ailleurs zélé républicain, devint ennemi personnel de *César*, parce que le dictateur avoit fait donner à son préjudice une préture honorable à *Brutus* ; et il eut l'art de rendre son rival préféré, le principal instrument de sa vengeance.

Brutus. On a vu que *César* avoit pour *Brutus* une tendresse de père, et qu'il le manifesta publiquement après la bataille de pharsale. Mais le préteur comptoit parmi ses ancètres le *Brutus* qui chassa les *Tarquins*. Il étoit neveu et gendre de *Caton* d'*Utique*, trois qualités bien capables de contrebalancer dans son cœur une paternité équivoque. *Cassius* qui avoit besoin pour le succès de son projet du crédit de *Brutus*, et de la considération dont il jouissoit dans le sénat, l'attaqua par l'enthousiasme républicain qu'il sut, ou reveiller en lui, ou lui inspirer. Le magistrat trouva plus d'une fois sur son tribunal ces mots tracés : *tu dors Brutus ! Brutus, tu n'es plus le même.* Il sut aussi qu'on avoit écrit au bas de la statue de Brutus son ancêtre : « plut au ciel que tu fusses encore » en vie, ou que quelqu'un de tes des- » cendans te ressemblât ! » *Cassius* qui l'étudioit, découvrit que ces reproches indirects faisoient impression. Alors il s'ouvrit à lui, représenta si pathétiquement la nécessité de se défaire du tyran, pour détruire la tyrannie, qu'il rendit Brutus aussi ardent que lui-même à chercher des complices.

Porcie sa femme, digne fille de *Caton*,

s'apperçut à l'air rêveur de son mari, qu'il étoit occupé de quelque projet important. Elle résolut de savoir d'où provenoit son trouble. « Ne m'avez-vous
» pas épousée, lui dit-elle un jour, pour
» partager votre bonheur et vos dis-
» graces ? Mais comment puis-je adoucir
» vos peines et vos chagrins, si vous
» ne m'en donnez pas connoissance ?
» Craignez-vous mon indiscrétion ? Je
» suis fille de *Caton* et femme de *Brutus*.
» A ces deux titres je pourrois être
» sûre de garder votre secret. Mais j'ai
» voulu m'éprouver moi-même, et j'ai
» trouvé que je suis en état de braver
» la douleur ». En même tems elle découvrit une blessure profonde qu'elle s'étoit faite à la cuisse, afin d'essayer si elle pourroit dans le besoin opposer un silence opiniâtre aux tortures. Cette fermeté détermina *Brutus*, qui lui révéla le plan et les moyens de la conspiration.

Il s'y engagea jusqu'à soixante sénateurs. Plusieurs d'entre eux avoient servi sous *César*, dès le commencement des guerres civiles, et lui avoient toujours été très-affectionnés. Comme le complot semblable à un feu qui couve, jetoit en s'étendant quelques étincelles, il en vint des soupçons à *César*. On voulut les faire tomber sur *Marc-Antoine* et *Dolabella*. Mais le dictateur répondit :

« Je me défie bien moins de ces gens
» gras et bien peignés, que de ces
» hommes maigres et pâles comme *Cas-*
» *sius* et *Brutus* ». Cependant il méprisa les précautions, « parce qu'il vaut
» mieux mourir, disoit-il, que de vivre
» en craintes perpétuelles ». Par le même
principe, à des amis qui lui demandoient quel genre de mort est la plus
digne d'envie, il leur répondit : « La
» plus prompte ». Mais quelque prompte
qu'elle soit, la recevoir d'une main
chère, ajoute sans doute à son horreur.

César tenoit toujours à son fatal projet
de se faire déclarer roi, avant que de
partir pour une guerre importante qu'il
meditoit contre les Parthes. Après avoir
vengé sur ces peuples la mort de *Crassus*
et des Romains, qui avoient péri dans
leur pays, il devoit traverser l'Hyrcanie,
cotoyer la mer Caspienne jusqu'au mont
Caucase, passer en Scythie, se rendre
de-là en Germanie, de Germanie dans
les Gaules, et enfin revenir en Italie
après avoir fait le tour de son empire.
Seize légions et dix mille chevaux étoient
déjà rassemblés pour cette expédition.
Mais *Cotta* garde des livres sybillins,
déclara que selon les oracles elle ne
pouvoit réussir que sous un roi. Afin
de concilier la délicatesse des Romains
avec les motifs religieux, *Cotta* devoit

demander au sénat que *César* portât le nom de dictateur à Rome, et qu'un décret l'authorisât à ceindre le diadéme dans toutes les provinces sujettes à la république. Cette proposition fut fixée aux ides de Mars.

On a dit qu'il y eut des présages si- *Mort de César.* nistres qui avertissoient *César* de se tenir en garde. On vit des figures humaines toutes de feu, combattant dans les airs. Une victime que le dictateur offroit, se trouva n'avoir point de cœur. Un vent violent ouvrit la nuit brusquement les portes et les fenêtres de la chambre où *César* étoit couché avec *Calpurnie* sa femme. Elle ne se réveilla pas. Mais il lui entendit prononcer des mots mal articulés, entrecoupés de soupirs. Effrayée par des songes inquiétans, elle le conjura de ne point sortir de sa maison pendant ce jour fatal. *Spurina*, célèbre devin, lui avoit conseillé de se garder de ce jour, qu'il y seroit exposé à quelque grand danger. En se rendant au sénat pour faire rendre le décret qu'il avoit tant à cœur, *César* rencontra *Spurina* et lui dit en riant : *Eh bien! les ides de Mars sont arrivées. Oui*, répondit le devin, *mais elles ne sont point passées.*

D'un autre côté les conjurés n'étoient pas sans de vives allarmes. Leur projet se répandoit. Des gens auxquels ils ne l'avoient pas confié, leur en parloient. Ils ne voyoient point un homme aborder le dictateur, ouvrir la bouche, faire un geste, sans pâlir d'effroi. Dans ces dispositions, extrême confiance d'un côté, terreur de l'autre, tous les acteurs de cette scène tragique, se réunissent dans la salle du sénat. Les conjurés entourent le dictateur sans affectation. Quelques-uns attirent, sous des prétextes, hors de la salle *Marc Antoine*, et ceux qui auroient pu le défendre. On lui présente des requêtes, d'autres s'abbaissent en supplians, et touchent le bas de sa robe. Un d'eux la relève brusquement autour de son col, et lui enveloppe la tête. Il se sent frappé, et se débarrasse avec vigueur. *Perfide Casca, que fais-tu?* s'écrie-t-il; mais de quelque côtés qu'il se tourne, il ne voit que des épées tirées et des poignards prêts à le percer. Les conjurés étoient si pressés autour de lui, et frappoient avec tant d'acharnement, qu'ils se blessèrent les uns les autres. Le malheureux se débattoit. Mais remarquant entre ses meurtriers *Brutus*, il dit d'une voix étouffée, *et toi aussi mon cher Brutus*. Il s'abandonne, tombe et expire au pied d'une statue de *Pompée*. *Marius* et *Sylla*, tyrans cruels, moururent dans leur lit.

Pompée et *César* qui hors des batailles, n'avoient jamais versé le sang qu'à regret, moururent assassinés.

Les sénateurs qui n'étoient point prévenus, furent si surpris, qu'aucun d'eux ne sortit de sa place, ni pour le défendre, ni pour aider les conjurés. Quand le dictateur eut rendu les derniers soupirs, *Brutus* s'avança au milieu de la salle, et voulut rendre aux pères conscripts, raison de sa conduite et l'excuser. Personne ne l'écouta. Tous se précipitèrent vers les portes avec tant de confusion, que plusieurs se blessèrent aux poignards des conjurés, et d'autres furent étouffés dans la foule. En un instant, une agitation effrayante trouble la ville. Les artisans ferment leurs ateliers, les marchands leurs boutiques. Le peuple accoure au sénat pour voir le cadavre, et apprendre les circonstances du meurtre. En même tems les conjurés parcouroient les rues d'un air de triomphe, l'épée sanglante à la main, faisant porter par un hérault, au bout d'une lance, une cape, symbole de la liberté. Plusieurs sénateurs qui n'avoient point été agrégés à la conspiration, se joignirent à eux par ostentation. Ils s'arrêtoient dans les places, et haranguoient le peuple qui vaguoit sans but et sans dessein, d'un air triste et effrayé.

Il ne varia guères dans son opinion sur cette action. D'abord il montra de l'indignation, et les complices crurent prudent de s'assurer du Capitole et de s'y renfermer. Ils en descendirent le lendemain, parlèrent, se crurent un moment écoutés favorablement; mais l'air de tristesse qui succéda aux premiers signes d'approbation, les fit remonter à leur forteresse. Il y avoit deux consuls, *Dolabella* et *Antoine*. Le premier, quoique comblé des bienfaits de César, se déclara pour les conjurés. Il se crut assez sûr du peuple pour lui proposer de faire une fête des *Ides de Mars*, pareille à celle qu'on célébroit tous les ans pour la fondation de Rome. Ce projet déplut, au point qu'il fut obligé de gagner le Capitole. *Antoine*, l'autre consul, suivit une marche opposée. Il avoit dans le moment couru risque de la vie à cause de son attachement connu pour le dictateur. *Brutus* le sauva. *Antoine* se cacha; mais sitôt qu'il connut les dispositions du peuple, il se remontra avec les faisceaux, réunit quelques amis de *César*, et pour première mesure, ordonna, comme consul, à *Lépidus*, d'amener une légion qu'il commandoit dans le voisinage, et la fit camper dans le Champ de Mars.

L'aurore vit le lendemain les pères

conscripts s'assembler. Jamais ils ne s'étoient trouvés en conjoncture si délicate. Il s'agissoit de décider si *César* avoit été un magistrat légitime ou un usurpateur ; si ceux qui l'avoient tué méritoient d'être récompensés ou punis. Après des débats tels que pouvoit en enfanter une pareille question, *Antoine*, prêt à voir la mémoire du dictateur condamnée, fit au sénat ce raisonnement, qui changea la disposition des esprits. « Si le dictateur est déclaré ty-
» ran, je ne vois plus que trouble et
» confusion dans l'empire. La république
» n'aura plus de magistrats, les provinces
» point de gouverneurs, les armées plus
» de chefs, puisqu'ils tiennent tous ces
» emplois de *César*. S'il est usurpateur,
» il faut qu'ils les abdiquent, et que son
» corps, conformément aux ordonnances
» de nos ancêtres, soit ignominieuse-
» ment traîné par les rues, et jeté dans
» le Tibre. De quel œil la populace, qui
» l'adore, verra-t-elle un pareil spec-
» tacle » ? *Cicéron*, par ce motif et d'autres, exposés avec son éloquence ordinaire, détermina à laisser la question, *si César étoit un tyran ou non*, et à ensevelir tous les ressentimens dans une amnistie générale ; mais contre son avis, on inséra dans le décret qu'il ne seroit rien changé à ce que le dictateur

avoit ordonné pendant son administration. « Ainsi, écrivoit l'orateur à son ami Atticus, le tyran n'est plus, mais la tyrannie subsiste. Nous témoignons une grande joie de sa mort; et dans le même-tems, nous confirmons toutes ses ordonnances ». L'amnistie opéra une réconciliation apparente. *Brutus*, *Cassius* et leurs amis descendirent du Capitole. Les rivaux s'embrassèrent et se traitèrent.

Les conjurés gagnèrent à cette espèce d'armistice qu'on ne les appela plus *tyrannicides*. Ils furent vus du peuple de moins mauvais œil. Mais *Antoine*, dont l'intérêt n'étoit pas de les laisser jouir tranquillement d'une faveur même passagère, sut rappeller contre eux la haine et la fureur. Il fit lire publiquement le testament de *César*. Les graces qu'il distribuoit à ceux qui étoient devenus depuis ses assassins, provoquèrent l'indignation. Les legs qu'il faisoit au peuple, en lui rappellant amèrement le souvenir de son bienfaiteur, excitèrent les plus vifs regrets. On entendit des sanglots, on vit couler des larmes. *Brutus* calma par un discours adroit l'émotion qui commençoit à soulever les flots de cette mer orageuse. Mais *Antoine* y souffla de nouvelles tempêtes. Sur une estrade, parut dans la grande place un petit temple de bois doré, semblable à celui de *Vénus*. En dedans étoit un lit d'ivoire, dont les rideaux de pourpre, relevés en or, laissoient voir le corps de *César* qu'on avoit embaumé, et à côté, la robe qu'il portoit le jour qu'il fut assassiné.

Toute la ville accourut à ce spectacle. *Antoine* monta à la tribune aux harangues. Dans l'oraison funèbre qu'il prononça, il n'oublia rien de ce qui pouvoit faire impression sur l'esprit des auditeurs. Des victoires du défunt, il passa aux honneurs que le sénat lui avoit déférés, sur-tout le titre de *Père de la Patrie*. Il vanta ses vertus, son humanité, son courage, son éloquence, sa générosité, rappella au peuple le serment qu'il lui avoit prêté, le serment fait solennellement de le défendre. Par contraste, il déploya la robe ensanglantée, montra la place des blessures, les compta. « Grand Jupiter, s'écria-t-il, » et vous, Dieux protecteurs de l'em- » pire romain, je vous appelle à témoin » que j'avois résolu de le venger. Le » décret seul des pères conscrits me » lie les mains ». Au consul succède un des spectateurs, qui, déployant de nouveau la robe de César, prononce d'un ton lamentable ces mots entrecoupés de soupirs. « Voilà donc tout ce qui reste » d'un héros aimé des Dieux, et respecté

» des hommes jusqu'à l'adoration ». Et en même-tems parut l'image même de César en cire. On y avoit figuré toutes les plaies, qui paroissoient encore saignantes.

Le peuple, cédant à tant de secousses, ne se contient plus. La place retentit d'imprécations, de menaces et de cris de vengeance. Un des assistans propose de ne plus différer ses obsèques. On prend les chaires des magistrats, on en forme un bûcher, quand le petit temple commence à brûler, les vétérans, ses anciens soldats, jettent dans le feu les récompenses militaires qu'ils en avoient reçues. Plusieurs dames lui font un holocauste de leurs bijoux, des ornemens de leurs enfans, et de ce qu'elles ont sur elles de plus précieux. Quoiqu'on eût placé des gardes, la populace tire des tisons ardens et se porte en furie aux maisons des conjurés. Mais elle causa peu de dommages, parce qu'ils avoient rassemblé grand nombre de domestiques et d'amis auxquels il ne fut pas difficile de repousser une multitude qui n'avoit d'autres armes que son affliction et sa rage. Pour éviter pire, *Brutus* et *Cassius* sortirent de la ville, et il ne fut point sûr de ne pas porter le deuil du dictateur.

Le sénat sut très-mauvais gré à *An-*

toine de cette scène tragique, et la regarda comme une espèce de trahison, après la réconciliation qui avoit suivie l'amnistie. Pour appaiser le mécontement de la compagnie, le consul proposa de rappeller *Sextus*, ce fils de *Pompée* que *César* n'avoit pu trouver, et fit en même-tems punir ceux qui s'étoient le plus distingués dans le désordre. Mais en regagnant les bonnes graces du sénat, il perdit celles du peuple. Soit feinte, soit réalité, les dangers dont il se dit environné lui servirent de motifs pour demander la permission d'avoir des gardes. Quand elle lui eut été accordée, il choisit six mille légionnaires qui avoient servi avec lui sous César. Rien alors ne put lui résister dans la ville. Il y fit les magistrats, distribua les commandemens des armées et les gouvernemens, selon les indications qu'il trouva dans les tablettes du dictateur, que son secrétaire lui livra. Il avoit un frère tribun du peuple, et un autre préteur; il s'attacha Lucullus, déjà son ami, en lui procurant la dignité de souverain pontife, vacante par la mort de César, et en mariant au fils du pontife Antonia, sa fille; de sorte qu'en peu de tems, il se trouva revêtu de l'autorité dont avoit joui le dictateur, et comme lui sans partage.

Mais il lui survint un rival dans la

Octavien.

personne d'*Octavien*, petit neveu de *Jules César*. On avoit donné à ce jeune homme une excellente éducation. Dès l'âge de neuf ans, il haranguoit, dit-on, en public, et à dix-sept il fit l'oraison funèbre de sa grand'mère. Il étoit d'une figure avantageuse. Son grand oncle l'aimoit tendrement. Il l'adopta par son testament. Dans le dessein de lui donner occasion de se distinguer, *César* devoit le mener à la guerre des Parthes; mais en attendant le départ, le dictateur ne le tenoit pas oisif auprès de lui, il l'avoit envoyé à Apollonie pour se perfectionner sous *Apollodore* fameux rhéteur. *Octavien* étoit dans cette ville, lorsqu'il apprit la mort tragique de son grand oncle. Les uns lui conseilloient de se cacher, les autres de rester du moins où il étoit; mais sur-tout de ne se pas déclarer son fils adoptif, de peur d'être enveloppé dans sa disgrace. Lui seul de son avis, il part et arrive à Brundusse où se trouvoit rassemblée la plus grande partie des troupes préparées par le dictateur pour son expédition d'Orient. Sitôt qu'elles apprirent l'arrivée du neveu de leur général, elles lui offrirent non-seulement leurs services, mais encore toutes les provisions de guerre et de bouche rassemblées dans cette ville pour être transportées en Asie. Il y saisit de plus l'argent destiné au paiement des troupes, et le tribut que les provinces situées au-delà de la mer envoyoient à Rome. En traversant la Campanie, il fut joint par les amis de son oncle, ses parens, ses affranchis, et même ses esclaves. Les vétérans auxquels *César* avoit procuré des terres en Italie vinrent aussi s'offrir à lui. Quand il ne fut plus qu'à une petite distance de Rome, la plupart des magistrats et des officiers de l'armée sortirent à sa rencontre. Le seul *Antoine* manqua dans cette occasion aux égards d'usage. Il n'envoya même pas un domestique le complimenter. On le fit remarquer à *Octavien*. Il répondit modestement : « C'est à moi qui ne suis » qu'un jeune homme et un simple par- » ticulier, à aller saluer un homme qui » est mon aîné, et qui occupe le poste » le plus important de la république ».

Octavien n'avoit pas dix-huit ans. On ne peut nier que dans ce début il n'ait été singulièrement protégé de la fortune. Mais on doit avouer aussi qu'il se montra bien digne de ses faveurs dans cette occasion, et dans le reste de sa vie il seroit difficile de trouver une fausse démarche à lui reprocher. A peine sorti de l'enfance, il conçut le hardi projet de succéder au dictateur, moins dans ses biens que dans sa puissance ; et il marcha imperturbablement à ce but, sans se laisser effrayer ni retarder par les obstacles. Afin de déguiser son dessein, il ne montra jamais pour mobile de ses actions que la vengeance de son père adoptif, et employa constamment pour remplir ses vues ambitieuses, l'amour et la protection du peuple.

Avant que d'aller trouver *Antoine*, il fit reconnoître son acte d'adoption devant le préteur, et le fit consacrer par les cérémonies ordinaires. Il se présenta ensuite au consul. Après l'avoir remercié de l'attachement qu'il avoit témoigné à son père, il le pria de l'aider à le venger, et termina son compliment par proposer à *Antoine* de le mettre en état d'acquitter les différens legs que le dictateur avoit faits au peuple et aux soldats, et pour cela de lui remettre l'argent qu'il avoit fait transporter dans sa maison; et même de lui en prêter, parce que le comptant que son père avoit laissé en mourant ne seroit pas suffisant. Le consul qui déméla parfaitement le but de cette harangue, lui répondit que cet argent bien moins considérable qu'il ne pensoit, appartenoit à la république; qu'il avoit déjà été en grande partie distribué aux magistrats; qu'il étoit prêt à lui remettre le reste. « Mais, » ajouta-t-il, permettez-moi jeune

» homme, de vous donner le conseil de
» pas employer cet argent en libéralités
» inutiles. La populace est un monstre
» insatiable, qui paye toujours d'ingra-
» titude le bien qu'on lui fait. Vous êtes
» versé dans l'histoire Grecque, ainsi
» vous devez savoir que les favoris de
» la multitude n'ont pas ordinairement
» une vie fort longue ; et que l'affec-
» tion du peuple est plus inconstante
» que les flots de la mer ».

Mais le parti d'*Octavien* étoit pris. Convaincu qu'*Antoine* ne lui refusoit l'argent que pour l'empêcher d'obtenir la faveur du peuple, il mit en vente toutes les maisons et les terres qui avoient appartenu au dictateur, déclarant qu'il ne vouloit de sa succession que ce qui ne pouvoit pas priver tant de familles des libéralités qui leur étoient destinées. *Antoine* traversa la vente en faisant réclamer ces fonds, les uns par d'anciens possesseurs, auxquels ils avoient été enlevés dans les guerres civiles, les autres comme autrefois confisqués au fisc, et appartenans à la république. *Octavien* pour abréger ces longueurs, mit en vente son propre patrimoine, et acquitta sur-le-champ avec le produit, une partie du legs. Il donna aussi une preuve de fermeté qui lui fit beaucoup d'honneur à l'occasion du privilége accordé par le sénat à *César* de faire placer aux spectacles une chaire dorée et une couronne d'or pour lui, et de continuer cet honneur même après sa mort, afin d'immortaliser sa mémoire. Dans les jeux qui furent donnés, *Octavien* ne manqua pas d'envoyer la chaire et la couronne. L'édile refusa de les faire placer. *Octavien* s'en plaignit à *Antoine*. Le consul répondit froidement : « Je consulterai le » sénat. Et moi, répartit *Octavien*, pen- » dant que vous consulterez, je les fe- » rai placer ». et il le fit. Il monta même à la tribune aux harangues, se plaignit amèrement des obstacles qu'on lui suscitoit quand il vouloit remplir ses devoirs de reconnoissance à l'égard d'un héros, d'un père si respectable ; « sa- » crifiez-moi à votre vengeance si vous » le voulez, dit-il, en apostrophant *An-* » *toine*, comme s'il eut été présent, » mais n'outragez pas les mânes d'un » grand homme à qui vous êtes rede- » vable, de votre dignité. Du moins » permettez que je paye les legs qu'il » a faits à ses concitoyens. J'abandonne » volontiers tout le reste à votre avarice » insatiable. Je me croirai assez riche, » si je me trouve en état de distribuer » au peuple ce que mon père lui a » laissé par son testament ».

Cette conduite fit connoître à *Antoine*

qu'il avoit un adversaire plus dangereux que son âge ne devoit le faire craindre. Des amis communs les engagèrent à une réconciliation. Le consul y donna d'autant plus volontiers les mains, qu'il avoit besoin du crédit du jeune héritier de *César* auprès du peuple, pour obtenir le gouvernement de la Gaule Cisalpine. Ce gouvernement amenoit sa puissance jusqu'aux portes de Rome. C'étoit par-là que le dictateur avoit commencé à envahir l'autorité, et que le consul se proposoit de s'y maintenir. Les deux rivaux plus réunis par politique que par affection, se rebrouillèrent, se reconcilièrent encore, et enfin en vinrent à des éclats. Le sénat fomentoit sourdement cette mésintelligence, et favorisoit *Octavien* qu'il croyoit moins redoutable. *Cicéron* l'appuyoit de tout son crédit et de son éloquence. *Octavien* de son côté, sensible en apparence à la préférence que les pères conscripts lui donnoient sur son rival se montroit disposé à les soutenir de toutes ses forces.

Sans titre, sans diplôme de général, il retenoit des légions sous ses ordres. Le sénat le souffroit, dans l'espérance de l'opposer à *Antoine*, qui après son consulat vouloit se mettre en possession de la Gaule Cisalpine. *Décimus Brutus* le meurtrier de *César*, la tenant du dic-

tateur, vouloit la conserver. Il y eut entre les deux compétiteurs des combats sanglans, dans lesquels les consuls *Hirtius* et *Pansa* furent tués. *Brutus* n'échappa que par le secours d'*Octavien*. Quand il voulut lui en marquer sa reconnoissance, le jeune vainqueur lui répondit : « Vous ne m'avez aucune
» obligation, puisque je ne vous ai point
» secouru pour l'amour de vous, mais
» pour châtier l'insolence d'*Antoine*,
» qui pourra néanmoins devenir un jour
» mon ami : au lieu que je conserverai une
» haine immortelle contre vous et contre
» ceux qui ont trempé leurs mains dans
» le sang de mon père ». Les succès procurés par *Octavien*, donnèrent à *Brutus* un tel ascendant sur *Antoine*, qu'il le força de quitter le gouvernement qu'il prétendoit, et de repasser les Alpes. Il le fit avec une telle précipitation, qu'il fut obligé de laisser ses provisions et ses bagages.

Son armée retirée dans les gorges des Alpes, y périssoit de faim et de misère. Envain appelloit-il à son secours *Lépide*, *Plaucus*, *Pollio* tous anciens amis de *César*, armés et combattans en différens cantons de la république contre les conjurés. *Pollio* répondit qu'il seroit toujours prêt à l'aider, mais il étoit trop loin. *Plaucus* en correspondance secrète avec tous les partis, fit une réponse ambiguë. Celle de *Lépide* fut qu'il ne vouloit point partager l'anathème du sénat qui avoit déclaré *Antoine* ennemi de la patrie; mais aussi que quelqu'ordre qu'il pût en recevoir, jamais il n'agiroit contre son ancien ami. *Lépide* étoit le plus près. *Antoine* se tire des rochers des Alpes, et sans s'annoncer, va avec les débris de son armée, camper auprès de celle de *Lépide*. Il va le visiter en habit de deuil, avec des cheveux en désordre, et une longue barbe. Son extérieur touche les légionnaires qui sous *César* avoient souvent été commandés par *Antoine*, et qui l'estimoient. Il voulut augmenter ce commencement d'émotion par une harangue. *Lépide* fit sonner les trompettes, afin qu'il ne fut pas entendu. Mais cet artifice loin de nuire à *Antoine* ne fit qu'irriter les soldats. D'un commun accord, ils renoncent à *Lépide*, et se donnent à *Antoine*; et même dans le premier transport, ils offrirent de tuer leur ancien général. *Antoine* le sauva, et lui conserva un commandement dans son armée. Dans le même tems *Octavien* revint à lui, décidé à une réunion sincère par les exhortations du consul *Pansa* qui en mourant, lui dévoila les ruses perfides du sénat, et la résolution prise entre les pères conscripts de perdre les deux rivaux l'un par l'autre.

2961.

En effet la partialité du sénat pour les conjurés étoit marquée. Il les favorisoit dans toutes les occasions. *Octavien* opposa d'abord ruse à ruse, et ensuite la force, quand il se trouva en état de le faire. Il s'étoit emparé de l'esprit de *Cicéron* en le flattant, et lui faisant croire qu'il ne se conduiroit que par ses conseils. Le vieillard fut parfaitement dupe du jeune homme. Il se prêta au désir que celui-ci montroit d'être consul. Il n'ambitionnoit, disoit-il, cette dignité, qu'à condition d'avoir l'orateur romain pour collègue, et afin d'apprendre à gouverner sous un si grand maître. La vanité de *Cicéron* ne tint pas contre cet appât. Il eut la foiblesse de présenter ce plan d'administration au sénat qui s'en moqua; mais il parvint à obtenir pour son protégé une dispense d'âge pour être élu consul quand les circonstances le permettroient. *Octavien* ne tarda pas à les faire naître. Il présenta comme un droit au consulat le service qu'il venoit de rendre à la république, en appuyant *Brutus* contre *Antoine*. Sur le refus du sénat, comme son père, il passa le Rubicon, vint à Rome, eut la satisfaction de se voir précéder des faisceaux consulaires à l'âge de vingt ans.

2e.Triumvirat

La prépondérance d'*Octavien* en Italie

força *Brutus* et *Cassius* de la quitter. Ils se retirèrent le premier en Grèce, le second en Asie. Ces pays étoient semés de soldats romains errans depuis la bataille de Pharsale, quelques uns même réunis en corps que des conjurés fugitifs entretenoient sous les drapeaux. Ces deux principaux chefs les appellèrent auprès d'eux, et en formèrent des armées assez fortes pour assujétir des provinces. Ils trouvèrent des amas d'armes et de provisions commandés par le dictateur pour les expéditions qu'il méditoit. Les questeurs ouvertement complices, ou partisans secrets, versèrent dans leurs caisses militaires les tributs payés à la république. Les conjurés donnèrent connoissance de leurs succès au sénat dont la plus grande partie les secondoit du moins de ses vœux; mais cette faveur n'empêcha pas *Octavien* de porter aux conspirateurs un coup décisif. Une preuve du pouvoir dont il jouissoit à Rome, est qu'il les fit tous citer en jugement, et condamner à un banissement perpétuel. Leurs biens furent confisqués. Mais comme *Brutus* et *Cassius* étoient à la tête de vingt légions, *Octavien* jugea qu'il ne seroit pas facile de les détruire sans le secours d'*Antoine* et de *Lépide*.

Ces deux chefs s'en trouvoient dix-sept sous leur commandement. Le jeune consul, encore reconcilié avec eux, par l'entremise de leurs amis, les engagea à passer les Alpes, et à entrer dans la Gaule cisalpine. A leur approche, le sénat allarmé, ignorant l'intelligence d'*Octavien* avec eux, lui ordonna de s'opposer à leur entreprise. Il fut ravi de l'occasion qui s'offroit d'obliger son rival. Avant que de sortir de Rome, il chargea *Pœdius*, son collègue et sa créature, d'insinuer au sénat, comme de son propre mouvement, que ce seroit une chose avantageuse à la république, d'annuler le décret qui déclaroit *Antoine* et *Lépide*, ennemis de la patrie, afin de ne pas réduire au désespoir de pareils citoyens, particulièrement *Antoine*, qui étoit un grand capitaine. Cette proposition ne fut aucunement agréable aux pères conscripts; cependant, comme ils soupçonnoient qu'elle étoit faite de concert avec *Octavien*, et qu'ils croyoient qu'il seroit peut-être dangereux de la rejeter, ils lui écrivirent pour avoir son avis. Le consul acquiesça volontiers au désir de son collègue, mais pour tromper le sénat, il marqua dans sa lettre, que son armée l'avoit en quelque façon, forcé à ce consentement. *Antoine* reconnut cet acte de complaisance en sacrifiant à la cause commune, *Decimus Brutus*, cousin du chef de la conspiration du même nom, qui avoit été son ami. Il s'étoit refugié chez un seigneur Gaulois, auquel il avoit rendu autrefois des services. L'ingrat avertit *Antoine*, celui-ci écrivit au Gaulois de le faire mourir et de lui envoyer sa tête. On remarqua qu'il la considéra d'un œil inquiet. Ce fut le prélude des proscriptions.

Cet affreux arrêt de meurtre et de carnage, fut débattu, consenti, juré entre *Octavien*, *Antoine* et *Lépide*, avec une cruauté froide et réfléchie, dont on ne peut assez s'étonner. Ils se réunirent dans une petite île formée par une rivière, peu éloignée de Mantoue. Assis sous un pavillon, à la vue de leurs armées, ils y régloient les destinés de l'empire, et prononcèrent irrévocablement sur le sort d'un grand nombre de malheureux, qui avoient le funeste honneur d'être connus d'eux. Quant à l'empire, ils décidèrent que l'autorité suprème seroit partagée entre eux trois, qu'ils le gouverneroient pendant cinq ans sous le nom de triumvirs, et en qualité de réformateurs de la république, qu'*Antoine* auroit les Gaules transalpine et cisalpine, *Lépide* les deux Espagnes, *Octavien* l'Afrique, la Sicile et la Sardaigne, que l'Italie resteroit quelque tems en ocmmun. Ainsi que les

Proscriptions.

provinces orientales qui étoient au pouvoir de *Brutus* et *Cassius*, qu'*Antoine* et *Octavien* réuniroient sur-le-champ leurs forces, et feroient la guerre à *Brutus* et *Cassius*, et que *Lépide* resteroit à Rome, pour y maintenir l'autorité du triumvirat. Après ces préliminaires, ils en vinrent aux moyens de soutenir cette guerre, troupes, argent et terreur. Les troupes, ils se proposèrent de se les attacher par un excédent de paye actuelle. La promesse d'une somme qui devoit enrichir proportionnellement chaque soldat et officier, à la fin de la guerre; de plus, l'engagement solennel de leur donner des établissemens dans dix-huit des meilleures villes d'Italie, qui seroient abandonnées aux soldats, avec les maisons et les terres qui en dépendoient, dont on chasseroit les possesseurs. Plusieurs de ces malheureuses villes furent même indiquées, et vouées d'avance à la violence et à l'invasion. Quant à l'argent, si le trésor public ne fournissoit pas assez, on devoit le trouver dans la bourse de tous les riches qu'on massacreroit; et enfin, la terreur que répandroient ces assassinats commis brusquement, sans égard de parenté, d'amitié, d'innocence, empêcheroit la réunion de ceux qui pourroient y mettre obstacle, et assureroit le succès des proscriptions ; d'ailleurs, récompense pour ceux, esclave, fils, épouse, qui apporteroient la tête d'un proscrit ; et punition qui ne seroit jamais moindre que la mort, pour ceux qui en sauveroient quelqu'un.

Avec la même tranquillité barbare, les triumvirs s'abandonnèrent réciproquement, amis, parens et ennemis. *Octavien* vouloit sauver *Cicéron*, auquel il avoit des obligations essentielles; mais *Antoine*, déchiré par les philippiques de l'orateur, en exigea le sacrifice. Il fut accordé à condition qu'*Antoine* abandonneroit *Lucius César*, son oncle maternel, à *Octavien*, et tous deux achetèrent de *Lépide*, la mort d'*Emilius Paulus*, son frère, en lui cédant des victimes qui leur étoient plus ou moins chères. Une foule de proscrits grossirent sans beaucoup de discussion, leur liste infernale. Les monstres s'embrassèrent ensuite, et allèrent porter à leurs armées, ce qu'ils vouloient communiquer de leurs dispositions; c'est-à-dire le traitement avantageux qu'ils avoient arrêté pour les soldats. Le reste fut absolument ignoré, parceque dans leurs débats les plus animés, qui durèrent trois jours, ils avoient conservé assez de sang froid pour parler si bas, que personne des escortes qui les environnoient à peu de distance, ne les entendit.

Mais leurs résolutions furent bientôt connues par les faits. Dès le soir du troisième jour, ils envoyèrent à Rome leur sanguinaire décret. Pour quelles choses ne trouve-t-on pas des raisons, puisqu'ils prétendirent se justifier? ils dirent que si la clémence de *César* ne l'avoit pas porté à épargner des perfides, il n'auroit pas été victime de leur trahison, et qu'eux-mêmes ne se trouveroient pas contrains d'en agir d'une manière qu'ils appeloient *désagréable*, envers leurs ennemis. Suivoit l'apologie de leurs sévères dispositions fondées sur la crainte que trop d'indulgence ne replongeât la ville dans de nouveaux troubles, et enfin une espèce de protocole et de tarif d'assassinats. Ils l'envoyèrent par quelques cohortes de leurs satellites les plus affidés, qui, en arrivant, commencèrent par tuer quatre proscrits dans les rues, se répandirent en même tems dans les maisons et dans les temples, d'où s'élevèrent des cris d'horreur. En un instant la ville fut remplie de confusion. Comme la liste des proscrits n'étoit pas encore rendue publique, chacun craignoit de s'y trouver; ce qui produisit une consternation générale. Il y en eut qui, par désespoir, voulurent envelopper toute la ville dans leur malheur. Dans ce dessein, ils mirent le feu à différens quartiers. L'obscurité de la nuit, les flammes qui commençoient à s'élever en plusieurs endroits, les gémissemens des mourans, faisoient un spectacle d'horreur.

Le consul *Pædius* couroit de tous côtés, tâchoit de rassurer en disant que la quantité des proscrits n'étoit pas si considérable. En effet, la liste qui parut avec le jour n'en portoit que dix-sept. La médiocrité de ce nombre calma un peu les esprits. Ils trouvèrent ensuite un objet de distraction dans l'entrée des triumvirs qui se fit à trois jours différens, entourés chacun d'une garde prétorienne formidable, pendant que leurs armées environnoient la ville. Le premier soin des triumvirs fut de faire confirmer, par un décret du peuple, l'autorité qu'ils s'étoient donnée. Dès la nuit qui suivit, ils ajoutèrent cent trente personnes à leur première liste de proscrits, peu de jours après cent cinquante; et enfin la fatale liste se trouva monter à plus de trois cents sénateurs, et deux mille chevaliers.

Qu'on se représente s'il est possible, l'état de cette malheuse ville. Tout citoyen riche ou soupçonné par les triumvirs de désapprouver leur tyrannie, étoit condamné à mort sans miséricorde. Comme c'étoit un crime capital de dérober quelqu'un à leur fureur en lui accordant une retraite, et que la trahison, la dénonciation et le meurtre étoient des vertus largement récompensées, plusieurs citoyens furent indiqués ou massacrés par leurs esclaves ou leurs affranchis, d'autres par leurs hôtes ou leurs parens. Il y en eut un grand nombre qui allèrent s'ensevelir dans des forêts et autres lieux inhabités, où ils périrent de misère avec leurs enfans. On ne voyoit par-tout que sang et carnage. Les rues étoient couvertes de cadavres, les têtes des plus illustres sénateurs exposées sur la tribune aux harangues, et leurs corps laissés sans sépulture pour servir de pâture aux chiens et aux oiseaux carnassiers. Plusieurs non inscrits sur la liste des triumvirs, périrent victimes de l'avarice, de la haine ou de la méprise. D'autres eurent le même sort pour avoir caché leurs parens et leurs amis.

Le tableau des proscriptions est varié par des traits de courage, de grandeur d'ame, de fidélité, de piété filiale, paternelle et conjugale, et même par des événemens bisarres qui ne sont pas indignes du pinceau de l'histoire. *Appius*, sénateur, comme un autre *Enée*, porta son père, qui avoit déjà atteint un âge avancé, sur ses épaules, jusqu'au bord de la mer, et se sauva avec lui en Sicile. Son action généreuse fut tellement admirée par le peuple, qu'après les proscriptions, il le nomma édile tout d'une voix; et comme *Appius*, ruiné par la confiscation, manquoit d'argent pour fournir à la dépense des spectacles, que ces magistrats donnoient, en entrant en charge, les artisans se firent un honneur de travailler gratuitement aux préparatifs. Le peuple se cottisa pour trouver les sommes nécessaires, et lui rendit douze fois la valeur de ses biens. *Géta* publia que son père s'étoit tué luimême, et pour accréditer ce bruit, il employa tout son bien aux obsèques. Des esclaves moururent au milieu des tourmens, plutôt que de découvrir les lieux où leurs maîtres étoient réfugiés. La *femme* de *Ligarius*, n'ayant pu sauver son mari décélé par un esclave, alla demander aux triumvirs la mort qu'elle méritoit pour l'avoir caché. N'ayant pu l'obtenir, elle se laissa mourir de faim. L'épouse d'*Acilius* le racheta en abandonnant tous ses bijoux à ses esclaves. Celle du sénateur *Caponius* se détermina après bien des sollicitations à un sacrifice plus pénible à l'égard de l'infâme *Antoine*.

Julie, mère d'*Octavien*, retira dans son appartement *Lucius César*, son frère. Quand les assassins vinrent, elle se mit sur la porte et leur dit : « Vous ne » tuerez *Lucius* qu'après avoir com- » mencé par moi, moi qui ai donné la » vie à votre général ». Ils s'arrêtèrent et lui donnèrent le tems d'aller parler à *Antoine*. Il étoit sur son tribunal, recevant les têtes des proscrits, et payant aux meurtriers les récompenses promises, elle lui dit : « J'ai reçu mon frère » dans ma maison, et je suis résolue de » l'y défendre, jusqu'à ce que vous or- » donniez de nous faire mourir tous » deux ». Il répondit tranquillement : « Votre conduite est celle d'une bonne » sœur et d'une mauvaise mère » ; et il lui permit de mettre son frère en sûreté. Plusieurs proscrits illustres échappèrent parce que *Sexte Pompée*, qui étoit en Sicile, instruit à tems, eut soin de faire croiser sur les côtes d'Italie, un grand nombre de barques pour recevoir les fugitifs. Quelques-uns trouvèrent moyen d'arriver jusqu'en Macédoine, auprès de *Brutus*. Les esclaves d'*Appius* et *Meneius* se laissèrent tuer sous les habits de leurs maîtres, pendant que ceux-ci fuyoient déguisés en esclaves. *Restio* dût son salut à un esclave qu'il avoit, dans un transport de colère, fait marquer au front d'un fer chaud ; mais il avoit depuis tâché de faire oublier sa vivacité par toutes sortes de bontés. L'esclave, moins sensible à l'injure, que reconnoissant des bienfaits, conduisit et nourrit son maître dans une caverne. Voyant approcher, de sa retraite, des soldats qui pouvoient le découvrir, il fondit brusquement sur un pauvre paysan, le tua, et en présenta la tête au chef du détachement, en lui disant : « Me voilà vengé de la marque que » mon maître a imprimée sur mon front ».

Ventidius trompa les assassins en feignant d'en être un lui-même, faisant fort l'empressé, et cherchant par-tout avec quelques amis, comme pour découvrir des proscrits. Un autre sénateur, las de se tenir toujours caché çà et là, et d'être dans des alarmes continuelles, revint à Rome, ouvrit une petite école dans un endroit écarté, et continua cette profession jusqu'à la fin des proscriptions, sans être découvert. Mais plus hardi et plus industrieux que tous ceux-là, *Pomponius* prit l'habillement d'un préteur, partit de grand matin avec ses esclaves déguisés en licteurs. Il voyagea aux dépens du public, annonçant par-tout qu'il étoit envoyé par les triumvirs pour négocier un traité avec le *jeune Pompée*. Il fut très-bien reçu dans toutes les villes. Plusieurs bandes de soldats et d'assassins le rencontrèrent ; mais aucun d'eux ne pensa à arrêter, ni même à examiner l'ambassadeur des triumvirs, de sorte qu'il gagna la Sicile sans être reconnu. On en compte très-peu qui, avec le secours de leurs amis et de leurs esclaves, tuèrent les soldats envoyés pour les massacrer, et se sauvèrent l'épée à la main.

Cicéron et *Quintus*, son frère, étoient poursuivis avec acharnement. Celui-ci se tint caché dans sa maison. Les satellites envoyés pour le tuer, en étoient sûrs, mais ignoroient l'endroit. Après l'avoir inutilement cherché, ils se saisirent de son fils, et le mirent à la torture, pour tirer de lui le secret de son père. La tendresse filiale du jeune romain fut plus forte que les tourmens. Cependant, comme la douleur lui arrachoit de tems en tems des gémissemens, *Quintus*, qui n'étoit pas éloigné, ne put les entendre sans une émotion plus cruelle que la mort même, il ne tint pas contre l'idée de son fils mourant dans les douleurs pour lui sauver la vie. Il vint se présenter lui-même aux bourreaux, les priant de le faire mourir et d'épargner son fils. Les barbares tuèrent l'un et l'autre. Le père, parce qu'il étoit proscrit, le fils parce qu'il avoit voulu sauver son père. Pendant ce tems, d'autres massacreurs poursuivoient *Cicéron*. Ils l'atteignirent comme il étoit prêt à s'embarquer, lui coupèrent la tête et une main, et les portèrent à *Antoine*, comme un présent très-agréable. Le triumvir l'envoya à *Fulvie*, sa femme. Comme les guerres civiles effacent même dans le sexe, tout sentiment d'humanité! *Fulvie* contempla avec plaisir ce hideux objet; tira la langue d'entre les lèvres, et perça, avec son aiguille de tête, cette langue qui avoit prononcé les terribles philippiques contre son mari. *Cicéron* porta la peine de son indécision entre les partis. Il prit celui d'*Octavien*, mais ne se montra pas assez attaché pour en être défendu et soustrait à la proscription. Le triumvir conserva une sorte de respect pour la mémoire de cet orateur. Trouvant un jour un de ses ouvrages entre les mains d'un de ses neveux qui vouloit le cacher à la vue de son oncle, de peur de lui déplaire, *Octavien* le prit, en lut debout une grande partie avec attention, et le rendant à son neveu, il lui dit: « C'étoit » un savant homme, mon fils, et qui ai- » moit fort son pays ».

Comme si le sang de ce grand homme eut été une expiation générale, en voyant sa tête, *Antoine* s'écria : « Voici le » terme des proscriptions. Vivez Ro- » mains, vous n'avez plus rien à crain- » dre ». Et les proscriptions cessèrent, mais la fin des cruautés ne fut pas la fin des vexations. Non contents des confiscations sur les proscrits, la nécessité d'amasser les sommes nécessaires pour faire la guerre à *Brutus* détermina les triumvirs à attaquer tous les riches indistinctement. Ils accablèrent aussi le peuple de taxes, déguisées sous les dénominations de dons gratuits, et d'emprunts, s'emparèrent de tout l'or et de tout l'argent en espèces qu'ils purent trouver, enlevèrent les ornemens précieux des temples, et les richesses que les étrangers et les citoyens avoient déposées entre les mains des vestales; mais ces rapines et ces horribles brigandages ne paroissant pas suffire aux dépenses présumées de la guerre, ils dressèrent une liste de quatorze cents des plus riches dames de Rome, mères, sœurs, filles ou parentes des proscrits, ou suspects, et les taxèrent d'une manière excessive.

Envain ces dames eurent recours aux parentes du triumvirs, pour faire modérer cette taxe. Celles-ci furent sourdes aux instances de leurs compagnes, ou ne trouvèrent que des hommes

sourds à leurs remontrances. Les premières prirent alors le parti d'aller toutes en corps plaider leur cause devant les magistrats, pendant qu'ils seroient sur leur tribunal dans la place. Elles se présentent, se font jour à travers la foule et les satellites qui entouroient les tyrans, et demandent audience. Les triumvirs étonnés et allarmés, ordonnent à leurs gardes de disperser ces femmes. Le peuple murmure, et force de les entendre. *Hortensia* fille du fameux orateur *Hortensius*, porte la parole et dit : « Les femmes infor-
» tunées qui viennent implorer votre
» justice et votre bonté n'auroient ja-
» mais osé paroître en ce lieu, si elles
» n'avoient épuisé auparavant tous les
» moyens que leur modestie naturelle
» leur permettoit d'employer. Quoique
» cette démarche puisse paroître con-
» traire aux loix de la retenue pres-
» crite à notre sexe, la mort de nos
» pères, de nos enfans, de nos frères,
» de nos époux, suffiroit pour nous jus-
» tifier, sur-tout puisqu'elle sert de pré-
» texte aux malheurs dont nous sommes
» menacées. Vous prétendez qu'ils vous
» avoient offensés ; mais quel mal vous
» ont fait les femmes, pour les réduire
» à un état de pauvreté? Pourquoi ne
» pas les proscrire comme les hommes,

» si elles sont aussi coupables qu'eux ?
» Vous avons-nous déclarés ennemis de
» la patrie ? Avons-nous suborné vos
» soldats, levé des troupes contre vous,
» ou empêché que vous ne parvinssiez
» aux premiers honneurs de la répu-
» blique. Ce n'est pas notre ambition
» qui nous attire le malheur dont nous
» nous plaignons. L'empire, les dignités
» et les honneurs ne sont point pour
» nous. De quel droit nous obligeroit-
» on de fournir aux dépenses d'une
» guerre qui ne nous intéresse en au-
» cune sorte. Si dans la guerre Punique,
» nos mères ont assisté la république
» réduite alors à de grandes extrémités,
» elles ne furent point contraintes à ex-
» poser en vente leurs biens, leurs meu-
» bles ni leurs maisons. Quelques ba-
» gues et quelques joyaux suffirent, et
» ce furent de leur propre mouvement,
» et sans y être forcées, qu'elles s'en
» dessaisirent. Quel danger menace au-
» jourd'hui la ville ? Si les Gaulois ou
» les Parthes campoient sur les bords
» du Tibre, vous ne nous trouveriez
» pas moins zélées que nos mères, à
» contribuer à la défense de notre com-
» mune patrie ; mais nous ne pouvons,
» ni ne voulons prendre part aux guerres
» civiles ».

Hortensia a fini par une comparaison

des égards de *Marius* et de *Sylla* pour les dames romaines, avec la conduite des triumvirs : comparaison dans laquelle la préférence étoit pour les anciens tyrans contre les nouveaux. Ce parallèle les irrita, ils ordonnent à leurs licteurs d'écarter ces incommodes suppliantes ; mais le peuple murmura encore plus haut de cette violence. Pour l'appaiser, ils réduisirent à quatre cents le nombre de celles qui étoient taxées ; et pour retrouver ce qu'ils perdoient, ils imposèrent les privilégiés, dont ils avoient respecté jusqu'alors la prérogative, entre autres les prêtres, qu'ils obligèrent de payer sur-le-champ la quinzième partie de leurs biens fonds, et une année entière de leurs revenus.

Ils ne ménagèrent pas plus les droits sacrés du peuple que les propriétés. Sans daigner consulter ni lui ni le sénat, ils nommèrent de leur propre autorité les consuls pour l'année suivante, et des préteurs, et des édiles pour plusieurs années. Tout étant réglé dans la ville, *Lépide* y resta afin de maintenir l'ordre établi ; *Octavien* et *Antoine* se partagèrent l'argent et les troupes, et s'embarquèrent chacun de leur côté pour les provinces d'outremer, où *Cassius*, *Brutus*, *Sexte Pompée* et les autres chefs des conjurés soutenoient la guerre.

Les deux premiers s'étoient enfui de Rome sans argent, sans armes, sans vaisseaux, sans soldats, sans aucune ville sur laquelle ils pussent compter, et cependant ils se trouvoient à la tête de vingt légions, et maîtres de plusieurs grandes provinces.

Mort de Brutus et Cassius. Ce changement avantageux étoit dû à la haute estime qu'on avoit de la probité de *Brutus*, et de la capacité de *Cassius*. Les Athéniens leur érigèrent des statues en face de celles d'*Hermodius* et d'*Aristogiton* meurtriers de leurs premiers tyrans. *Brutus* se montra toujours doux et humain. Il respectoit le sang Romain jusque dans ses ennemis. Il ne permit qu'une seule représaille en la personne de *Caïus Antonius*. Encore croit-on qu'il souffrit qu'on le tua, parce qu'étant prisonnier, il travailloit à corrompre ses gardes, et à soulever les légions. *Cassius* donna aussi un exemple de bonté en remettant aux habitans de Tarse une partie d'une grosse somme à laquelle ils avoient été imposés pour avoir penché en faveur des triumvirs. Ces malheureux vendirent afin de s'acquitter, les terres du public, les leurs propres, les ornemens des temples; ce produit ne suffisant pas à la taxe, ils vendirent encore leurs enfans de l'un et l'autre sexe, leurs femmes, leurs vieillards. Ils commençoient à vendre leurs jeunes citoyens en état de porter les armes, lorsque *Cassius* instruit de cette extrêmité, sachant de plus que plusieurs des Tarsiens et Tarsiennes vendus s'étoient tués préférant la mort à l'esclavage, les dispensa de payer le reste. Il montra moins de désintéressement aux Rhodiens. Après avoir battu leurs flottes, et pris leur ville, il fit amener en sa présence dans la place publique cinquante citoyens les plus déclarés contre sa cause, prononça contre eux une sentence de mort qui fut exécutée sur-le-champ. A ce terrible arrêt succéda l'ordre d'apporter tout l'or et l'argent sous peine de mort. Dans les tems de faction, on ne connoit pas d'autre peine ; on ne connoit pas non plus d'autres objets dignes de récompense que la délation et la trahison. Les habitans de Xanthe éprouvèrent un sort encore plus funeste, soit que les conjurés aient puni en eux l'amour de la liberté, l'attachement aux triumvirs, ou la neutralité. Dans les guerres civiles, quiconque n'est pas ami, est ennemi.

Après plusieurs exploits *Brutus* et *Cassius* se réunirent en Macédoine, afin d'opposer la masse de toutes leurs forces à celles qu'*Octavien* et *Antoine* amenoient contre eux. Ils eurent en se revoyant une explication fort animée sur des choses restées secretes ; mais elle finit comme doivent se terminer les querelles entre amis. Ils fondirent en larmes, et se précipitèrent dans les bras l'un de l'autre. Ils avoient moins à craindre la la dissention entre eux, qu'entre ceux qui les accompagnoient, tous égaux, souvent obstinés dans leurs sentimens, et préférant l'intérêt de leur orgueil et de leurs passions à la cause commune. Tous cependant s'accordèrent à aller au-devant des triumvirs, et à les combattre en Europe plutôt que de les laisser pénétrer en Asie.

Brutus et *Cassius* se procurèrent par de savantes manœuvres une position avantageuse sur les confins de la Thrace et de la Macédoine, près d'une ville nommée *Philippes*. Ils avoient devant eux une belle plaine, à leur gauche le fleuve Strymon et des marais, à leur droite des montagnes coupées par des défilés dont ils étoient les maîtres, et derrière eux la mer par laquelle ils pouvoient recevoir toutes leurs provisions. Cette position leur permettoit d'attendre dans un camp presqu'inataquable, que l'armée des triumvirs se fondit d'elle-même dans un pays ruiné, ou les vivres ne tardèrent pas à lui manquer. Mais l'impatience des officiers et des soldats déconcerta les sages mesures des chefs. La bataille fut décidée. Quoique recommencée à plusieurs reprises, et à plusieurs jours différens, elle peut être regardée comme une seule et même bataille. Outre cette continuité d'action, elle eut encore ceci de remarquable, que les deux armées partiellement victorieuses et vaincues, prirent réciproquement le camp l'une de l'autre, et que les deux généraux républicains périrent hors du combat d'une mort violente et volontaire.

Ils se l'étoient en quelque façon promis, lorsqu'avant la bataille, ils sondèrent réciproquement leurs dispositions. *Brutus* interrogé par *Cassius* sur ce qu'il se proposoit en cas de défaite, lui répondit : « j'ai blâmé Caton de s'être
» donné la mort. Je trouvois qu'il n'étoit
» pas permis à un homme d'abandonner
» le poste que la providence lui avoit
» assigné, et qu'il devoit supporter avec
» courage les maux qu'il plaisoit aux
» dieux de lui envoyer. Mais ma situa-
» tion présente m'a fait changer de sen-
» timent ; de sorte que si nous perdons
» la bataille, je ne veux plus m'embar-
» rasser de nouveaux motifs de guerre ;
» et je suis résolu de me retirer des
» misères du monde ». *Brutus* se con-

damnoit lui-même, car, que faisoit-il autre chose que d'abandonner le poste que la providence lui avoit assigné, faute de pouvoir supporter avec courage les maux qu'il plaisoit aux dieux de lui envoyer ? *Cassius* lui répondit en l'embrassant tendrement : « avec ces » nobles sentimens, marchons hardi- » ment à l'ennemi, car ou nous vain- » crons, ou nous ne craindrons plus » les vainqueurs ».

L'imagination de *Brutus* avoit été frappée et effrayée quelque tems auparavant de la vision d'un spectre qu'elle créa sans doute. Au milieu d'une nuit tranquille, pendant que tout dormoit autour de lui dans son camp, et que lui seul veilloit selon sa coutume, occupé à écrire des lettres, ou a tracer son plan de campagne, dans lequel se trouvoit sans doute la position avantageuse de Philippes, son pavillon s'ouvre. Une figure monstrueuse se présente et le regarde en silence. Brutus le considère et lui dit : « homme ou dieu ! qui » es-tu ? et qui t'amène ici ? Le spec- » tre répondit : je suis ton mauvais gé- » nie ; tu me reverras près de la ville » de Philippe. Eh bien ! je t'y reverrai, » repartit *Brutus*, sans s'émouvoir ». Sans s'émouvoir, disent les historiens ; mais il y a apparence que la vision, fille de l'imagination, laissa de profondes traces, ce qui n'arrive pas sans émotion. Le même phantôme se présenta à *Brutus* dans le camp de Philippes, lorsqu'il étoit fort occupé comme la première fois de l'importance des circonstances. La nuit même qui précéda la bataille, le spectre parut, ne dit mot, disparut et donna sans doute lieu à des réflexions peu rassurantes.

Du côté des triumvirs, tout le fardeau de l'action tomba sur *Marc Antoine*. *Octavien* se retira dans sa tente, sous prétexte d'être encore affoibli des suites d'une maladie. Les deux armées étoient égales en nombre, courage, discipline, officiers braves et expérimentés, romains contre romains, légions contre légions. Celles de *Brutus* chargèrent les premières, enfoncèrent l'aile opposée, et la poursuivirent jusques dans le camp qu'elles pillèrent. Par ce mouvement, elles découvrirent le corps de *Cassius* qu'*Antoine* prit en flanc, et repoussa aussi jusque dans son camp, dont il s'empara. *Brutus* chargé des dépouilles de la division du camp d'*Octavien*, qui ne parut pas, revint au secours de *Cassius*. Celui-ci s'étoit retiré sur une hauteur, ignorant le succès de *Brutus*. Voyant un corps de troupes qui s'étendoit dans la plaine, sans pouvoir discerner si elles étoient amis ou ennemis, il envoie *Titinius*, un de ses plus fidèles amis, à la découverte. L'escadron de *Titinius* et les premiers cavaliers de *Brutus*, se reconnoissent, mettent pied à terre et s'embrassent. Cassius voyant mal de loin, s'imagine au contraire que ces cavaliers arrêtoient *Titinius*. Hélas ! s'écrie-t-il, « pour conserver les restes » d'une misérable vie, j'ai exposé le » meilleur de mes amis à être pris sous » mes yeux ». Dans cette funeste prévention, il se retire à l'écart et se tue, avec le même poignard, dit-on, dont il s'étoit servi pour tuer *César*.

Comme il expiroit, arrive *Brutus*. Il arrose son corps d'un torrent de larmes, en s'écriant : *voilà le dernier des Romains*. *Titinius* se reproche d'être resté quelques momens de trop avec la troupe qu'il alloit découvrir. *C'est mon retardement*, dit-il, *qui est cause de sa mort*. Et il se tue sur le corps de son ami. *Antoine* ne se trouvant pas en état de soutenir la conquête du camp de *Brutus* l'abandonne. *Brutus* avoit déjà quitté celui d'*Octavien*. Ainsi chacune des armées rentra dans ses retranchemens. Confirmé par son malheur dans la résolution prise d'abord de laisser fondre l'armée des triumvirs dans leur camp, *Brutus* ne vouloit pas recommencer la bataille; mais il y fut encore contraint par ses soldats qui poussèrent leurs instances jusqu'à la mutinerie. *Brutus* enfonça l'aile qui lui étoit opposée, commandée par *Octavien*. Les légions commandées par les officiers de *Cassius*, lâchèrent le pied devant celles d'*Antoine*. Sans s'arrêter à les poursuivre, il retourna brusquement sur l'arriére garde de *Brutus* qu'il mit en désordre.

A la joie de la victoire, il crut un moment joindre le triomphe d'avoir *Brutus* entre les mains. Un corps de cavalerie Thrace lui amena un prisonnier qui se disoit *Brutus*. Antoine avance et reconnoit *Lucilius*, lieutenant du général. Il s'étoit livré pour amuser ces étrangers auxquels *Brutus* étoit inconnu, pendant que le vrai Brutus se sauvoit. Il dit à Antoine: « soyez assuré qu'aucun ennemi n'a ni n'aura jamais *Marcus Brutus* en vie. Dieux immortels! empêchez que la fortune ne triomphe jamais à ce point de la vertu. Je me suis rendu pour le sauver, et me voilà prêt à éprouver tous les tourmens que vous jugerez à propos de me faire souffrir, sans vous demander grace ni l'attendre ». Antoine touché de la fidélité de *Lucilius* dit

aux Thraces: « mes amis, je vois que
» vous êtes irrités d'avoir été trompés
» par *Lucilius* ; mais comptez que vous
» avez fait une prise plus précieuse que
» celle que vous souhaitiez de faire.
» Vous cherchiez un ennemi, et c'est
» un ami que vous m'amenez ». En
achevant ces mots, il embrassa *Lucilius*
et le recommanda aux soins d'un ami
commun.

Brutus profitant du service que *Lucilius* lui avoit rendu, arriva au commencement de la nuit dans un vallon,
au pied d'un rocher escarpé, accompagné d'un petit nombre d'officiers. Livré
un moment à ses réflexions, il se rappelle avec amertume les amis qu'il
avoit perdus. Nomme les uns avec estime, les autres avec attendrissement,
et prononce à haute voix un vers
d'Euripide, dont le sens est « punissez
» grand Jupiter ! l'auteur de tant de
» maux ! » Un de ses compagnons d'infortune, craignant que le retard ne devint funeste lui dit : « ne nous arrê-
» tons pas plus long-tems, fuyons. Sans
» doute, reprit Brutus, prenons la fuite,
» mais que ce soit avec nos mains et
» non avec nos pieds. Il m'est bien doux,
» ajouta-t-il, de voir qu'aucun de mes
» amis ne m'a manqué. Je ne plains
» que ma patrie ; je m'estime bien plus

» heureux que ceux qui ont remporté
» la victoire. Je conserverai chez la
» postérité la gloire qui est la récom-
» pense de la vertu, et que la tyrannie
» et l'injustice ne sauroient mériter ».
En finissant, il pria *Straton* Epirote,
son fidèle ami, de le débarrasser de la
vie. Celui-ci ne pouvant gagner sur lui
de souiller sa main du sang de son ami,
se couvrit les yeux de son bras gauche,
et de la droite présenta son épée à
Brutus. Il se jeta dessus avec violence,
en fut percé de part en part et expira.

Antoine se rendit à l'endroit où étoit
le corps de *Brutus*, il lui donna des
larmes, le couvrit d'un manteau de
pourpre, et ordonna de magnifiques
funérailles. *Octavien* au contraire montra une joie d'autant plus indécente,
qu'il n'avoit eu aucune part à la victoire. Il fit séparer la tête du corps et
l'envoya à Rome. Une tempête accueillit
le vaisseau, et elle fut jetée dans la
mer. On a loué la sagesse de *Brutus*,
la régularité de ses mœurs, son amour
pour la justice, qui ne lui permettoit
pas de souffrir des désordres et des déprédations même de la part de ceux
dont il avoit besoin. A l'occasion de la
mort de *César*, on a mis cette différence
entre lui et *Cassius*, que Brutus haïssoit
la tyrannie, et *Cassius* le tyran. Enfin

tome 3. V

on a fait l'éloge de la douceur et de l'humanité de Brutus ; cependant on doit lui reprocher d'avoir ordonné après la première bataille de Philippes le massacre d'un grand nombre de prisonniers dont la garde occupoit beaucoup de soldats, qui lui étoient nécessaires pour le combat. Aucune nécessité ne peut autoriser une pareille atrocité.

Après la victoire, *Antoine* fit égorger sur le tombeau de son frère *Caius Antonius*, l'orateur *Hortensius* qui avoit contribué à sa mort et *Varon*, sénateur illustre, ennemi personnel du triumvir, et censeur sévère de sa vie infâme. Il la lui reprocha jusqu'à la mort, et lui prédit sous le fer du bourreau, que sa vie scandaleuse le conduiroit un jour à une fin tragique. Beaucoup d'illustres patriciens pris dans la bataille se donnèrent la mort, plutôt que de s'exposer à la commisération insultante des vainqueurs ou à leur cruauté. La réputation d'*Octavien* à cet égard étoit si bien établie, qu'aucun prisonnier ne vouloit lui être mené. Tous préféroient d'être présentés à *Antoine*. *Octavien* répondit à un malheureux qui fidèle à ses opinions religieuses demandoit pour seule grace les honneurs de la sépulture. *Les corbeaux en décideront.* Un père suppliant de pardonner à son fils, et le fils à son père, il leur proposa de combattre l'un contre l'autre, promettant la vie à celui qui ne seroit pas tué, et assista à ce spectacle. Il vit tranquillement le fils enfoncer le fer dans le sein de son père, et l'en retirer pour s'en percer lui-même. On doit mettre au nombre des morts funestes celle de *Porcie*, femme de *Brutus*, qui privée d'instrumens meurtriers qu'on avoit éloigné d'elle, avala des charbons ardens et s'étouffa.

Les triumvirs des débris des troupes vaincues, recueillirent quatorze mille soldats, qu'ils joignirent à leurs armées. Ils distribuèrent à leurs légions tout l'argent qu'ils purent ramasser, et leur en promirent beaucoup davantage. En exécution d'une autre promesse plus ancienne, ils licencièrent les vétérans; mais un grand nombre s'attacha à eux comme volontaires. Ils se partagèrent ensuite les opérations qui restoient encore à faire pour établir solidement leur empire. *Octavien* fut chargé de faire la guerre à *Sexte Pompée*, et à ses partisans, et de mettre les vétérans en possession des terres qui leur avoient été promises en Italie. *Antoine* partit pour l'Asie à la poursuite de plusieurs Romains, qui s'y étoient réfugiés, et qui menaçoient de perpétuer ce qu'on commençoit à appeller révolte.

Il passa par la Grèce, où il se plut à donner bonne idée de son goût pour les sciences et les arts, en gratifiant ceux qui les cultivoient. Il en reçut réciproquement des applaudissemens très-flatteurs. Le génie des Grecs, fertile en inventions, s'épuisoit à varier les réceptions agréables qu'ils lui faisoient. A Ephèse, les femmes vinrent au-devant de lui revêtues des habits qu'elles avoient coutume de porter aux fêtes de *Bacchus*, et les hommes déguisés en femmes et en satyres. La marche se faisoit au son des instrumens. Elle s'arrêtoit de tems en tems, et alors on chantoit des vers à sa louange, dans lesquels les titres de *Bacchus le gracieux et l'aimable* ne lui étoient pas épargnés. Ils lui convenoient assez, parce qu'il aimoit la bonne chère et étoit bon convive. Les rois et les princes d'Asie, soumis à l'autorité de la république, vinrent lui rendre hommage. Plusieurs d'entre eux amenoient leurs femmes et leurs filles pour captiver sa bienveillance. Les reines se disputoient l'honneur de lui faire les plus magnifiques présens, et d'étaler à ses yeux le plus de charmes. Comment un homme, né simple citoyen de Rome, n'auroit-il pas été énivré de pareilles flatteries ? Aussi, se conduisoit-il en homme qui ne connoît ni frein ni bornes. Il prenoit arbitrairement à l'un pour gratifier l'autre. Aux riches, pour récompenser ses comédiens et ses bouffons, à une ville opulente ou à une province, pour reverser ses trésors dans celles qu'il avoit ruinées. Les taxes qu'il mit sur les états d'Asie étoient énormes, et ne suffisoient pas encore à son luxe. Si *Antoine* ne s'étoit pas sevré des plaisirs dans le tems qu'il menoit la vie d'un soldat, à plus forte raison se laissa-t-il prendre à leurs charmes, sur-tout lorsqu'ils lui furent présentés par *Cléopatre*. Alors commença cette passion qui causa tous ses malheurs.

Pendant qu'il s'oublioit auprès de cette enchanteresse, *Octavien* s'occupoit à régler les affaires d'Italie et à partager entre les vétérans les terres et les villes qui leur avoient été promises. Cette opération étoit très-embarrassante. Les habitans de ces malheureuses villes venoient en foule à Rome. Les femmes, tenant leurs enfans dans leurs bras, faisoient retentir les temples et les places publiques de leurs cris et de leurs lamentations. Leur terrible infortune touchoit le peuple de pitié. On entendoit dire communément : « Pourquoi les

» triumvirs prétendent-ils contenter
» leurs soldats aux dépens de tant de
» malheureuses familles? La guerre n'a
» été entreprise que pour leur avantage
» particulier. C'est à eux, qui en tirent
» le profit, à en supporter les charges ».
Il faut avouer qu'*Octavien* fit ce qu'il pût
pour satisfaire les vétérans sans en venir au partage. Il emprunta de grosses
sommes qu'il leur distribua; mais ces
sommes ne suffisant pas, il fallut se résoudre à la dure extrémité de chasser les
habitans des villes et des campagnes dévouées à la désolation, et d'y établir les
soldats. C'est à cette occasion que *Virgile* chantoit sur ses pipeaux rustiques
les vers touchans dans lesquels il s'exprimoit ainsi : « Malheur à toi, triste Man-
» toue, trop voisine, hélas ! de l'infor-
» tunée Crémone. Un farouche soldat
» va donc posséder les guérêts que je
» labourois. Le barbare portera la fau-
» cille dans mes riches moissons. Voilà,
» affreuses discordes civiles, à quoi
» vous réduisez les citoyens pacifiques.
» Va, malheureux Mélibé, donne-toi
» bien de la peine à greffer tes arbres,
» à planter tes vignes, afin qu'un inso-
» lent étranger te dise, fuyez anciens
» habitans, et qu'il s'empare du fruit
» de tes travaux ». Il fait ensuite la
peinture de la joie pure et douce du

berger qui conduit son troupeau dans son propre champ, du bucheron, qui, en abattant son arbre, fait retentir la forêt de ses chants rustiques, du vigneron qui épie la maturité de ses propres raisins, de la robuste villageoise qui revient à la fin du jour chargée du faisceau d'herbes destinées à ses génisses, et qui presse leurs mamelles pendantes pour en tirer l'abondance du lait. Virgile met ces descriptions attendrissantes en opposition avec celles de ce même berger conduisant sans but certain son malheureux troupeau, qui semble, en tournant ses yeux vers ses anciens toits, partager la douleur de son maître, de cette chèvre, qui, au lieu d'éprouver les soins hospitaliers de la bergère, est obligée de laisser entre des rochers nuds le chevreau qu'elle vient de mettre bas. Eh! combien le pinceau du poëte eut trouvé à s'exercer s'il eût voulu tracer le tumulte et l'effroi de ces villes désolées, le désespoir des habitans chassés de leurs forêts ou forcés de les partager avec des hôtes féroces. Quels objets de compassion n'eût-il pas pu présenter ? Quelqu'indifférentes que soient les grandes villes aux maux qui ne les atteignent pas, Rome en fut émue.

Comme *Octavien* étoit seul exécuteur de ces violences, elles excitèrent contre lui une grande indignation dans la capitale. *Antoine* y avoit laissé *Fulvie*, sa femme. D'un autre mari, elle avoit eu *Claudie*, qu'*Octavien* épousa. Le gendre et la belle-mère se brouillèrent. Il répudia *Claudie*, déclarant sous serment que de sa part il la rendoit vierge. Cette querelle partagea l'Italie en deux factions. Les vétérans qui avoient servi sous *Antoine*, ceux des habitans qui étoient chassés de leurs demeures, leurs parens et amis en grand nombre prirent le parti de *Fulvie*. Elle se trouva assez forte pour assembler des légions, et former un camp à Préneste, où on la vit le casque en tête et l'épée au côté, faire les fonctions de général. En même tems, *Lucius* son beau-frère, lui levoit des troupes du côté des Alpes. *Octavien* ne laissa pas arriver ces renforts, il alla au-devant, et bloqua *Lucius* dans Pérouse. Après une défense désespérée, *Lucius* se rendit. Il croyoit avoir par sa capitulation assuré le sort des habitans; mais le triumvir n'en jugea pas ainsi. Contre sa parole donnée, il fit amener devant lui tous ceux qui composoient le conseil de la ville, chargés de fers, et les condamna à mort. Quelques-uns de ces infortunés magistrats voulurent se justifier sur la nécessité où ils s'étoient trouvés d'obéir à *Lucius*, plus fort qu'eux dans la ville.

Octavien leur répondit froidement ces terribles mots : *Moriendum est* ; *il faut mourir*. On les conduisit enchaînés au pied d'un autel dédié à *Jules César*, où ils furent immolés comme autant de victimes dévouées aux mânes du dictateur, le jour même des Ides de Mars, anniversaire de sa mort ; et la ville fut réduite en cendres. En lisant toutes ces sanglantes exécutions, on conviendra que jamais aucun assassinat n'a été aussi cruellement vengé.

Fulvie, trop foible, et contre les troupes, et contre les ruses du jeune triumvir, fut obligée de fuir. Elle se retira en Macédoine avec quelques-uns de ses partisans ; d'autres prirent des routes différentes, selon la sûreté qu'ils se promettoient ou la facilité de la fuite. Entre ceux qui échappèrent à la poursuite d'*Octavien*, on remarque comme un des exemples des vicissitudes de la fortune, *Tibère-Claude Néron*, qui trouva heureusement un petit vaisseau, sur lequel, avec sa femme *Livie* et son fils *Néron*, à peine âgé de deux ans, il se transporta en Sicile. *Pompée* y dominoit. Il auroit pu, s'il avoit voulu, se joindre à *Fulvie*, causer de grands embarras à *Octavien* ; mais il se contenta de recueillir les fuyards. Le gendre de *Fulvie* fut encore assez heureux pour qu'elle ne trouva que froideur dans *Antoine*, son mari, lorsqu'elle lui écrivit contre *Octavien*. Il se détermina cependant à passer en Italie, moins pour la satisfaire que pour s'opposer aux invasions de son collègue. Il la traita même avec tant d'indifférence lorsqu'il la vit en passant par la Macédoine, qu'elle en mourut de douleur. Comme les deux triumvirs avoient encore besoin l'un de l'autre, la paix fut bientôt conclue entre eux. Pour la cimenter, *Antoine* épousa *Octavie*, sœur d'*Octavien*. Ils firent un nouveau partage de l'Empire, par lequel la Dalmatie, les deux Gaules, l'Espagne et la Sardaigne appartinrent à *Octavien*, et toutes les provinces orientales jusqu'à l'Euphrate, à *Antoine*. Ils laissèrent comme par pitié l'Afrique à *Lépide*, qui ne se faisoit pas redouter, et convinrent de garder l'Italie en commun à eux deux. *Antoine* devoit faire la guerre aux Parthes, et *Octavien* à *Pompée*, et pardonner de plus à tous les complices de la guerre de Pérouse.

Cette guerre contre *Pompée* devenoit nécessaire, parce que se réveillant de son assoupissement, il désoloit les côtes d'Italie, interrompoit le commerce, et interceptoit les blés destinés à l'approvisionnement de Rome. La cherté survint, et le peuple se révolta. Mais comme les forces de mer des triumvirs ne leur parurent pas suffisantes, ils aimèrent mieux pour cette fois traiter, que de combattre. *Pompée* mit dans l'accommodement, non-seulement de la bonne-foi, mais de la délicatesse. Il vouloit d'abord que les triumvirs l'associassent à toute leur puissance; mais à la fin il se contenta de la possession de la Sicile, de la Sardaigne, des îles adjacentes, et du Péloponèse. On lui accorda la dignité de souverain pontife, le droit de briguer le consulat quoiqu'absent, et de faire remplir cette charge par quelqu'un de ses amis, la restitution des biens de son père, une amnistie pour tous ceux qui s'étoient rangés sous ses drapeaux, liberté à eux et aux proscrits qui n'auroient point trempé dans la mort de *César*, de retourner dans leurs maisons, et la restitution du quart de leur terres. Il s'engagea de son côté de retirer ses troupes d'Italie, de ne plus permettre de descentes sur les côtes, de faire partir au plutôt pour Rome, le blé qu'il avoit retenu, et de nétoyer la mer de pirates.

Ce traité fut envoyé à Rome, déposé entre les mains des vestales, et ratifié par une promesse de mariage entre la fille de *Pompée* et *Marcellus*, neveu d'*Octavien*, encore enfant. Les con-

tractans se donnèrent des fêtes, et se traitèrent réciproquement. *Pompée* commença. Il reçut sur sa galère *Antoine* et *Octavien*. Pendant qu'ils étoient à table, *Ménas* son amiral vint lui dire à l'oreille : « L'occasion est belle de ven-
» ger la mort de votre père et de votre
» frère, et de vous rendre maître de
» l'Empire romain. Faites couper le ca-
» ble, et laissez-moi le soin du reste ».
Toutes les troupes des triumvirs étoient à terre, et la flotte de *Pompée* en ordre de bataille environnoit les convives. Le coup étoit sûr, la tentation violente. On dit qu'il hésita ; mais enfin il répondit :
« Ménas peut avoir cette idée, mais le
» fils du grand Pompée ne manquera
» pas à sa parole ». Il eut tout l'honneur de ce traité. La générosité qu'il avoit montrée en stipulant les intérêts de tant d'illustres proscrits, et en ménageant leur retour dans leur patrie fut hautement applaudie, et le combla de gloire. Du nombre de ceux qui revinrent, se trouvèrent *Tibère Néron*, sa femme *Livie* et son jeune fils qui avoient été contraints de fuir après la guerre de *Pérouse*. *Octavien* devint passionnément amoureux de cette fugitive. Son mari n'osa s'opposer à l'inclination d'un amant si redoutable. Le triumvir répudia sa femme *Scribonie* et épousa *Livie*

quoiqu'elle fut enceinte. Elle prit et conserva sur cet époux un empire qu'on n'avoit garde de prévoir, lorsqu'elle alloit chercher en Sicile un asile contre ses fureurs.

Une basse flatterie alluma aussi à Athènes le flambeau d'un hymen plus intéressé que solide. Revenu dans cette ville, *Antoine* y donna un repas splendide aux habitans de quelque distinction, et des jeux auxquels il voulut présider. Il parut dans une procession solennelle avec les attributs de *Bacchus*, dont les Athéniens lui avoient déja donné le nom, et qu'il aimoit à représenter. Ce peuple suivant son caractère adulateur, se prosterna devant le nouveau *Bacchus*, et le supplia d'épouser Minerve sa protectrice. « J'y » consens, dit le dieu, mais vous lui » fournirez une dot ». Il la fixa en même tems à une somme très-considérable. Les flatteurs bien étonnés, remontrèrent, supplièrent, marchandèrent; mais il fallut payer la dot entière. Elle se leva sur les habitans. Ils se vengèrent par des épigrammes. L'époux de la déesse méprisa les vers, et prit l'argent.

Ces épigrammes rouloient sur ses amours avec *Cléopatre*, dont il alla reprendre les chaînes, pendant qu'il laissoit *Octavie* égale en charmes à la reine d'Egypte, supérieure en mérite et en vertus, languir tristement à Athènes. On connoissoit les désordres d'*Antoine*. Ils étoient publics; cependant *Octavie*, le modèle à proposer aux femmes liées à des maris infidèles ne se permit jamais ni plaintes ni murmures, il n'y a rien qu'elle ne fit pour entretenir l'union entre les deux beaux-frères. Il survint une nouvelle querelle, excitée par des prétentions réciproques; quoiqu'enceinte, *Octavie* affronte les dangers de la mer, va trouver son frère, et le conjure les larmes aux yeux de se réconcilier. « Ne me » rendez pas, dit-elle, la plus infortunée » de toutes les femmes, moi qui suis » la plus heureuse. Le peuple Romain » a les yeux fixés sur moi, à cause des » liens qui m'unissent aux deux plus » grands hommes de la terre. Femme de » l'un et sœur de l'autre, si deux hom- » mes qui me sont si chers en viennent » à une rupture, ne serai-je pas égale- » ment à plaindre, de quelque côté que » penche la victoire »? Les larmes d'une sœur tendrement aimée, obtinrent d'*Octavien* une entrevue avec *Antoine*. Ils terminèrent leurs différends, et se procurèrent encore pour quelque tems les avantages de la paix.

2958.   Une des principales conditions, fut

qu'*Antoine* céderoit à son collègue une partie de sa flotte pour faire la guerre à *Pompée*, qui provoqué par des chicannes d'*Octavien*, recommençoit à bloquer les ports d'Italie. La politique mal adroite d'*Antoine* lui fit aider son rival à se débarrasser d'un ennemi dont lui-même quelque jour pourroit avoir besoin. Les événemens variés de cette guerre, les dangers qu'*Octavien* y courut, marquent combien il avoit besoin du secours de son collègue. Il y fut aussi assisté par *Lepide* son autre collègue en personne. Aussi inconstante que l'élément sur lequel on combattit pendant presque toute cette guerre, la fortune passa alternativement sous les étendards des deux partis. Deux orages qui se suivirent en peu de jours dispersèrent la flotte d'*Octavien*, et déconcertèrent ses premiers projets. Il fut consolé de cette disgrace par une victoire d'*Agrippa* son meilleur amiral. A son tour, le triumvir essuya sur ses vaisseaux une grande défaite, et fut très-heureux de pouvoir se sauver dans son armée de terre qui se trouva renfermée dans un terrain sans eau, couvert des cendres de l'*Ethna*. Elle y auroit péri si *Agrippa*, aussi habile à terre que sur mer, ne fut venu à son secours. Après avoir délivré le triumvir, il remonta sur ses vaisseaux. Les circonstances déterminèrent *Octavien* à accepter le défi que proposa *Pompée* de finir la guerre par un combat de trois cents contre trois cents galères. Il se donna sous les yeux des deux armées rangés sur le rivage, et rendues par une trève pacifiques spectatrices. Le triumvir avoit fui les batailles tant qu'il avoit pu. Il se trouva à celle-ci malgré lui, parce que, croyant que ce seroit son armée de terre qui seroit attaquée, il s'étoit réfugié sur sa flotte, que l'amiral de *Pompée* attaqua contre son attente. Il n'osa se dispenser ici de se trouver à une action qu'il avoit acceptée, et qui devoit être décisive. Si on en croit *Antoine*, il n'eut même pas le courage de regarder les deux flottes rangées en bataille. Il se coucha dans sa galère, les yeux élevés vers le ciel, et resta dans cette attitude jusqu'à ce qu'*Agrippa* eut vaincu.

Pompée au contraire se conduisit avec la plus grande valeur; mais après sa défaite, au lieu de se mettre à la tête de son armée de terre, et de tenter le sort d'un second combat, il ne songea qu'à ramasser ses trésors déposés dans une ville voisine, et se sauva dans l'Asie mineure. Il y soutint encore quelque tems la guerre. C'étoit le département d'*Antoine*. Le triumvir lui opposa *Ti-*

tius, un de ses lieutenans, qui battit le malheureux général et le fit prisonnier. *Antoine* avoit ordonné qu'on le lui envoya; mais *Titius*, feignant de mal entendre les ordres, le fit mourir; ainsi *Antoine* eut le malheur, après avoir aidé son collègue à faire avantageusement la guerre, de mettre encore le sceau à la fortune de ce rival, en le délivrant d'un adversaire dont lui-même auroit pu tirer de grands secours dans les querelles qui les divisèrent de nouveau.

Tout prospéroit à l'heureux *Octavien*. Il grossit ses bataillons, déjà très-nombreux de ceux de *Pompée*, et y ajouta bientôt ceux de *Lépide* son autre collègue. *Lépide* n'avoit que l'ombre de l'autorité du triumvirat, mais cette ombre même étoit incommode à *Octavien*. Selon son adresse ordinaire d'accuser les autres de l'ambition dont il étoit coupable, il se plaignit de quelques entreprises de *Lépide*. Celui-ci n'eut pas de peine à prouver, que s'il y avoit invasion de pouvoir, elle étoit du fait d'*Octavien* et non du sien. On s'aigrit par les propos. Les deux armées campèrent à côté l'une de l'autre. Pendant l'intervalle de la discussion, *Octavien* gagne les principaux officiers de son collègue, se présente avec une simple escorte à la tente de *Lépide* comme pour s'expliquer. Toutes les légions abandonnent comme de concert le malheureux *Lépide*. Il se jette aux pieds de son collègue, il lui demande la vie. Il étoit trop peu redoutable et trop méprisé, pour qu'elle ne lui fut pas accordée. Son collègue l'envoya la terminer honteusement en exil, et partagea son petit département avec *Antoine*. Par la réunion de toutes ces forces, *Octavien* se trouva à la tête d'une armée plus puissante qu'aucun général romain n'en avoit jamais eu. Elle consistoit en quarante-cinq légions, vingt-cinq mille chevaux, cent soixante mille fantassins armés à la légère, et six cents vaisseaux de guerre, sans compter un nombre prodigieux de plus petits.

A son retour dans Rome, le sénat en corps alla le recevoir à la porte de la ville, l'accompagna au Capitole, couronné de fleurs avec la foule du peuple, et le reconduisit dans son palais. Le lendemain on lui décerna tant d'honneurs, qu'il eut honte de les accepter. Il se contenta de l'ovation, et voulut bien permettre qu'on lui érigea dans la place une statue avec cette inscription : « A *César* » pour avoir rétabli la paix par terre et » par mer », et qu'on ordonnât la célébration d'une fête annuelle le jour de sa victoire sur *Pompée*. Il fit une belle action dont César lui avoit donné l'exemple. Toutes les lettres qui s'étoient trouvées dans les papiers de *Pompée*, entre lesquelles s'en trouvoient plusieurs des principaux sénateurs, il les porta sur la place publique, et les jeta au feu sans les lire. Cette générosité plut tellement au peuple, qu'il avoit d'ailleurs gagné par ses largesses, qu'il le nomma sur-le-champ tribun perpétuel. Le sénat ne mit point d'opposition à cette faveur, parce que le triumvir déclara solennellement qu'il abdiqueroit son autorité sitôt qu'*Antoine* seroit revenu de son expédition contre les Parthes.

Elle se faisoit avec succès par *Ventidius*, qui vengea *Crassus*, abattit les trophées élevés par les parthes, après la bataille de Carres, et releva l'honneur des armes romaines. Mais *Antoine* n'avoit aucune part à cette gloire. Il s'amollissoit dans les délices auprès de *Cléopatre*, et filoit pour ainsi dire son ignominie auprès de cette nouvelle Omphale. Quand il voulut reprendre la massue, elle fut trop pésante pour ses foibles mains. Entre plusieurs défaites dans lesquelles périt l'élite d'une armée florissante, il eut quelques avantages dont il s'autorisa pour prendre le titre de vainqueur des Parthes. Il se crut aussi arbitre des royaumes, et donna à sa maîtresse, outre l'Egypte dont elle jouissoit, toute la Phénicie, *Cypre*, et une partie considérable de l'Arabie et de la Judée.

Le sénat et le peuple romain furent indignés de ces libéralités, et sur-tout de ce qu'ayant fait *Artabaze*, roi d'Arménie prisonnier par surprise, il en triompha dans Alexandrie. Comme s'il eut envié à Rome le privilége d'être seule la ville des Triomphes. Toujours aveuglé par sa fatale passion, il ne tarda pas à faire une nouvelle faute qui redoubla le mécontentement. *Alexandrie* vit dresser dans sa plus belle place un trône d'argent avec deux siéges d'or : l'un pour *Antoine*, l'autre pour *Cléopatre*, et de plus petits siéges pour leurs enfans. Les deux amans y parurent avec les attributs d'*Isis* et d'*Osiris*. Il y proclama plus solennellement *Cléopatre*, reine des pays qu'il lui avoit déjà donnés, lui associa *Césarion*, le fils qu'elle avoit eu de César, partagea aux trois enfans qu'il avoit eus d'elle, l'Arménie, la Médie, la Lybie, le pays de Cyrène, tous les pays de l'Asie mineure, depuis l'Euphrate jusqu'à l'Hélespont, la Parthie et toutes les provinces occidentales depuis l'Euphrate jusqu'à l'Indus, lorsque la conquête en seroit faite.

Antoine ne borna pas là ses impruprudences. A la sollicitation de *Cléopatre*, qui craignoit autant les charmes que la vertu d'*Octavie*, il la répudia. La sage romaine ne se démentit pas dans cette occasion. Son frère lui ordonna de quitter la maison d'un mari qui la traitoit avec tant de mépris. Mais elle le conjura de ne point l'obliger à quitter la maison de celui qu'elle vouloit toujours honorer comme son époux, malgré son inconstance, y resta, s'appliqua à l'éducation, non-seulement de ses enfans, mais de ceux qu'il avoit eus de *Fulvie*. Les personnes que son indigne époux envoyoit à Rome, étoient sûres de sa protection. Elle employoit pour eux tout le crédit qu'elle avoit auprès de son frère, et lorsque comblant la mesure, *Antoine*, dans sa démence, lui ordonna de quitter sa maison, et envoya même des satellites pour l'en chasser de force, si elle résistoit, elle obéit sans se plaindre, et continua de rendre les mêmes services aux créatures de son mari. Elle supplia même son frère de ne point faire la guerre à *Antoine*, pour un affront qui la regardoit elle seule.

En effet, *Octavien*, délivré de *Pompée*, débarrassé de *Lépide*, ne voyoit plus d'obstacle à se rendre seul maître absolu de l'empire que la concurrence d'*Antoine*. Les fautes multipliées de son rival le précipitoient vers sa ruine, et le triumvir de Rome n'oublioit rien de ce qui pouvoit accélérer la chûte de son collègue. L'opinion publique étoit encore de quelque poids. Il la tourna contre *Antoine*, en faisant, de sa mauvaise conduite des peintures trop vraies, qu'on répandit avec profusion. Les lettres, les plaintes, les reproches se multiplièrent entre les deux beaux-frères. *Octavien* enleva de force le testament qu'*Antoine* avoit déposé entre les mains des vestales. Il y avoit vu en particulier, avec dépit, qu'*Antoine* déclaroit par ce testament, *Césarion* né en légitime mariage de *César* et de *Cléopatre*; que par conséquent l'intention de l'amant de cette princesse, étoit en reconnoissant la légitimité de ce mariage, de faire passer la succession de *César* à celui qui en étoit issu, et d'en dépouiller, lui, *Octavien*, qui n'étoit que neveu. *Octavien* le fit lire en entier dans le sénat, et insista sur les dispositions qui pouvoient choquer la fierté des Romains. Les égards du testateur pour une reine étrangère, les legs de ses biens patrimoniaux aux enfans qu'il avoit eus d'elle, sur-tout la volonté expresse qu'en quelque lieu qu'il mourût, ses cendres fussent portées en Egypte, et réunies à celles de *Cléopatre*. Il fut aussi reproché à *Antoine* d'avoir donné à

Cléopatre la fameuse bibliothèque du roi de Pergame, composée de trois cents mille volumes ; d'avoir lu des lettres amoureuses sur son tribunal, de s'être levé au milieu d'un plaidoyer important pour suivre l'Egyptienne, de lui avoir marché sur le pied en quittant la table dans une fête solennelle ; ce qui avoit été regardé par tous les convives comme un rendez-vous ; griefs qui font voir que la dignité des mœurs n'étoit pas encore tout-à-fait oubliée à Rome.

 Ces imputations firent tant d'impression, que plusieurs partisans d'*Antoine* l'abandonnèrent, d'autres allèrent le trouver, et le conjurèrent de réformer sa conduite, et d'abandonner *Cléopatre*. Mais toujours maîtresse de son esprit comme de son cœur, elle eut le crédit de lui faire rejetter cet avis prudent, et même de l'engager à éloigner ses amis les plus zélés. Au lieu de ramasser ses troupes, et de fondre en Italie, comme on le lui conseilloit, sur son rival qui n'étoit pas encore prêt, il s'amusoit à Athènes et à Samos à des festins et à des fêtes qui faisoient dire aux spectateurs : « Que feront-ils pour célébrer » leur triomphe après la victoire, puis- » qu'ils se réjouissent si fort à l'entrée » d'une guerre sanglante ». Elle fut déclarée par *Octavien*, non à *Antoine*, qui en étoit le principal objet, mais à *Cléopatre*, afin de montrer encore quelque ménagement pour son collègue. Cette guerre auroit pu durer long-tems entre deux généraux maîtres de tant de pays qu'ils pouvoient se disputer, si tous deux n'eussent souhaité de la finir, l'un p politique, pour ne pas laisser refroidir l'indignation du peuple romain, l'autre par l'intérêt de ses plaisirs. Ils se cherchèrent donc avec empressement, et comme ils désiroient de se trouver, ils se rencontrèrent bientôt, près du cap d'Actium, chacun avec une armée de terre et de mer.

Les meilleurs officiers d'*Antoine* l'exhortoient à combattre sur terre ; mais *Cléopatre*, à qui la mer offroit, en cas de défaite, une retraite plus assurée, l'emporta. Il chargea sa flotte de ce qu'il avoit de meilleures troupes. Un vétéran prêt à s'embarquer lui découvrit sa poitrine et lui dit : « Mon général, que ne » vous fiez-vous à ces blessures et à » cette épée, plutôt qu'à du bois pourri. » Laissez la mer à ceux d'Egypte et de » Syrie qu'on a nourri sur cet élément ; » mais à nous autres Romains, donnez- » nous la terre, où nous sommes accou- » tumés à braver la mort et à chasser » nos ennemis devant nous ». Le général ne répondit rien. Il s'efforçoit de montrer des espérances; mais la défiance perçoit à travers son air d'assurance. *L'ame d'un amant*, dit *Plutarque*, *n'est plus la même qui animoit le corps.* Le malheureux *Antoine* n'éprouva que trop cette vérité. Son cœur qui ne s'étoit jamais ouvert à la crainte, se pénétra de la frayeur de *Cléopatre*. Elle fuyoit; il la suivit sans réflexion, sans songer qu'en se mettant à la tête de ses légions, il pouvoit réparer, sur terre, l'infortune qu'il venoit d'éprouver sur mer.

S'il avoit montré quelqu'énergie, ce qui lui arriva en fuyant, prouve qu'il ne lui auroit pas été impossible de rappeller la victoire sous ses étendards. *Octavien* avoit envoyé, après lui, des vaisseaux légers. *Antoine*, foiblement escorté, se trouvant pressé, ordonne à ses pilotes de les attendre. Ce trait de fermeté fait revirer de bord à toute l'escadre. Un seul vaisseau, commandé par un Lacédémonien, nommé *Euriclès*, continue sa route, et aborde fièrement la galère du Romain et le menace de sa lance. « Qui es-tu, lui crie le triumvir,
» sans se lever de sa place, où il étoit
» tristement assis, qui es-tu pour avoir
» la hardiesse de me poursuivre ainsi ».
« Je suis, répondit le Spartiate, *Euri-*

tome 3.   x

» clès, fils de *Lacharis*, que le bon-
» heur de *César* amene pour venger la
» mort de son père ». *Antoine* l'avoit
fait autrefois mourir pour piraterie. Le
Romain ne daigna pas seulement changer d'attitude. Il baissa la tête, et se
rendit à ses rêveries. *Euriclès* passa
et alla s'emparer d'un vaisseau dont il
préféra la richesse à sa vengeance. Depuis ce moment, jusqu'à la funeste ca-
tastrophe des deux amans, presque
toutes les actions d'*Antoine* portent le
caractère de l'imprudence, d'une espèce
d'aliénation, suite d'une passion effré-
née, et sont flétris par la stupeur du
découragement et une honteuse inertie.
En s'ensevelissant dans le tombeau, il
survécut dans sa postérité, qui donna
des maîtres à l'empire du monde, pendant qu'*Octavien*, dont la sombre politique n'avoit pu souffrir à ses côtés un
collègue sur le trône de l'univers, mourut tout entier, sans enfans héritiers de
sa grandeur.

De retour à Rome, il fut honoré de
trois triomphes, dont le dernier présenta
les deux fils d'*Antoine* et de *Cléopatre*,
et la figure de cette reine piquée au bras
par un aspic. Il reçut alors le nom d'*empereur*, non pas dans le sens qu'on lui
avoit donné jusque là et qui n'étoit qu'un
titre d'honneur, mais dans un sens qui

emportoit avec lui l'autorité souveraine. Il accepta aussi le nom d'*Auguste* réservé jusqu'alors aux objets d'un respect religieux. Ensuite il fut question de savoir ce qu'il feroit de son énorme puissance, s'il l'abdiqueroit comme *Sylla*, qui mourut tranquillement dans son lit, ou s'il la garderoit comme *César*, au risque de trouver quelque nouveau *Brutus*. Cette alternative fut discutée en sa présence par ses deux plus chers confidens *Agrippa* grand guerrier, *Mécène* profond politique. L'opinion de ce dernier, qui fut d'avis de garder l'autorité, prévalut.

Ce fut sans doute par ses conseils qu'*Octavien* fit plusieurs réglemens propres à se faire pardonner sa puissance, tels que le partage des provinces entre l'empereur et le sénat. À ce corps pour lequel il marqua toujours beaucoup de déférence en l'asservissant, il assigna les provinces les plus prochaines, comme les plus agréables par leur tranquilité. Mais en prenant pour lui les plus exposées aux attaques de l'ennemi, son but étoit de concentrer en lui, toute la force militaire, puisqu'il n'y avoit de troupes que dans les provinces menacées d'irruption dont il se réservoit le commandement. Il sappliqua à gagner le peuple et les soldats par des largesses.

Les Romains virent avec grands plaisir la ville s'embellir sous sa domination. *Il l'avoit trouvée de brique*, selon son expression, *il la laissa de marbre*. La justice par ses soins s'administra avec équité. *Octavien* parut presque toujours fidèle à la sage maxime que *Mécène* lui avoit proposé pour base de son gouvernement en ces termes : « Vous serez » heureux dans vos entreprises, et fa- » meux dans l'histoire après votre mort, » si vous gouvernez les autres comme » vous souhaiteriez d'être gouverné vous- » même ». Aussi lorsque ce prince plus politique sans doute que sincère, lui proposa d'abjurer l'autorité et de la remettre au sénat, les pères conscripts après l'avoir essayé pendant quatre ans, le prièrent de la garder. *Auguste* eut la modestie de ne l'accepter que pour dix ans ; mais elle lui fut toujours redonnée pour dix autres. Ainsi finit la république.

Il en resta cependant toujours le simulacre. Les comices se tinrent comme à l'ordinaire au champ de Mars. On élisoit les magistrats, mais indiqués auparavant par l'empereur. Les mêmes emplois subsistèrent avec leur pompe, leurs ornemens et leur appareil imposant, mais au fond destitués de toute autorité. Cependant le sénat parut si satisfait de ce qu'*Auguste* lui laissoit, qu'il l'honora du titre de *père de la patrie*. Plein d'égards, ce prince soumit presque toujours ses loix sur le gouvernement, le militaire et les mœurs, a la sanction du sénat. Il eut attention de n'accepter de la flatterie, que les honneurs qui pouvoient lui être utiles. En conséquence, il refusa la dignité de dictateur dont il n'avoit pas besoin, puisqu'il en possédoit la puissance. Mais il reçut le titre de tribun perpétuel qui rendoit sa puissance inviolable, et celui de souverain pontife qui la rendoit sacrée. Ces titres tout respectables qu'ils étoient, pourvoioient moins à sa sûreté, que neuf cohortes composant à peu prés dix mille hommes qu'on appella depuis *cohortes prétoriennes*. Il les logea dans le voisinage de Rome; lui et ses successeurs leur donnèrent des privilèges qui intéressoient cette garde à la conservation de leur personne. Cependant elle ne garantit pas *Auguste* lui-même de quelques complots secrets.

Il se montra inexorable dans la punition de la première conspiration tramée par *Murena* et *Cœpio*. Ces chefs y entraînèrent quelques sénateurs mécontens de la réforme qui venoit d'être faite dans leur corps. De mille, l'empereur le réduisit à six cents. On prétend qu'*Auguste* fit mettre à mort plusieurs des sénateurs dégradés qui n'avoient pas trempé dans la conjuration, par la raison *qu'un prince doit se défaire de ceux qu'il a offensés*. Maxime odieuse, mais qui n'est que trop souvent mise en pratique. Il paroît que son caractère le portoit à la sévérité. *Mécène* qui le connoissoit, lui fit une fois à ce sujet une dure leçon. Voyant qu'il se disposoit à condamner des criminels avec une rigueur inflexible, et ne pouvant à cause de la foule approcher du tribunal, il lui jeta un billet où il lut ces mots: « Descends de ton tribunal boucher ». *Auguste* se leva sans mot dire, et congédia l'assemblée. La docilité du souverain n'est pas moins admirable que la hardiesse du ministre. Deux autres traits font honneur à son affabilité et à son amour pour la justice. Un simple légionnaire embarrassé dans un procès, vint le prier de plaider sa cause. L'empereur lui répondit qu'il étoit trop occupé pour plaider lui-même, mais qu'il lui choisiroit un bon orateur. Cette réponse quoique très-obligeante ne satisfit pas le soldat. Il dit à son général: « Me » suis-je battu pour vous par procu-» reur »? Approuvant sa franchise, *Auguste* répondit: « Ni moi non plus, je » ne plaiderai point pour vous par procu-» reur ». Il tint parole, et défendit la cause en personne. Il ne dédaigna pas non plus de porter témoignage en faveur d'un accusé par pure bonté, et sans être réclamé. L'accusateur lui dit brusquement. « Que » venez-vous faire ici ? et quelle raison » vous amène dans un endroit où vous » n'êtes ni attendu ni nécesssaire ? Le » bien public, répondit-il ». Il ne négligeoit aucune occasion de se rendre utile. En refusant la dictature, il agréa la charge de gouverneur de Rome, et la transmit à *Agrippa* qui y donna tous ses soins fort utilement pour la ville. On doit à *Auguste* le Panthéon qui existe encore, et l'abondance des eaux excellentes dont elle jouit jusqu'à ce jour.

Tant d'avantages procurés à Rome, tant par *Octavien* lui-même, que par ses préposés, lui attirèrent l'estime et l'amitié générale ; de sorte que dans une maladie dangereuse dont il fut attaqué, la ville éclata en regrets, en gémissemens, fit des prières à tous les dieux de l'olympe. Il faut pourtant distinguer entre la profonde douleur, et les basses adulations du sénat. La politique eut sans doute autant de part aux vœux des pères conscrits pour sa convalescence, qu'aux précautions préposées pour sa sûreté, après la conjuration de *Muréna*. Elles consistoient à ordonner que les sénateurs veilleroient tour-à-tour jour

et nuit à la porte de son appartement. Pendant qu'on délibéroit, *Labra* homme de beaucoup d'esprit, fit semblant de dormir, et ronfla même quelques instans. Puis se réveillant comme en sursaut, il dit : « Ne comptez pas beau-
» coup sur moi pour la garde de l'em-
» pereur, car je suis homme à m'en-
» dormir, et sûrement j'incommoderois
» beaucoup plus *Auguste*, que je ne
» pourrois lui être utile ». Cette plaisanterie épargna au sénat un décret au moins ridicule. On date de la maladie d'*Auguste*, l'exemption de toute espèce de taxe accordée aux médecins, en reconnoissance de la santé qui lui avoit été procurée par l'un d'entre eux ; comme à l'occasion du plaisir que lui avoit fait le jeu de deux comédiens, il les exempta de la peine d'être battus de verges sur le théâtre, lorsqu'ils n'auroient pas contenté le public. Ainsi il eut un soin égal et de ceux qui guérissent les maladies du corps, et de ceux qui remédient à la tristesse de l'ame. Il mit aussi des bornes à la fureur des combats de gladiateurs, qui étoit portée à un tel excès, qu'ils combattoient par centaines, de sorte que c'étoit un vrai carnage. On vit des jeunes gens des premières familles, et des femmes même, ne pas rougir de descendre dans l'arène.

Pour arrêter le cours des débauches, des jeunes Romains, et les forcer à se marier, *Auguste* mit une taxe sur les célibataires, permit aux patriciens d'épouser des plébéiennes, et même des affranchies, et fit d'autres réglemens utiles aux mœurs. Mais que font les loix sans l'exemple. Malheureusement *Octavien* n'étoit pas scrupuleux à cet égard. Entre autres désordres, on lui reproche ses habitudes scandaleuses avec *Térentia*, femme de *Mécène*. Il la ménagea assez peu, et se ménagea assez peu lui-même, pour la mener dans les camps sans son mari. Les uns disent que cette conduite mit du froid entre le prince et le ministre, les autres que l'époux débonnaire, loin d'être choqué de ce commerce, s'y prêtoit complaisamment. On rapporte qu'étant un jour à table en tiers avec les amans, il fermoit les yeux pour ne les pas gêner. Un esclave s'imaginant qu'il dormoit, crut l'occasion favorable pour voler un vase d'or. Il l'emportoit. *Mécène* l'arrête et lui dit : *Coquin, je ne dors pas pour tout le monde.*

Auguste porta la peine du mauvais exemple qu'il avoit donné à sa cour. *Livie* sa fille, s'abandonna aux désordres les plus honteux, et fut imitée par une autre *Livie*, fille de la première, qui étoit veuve d'*Agripppa* et femme de *Tibère*. Quand le père fut instruit peut-être le dernier de l'empire, des débauches de sa fille, il la relégua dans une île presque déserte, d'où il lui fut permis de revenir en Italie ; mais son père ne voulut jamais la revoir. Dans l'excès de sa douleur, il eut l'imprudence de dévoiler au sénat les turpitudes de sa fille, dans une lettre qui devint publique ; faute qu'il n'auroit pas commise, avouoit-il lui-même, s'il avoit eu *Agrippa* et *Mécène*. Ces deux hommes lui furent singulièrement attachés. Aussi les combla-t-il chacun de la manière qui leur convenoit. *Mécène* eut une abondance de richesses qui lui servirent à élever des palais moins somptueux qu'agréables, où il vivoit voluptueusement, avec ses amis et les gens de lettres qu'il protégeoit, qu'il enrichissoit, et qui lui ont fait une réputation immortelle. *Agrippa* selon son génie, fut mis à la tête des armées de terre et de mer, décoré de grandes dignités, chargé d'administrations pénibles et périlleuses. Il éleva des bâtimens somptueux et grava la gloire d'*Auguste* sur le marbre et l'airain, qui l'ont transmis à la postérité. L'empereur lui donna sa fille en mariage. Par politique, ou par reconnoissance, il renvoyoit à son beau-père l'honneur de ses conquêtes et de ses victoires. On remarque qu'il eut la modestie de ne pas vouloir accepter de triomphes, et que cette modération, imitée par les autres généraux, qui s'apperçurent sans doute qu'elle plaisoit à *Auguste*, rendit plus rare cette éclatante cérémonie.

Ce prince ressentit avec amertume la perte de ces deux amis, dans ses chagrins domestiques. Outre la mésintelligence qui régna toujours dans sa famille, il vit successivement disparoître ses deux petits-fils *Lucius* et *Caius*, enfans d'*Agrippa* et de *Julie*, qu'il avoit adoptés, qu'il regardoit comme les appuis de son trône, et qu'il avoit élevés dans cette espérance. Il en restoit un nommé *Agrippa Posthumius* qui mérita dès sa jeunesse par ses débauches, la disgrâce de son grand-père, et dont *Tibère* n'eut pas de peine à se défaire par la suite. Sur cet heureux *Tibère*, se réunirent non les affections, mais les faveurs d'*Auguste*, par la protection de *Livie*, sa mère, et par l'empire que cette femme adroite sut prendre sur son mari. On croiroit qu'*Auguste* sentit le joug, et le supportoit quelquefois avec impatience, puisqu'il comptoit sa femme comme sa fille pour les deux tourmens de sa vie. » O ! que je serois heureux,

» disoit-il, si j'avois vécu sans femme
» et sans enfans ». Le chagrin qui le
rongeoit devoit être bien vif, s'il savoit
ce que tout le monde soupçonnoit, que
l'impératrice avoit, par le poison, procuré la mort des héritiers naturels de
son époux, afin de leur substituer son
cher *Tibère*.

Il étoit comme on doit se le rappeller,
fils de *Tibère Néron*, son premier mari.
Drusus, dont elle accoucha après qu'étant enceinte elle eut épousé *Auguste*,
passoit pour le fils de ce prince. Il est
certain que l'empereur avoit pour lui
une tendresse paternelle, et qu'il l'associa
dans son testament à ses deux petits
fils. Son courage et sa capacité lui firent
une grande réputation à la guerre. Les
sentimens républicains qu'il montroit
assez publiquement, lui concilièrent l'amitié des Romains. On étoit assez généralement persuadé que s'il devenoit le
maître, il rétabliroit la république. Sa
mort dans laquelle cependant on ne voit
rien d'extraordinaire, passa pour n'être
pas naturelle, et fut regardée comme
une calamité publique. Il s'en falloit bien
que *Tibère* mérita les mêmes sentimens.
Sa vie, dès son enfance fut enveloppée
de ténèbres, il marchoit par des routes
obliques et tortueuses, mettant tout son
mérite à n'être pas deviné. Rarement,

on met tant d'art à se cacher, quand on ne veut faire que le bien. Se défiant de tout le monde, tout le monde se défioit de lui. Aussi, malgré son adresse, essuya-t-il plusieurs disgraces. On le vit après avoir commandé les armées, banni de la cour de son beau-père, aller mener une vie obscure à Rhodes: rappellé ensuite, et mis pour ainsi dire sur les marches du trône par l'adoption, à condition d'adopter lui-même *Germanicus*, fils de son frère, *Drusus* et *Agrippa Posthumius*.

L'état chancelant de la famille d'*Auguste*, occasionnoit des réflexions, et les réflexions des projets. Le parti républicain, qui n'étoit pas anéanti, concevoit des espérances, et enfanta la conjuration de *Cinna*, petit-fils de *Pompée*. Plusieurs personnes du premier rang s'y trouvèrent engagées. L'empereur en fut averti. Cette découverte le jeta dans une grande perplexité. Devoit-il encore répandre des flots de sang? étoit-il sûr de pardonner? cette alternative fit la matière d'une conversation animée avec *Livie*, son épouse. On donne à l'Impératrice, l'honneur d'avoir déterminé son époux à la clémence. Quand il eut pris ce parti, il appella *Cinna* dans son cabinet, lui nomma tous ses complices, lui prouva qu'il étoit instruit du tems, du lieu, des circonstances convenues entre les conjurés. La foudre tombée auprès de *Cinna*, ne l'auroit pas plus épouvanté. Mais son étonnement fut à son comble, quand *Auguste*, après avoir rappellé à sa mémoire tous les bienfaits dont il l'avoit comblé, lui dit : « Je vous pardonne *Cinna*, et pour » l'amour de vous, à tous ceux que » vous avez engagés dans le complot; » et pour vous prouver que je ne con- » serve aucune inimitié, je vous nomme » consul pour l'année prochaine ». Cette conduite généreuse fit une si profonde impression sur l'esprit de *Cinna*, qu'il resta toute sa vie attaché aux intérêts d'*Auguste* et de sa famille.

Le temple de *Janus* fut fermé deux fois sous son règne ; c'est-à-dire que deux fois l'univers connu se trouva en paix. Elle coûta cher aux peuples tourmentés par la république, et qui ne trouvèrent pas plus de repos sous les empereurs. Témoin les malheureux Espagnols de la Biscaie et de l'Asturie; forcés par *Octavien* lui-même, après Actium, à détruire leurs pays, pour mettre un espace imperviable entr'eux et l'esclavage dont le vainqueur les menaçoit. Il réduisit, par ses lieutenans, la Galatie et la Pisidie, en provinces romaines ; inquiéta les Arabes, fit poser les armes à *Candace*, reine d'Ethiopie; vit à ses pieds, dans Rome, les ambassadeurs de *Tiridate* et de *Phraate*, celui-ci trop heureux d'obtenir sa protection, en renvoyant le reste des aigles Romaines, et les drapeaux perdus par *Crassus*. *Auguste* posa la couronne d'Arménie sur la tête de *Tigrane*, envoya chez les Germains la terreur sous les étendarts d'*Agrippa*, et sous ceux de *Drusus* le carnage aux habitans du Bosphore. Lui-même porta ce fléau chez les Gaulois et les Liguriens. Aucune guerre ne se renouvella plus souvent sous son règne, que celle des Germains. Après *Agrippa*, *Drusus* y porta les armes, à *Drusus* succéda *Tibere*. Il y eut des avantages qui lui méritèrent le triomphe. Ce prince, secondé par *Germanicus*, marcha contre les Dalmates et les Pannoniens, revint contre les Germains, qui se vengèrent de leurs défaites sur *Varus*. Rarement les Romains ont essuyé une perte aussi considérable que sous ce général. Il se laissa bloquer dans des bois et des marais. A peine de son armée, qui étoit nombreuse, échappa-t-il quelques cavaliers pour aller porter la nouvelle de son désastre. Les officiers se tuèrent les uns les autres, afin de ne pas tomber entre les mains des vainqueurs. La tête de *Varus* fut envoyée par bravade, à l'empereur. Jamais il ne ressentit autant de chagrin d'aucun malheur, que de celui-ci. On l'entendit plus d'une fois s'écrier dans sa douleur : « *Varus* rends-moi mes légions ».

Cinquante-six ans de règne depuis son premier consulat, quarante-trois depuis Actium, soixante et quinze d'âge, et sur-tout l'affoiblissement de sa santé, avertissoient *Auguste* que sa fin approchoit. Il fit donner, par le sénat, un décret conçu en ces termes : « A la » réquisition du peuple de Rome, nous » accordons à *Caius César Tibérius*, » la même autorité sur les provinces et » sur toutes les armées de l'empire ro- » main, dont *Auguste* jouissoit, et jouit » encore, et que nous prions les dieux » de lui conserver encore long-tems ». Si *Tibere* dût cette association à l'empire, aux sollicitations de sa mère *Livie*, on ne peut disconvenir aussi, que ses talens politiques et militaires la méritoient ; et puisque l'état d'infirmités forçoit *Auguste* de prendre un collègue, il ne pouvoit en trouver d'autre dans sa famille. Son petit-fils, *Agrippa Posthumius*, étoit toujours relégué dans l'île de Planésie. La tendresse de son grand-père pensa l'en retirer. Il alla voir, en très-grand secret, ce jeune infortuné. Ils versèrent l'un et l'autre des larmes, et on prétend que la crainte qu'il ne fut rappellé, détermina l'impératrice à hâter la mort de son époux.

Mais qu'est-il besoin de poison pour un corps usé par l'âge, les travaux et la débauche ? car *Octavien* n'a pas été exempt de ce dernier défaut, la honte des vieillards immoraux, corrompus dès la jeunesse. Outre le témoignage des historiens, touchant son goût effréné pour le raffinement dans les plaisirs, l'exil du poëte *Ovide*, relégué pour avoir été témoin involontaire de ses turpitudes, en est une preuve. Il se sentit défaillir, et l'intermittence de cette lampe prête à s'éteindre, donna à l'impératrice, le temps de faire prévenir *Tibere*, qui avoit été renvoyé en Germanie. On ne sait s'il revint assez tôt pour voir son bienfaiteur. Il est seulement certain que la liberté de l'approcher fut quelques jours interdite aux plus intimes amis de l'empereur, sous prétexte d'une tranquillité nécessaire, d'où on a conjecturé que sa mort fut cachée jusqu'à l'arrivée de *Tibere*, ou du moins jusqu'à ce qu'il eut concerté ses mesures.

La première fut l'assassinat d'*Agrippa*, qu'il envoya tuer dans son île de Planésie. Le tribun chargé de ce crime, vint dire publiquement à *Tibere*, que ses ordres étoient exécutés. Celui-ci, qui auroit

Tiber. c. 15.

voulu qu'on crut que c'étoit *Auguste* lui-même qui avoit ordonné qu'on égorgeât *Agrippa*, au premier bruit de sa mort, répondit : « Je ne vous ai » rien commandé, vous en répondrez » au sénat ». *Crispus*, son confident, qui avoit donné l'ordre de sa part, effrayé du risque d'être obligé de charger l'empereur, ou de se condamner lui-même, s'adressa à *Livie*. Il lui fit comprendre, qu'il seroit très-imprudent de divulguer les secrets du palais, les avis des ministres, ou les services de la soldatesque. « *Tibère*, ajouta-t-il, doit bien » se garder d'affoiblir l'autorité, en ren-» dant compte de tout au sénat. Le des-» potisme est de nature à ne pouvoir » résider que dans la personne d'un » seul ». L'avis fut goûté, et on ne parla plus du meurtre d'*Agrippa*.

Les deux consuls prêtèrent les premiers le serment de fidélité à *Tibère*, et reçurent en son nom, et au nom du sénat, celui de la milice et du peuple. Il affecta de commencer toutes les fonctions publiques par le ministère des consuls, comme si l'ancienne république eut toujours subsistée ; ou comme s'il eut été incertain s'il devoit accepter l'empire. L'édit par lequel il convoqua le sénat, étoit court et conçu en termes modestes. Il y disoit qu'il n'usoit de ce droit, qu'en vertu du pouvoir de tribun, dont *Auguste* l'avoit revêtu. Cet humble langage ne l'avoit pas empêché dès qu'*Auguste* fut mort, de donner le mot aux cohortes patriciennes d'aller au sénat environné de gardes, et d'écrire aux armées, comme venant de succéder à l'empire. Son but étoit de s'assurer avant tout de la fidélité des troupes répandues en différentes provinces. Il craignoit qu'elles ne se déclarassent pour *Germanicus* son neveu qui commandoit alors une grande armée en Allemagne.

Quand les pères conscripts lui offrirent l'autorité souveraine, il feignit de n'en pas vouloir, quoiqu'il s'en fut déjà emparé. Il commença un fastidieux discours sur la grandeur de l'empire romain, et son incapacité. « Il n'y avoit,
» dit-il, que le génie du divin *Auguste*
» capable de remplir un pareil emploi.
» Pour moi, la part que j'ai eue avec
» lui au gouvernement ne m'a que trop
» appris de combien de difficultés et
» de dangers, la puissance souveraine
» est environnée, puisque la ville est
» peuplée d'un si grand nombre de ci-
» toyens illustres, il n'est pas juste de
» me charger seul du fardeau ». Cette harangue hypocrite fut suivie par des actions qui ne l'étoient pas moins. Plusieurs sénateurs se jetèrent à ses pieds,

et le conjurèrent les larmes aux yeux de prendre les rênes du gouvernement, que lui seul étoit capable de tenir. « Il » m'est impossible, répondit-il, de gou- » verner le tout ; mais je me chargerai » de la partie qu'on voudra m'assigner. » Nommez-la dit brusquement *Gallus*; *Tibère* pris au mot sentit sa faute, il resta un moment interdit, et répartit : « La bienséance ne me permet ni de » choisir, ni de rejeter rien, puisque » j'aimerois mieux être dispensé du » tout ».

Il étoit ému. *Gallus* s'en apperçut, et crut l'appaiser par une protestation, qu'il n'avoit point eu par sa proposition dessein de diviser l'empire ; mais au contraire de prouver par la difficulté de le partager, qu'il étoit indivisible. Ce raisonnement alambiqué ne fit point honneur à *Gallus*, et ne satisfit pas *Tibère*, qui se vengea dans la suite, de tous ceux qui avoient trop démêlé ses finesses. Il pardonna plutôt à ceux qui lui parlèrent franchement. L'un lui dit : « Il en est qui exécutent avec lenteur » ce qu'ils promettent promptement ; » mais vous promettez lentement, ce » que vous avez déjà exécuté. Un autre : » acceptez l'empire ou déclarez nette- » ment que vous n'en voulez pas ». Il termina enfin cette comédie en di-

sant : « J'accepte l'empire et je le gar-
» derai, jusqu'à ce que vous jugiez vous-
» même pères conscripts suivant votre
» prudence, qu'il sera tems que je me
» repose dans ma vieillesse ». Il avoit
alors cinquante-six ans. Un de ses premiers soins fut de priver *Julie* son épouse
de la modique pension que son père lui
avoit laissée. Elle mourut réellement de
misère. Il fit aussi périr quelques-uns de
ses amans, que le père malgré son indignation avoit épargnés. La clémence
d'*Auguste* dans ses derniers tems, fit
dire « qu'il auroit été à souhaiter qu'il
» ne fut jamais né, ou qu'il eut été
» immortel ». A sa mort les regrets
prévalurent, et les républicains eux-
mêmes consternés par les premières actions de son successeur pleurèrent sincèrement celui qui les avoit asservis.

Tibère demanda pour *Germanicus*,
son neveu, au sénat la puissance pro-
consulaire. On croit que par cette dignité, il avoit dessein de s'attacher ce
prince, que ses grandes qualités et son
caractère aimable rendoient l'idole du
peuple et des soldats. *Drusus* son fils
non adoptif ne possédoit pas à un même
degré les qualités propres à captiver les
cœurs et se concilier l'estime. Deux révol-
tes arrivées au commencement du règne
de *Tibère*, mirent à l'épreuve les talens

de ces deux princes. La première de trois légions en Pannonie fut provoquée par un simple soldat nommé *Percennius*, autrefois chef de farceurs et discoureur insolent. L'espèce d'éloquence qu'il avoit acquise dans sa première profession, lui servit à débaucher peu-à-peu ses camarades. Dans ses entretiens nocturnes, il leur préchoit l'insubordination, l'égalité avec leurs chefs, attraits toujours puissans pour la multitude ; et dans le pouvoir qu'il leur conseilloit d'usurper, il leur faisoit voir les richesses et le repos juste récompense de leurs travaux.

Le mal s'accrut par la négligence de *Blesus* leur général. Aux propos insolens succédèrent des violences contre les tribuns qui vouloient ramener les soldats à leur devoir. Des châtimens imprudemment employés par *Blesus* ne font qu'irriter les esprits, et augmenter le désordre. Les soldats courent en foule à la prison. Ils forcent les portes, les fers des criminels sont rompus, et désormais les rébelles font cause commune avec les scélérats coupables de crimes capitaux. Un autre simple soldat nommé *Vibulenus* met la vie du général en danger. Il s'élève sur les épaules de ses camarades en face du tribunal. De cette espèce de tribune il s'écrie : « Vous

» venez de rendre la respiration et le
» jour à des mourans; mais qui rendra
» la vie à mon frère? Il venoit envoyé
» par l'armée de Germanie se concerter
» avec vous sur nos intérêts communs;
» *Blesus* l'a fait égorger la nuit dernière
» par les gladiateurs qu'il tient auprès
» de sa personne, et qu'il arme pour
» massacrer les soldats. Réponds, *Ble-*
» *sus*; où as-tu jetté son corps? Rends-
» moi. Les ennemis même ne refusent
» pas la sépulture ». Cette insolente
apostrophe alloit avoir pour *Blesus* les
suites les plus funestes; lorsque quelqu'un encore sensible à la justice put
se faire entendre, et prouva que *Vibulenus*, l'impudent *Vibulenus* n'avoit
jamais eu de frère.

La calomnie tomba, mais le calomniateur ne fut pas puni, et la révolte
n'en continua pas moins. Elle étoit à son
comble, quand *Drusus* arriva avec une
escorte de gens d'élite, une grande partie de la cavalerie prétorienne, et les
plus braves des Germains qui composoient la garde de l'empereur, et un
conseil de personnes prudentes, d'anciens militaires estimés des soldats, pour
diriger le jeune prince dans cette occasion délicate. Mais que pouvoient la
force et la sagesse contre trois légions
bien armées et emportées par une es-

pèce de vertige? Elles reçurent le fils de l'empereur avec un air équivoque. Elles s'étudioient à montrer de la tristesse, mais leurs visages annonçoient plutôt de la mutinerie. Elles s'assurèrent des portes, mirent en factions des corps de troupes. Le reste vint se placer devant le tribunal.

Après avoir eu beaucoup de peine à obtenir silence, *Drusus* leur lit une lettre de l'empereur qui leur demandoit quel étoit le sujet de leurs plaintes. Il leur disoit que quand il le sauroit, il le communiqueroit au sénat, et leur feroit rendre justice. « Quoi! s'écrient-ils tous, » consulte-t-on quand il faut nous battre, » de verges, nous déchirer de coups, » où nous mener à l'ennemi? Et quand » il faut nous distribuer des récompen-» ses, ce sont toujours des avis à de-» mander »? La fureur s'empare de cette soldatesque, ils poussent des hurlemens, coururent en insensés dans le camp, frappent indistinctement les officiers, ceux même qu'ils avoient jusqu'alors le plus respectés. Le jour se passe dans ce tumulte, et la nuit faisoit craindre de plus grands succès, lorsque la lune dans un ciel clair et serein s'obscurcit et refuse sa lumière. Cette éclipse dont les soldats ignoroient la cause, les frappe de terreur. Ils la regardent comme un châtiment des dieux. *Drusus* et son conseil profitent du premier moment de consternation : ils font prendre et décapiter les deux chefs *Hercennius* et *Vibulenus*. Les autres principaux auteurs de la révolte furent massacrés par les soldats eux-mêmes. On n'eut pas de peine à séparer les trois légions l'une de l'autre. Elles furent envoyées dans des quartiers éloignés, où il fut aisé d'étouffer ce qui pouvoit rester encore en elles de germe de rebellion. *Drusus* alla lui-même informer *Tibère* du succès de sa commission, dont il eut l'obligation au hasard, dont il avoit su profiter.

Aux objets de plaintes qui avoient causé ou prétexté la révolte des légions de Pannonie, savoir la dureté du service, et le refus ou délai de récompenses, se joignoit dans les armées de Germanie un esprit d'ambition, une prétention déjà assez développée de disposer de l'empire. Elles sentoient leur force. Divisées en deux corps nombreux sur le Haut et le Bas-Rhin, chacune avoit un général, mais subordonnés l'un et l'autre à *Germanicus*, petit neveu d'Auguste, adopté par *Tibère*. L'opinion s'étoit répandue que ce jeune prince se verroit volontiers porter sur le trône : c'est pourquoi les deux armées n'eurent aucune crainte, quand elles apprirent, que des

Gaules où il levoit les tributs, il venoit pour réprimer la révolte, qui commença chez elles comme toutes les autres, par le relâchement de la discipline, l'oisiveté des camps, et les discours des raisonneurs.

Arrivé à l'armée du Bas-Rhin commandée par *Cecina*, *Germanicus* trouve les légions en pleine rebellion ; mais surtout les vétérans autrefois modèles d'obéissance paroissoient les plus aigris. Ils parloient de leurs trente années de service, conjuroient le prince de soulager leurs fatigues, de leur accorder une retraite à l'abri de la mendicité ; et afin qu'il ne put pas alléguer l'impuissance de le satisfaire, ils le pressent d'accepter l'empire, et lui déclarent qu'ils sont prêts à le soutenir. A cette proposition, le prince se jette à bas de son tribunal, comme si elle l'eut rendu complice de la révolte, et veut sortir du camp. Les soldats s'y opposent les armes à la main, et le menacent de le tuer, s'il ne remonte. Il tire son épée, et s'écrie : « Je » mourrai plutôt que de trahir mon de- » voir ». Déjà il en tournoit la pointe contre sa poitrine ; les uns le retiennent, les autres lui crient de frapper. Dans ce tumulte ses amis l'enlèvent et l'emportent dans sa tente.

Moyennant des lettres supposées de

Tibère qui adoucissoient la honte d'une condescendance déshonorante, *Germanicus* accorda aux légions une partie de ce qu'elles demandoient. Il fut obligé de vuider sa propre bourse, et d'épuiser celle de ses amis pour les satisfaire. Elles se laissèrent ensuite docilement conduire par *Cecina* dans leurs quartiers d'hyver.

L'épidémie de la révolte se répandoit. Des légions en garnison vers la Frise se soulevèrent; peu s'en fallut qu'elles ne massacrassent *Mennius* leur commandant, qui avoit voulu les contenir. Il se sauva, mais fut découvert dans sa retraite. Tiré violemment de son asile par ces furieux, il leur arrache l'étendard, le tourne vers le camp. « Ce n'est pas moi, s'écrie-t-il, que vous trahissez, c'est Germanicus votre général, c'est Tibère votre empereur ». Il ajoute d'une voix ferme : » Quiconque s'écartera de la marche, » sera traité comme déserteur ». La rage dans le cœur, ils se laissent ramener tous au quartier, voulant désobéir et ne l'osant pas.

Après avoir pacifié par ses largesses l'armée du Bas-Rhin, *Germanicus* tourna ses pas vers celle du Haut-Rhin, commandée par *Caius Silius*. Il avoit avec lui *Agrippine* sa femme, alors enceinte, un jeune enfant, et beaucoup de dames de la première distinction, épouses des principaux officiers de l'armée. La révolte parut après les premiers éclaircissemens, portée à un point de fureur qui ne permettoit pas d'y exposer des personnes si chères. Toutes refusoient d'abandonner leurs époux. *Agrippine* s'attachoit à *Germanicus*. A travers ses sanglots, on entendoit percer ces mots : « Je descends du divin » Auguste; j'ai hérité de sa constance, » je serai intrépide dans le danger ». Cependant il fallut se séparer. Les adieux touchans de tant de personnes arrachées des bras l'une de l'autre, attirèrent un grand nombre de soldats. Le spectacle de la femme de leur général, fuyant l'armée de son époux, portant dans ses bras un enfant en bas âge, suivie des femmes de ses amis éplorées comme elle, toucha les légions.

Germanicus profite de ce moment de sensibilité, il leur parle, les prie, leur fait des reproches. Ils s'ébranlent, reconnoissent leur tort, demandent grace, qu'*Agrippine* revienne ; qu'on leur rende leur nourrisson, qu'on ne leur enlève pas ces enfans nés et conçus dans dans leur camp; sur-tout qu'on ne leur fasse pas l'affront de les donner en otage aux Gaulois, chez lesquels ils alloient se retirer. *Germanicus* leur fait entendre que le pardon est entre leurs mains. Aussitôt, ils courent saisir les plus factieux, et les trainent chargés de chaînes devant *Cetronius*, lieutenant de la première légion. Les légionnaires étoient assemblés l'épée à la main. Un tribun leur montroit l'accusé placé sur le haut du tribunal, si on le proclamoit coupable, on le précipitoit, et il étoit aussitôt massacré. Il sembloit au soldat, en faisant couler le sang de ces malheureux, qu'il effaçoit son propre crime. Comme les plaintes contre les centurions avoient été vives, et paroissoient fondées, *Germanicus* en fit la revue. Chacun d'eux cité l'un après l'autre, déclaroit son nom, son pays, ses années de service, ses actions mémorables, les distinctions qu'il avoit obtenues. Ceux dont les talens et l'intégrité obtenoient le suffrage public, furent retenus dans leurs emplois, ou promus à des grades plus élevés. On cassa ceux qui étoient convaincus d'avarice, de cruauté, ou d'autres vices.

Quelques-unes des légions du bas Rhin, appaisées par l'argent de *Germanicus*, conservèrent dans leurs corps des principes de révolte qu'elles firent éclater. *Cecina* en donna avis à Germanicus. Il répondit qu'il partoit avec les légions purifiées par la punition de leurs traitres, et qu'il extermineroit cette horde de rebelles. *Cecina* montra cette terrible lettre aux officiers chargés des aigles et des drapeaux et aux soldats les plus zélés pour leur devoir, et leur dit : « il y va de votre vie. En » tems de paix, on discute les affaires, » on décide suivant le mérite, mais la » guerre immole l'innocent avec le cou-» pable ». Ces officiers sondent ceux qu'ils jugeoient propres à entrer dans leurs vues. De l'aveu de *Cecina*, ils conviennent qu'ils fondront l'épée à la main sur les plus scélérats et les plus factieux, et qu'ils ne feront grace à aucun. On avoit mangé la veille aux mêmes tables, on avoit passé la nuit ensemble, occupé la même tente, et à l'aube du jour des clameurs se font entendre. On se lance des traits ; on se charge à coups d'épées. Le sang coule. Aucun officier ne paroît pour mettre un frein à la fureur du soldat. Tous les proscrits sont égorgés. *Germanicus* en arrivant, est témoin de cet affreux spectacle. « Hélas ! dit-il, ce n'est pas » un remède, c'est une boucherie ». Après ces exemples, bien imprudent qui compte sur la protection d'une multitude qu'il a révoltée.

On blâma *Tibère*, de n'être pas allé lui-même appaiser les légions, comme avoient fait *César* et *Auguste* en pareilles circonstances. Il feignit d'en avoir le dessein, fit travailler à ses équipages, préparer des vaisseaux, choisit ceux qui devoient l'accompagner, et tantôt prétextant la rigueur de la saison, tantôt des affaires, il trompa d'abord les politiques, ensuite la ville, et fort long-tems les provinces. Mais il crut plus sage de confier cette commission à ses deux fils, que de compromettre de prime-abord la majesté impériale. Si les mutins resistoient à *Germanicus* ou à *Drusus*, *Tibère* étoit encore à tems de les adoucir ou de les dompter; mais lorsqu'ils auroient méprisé l'empereur en personne, quelle ressource y substituer ?

A peine la sédition étoit calmée, que le soldat dans la fureur qui l'agitoit encore, est saisi du désir de voler à l'ennemi. C'est l'unique moyen d'expier tant de meurtres. Ses mains sacriléges ont trempé dans le sang de ses frères, il n'appaisera leurs mânes, qu'en recevant d'honorables blessures. *Germanicus* seconde cette ardeur; il jette un pont sur le Rhin, attaque les Germains, que la connoissance de la révolte retenoit dans la sécurité, et en fait un grand carnage. Plusieurs peuples se réunirent en-vain pour lui fermer la retraite, il échappa à leurs piéges et à leurs efforts. Cette expédition fut conduite avec tant de sagesse et de valeur, qu'elle fit voler jusqu'à Rome la gloire du général, et causa beaucoup de jalousie à *Tibère*.

Il avoit d'autant plus de tort de se laisser ronger, par cette passion, qu'il jouissoit alors d'une réputation personnelle assez bien méritée. Il faisoit paroître une grande aversion pour les honneurs extraordinaires, marqués par des statues qu'on prétendoit lui élever. S'il en souffroit dans les temples, ce n'étoit que comme ornemens, et non au rang de celles des dieux. Il rejetoit les titres trop pompeux et les flatteries, toléroit au contraire les railleries et les écrits piquans. « Dans une ville libre, disoit-il, » les pensées et les langues des ha- » bitans doivent être aussi libres ». Le sénat ayant demandé la permission de rechercher les auteurs de quelques satyres contre lui, et de leur faire leur procès, il répondit: « nous n'avons pas » le loisir de nous amuser à de pareilles » bagatelles. Si vous ouvrez une fois la » porte à ces sortes d'informations, » vous n'aurez autre chose à faire, car » sous ce prétexte, chacun se vengera » de ces ennemis, en les dénonçant » comme auteurs de libelles ».

Dans le sénat il souffroit d'être contredit, parloit respectueusement de tous les sénateurs, se levoit devant le consul au théâtre, leur faisoit place dans les rues. Il se montroit fréquemment aux tribunaux, pour rappeller aux juges la sainteté de leurs fonctions. Le luxe des meubles et des repas trouva en lui un censeur sévère. Il donnoit lui-même l'exemple de la frugalité. Il chassa de la ville les jeunes patriciens, et des femmes de qualité, dont les mœurs ne répondoient pas à leur naissance. La police domestique lui parut mériter son attention, comme un moyen d'arrêter les désordres dans leur principe. Il fit revivre à ce sujet une loi qui autorisoit les parens à punir leurs filles même mariées, quand par leur mauvaise conduite, elles deshonoroient leurs familles. Il fut si sévère à cet égard, qu'il défendit jusqu'aux baisers, qui, suivant l'usage, se donnoient pour s'entre saluer. Il marquoit une louable répugnance à charger le peuple de nouveaux impôts. « Un » bon berger, disoit-il, doit tondre ses » brebis et non les écorcher ». Ainsi se » comporta *Tibère*, jusqu'à ce que sa » puissance fût affermie ».

Germanicus faisoit toujours la guerre en Germanie. Il se trouvoit en tête un adversaire digne de lui dans la personne d'*Arminius*, qui avoit causé la défaite de *Varus*, en l'entraînant dans les forêts marécageuses où il périt. Le général romain se proposa comme une action propre à l'illustrer, la vengeance de son prédécesseur. Il pénétra dans les mêmes forêts, où il détruisit les trophées deshonorans pour les Romains, ramassa les ossemens épars, tristes restes des légions, et leur donna la sépulture avec toutes les cérémonies consacrées par la religion. Dans un des combats qu'il fallut livrer pour arriver à ce camp funèbre, il fit prisonniere la femme d'*Arminius*, fille d'un roi très-attaché aux Romains. Elle avoit épousé ce prince malgré son père, et avec lui ses sentimens contre les dévastateurs de son pays. Son malheur, quand elle parut devant le vainqueur, ne lui arracha pas une larme. Sans s'abaisser à demander grace, elle croisoit les bras sur sa poitrine, et regardoit son sein, moins occupée à ce qu'il paroissoit de son sort, que de celui de l'enfant dont elle étoit enceinte, et qui alloit naître dans l'esclavage. *Germanicus* dut être touché, s'il se rappella en ce moment la tendre Agrippine, qu'il avoit vu fuir dans le même état.

Cette princesse vivoit dans les camps, et partageoit avec lui principalement sa sollicitude pour les soldats. Elle visitoit les malades et les blessés, s'entretenoit familièrement avec eux, leur distribuoit des habits, de l'argent et toute sorte de secours. « Tant de soins ne sont pas » sans des vues secrètes, disoit *Séjan*, » le plus intime favori de *Tibère*, au » prince ombrageux. Ce n'est point » contre l'étranger qu'on cherche à » gagner le soldat par des largesses. » *Agrippine* a déjà donné plus d'une » preuve de ses vues ambitieuses, en por- » tant de tente en tente le fils du général, » vêtu comme un simple soldat, et en » voulant qu'il fût appellé *César Cali-* » *gula* ». Ce mot désignoit une chaussure militaire des Gaulois que le jeune prince portoit, et ce nom lui resta.

On remarque que *Tibère* se montra plus méchant à mesure que *Séjan*, son ministre, prit plus d'empire sur lui. A travers la gaze légère de quelques actions estimables, comme de la bienfaisance pour le peuple, des gratifications aux troupes, des générosités à des pauvres sénateurs, on appercevoit un fond de caractère sombre et *haineux*, qui lui attira des railleries. Il commença à ne les plus prendre avec insouciance comme autrefois. L'empereur fit revivre la loi de *lèse majesté*. Dans le tems de la république, elle n'avoit lieu « que » quand quelqu'un donnoit atteinte à la » majesté du peuple romain, en livrant

» une armée, en soulevant le peuple, » en administrant mal la république ». On punissoit les actions, jamais les paroles. *Auguste*, le premier, étendit cette loi qui emportoit peine de mort aux libelles diffamatoires. Elle avoit été donnée pour réprimer l'impudence de *Cassius Severus*, qui s'étoit permis de flétrir, par des satyres, des hommes et des femmes du premier rang. *Tibère*, piqué de certains vers et autres écrits anonymes répandus dans le public contre son orgueil, sa cruauté et sa mésintelligence avec sa mère, jugea à propos de renouveller cette terrible loi. On vit alors commencer les délations, mettre en justice des chevaliers, des sénateurs, pour avoir mal parlé de l'empereur. Un sénateur fut traduit devant le tribunal pour avoir profané une statue d'*Auguste*, en la mettant en vente avec ses meubles. Les juges étoient embarrassés, ils firent demander à *Tibère*, s'il falloit rendre des jugemens en vertu de cette loi. Il répondit séchement : *On doit observer toutes les loix.*

Ce n'étoit pas un prince avec lequel on pût se permettre de sortir du sérieux. Il n'avoit pas encore payé les legs faits par *Auguste* au peuple romain. Un plaisant, voyant passer un enterrement, s'approche du cercueil, fait semblant de parler à l'oreille du mort, puis lui dit tout haut : « Souvenez-vous aussi de » faire savoir à *Auguste* que les legs » qu'il a faits au peuple romain ne sont » pas encore payés ». L'empereur instruit de cette raillerie, fait venir le mauvais plaisant, lui paie sa part du legs, et ordonne qu'on le mette à mort sur-le-champ. « Qu'il aille, dit-il, trouver » *Auguste*, il lui donnera lui-même des » nouvelles plus fraîches que celles qu'il » lui a fait porter par le mort ». Peu de jours après, il paya tous les legs au peuple.

Le goût effréné pour les spectacles, cause ou suite de la corruption des mœurs, éclatoit chez les Romains avec une espèce de fureur. La ville se divisoit en partis qui protégeoient tel ou tel acteur. On en venoit quelquefois aux mains, et on changeoit le théâtre en champ de bataille. Des officiers, des soldats chargés de la police avoient été blessés et tués dans ces occasions. C'étoit la rivalité des acteurs eux-mêmes qui donnoit lieu à ces querelles sanglantes. Pour les contenir, il fut agité dans le sénat si on abrogeroit la loi d'*Auguste*, qui exemptoit les comédiens de la peine d'être battus de verges. Par considération pour *Tibère*, qui montroit du scrupule à enfreindre les ordonnances de son prédécesseur, l'exemption par lui accordée ne fut pas révoquée ; mais on fit des réglemens qui seront jugés sévères par les personnes dont les habitudes s'écartent peu de celles qu'on proscrivit. Il fut défendu aux sénateurs d'entrer chez les pantomimes, et aux chevaliers romains de leur faire cortège dans les rues. Il ne leur fut plus permis de représenter ailleurs, que sur le théâtre public. On voulut par là réprimer l'empressement des Romains, les plus distingués à faire leur cour aux comédiens, pour en obtenir des spectacles particuliers. Les choses en étoient venues au point, que les nobles les visitoient assiduement, les accompagnoient par-tout, vivoient avec eux, d'où on les appelloit *les esclaves pantomimes*. Enfin, on diminua leur salaire. Ce décret fut porté, dit-on, « afin d'humilier leur orgueil, et de ré- » primer l'insolence que les honneurs » et les richesses ne manquent pas de » produire dans les gens de cette es- » pèce ». Il y eut aussi des règles de bienséance prescrites aux spectateurs sous des peines sévères.

Quoique nourrissant au fond du cœur la haine contre *Germanicus*, *Tibère* le fit nommer, par le sénat, *empereur*, et confirma les graces qu'il avoit accordées aux soldats. Ces marques d'approbation encouragèrent le général à de nouvelles entreprises en Germanie. Il entama cette province par les côtes maritimes. *Arminius* se présenta encore pour la défendre, se battit en désespéré, mais eut de nouveau la douleur de voir le grand nombre céder à la discipline. *Germanicus* courut aussi de grands dangers. Le flux et reflux de l'Océan dont la Méditerranée ne lui avoit donné qu'une foible idée, le surprit. La mer orageuse sur ces côtes, se souleva comme pour défendre le pays qu'elle entouroit. Une tempête assaillit la flotte, forte de mille vaisseaux. On fut obligé de jeter à la mer chevaux, bêtes de somme, bagages, armes même, pour soulager les vaisseaux. Les uns furent engloutis, les autres jetés sur des îles inhabitées, où les soldats n'eurent, pendant plusieurs jours, de nourriture que les corps des chevaux poussés par les vagues sur le rivage. A force de peines et de soins, *Germanicus* ramassa ses troupes, et les ramena victorieuses, mais diminuées, harassées, dénuées d'armes et d'habits. Cependant, des succès si chèrement achetés, excitèrent encore la jalousie de *Tibère*. Il craignoit la réputation qu'ils donnoient à ce prince. Son rappel à Rome fut décidé. Sur ce que *Germa-*

nicus lui remontra que les affaires n'étoient pas encore terminées en Germanie, il répondit : « S'il faut continuer la » guerre, laissez-en la gloire à *Drusus*, » votre frère, il ne peut mériter le titre » d'empereur, ni recueillir quelques » lauriers qu'en Germanie, puisque » l'empire n'a pas d'ennemis ailleurs ». Il fallut obéir à un souverain dont les insinuations étoient des ordres, comme la disgrace dont il frappoit quelqu'un étoit un arrêt de mort.

Libon, un de ses proches parens, en fit la triste expérience. C'étoit un jeune homme fort riche, plus étourdi que méchant, donnant dans les rêveries des devins et des astrologues. Ils flattèrent sa vanité, en lui persuadant qu'arrière petit-fils du grand *Pompée*, né d'une famille si illustre, il pourroit aussi bien occuper le trône impérial que le fils de *Tibère Néron*. Ils lui firent voir sa future grandeur dans des prophéties qu'ils forgèrent, dans les oracles de ses ancêtres, dont ils lui faisoient apparoître les ombres qu'ils évoquoient. Tout en le séduisant, ils étoient ses délateurs, et venoient instruire *Tibère* de toute sa conduite. Il auroit pu sauver *Libon* en arrêtant ses égaremens ; mais il aima mieux les savoir et le perdre. Des sénateurs se chargèrent du personnage odieux d'accusateurs, et furent assez peu délicats pour partager ses biens quand il fut condamné. *Tibère* leur conféra sans formalité, les magistratures qu'ils désiroient en récompense de leur complaisance. Argent et honneur, moyens infaillibles de multiplier de pareils monstres. A cette occasion, les astrologues, mathématiciens et magiciens furent chassés d'Italie.

Un simple esclave nommé *Clémens*, donna vers ce tems des inquiétudes à l'empereur : il avoit appartenu à *Posthume Agrippa*. A la nouvelle de la mort d'*Auguste*, il s'embarqua pour l'île de Planésie, dans le dessein de sauver son maître, et de le mettre sur le trône. La lenteur du batteau qu'il fut obligé de prendre, le fit arriver trop tard. Comme il ressembloit beaucoup à *Agrippa*, il prit pour lui-même la résolution qu'il avoit formée pour le prince, inventa une fable vraisemblable de l'évasion de *Posthumus*, lorsqu'il avoit été poursuivi par les assassins, se donna pour lui et se fit croire, ou parut être cru par beaucoup de personnes de la première distinction, qui n'auroient pas mieux demandées que d'être débarrassées de *Tibère*, de quelque manière que ce fût. Elles aidèrent cet aventurier de leurs conseils et de leur argent. Le parti grossissoit. *Tibère* craignant l'éclat, chargea les assassins même du véritable *Agrippa*, de le défaire du faux. Ces satellites firent plus qu'il n'espéroit, ils le surprirent et l'amenèrent en vie à l'empereur. Il lui demanda : » Com- » ment es tu devenu *Agrippa* ? Comme » tu es devenu empereur, répondit l'au- » dacieux *Clémens* ». *Tibère* le fit tuer secrétement ; et il n'en fut plus parlé.

Le peuple s'occupoit alors du triomphe de *Germanicus*, qui fut de la dernière magnificence. Outre les captifs, les dépouilles et la femme d'*Arminius*, tenant son fils dans ses bras, on y vit les représentations des montagnes, des fleuves et des combats. La beauté frappante du vainqueur, ses trois fils, *Néron*, *Drusus* et *Caius*, et ses deux filles *Agrippine* et *Drusille* dont le char étoit rempli, rendoient le spectacle encore plus interressant. Pour qu'il ne manqua rien à la solennité, *Tibère* fit distribuer de l'argent au peuple et aux soldats au nom de *Germanicus*. Tant de démonstrations d'amitié inspiroient une frayeur secrète à bien des gens. On se rappelloit avec inquiétude que la faveur du peuple, pour *Drusus* son père, n'avoit pas eu d'heureuses suites ; que *Marcellus* son oncle, les délices de Rome, avoit été enlevé à la fleur de son âge ; et que tout ce que les Romains aimoient, sembloit être destiné à avoir une durée courte et malheureuse.

Cette triste fatalité ne se réalisa que trop. Après son triomphe, *Germanicus* fut encore en Asie. Ce commandement promettoit plus d'honneurs, qu'il ne faisoit envisager de travaux. Il ne s'agissoit que de parcourir ces riches et belles contrées, en distributeur des graces, donner à un prince, des provinces, ceindre la tête de l'autre du bandeau royal, créer des priviléges, ou rétablir les anciens, proclamer la paix, semer l'abondance. *Germanicus* répandit ces bienfaits avec des graces qui leur donnoient un nouveau prix. *Tibère* avoit détaché de ce gouvernement, La Syrie qu'il donna à *Calpurnius Pison*, d'une des plus illustres familles de Rome, époux de *Plancine*, qui ne cédoit pas à son mari en noblesse, non plus qu'en fierté ; propres par conséquent l'un et l'autre à être opposés à *Germanicus* et à *Agrippine*, pour reserer l'autorité qu'ils voudroient prendre, et balencer les prérogatives du rang. On croit qu'en effet *Tibère* eut ce dessein dans le choix du gouverneur de Syrie. Si telle fut son intention, *Pison* et sa femme y répondirent parfaitement. L'un gagnoit les troupes par l'argent et les carresses; passoit tout au soldat : la fainéantise dans les camps, la licence dans les villes, les courses et le libertinage dans les campagnes. Il blâmoit ouvertement le général, n'en parloit qu'avec dédain et mépris. Sa femme affectoit en toute occasion, au moins l'égalité avec *Agrippine*. Ces procédés furent portés à un tel excès, qu'on crut assez généralement que les coupables avoient des ordres secrets de *Tibère*.

La patience de *Germanicus* donna un air de probabilité à ces soupçons, d'autant plus qu'on ne pouvoit douter que ce prince ne fut sensible aux attaques des deux époux. Il tomba malade, et de ce moment il se crut empoisonné. Il guérit cependant; mais une nouvelle rechûte le mit dans un plus grand danger, qu'il augmenta encore par la ferme persuasion du poison. Il ne s'en cacha pas, le certifia à ses amis, et les supplia de le venger. « Portez, dit-il, mes plaintes » au sénat, réclamez la justice des loix. » Montrez au peuple romain la petite » fille d'*Auguste*, la veuve de *Germanicus*. Présentez lui nos six enfans. Si » on feint des ordres criminels, le public » ne les croira pas. On ne pardonnera » pas à ceux qui s'en prévaudroient ». Ces derniers mots prouvent que le mourant n'étoit pas sans soupçon, que ses ennemis pourroient s'excuser sur des ordres et être protégés.

La moitié de ce qu'il avoit prévu arriva. Mais on doit dire auparavant, que jamais deuil ne fut plus sincère, mieux exprimé, plus universel, que celui qu'excita la mort de ce prince. Il l'avoit prédit et s'en étoit expliqué en ces termes, qui notent toujours en quelque façon *Tibère*, et indiquent les coupables. « Ceux » que mes espérances, les liens du sang, » ou la jalousie même ont pu rendre attentifs à mon sort, verseront des pleures sur un prince autrefois comblé de » gloire, échappé de tant de combats, » pour succomber sous les intrigues » d'une femme. Les inconnus même pleureront *Germanicus* ». Les ennemis, ceux qu'il avoit vaincus, donnèrent à sa mémoire des témoignagnes de douleur et d'estime. par-tout on éleva à sa gloire des monumens arrosés des larmes de ceux qui les érigeoient. *Agrippine* rapportant les cendres de son époux, renfermées dans une urne funéraire, trouva les chemins couverts de peuple attendri. Les chants lugubres des funérailles furent plusieurs fois interrompus par un silence et des sanglots plus expressifs que les plus pompeux éloges. Cette veuve désolée, livrée dans la retraite à l'éducation de ses enfans, se déroba aux regards du public, docile sans doute aux avis de son mari, qu'on croit lui avoir donné pour dernier conseil de se défier de *Tibère*.

On ne la vit paroître ni en personne ni en son nom dans le procès qui fut intenté à *Pison* et à *Plancine*, sa femme. Outre la joie indécente qu'ils avoient montrée pendant la maladie de *Germanicus*, et à sa mort, *Germanicus* lui-même les accusoit par ses dernières paroles adressées à ses amis, qui avoient été publiques. « Quand ma mort seroit
» naturelle, disoit-il, j'aurois sujet de
» me plaindre des Dieux même, dont
» l'arrêt prématuré m'enlèveroit dans la
» force de l'âge, à mes parens, à mes
» enfans, à ma patrie ; mais puisque je
» péris par la perfidie de Pison et de
» Plancine, c'est à vos cœurs que je
» confie mes dernières prières. Dites à
» mon père et à mon frère, quels cha-
» grins dévorans, combien de noirs arti-
» fices ont terminé mes tristes jours par
» une mort encore plus déplorable ».
Après une pareille dénonciation, il ne fut pas possible à un père, quoique simplement adoptif, de ne pas permettre que les personnes notées fussent mises en justice. Mais l'accusation de poison manqua tout-à-coup. Une fameuse em-

poisonneuse, confidente de *Plancine*, très-capable de fournir les lumières dont on avoit besoin, fut trouvée morte dans son lit, pendant qu'on la transportoit à Rome.

Il fallut donc borner l'accusation contre *Pison* à la séduction des soldats, à l'affectation de décrier *Germanicus*, de s'élever contre ses ordres et de chercher à faire naître toutes les occasions de le chagriner. Ce dernier grief étoit commun à *Pison* et à sa femme. Mais *Livie*, mère de l'empereur, intime amie de *Plancine*, trouva moyen de la faire décharger. Quand *Pison* vit qu'il alloit porter tout le poids du procès, il désespéra de sa cause. On soupçonne néanmoins qu'il eut dessein de présenter dans sa justification des ordres secrets qu'il avoit eus pour règle de sa conduite. Soit qu'on le craignît, ou que lui-même aima mieux se délivrer tout d'un coup d'un procès déshonorant, on le trouva la veille du jugement percé d'une épée, tombée à côté de lui : laissant dans l'incertitude s'il s'étoit tué lui-même, ou si on l'avoit tué de peur qu'il ne parlât. Il est seulement bon de remarquer que *Tibère* se déclara par la suite protecteur de sa famille, et qu'il ne voulut pas que sa mémoire fut flétrie. En même tems, il ordonna par édit que le deuil importun de

Germanicus cessât, et fut remplacé par des fêtes. Avec tant de divinités, il ne manquoit pas à Rome de solennités. Celle de la mère des Dieux survint à propos pour faire diversion aux regrets.

Dans le même tems, les rites égyptiens furent prohibés, et les prêtres bannis pour le crime d'un d'entre eux. Une dame de condition, nommée *Pauline*, trop dévote à *Anubis*, se laissa persuader de passer une nuit dans son temple, dont le dieu la désiroit. Elle s'y rendit du consentement de son mari, aussi crédule qu'elle. Mais au lieu du Dieu, elle se trouva sans le savoir avec *Mundus*, jeune chevalier romain, qui lui avoit offert inutilement une somme considérable pour répondre à sa passion. Il gagna avec la même somme le ministre du temple, qui lui procura la satisfaction qu'il souhaitoit. Il eut l'imprudence de s'en vanter à *Pauline* elle-même. Désespérée de la tromperie, elle en fit part à son mari. Celui-ci s'en plaignit à l'empereur, qui fit mettre en croix l'infâme ministre, et chassa tous les autres. Il bannit aussi les Juifs pour la fraude de quelques-uns, qui, ayant fait une prosélite opulente, avoient retenu un riche présent qu'elle envoyoit par leurs mains au temple de Jérusalem.

Semblable aux mères coquettes qui

veillent de plus près que les autres sur la vertu de leurs filles, *Tibère* étoit rigide censeur des mœurs. Il exila une patricienne qui s'étoit fait inscrire au nombre des prostituées, afin de s'abandonner plus librement sous la protection de la police. Une femme adultère fut punie par le bannissement avec son complaisant mari. La loi *Poppæ*, contre les célibataires, étoit un prétexte de vexations, parce qu'elle prononçoit des amendes que les percepteurs du fisc tournoient à leur profit. L'empereur la modéra, et réprima l'abus des concussions. On ne peut lui reprocher d'avoir foulé les particuliers ou les peuples en général; au contraire, il se montroit généreux, sur-tout dans les occasions importantes. Ainsi un terrible tremblement de terre s'étant fait sentir en Asie, il envoya des sommes considérables aux villes ruinées, et soulagea tant qu'il put, par ses libéralités, ces malheureuses provinces.

Sous prétexte de santé, et d'avoir besoin de l'air de la Campanie, l'empereur commença à y faire de fréquens voyages. Ses retours à Rome étoient presque tous marqués par des espèces d'assassinats juridiques; c'est-à-dire, qu'il immoloit les victimes de sa haine ou de sa jalousie, avec le glaive de la loi, que lui présentoient et aiguisoient les dénonciateurs, qu'il encourageoit secrètement. On peut juger à quoi tenoit la vie d'un homme, par le supplice de *Calpurnius*, accusé de porter un poignard lorsqu'il alloit au sénat, et d'avoir chez lui du poison : par la mort de *Cremutius Cordus*, condamné pour avoir fait des annales dans lesquelles *Brutus* et *Cassius* étoient nommés *les derniers des Romains* : par celle de *Lataius*, coupable d'avoir fait d'avance un éloge funèbre de *Drusus*, qui n'étoit que malade; mais son vrai crime étoit un poëme très-attendrissant fait dans le tems sur le décès de *Germanicus*. Le miséricordieux Tibère vouloit, disoit-il, lui faire grâce, et se plaignit au sénat de son exécution précipitée ; mais il fut diligent pour sauver *Catus*, coupable de calomnies insignes ; pendant qu'au contraire il laissoit partir pour l'exil, ou monter à l'échafaud, les accusés qui tenoient aux plus illustres familles, pour peu sur-tout qu'ils fussent liés d'amitié avec *Agrippine*. Deux proscrits, relégués dans des îles désertes et sans eau, virent cependant fixer par lui le lieu de leur bannissement dans d'autres îles pas plus habités, mais pourvues d'une source. « Puisque le sénat » leur laisse la vie, dit-il, il ne faut pas » leur ôter le moyen de la conserver ».

Ainsi, par une feinte pitié, il se moquoit des sénateurs, qu'il savoit bien n'être cruels que par complaisance. *Ah! les lâches*, disoit-il, quand il se trouvoit entre ses familiers, *les lâches qui courent au-devant de la servitude*. Le tyran savoit bien comment on abat les courages et on propage la terreur; et que tel qui affronteroit des bataillons, tremble à la vue des scélérats fauteurs de calomnies et explorateurs des pensées les plus secrètes.

On vit, devant le sénat avili, un fils accuser *Vibius Severus*, son père, ancien proconsul d'Espagne, condamné à la vérité pour malversation, au bannissement dans l'île d'Amorgue; mais qui ne devoit pas s'attendre à voir combler ses malheurs par l'imputation du crime de lèse-majesté. Le vieillard, arraché de son exil, défiguré, presque nud, étoit chargé de fers. Le jeune homme, richement paré, tout a-la-fois dénonciateur et témoin soutenoit que son père avoit conspiré contre le prince, et tenté de soulever les Gaules par ses émissaires. «Où sont les complices»? disoit l'infortuné, auquel on n'en présentoit qu'un seul, «sans doute je n'aurai pas entre-
» pris, moi second, de tuer le prince et
» de bouleverser l'empire ». L'accusateur, déconcerté, nomma des sénateurs,

entre autres *Lentulus*, dont la probité étoit si bien reconnue, que *Tibère* lui-même rougit de l'accusation. « Je ne mé-
» riterois pas de vivre, dit-il, si j'étois
» haï de Lentulus ». Le père fut renvoyé dans son exil, et le fils dénaturé ne fut point puni. Quelque fut le sort de leur accusation, les délateurs non-seulement n'éprouvoient aucun châtiment; mais encore étoient sûrs d'avoir des récompenses. « Il vaut mieux, disoit l'em-
» pereur, supprimer la justice, que de
» la priver de son appui, en ôtant le sa-
» laire à ceux qui sont les gardiens des loix.
Quelles loix ! et quels gardiens !

Sans la connoissance qu'on avoit de la prédilection de *Tibère* pour ces scélérats, et sans la crainte d'être abandonné à leur fureur, il se seroit trouvé vraisemblablement des personnes qui auroient pu lui inspirer des inquiétudes sur les entreprises qui se méditoient contre sa famille; et dans ces sortes d'affaires, du soupçon à la découverte il n'y a pas loin. Mais *Séjan* son favori, son ministre, possédoit trop sa confiance, pour qu'on osât donner la moindre alarme sur son compte. Ce fut donc avec la plus grande sécurité, qu'il arrangea ses noires machinations. On ne peut douter qu'il n'ait eu dessein de s'asseoir sur le trône, malgré tant d'héritiers dont il étoit environné, et qui l'assuroient. Les enfans de *Germanicus*, *Drusus* qui en avoit deux lui-même, ne lui parurent pas des obstacles insurmontables. *Tibère* abjurant toute défiance pour celui qui en méritoit le plus avoit attribué à *Séjan* un pouvoir illimité sur les gardes prétoriennes. Par les largesses, les complaisances, les officiers, ses créatures qu'il eut la liberté d'y introduire, il se fit un corps absolument dévoué à ses volontés.

Pour se débarasser de *Drusus* investi d'une puissance supérieure à la sienne, il falloit moins de force que de ruse. Les méchans se devinent. *Séjan* trouva une zélée complice dans l'épouse du prince, l'impudique *Liville* fille de l'impudique *Livie*. L'adultère les conduisit à l'empoisonnement. La femme administra à son mari une potion dont l'effet étoit peu différent d'une maladie ordinaire. Il mourut pleuré des Romains, quoiqu'il eut beaucoup de défauts, principalement de la férocité dans le caractère. Mais ses vices étoient moins redoutables que la profonde dissimulation de son père. *Tibère* vint au sénat, et au milieu des sanglots qu'arrachoit aux sénateurs la circonstance, il prononça d'un ton ferme et soutenu une harangue commençant par ces mots. « Je n'ignore

» pas qu'on peut me blâmer de ce que
» je parois au sénat dans une douleur
» si récente. Presque tous les hommes
» fuient dans ces instans, jusqu'aux
» consolations de leurs proches. A
» peine supportent-ils la lumière. Mais
» sans les taxer de foiblesse, je viens
» chercher un soulagement plus efficace
» entre les bras de la république ». Il
représenta ensuite d'une manière attendrissante que l'impératrice sa mère touchoit à l'extrémité de sa carrière, que ses petit-fils encore sans expérience commençoient la leur, et qu'il étoit lui-même sur le déclin de l'âge. « Je ne vois,
» ajouta-t-il, d'autres ressources à l'état
» dans ce malheur que les fils de *Ger-*
» *manicus* ».

Il ordonna qu'on les fit entrer, et les prenant par la main, il adressa aux assistans ces paroles : « J'avois remis ces
» deux orphelins à leur oncle. Je le conjurai de les chérir à l'égal des siens,
» de les élever, de les rendre dignes
» de lui et de sa postérité. Aujourd'hui
» que *Drusus* m'est enlevé, c'est à vous,
» pères conscripts, que j'adresse mes
» prières, en présence des dieux de la
» patrie. Adoptez, gouvernez les petit-
» fils du divin *Auguste*, les descendans
» de tant de héros. Remplissez à leur
» égard, votre devoir et le mien. *Néron*

» et *Drusus* voici présentement vos
» pères ». Cette espèce d'adoption indiquoit à *Séjan* les victimes qu'il devoit frapper : mais elles étoient sous la garde d'une mère vigilante. Le perfide n'osant espérer de la surprendre, résolut de la perdre avec eux dans l'esprit de l'empereur, et par ce moyen de les exterminer tous ensemble.

Auparavant, il tenta de se donner un droit à la souveraine puissance par le mariage de *Liville* qu'il osa demander à *Tibère*. Il s'en falloit bien qu'il fût de naissance à espérer un pareil honneur. Il n'étoit que fils de chevalier, de famille sénatoriale par sa mère, et peu illustré par ses alliances. Il crut que la faveur du prince suppléoit à tout. *Tibère* néanmoins ne lui accorda pas sa demande ; mais il se donna la peine de motiver son refus, dans une longue lettre qu'il terminoit en lui donnant l'espérance d'autres grâces. *Séjan* dut s'estimer heureux, de ce qu'une pareille prière ne donna aucun ombrage à l'empereur. Il paroît même que le favori n'en acquit que plus d'empire sur son esprit. Et il s'en servit de concert avec *Liville* pour rendre *Agrippine* et ses enfans suspects d'ambitionner le pouvoir souverain, crime impardonnable aux yeux de *Tibère*.

A force de calomnies et de craintes

suggérées, *Séjan* vint à bout de brouiller l'oncle et la nièce. Celle-ci se plaignoit des vexations directes et indirectes qu'on lui faisoit éprouver: qu'il suffisoit qu'on lui fût attaché pour être tourmenté. Ses amis disoit-elle, étoient traînés en justice, et condamnés sans autre crime que leur dévouement à elle et à ses enfans. Tout devenoit suspect à la veuve de *Germanicus* de la part de l'empereur. A sa table, elle n'osoit manger, parce qu'on l'avertissoit sourdement de craindre le poison. Cette frayeur étoit remarquée par *Tibère* qu'on en prévenoit aussi, et qui s'indignoit de pareils soupçons. De cet état violent naissoient des épanchemens de confidence, des explosions de menaces, qui étoient rapportées et envenimées.

Année 25. Quand *Séjan* et sa cabale eurent éloigné ces esprits, il s'appliqua à empêcher qu'ils ne se rapprochassent, comme il auroit pu arriver, par des entrevues et des explications. Il persuada à *Tibère* de quitter Rome sans retour. Des raisons assez puissantes, le portoient à cet éloignement. Les vérités désagréables qu'il entendoit quelquefois jusque dans le sénat, la crainte de quelqu'attentat plus possible dans une grande ville, au milieu d'une populace immense, que dans quelque lieu bien circonscrit, et facile à garder. A cela se joignoit le désir de n'être plus gêné dans ses volontés atroces, par les égards qu'il ne pouvoit s'empêcher d'avoir pour *Julie Auguste* sa mère à laquelle il devoit le trône. On ajoute qu'il rougissoit de l'état où son corps fut réduit dans sa vieillesse. Une longue stature maigre et voutée, un front dégarni de cheveux, un visage couvert de pustulles et parsemé d'emplâtres. Il alla cacher cette laide figure dans la petite île de Caprées près du cap Sorento, où il s'entoura du cortége de la débauche la plus abominable.

Il fut aisé à *Séjan*, tenant *Tibère* dans cette retraite, de consommer la perte d'*Agrippine* et de ses enfans, pour lesquels personne ne plaidoit : *Tibère* n'eut pas honte de les accuser lui-même par lettre, auprès du sénat, c'est-à-dire de livrer sa nièce et ses petits neveux, à un sort funeste; car il savoit bien que la décision de ce lâche tribunal, ne pouvoit être qu'un arrêt de proscription. Ce que nous connoissons de l'accusation, ne consiste qu'en propos vagues, conjectures d'avoir eu dessein de se soustraire à la domination de leur oncle, et d'envahir l'empire. Sur ces imputations, les enfans furent séparés de la mère. Elle, reléguée dans la petite île Pandataire, essuya tant de mauvais traitemens du centurion qui la gardoit, et sur-tout des coups sur la tête, qu'elle en perdit un œil. *Drusus*, son second fils, fut gardé prisonnier dans un coin du palais. *Néron* l'aîné, jeune prince de grande espérance, enfermé dans l'île de Ponce, y mourut, les uns disent de misère, les autres de frayeur à la vue du bourreau qui entroit dans son appartement avec des instrumens du supplice, comme s'il étoit envoyé pour donner la torture ; ceci n'arriva qu'après la mort de l'impératrice *Livie*. Elle paya à quatre-vingt-cinq ans, à la nature, un tribut tardif ; mais qui fut encore trop précipité, puisqu'on croit, que par l'ascendant qu'elle avoit conservé sur son fils, elle mettoit un frein à sa cruauté. En effet, après sa mort, il se livra sans mesure à tous les excès que lui suggéroit son caractère sombre et féroce.

On est étonné que *Séjan*, devant connoître ce caractère ombrageux, se soit laissé donner les honneurs extraordinaires que le sénat lui décerna. Il ordonna que le jour de sa naissance, seroit annuellement célébré. Qu'on lui dresseroit des statues dans tous les quartiers de la ville ; qu'il seroit offert des sacrifices pour sa conservation. Son nom fut ajouté à celui de *Tibère*, dans les inscriptions, et on prorogea pour cinq ans le consulat qu'il exerçoit en commun avec l'empereur. Tant de grandeur attiroit dans son palais la foule des premiers de Rome, qui venoient lui faire la cour, et qui en son absence, la faisoient à ses favoris et à ses esclaves. Ce colosse s'élévoit sous les yeux de *Tibère*. Il l'étayoit de toute son autorité, dans le tems même qu'instruit de toutes ses menées, par *Antonia*, veuve de son frère *Drusus*, il s'apprêtoit à l'abattre. Elle fut obligée, tant étoient grandes les précautions de *Séjan !* de faire passer sa lettre par des voies détournées, parce que ceux qui entouroient l'empereur, étoient autant d'espions aux gages du ministre, de sorte que *Tibère* se trouvoit détenu dans une espèce de captivité. Les cohortes prétoriennes, dont la plupart des officiers devoient leur poste au favori, étoient plus dans ses intérêts que dans ceux de l'empereur. On pouvoit en dire autant du sénat. A ne juger que par ce qui frappoit les yeux, on auroit cru l'un seulement prince de la petite île, et l'autre souverain de Rome; mais cette souveraineté commençoit à chanceler, parce qu'on s'appercevoit que *Tibère* lui retiroit insensiblement son appui, et quand il frappa le dernier coup, il étoit presque sûr qu'il feroit crouler l'édifice.

Cependant, comme les sacrificateurs couronnoient leurs victimes, *Tibère* continuoit d'accumuler de nouveaux honneurs sur la tête de celui qu'il alloit immoler. Il lui manquoit encore la puissance tribunitienne. L'empereur le flatte de l'espérance de cette dignité, et sous prétexte de réaliser sa promesse, il fait partir de Caprées, *Sertorius Macron*, qui n'entre à Rome qu'à la chute du jour, pour n'être pas vu. Il va descendre chez le consul *Régulus*, qui n'étoit pas ami de *Séjan*, et concerte avec lui ses mesures. Le consul assemble le sénat dès le matin. *Séjan* est surpris de voir *Macron* sans lettre de *Tibère* pour lui. *Macron* lui dit à l'oreille qu'il en apporte, qu'il va présenter aux pères conscripts, par lesquelles l'empereur les prie de lui conférer la charge de tribun. Le ministre, ravi de cette nouvelle, prend sa place. *Macron* présente la lettre au consul, et sort. Pendant la lecture, il va se faire reconnoître commandant de la garde prétorienne, lui distribue une gratification, change le détachement qui avoit amené *Séjan* au sénat, et en fait garder la porte par un autre, sous le commandement d'un officier qui étoit du secret.

La lettre étoit d'une longueur excessive, composée avec un artifice singulier. *Tibère* s'étendoit d'abord en propos vagues, puis disoit un mot contre *Séjan*, se jetoit sur un autre matière, revenoit à *Séjan*, ainsi de suite à plusieurs reprises. Chaque fois, il enchérissoit sur la dureté des expressions précédentes. Tout le monde restoit en suspens. *Séjan* épouvanté ne proféroit pas une parole. Son front palissoit. A chaque phrase de la lettre dirigée contre lui, par un mouvement presqu'imperceptible, les sénateurs voisins s'éloignoient. Arrive l'article effrayant de la lettre où l'empereur ordonnoit de condamner à mort deux sénateurs ses intimes amis, instruits de tous ses complots. L'autre ordre plus effrayant encore, de s'assurer de sa personne. Sur-le-champ les tribuns et les préteurs quittent leurs siéges, se placent à ses côtés pour l'empêcher de se sauver, et d'exciter des troubles. La salle du sénat qui ne raisonnoit que de ses louanges, retentit aussitôt d'imprécations contre sa personne, le consul le conduit lui-même en prison, accompagné de tous les magistrats.

Ils eurent beaucoup de peine à le garantir de la fureur du peuple. Confus et humilié, il vouloit se cacher le visage d'un pan de sa robe, les gardes le forcèrent de se laisser voir. Le peuple renversa et mit en pièces ses statues. Le même jour, le sénat se rassembla, et le condamna à mort. Il fut exécuté sur-le-champ. Son corps abandonné à la populace, lui servit de jouet pendant trois jours, ainsi que ceux de tous ses amis, qu'on massacra sans distinction d'âge ni de sexe, jusqu'à ses enfans qui furent condamnés juridiquement. Son fils à peine sorti de l'adolescence, sa fille si jeune encore, qu'étant portée au supplice, elle demandoit à grands cris ce qu'elle avoit fait, qu'elle ne le feroit plus, qu'on la châtiât comme les enfans de son âge. Après lui avoir fait éprouver les derniers outrages, afin qu'elle ne mourût pas vierge, le bourreau lui trancha la tête. Ainsi les triumvirs, ayant condamné un enfant à mort, le firent revêtir avant l'exécution de la robe virile, pour paroître ne pas transgresser la loi qui défendoit de faire mourir un enfant.

Pendant que par ses ordres sanguinaires, il remplissoit la ville de carnage et de terreur, *Tibère* n'étoit pas sans frayeur dans son île. Il passoit la plus grande partie de son tems sur le sommet d'un rocher escarpé afin d'être averti par des signaux convenus de ce qui se faisoit. Si les affaires n'avoient pas tourné à son avantage, il tenoit des vaisseaux tout prêts sur lesquels il auroit été chercher un autre asile. Mais il ne jouit pas sans mélange de la joie de ses succès. *Apicata* femme de *Séjan* qu'il avoit répudiée lorsqu'il voulut épouser *Liville*, voyant entre les corps exposés à la vue du public ceux de ses deux enfans, ne put survivre à sa douleur. Mais avant de se tuer, elle fit remettte à *Tibère* qu'elle vouloit tourmenter un mémoire qui lui révéloit l'affreux secret de l'empoisonnement de *Drusus*, les moyens et les complices.

Un fils, un complot contre sa propre personne à venger, réveillèrent en lui des soucis cuisans, et firent déborder, pour-ainsi-dire, tout autour de lui, la cruauté dont cette ame atroce étoit pleine. *Liville* fut condamné à mourir de faim. Il s'appliqua à rechercher non-seulement les complices, mais tous ceux qui avoient eu des liaisons avec eux. Il se les faisoit apporter dans son île, comme un tigre dans sa caverne, pour tirer lui-même les aveux par les tourmens, et jouir de leur douleur. Un d'eux s'étant tué, il s'écria dans une espèce de désespoir: *Carnutius m'est échappé*. Il répondit à un de ses prisonniers qui le prioit d'abréger son supplice par la mort: « Nous ne sommes pas encore » assez bons amis pour cela ». Aux coupables, à leurs amis, succédèrent les simples protégés; ensuite les délateurs ordinaires pour n'avoir pas bien fait leur devoir en cette occasion, et les indifférens même. On raconte à cette occasion, qu'un habitant de Rhodes qu'il aimoit singulièrement, étant arrivé sur son invitation dans cette fâcheuse circonstance, *Tibère* quand on le lui annonça, occupé de la seule idée de criminels et de supplices, ordonna qu'on lui donnât la question, comme à tous ceux qu'on amenoit. Lorsqu'il reconnut sa méprise, il se débarrassa des reproches en faisant tuer son ami. Pour abréger, il en faisoit quelquefois précipiter dans la mer, du haut d'un promontoire. Au bas se tenoient des hommes chargés de tuer à coups d'avirons, ceux qui tentoient de se sauver à la nage, et lui-même présidoit à ce spectacle.

Il auroit manqué un trait à la barbarie de *Tibère*, si en tuant ceux qu'il haissoit, il n'avoit tâché de les déshonorer. Ainsi en forçant par ses mauvais traitemens la malheureuse *Agrippine* à finir une vie qui lui étoit à charge, le moustre publia qu'elle s'étoit laissé mourir de faim, de regret d'avoir perdu son amant, vieillard respectable, qu'il fit languir trois ans en prison. Dans la lettre par laquelle il annonça au sénat la mort de cette princesse, il vantoit sa clémence de ce qu'il ne l'avoit pas fait étrangler, et jeter aux Gémonies. Le sénat lui en fit ses remercimens. L'infortunée veuve de *Germanicus* avoit été précédée au tombeau par son fils *Drusus*. Pendant neuf années, ce malheureux prince avoit reculé sa mort par divers moyens, quelquefois réduit à mettre dans sa bouche la bourre de son lit pour tromper sa faim. *Tibère* fit lire en plein sénat le journal de ses actions. Il en résultoit, qu'on avoit eu l'inhumanité d'entourer son petits-fils de gens chargés d'épier son visage, ses murmures, et jusqu'à ses soupirs les plus secrets. Il apprenoit au public ce qu'il avoit lu lui-même avec plaisir, dans les lettres de ses espions, que tel jour, un tel centurion avoit réprimé les plaintes du prince par des expressions cruelles ; que tel autre jour, un autre l'avoit intimidé par ses menaces ; qu'un troisième enfin l'avoit frappé, que l'enfant dénaturé s'étoit permis ces imprécations contre son ayeul : « Meurtrier de ta belle-fille, » du fils de ton père, de tes petits-» fils et de toute ta famille ; puisse tomber » sur toi la vengeance dû à notre nom, » à nos ancêtres et à la postérité » ! *Tibère* l'appelloit en finissant sa lettre, « fils ingrat, impudique ennemi de l'é-» tat ». Les sénateurs feignoient d'être révoltés du crime du jeune prince ; mais au fond ils n'étoient indignés que de l'imprudence de l'empereur, autrefois si secret et si réservé, et qui s'étoit par dégrés enhardi jusqu'à entr'ouvrir à leurs yeux les murs du cachot de son petit-fils, et le montrer sous la verge d'un centurion, meurtri de coups par des esclaves, expirant de faim, et demandant inutilement de quoi prolonger un dernier soupir.

Un seul fils de *Germanicus*, *Caligula*, dont nous avons parlé, échappa à sa rage, mérita même ses bonnes graces, peut-être parce que sous un extérieur doux et modeste qu'il tenoit de son père, il cachoit comme son grand-père adoptif, des inclinations cruelles et sauvages. Il vivoit sous ses yeux à Caprées, dissimulé jusqu'à ne pas laisser échapper un soupir, ne pas changer de visage, lorsqu'il sut la mort de sa mère et de son frère ; quoiqu'on employât toutes sortes d'artifices, pour lui arracher quelque marque de ressentiment. Il faisoit son unique étude du caractère de *Tibère*. Il imitoit ses regards, ses expressions, et jusqu'à sa manière de s'habiller. De sorte que quand il fut parvenu au trône, on disoit de lui : « que jamais il n'y avoit eu de
» meilleur esclave, ni de plus mauvais

» maître ». L'ayeul avoit bien pénétré son petit-fils, lorsqu'il disoit, en parlant de ses dispositions testamentaires « Je » laisse un serpent au peuple Romain » pour le dévorer, et un Phaéton pour » embraser la terre ». Il lui dit à lui-même à l'occasion de quelques plaisanteries qu'il se permettoit sur Sylla. « Vous aurez tous ses défauts, et pas » une de ses vertus ». Enfin, en embrassant le jeune *Tibère*, fils de son cher *Drusus*, auquel il avoit voulu léguer l'empire, mais dont il ne put à cause de sa jeunesse, faire que le collègue de *Caligula*, il regarda celui-ci d'un œil farouche et lui dit : *vous le tuerez : mais un autre vous tuera.*

Pendant qu'il étoit agité par ces tristes pressentimens, soixante et dix-neuf ans et une maladie de langueur lui faisoient prévoir une mort prochaine. Il étoit sorti de Caprées, et promenoit son squelette par-tout où il croyoit qu'un air plus sain et des distractions renouvellées sans cesse, pouvoient réparer ses forces et écarter ses fâcheuses réflexions. Cette espèce d'agonie fut trop courte, si elle étoit accompagnée de douleurs aigues et de remords déchirans, et si on peut supposer que devant ses yeux qui s'étoignoient, passoient successivement les ombres menaçantes de tous ceux qu'il avoit immolés à sa vengeance et à ses soupçons. Ce fut presque le seul cortège qui l'accompagna au tombeau. Il montroit le sceptre à son successeur; mais il le retenoit: et lorsqu'il étoit prêt à tomber de sa main défaillante, peu s'en fallut que *Caligula* ne fût mis hors d'état de le ramasser. Car le vieil empereur s'étant apperçu que *Macron*, faisoit sa cour à son futur successeur, lui dit avec le ton du dépit: « Il paroît que vous abandonnez le soleil » couchant pour adorer le soleil levant ». Cette observation pouvoit causer l'éclipse de l'astre et la punition de l'adorateur.

On ignoroit l'état précis du malade. Il étoit même dangereux de vouloir s'en assurer : son médecin fut obligé d'user de ruse. Il prétexta un voyage, et lui prenant la main comme pour la baiser, il lui tâta le poulx, et reconnut qu'il n'avoit pas long-tems à vivre. Il en donna la certitude à *Caligula*. Mais l'empereur luttoit avec courage contre la mort. On le voyoit ramasser toutes ses forces, tantôt pour donner une audience, vêtu et paré comme en pleine santé, tantôt pour assister à un repas et partager la joie des convives. Il tomboit en foiblesse, et se relevoit plus vigoureux. Tant d'alternatives inquiétoient et fatiguoient l'attente. Enfin, on vient dire à *Caligula* que *Tibère* ne voit plus ni ne respire. Tous les courtisans se rangent autour du nouvel empereur; mais pendant qu'il reçoit leurs félicitations, un esclave accourt, annonce que le mourant a recouvré la vue et la parole. *Macron* entre dans sa chambre, l'écrase pour ainsi dire sous la pésanteur des vêtemens dont il le charge. Le moribond résistoit. On dit que *Caligula* lui-même, lui couvrit la tête d'un oreiller et le pressa sur la bouche, jusqu'à ce qu'il fut expiré. Mort trop douce pour un pareil tyran. Si jamais on concevoit le bisarre projet de faire une galerie des monstres couronnés, qui ont effrayé la terre, qu'une toile noire remplisse le cadre destiné à son portrait, et qu'il soit oublié.

Le règne de *Caligula* est partagé en deux époques, l'une qui ne dura que quelques mois, pendant laquelle il montra de bonnes intentions, et fit des actions louables; l'autre contient la vie d'un fou forcené, dont l'existence étonne encore moins que la patience de ceux qui l'ont souffert. Son avènement au trône causa une joie excessive. Plus de cent soixante mille victimes dans l'étendue de l'empire, tombèrent sous la hache des sacrificateurs, et accompagnèrent les vœux qu'on fit pour sa prospérité. Il alla dans les îles de Pandataire et de Ponce recueillir les cendres de sa mère et de son frère, il décora ses trois sœurs *Agrippine*, *Drusille*, et *Liville* de tous les honneurs qu'il put imaginer, comme de leur accorder les priviléges des vestales, quoiqu'elles n'en fussent rien moins que dignes. On voulut dans ce commencement lui faire craindre une conspiration contre sa vie. « Je n'appréhende » rien, dit-il, je n'ai rien fait pour m'at- » tirer la haine de personne ; et je n'a- » joute aucune foi aux délateurs ». Sa conduite sage à l'égard du peuple auquel il donna l'assurance de sa subsistance et et une bonne police, les seuls biens qui lui soient strictement dus : à l'égard des proscrits auxquels il rendit leurs biens : à l'égard des prisonniers dont il fit tomber les chaînes, lui mérita du sénat des distinctions flatteuses. Il fut statué, que tous les ans son image gravée sur un bouclier d'or seroit portée au Capitole par le collége des prêtres, que les sénateurs suivroient la procession avec les enfans des patriciens de l'un et l'autre sexe, chantant des hymnes à son honneur, et que ce jour seroit fêté avec la même solennité que celui de la fondation de Rome.

Qu'auroit-on pu faire de plus après

un règne glorieux ? Devoit-on regarder tout ce qui se passoit, autrement que comme des espérances ? malheureusement, on y fut cruellement trompé. *Caligula* tomba malade; la consternation se répandit dans la ville et dans tout l'empire; mais combien redoubla-t-elle, lorsqu'on vit ce malheureux empereur ne sortir des voiles funèbres desquels il avoit été enveloppé, que pour montrer tous les vices opposés à ses premières vertus. Dans sa jeunesse, il avoit éprouvé des attaques d'épilepsie. Ceux qui l'approchoient appercevoient quelquefois des absences. On a présumé que la maladie affecta son esprit et acheva de le déranger. Les fous ont une passion dominante. La sienne fut la cruauté, dont les intervalles étoient le ridicule et l'absurdité.

Dès sa convalescence, *Caligula* prend les titres fastueux de *fils des camps, père des armées, très-gracieux, très-puissant César*. Le jeune *Tibère* nommé par le testament du vieux pour être son collègue, étoit disoit-il, son fils adoptif. Sa vie lui étoit aussi chère que la sienne propre, au moment de ces protestations, il lui envoie l'ordre de se tuer de sa propre main. Le malheureux enfant étoit d'un caractère doux. Jamais il n'avoit assisté à des exécutions, ni même à des combats de gladiateurs. Il présente docilement sa gorge à l'officier le plus proche, ensuite à tous les autres, les prie les yeux baignés de larmes d'accomplir l'ordre cruel dont ils sont chargés. Sur leur refus, il tire son épée: « Montrez-moi, dit-il, du moins com-» ment je dois m'y prendre pour me » tuer d'un seul coup ». Ils ont cette barbare complaisance, Il tombe en palpitant, et les vils esclaves vont annoncer à leur maître que ses ordres sont exécutés.

Si on pouvoit approuver la cruauté, on diroit qu'elle fût justement employée à l'égard de bas flatteurs qui s'étoient engagés à combattre comme gladiateurs aux jeux qu'on donnoit pour la guérison de *Caligula*. Il les força d'accomplir leurs vœux. Un plébéien distingué avoit fait serment de donner sa vie en échange de celle du prince, si les dieux lui rendoient la santé. *Caligula* le livra aux ministres des sacrifices. Ils l'ornèrent à la manière des victimes, le promenèrent dans toute la ville, et finirent son triomphe par le précipiter du haut de la roche Tarpéienne. Comme tout est croyable de la part d'un fou, on peut dire sans craindre de déroger à la véracité de l'histoire, que *Caligula* ne trouvant pas quand il venoit au spectacle les criminels destinés à combattre contre les bêtes, il lui est arrivé de faire jeter dans l'arène ceux qui se trouvoient sur les lieux pour assister, de leur faire couper la langue afin qu'ils ne pussent réclamer, de faire ranger sur une ligne de malheureux prisonniers de guerre, et de condamner depuis tel *chauve* jusqu'à tel *chauve* indistinctement, *à calvo ad calvum*, en les indiquant du doigt, à avoir la tête tranchée, d'exercer la même injustice à l'égard de vieillards et d'infirmes hors d'état de gagner leur vie. « Autant de » services, disoit-il, que je rends à la » société, en la délivrant de misérables » qui lui sont à charge ».

À plus forte raison croira-t-on qu'il ne ménageoit pas ceux qui osoient le blâmer et lui faire des remontrances. Pour ce seul crime il condamna à la mort *Caninius Julius* : *Je vous remercie*, lui dit tranquillement le Romain, les dix jours qui selon le décret du sénat devoient s'écouler entre la condamnation et l'exécution, il les passa dans ses exercices ordinaires. Le centurion le trouva jouant aux échecs, quand il vint l'avertir pour le supplice. *Caninius* se lève comme pour une chose indifférente, embrasse ses amis. « Dans peu, » leur dit-il, je saurai si l'âme est im-

» mortelle. Je ferai particulièrement at-
» tention à la manière dont elle se sé-
» pare du corps, et je reviendrai si je
» puis, vous dire quel est son état ».

Caligula aimoit à faire souffrir ses victimes *qu'elles se sentissent mourir*, ainsi qu'il s'exprimoit. Ayant un jour les deux consuls à sa table, il se mit à éclater de rire : « Vous en êtes surpris, leur dit-
» il, c'est que je songe que je n'ai qu'à
» faire un signe, pour qu'on vous coupe
» la gorge à tous deux ». A une femme qu'il aimoit, il dit en la flattant : « Je
» ferai tomber cette belle tête, quand
» il m'en prendra fantaisie ». Enfin, voyant le peuple romain rassemblé dans la place, il fit ce souhait extravagant :
« Plût aux dieux que cette multitude
» n'eut qu'une tête, afin d'avoir le plaisir
» de l'abattre d'un seul coup » ! Au défaut de ce plaisir, il se donnoit, quand il jetoit de l'argent au peuple, celui d'y mêler des poignards, pour mettre sous la main des malheureux qui se disputoient leur proie, de quoi s'égorger entre eux. Il en périt plus de trois cents en un jour.

C'étoit sérieusement qu'il se croyoit d'une nature différente des autres hommes, il se fondoit sur ce raisonnement.
« Ceux qui conduisent les bœufs et les
» moutons, ne sont ni bœufs ni mou-
» tons, mais d'une nature supérieure à

» ces animaux. De même ceux qui sont
» établis sur tous les hommes, ne doi-
» vent pas être regardés comme des
» hommes ». D'après cela, il se faisoit
bâtir des temples et dresser des autels,
où il s'offroit lui-même des sacrifices.
Dans une de ces cérémonies, il lui parut
plaisant, au lieu de frapper la victime,
de détourner le coup, et de l'assener sur
le prêtre qui étoit auprès de lui. Mais
s'il ravaloit les hommes au-dessous de
lui, il en rapprochoit les bêtes. Il combla son cheval *Incitatus* de tous les honneurs qu'il put imaginer. Un palais superbe, des gardes, un intendant, un secrétaire. Il alloit le faire consul quand il mourut.

On peut se faire une idée de ses audiences, par celle qu'il donna à *Philon*, député des Juifs. On la rapporte parce qu'elle se rapproche assez de celles que donnent quelquefois les grands. Il s'agissoit de la fortune et de la vie de trente ou quarante mille Juifs, qui étoient exposés dans le moment à Alexandrie, à la ruine et à la mort. *Caligula* reçoit *Philon* et ses collègues d'un air riant, leur fait signe de la tête qu'il les écoutera favorablement, charge l'introducteur de les présenter au plutôt, part de Rome sans songer à eux, va visiter ses palais, revient prévenu par les Alexandrins, leurs persécuteurs, les reçoit d'un air irrité. « N'êtes-vous pas, leur dit-il, ces » impies qui avez l'impudence de me » contester la divinité que tout le monde » reconnoît »? Après cette première bourasque, il les écoute un instant, donne des ordres pour quelques ornemens à faire dans son palais, les traîne à sa suite dans tous les coins et recoins qu'il visite, se retourne vers eux gravement : « Mais pourquoi donc, leur » dit-il, ne mangez-vous pas de la chair » de pourceau? et tout de suite, vous » faites bien, car c'est une viande fade ». Il adresse la parole à d'autres, et revenant à eux, leur demande, « par quel » droit ils se prétendent bourgeois d'A- » lexandrie ». Mais avant la fin de leur réponse, il étoit déjà passé dans une autre salle, où il se promenoit à grands pas. De là il court dans un appartement, où il se met à considérer des tableaux. Les malheureux envoyés ne savoient quelle issue auroit cette audience. Enfin, il les congédie de la main. « Ces gens, dit-il, » sont moins méchans qu'ignorans, et » malheureux de ne pas croire que je » sois dieu ». Pendant ce tems, les Juifs étoient égorgés, et on ne sait quel fut le succès de l'ambassade.

Ses mariages ressembloient au reste de sa conduite. Invité à des nôces, il trouve la mariée à son goût, l'enlève, l'épouse, la renvoie trois jours après, et condamne ensuite à l'exil les deux époux qui s'étoient rejoints. Sur la réputation de la grand-mère de *Lollia*, qu'on disoit avoir été très-belle, il conjecture que la petite-fille doit lui ressembler. En effet, il la trouve à son gré, la prend pour femme, quoique mariée à un autre, et la répudie presqu'aussi-tôt, avec menace de la mort si elle retourne avec son époux, ou si elle en épouse un autre. Il n'eut de constance que pour *Drusille*, sa sœur, avec laquelle il vécut en mari, et qu'il mit au rang des déesses après sa mort. Quant aux deux autres, *Agrippine* et *Liville*, sur le soupçon d'une conjuration, il les relégua dans l'île de Ponce. « Au moindre mou- » vement que vous ferez, leur dit-il, » je vous ferai sentir que j'ai des épées » aussi bien que des îles ». Il épousa *Césonie*, qui n'étoit ni jeune ni belle, femme d'un autre, et à son dernier mois de grossesse. Elle lui plut par son excessive lubricité. Autant par avarice que par débauche, il changea son palais en lieu de prostitution, et il alloit lui-même dans chaque chambre en recevoir le prix. Malheureux le Romain un peu distingué qui ne s'y rendoit pas avec de grosses sommes. C'étoit un censeur insolent, un ennemi de l'empereur, digne de l'exil ou de la mort.

A ces infamies, l'histoire joint des ridicules, mêlés cependant d'atrocités telles qu'on doit en attendre d'un pareil insensé. Il bâtit un pont sur la mer, composé de vaisseaux, depuis Baies jusqu'à Pouzolles, construit aux deux bouts du palais, y passe en triomphe à la clarté d'une infinité de flambeaux qui illuminoient toute la baie, et pour completter le divertissement, fait pousser par ses troupes, dans la mer, une multitude de spectateurs, qu'on assomme à coups de rame, quand ils veulent gagner la terre. Il lui prend ensuite envie d'aller soumettre les Germains et les Bataves. On le porte à cette expédition en litière, sur les épaules des soldats, à travers les Alpes jusqu'au Rhin. Il étoit accompagné de baladins, de farceurs, et de courtisannes. On adoucissoit et arrosoit le chemin devant lui. Arrivé à son armée, la réforme qu'il y fait, c'est de renvoyer les vieux officiers, sous prétexte qu'ils ne sont plus propres à supporter les travaux de la guerre, et de casser les plus braves soldats. Aussi à la moindre alarme, la terreur se met dans cette armée. Elle fuit, et l'empereur trouvant le pont embarrassé par les bagages, se fait passer de main en main au-delà du fleuve. Cependant, pour ne pas quitter ce pays sans quelqu'apparence de victoire, il envoye de l'autre côté du Rhin un détachement, qui se cache dans le bois. A la tête de ses meilleures légions, *Caligula* va le surprendre. On feint de combattre, l'ennemi plie, et l'empereur revient couronné de lauriers. Le même courage le porte sur les côtes de l'Océan, en face de l'Angleterre. Il fait dresser les machines, on sonne la charge. Les troupes se répandent sur le rivage, et y ramassent des coquillages, dépouilles glorieuses de la mer et des îles.

On ne sait si ce fut à l'occasion de ses exploits que *Caligula* voulut immortaliser, qu'il ordonna un combat d'éloquence en grec et en latin, dans des jeux qu'il fit célébrer à Lyon. Les conditions dont l'exécution ne seroit peut-être pas inutile de nos jours, étoient que les vaincus récompensoient leurs vainqueurs. Ceux dont on jugeoit les ouvrages absolument mauvais, on les condamnoit à les effacer avec leur langue, s'ils ne préféroient d'être fouettés comme de mauvais écoliers, ou plongés dans le Rhône, mais retirés ensuite. Le sénat, toujours servile, envoya à l'empereur des députations pour le féliciter de ses victoires, mais il ne fut pas content de leurs harangues. Comme ils le prioient très-respectueusement de revenir à Rome, il répondit : *J'y retournerai sans doute, et j'y porterai ceci avec moi*, en montrant son épée. Chacun alors craignit pour soi. Les lâches pères conscripts, dociles au simple vœu manifesté par le tyran de voir mettre un sénateur en pièces, se jettèrent sur *Scribonius Proculus*, homme vénérable qu'il leur indiquoit, le tuèrent à coups de canifs, et jetèrent son corps sanglant à la populace. Il destinoit un sort à-peu-près pareil à beaucoup d'autres. On en trouva, après sa mort, deux listes intitulées, l'une *l'épée*, l'autre *le poignard*; apparemment du nom de l'instrument dont il devoit se servir pour se défaire des personnes inscrites. On trouva aussi une caisse de poisons.

En vingt-neuf ans de vie, dont quatre d'empire, *Caligula* avoit beaucoup trop vécu et régné. *Cassius Chéréa* en débarassa les Romains, et fut mal récompensé de ce service. Il étoit excellent officier, brave et intrépide; mais comme il avoit un son de voix efféminé, l'empereur se faisoit un plaisir de le mortifier, comme s'il l'eut cru lâche et sans cœur. Il ne lui donnoit jamais le mot du guet que ce ne fut une injure, tantôt une parole obscène, tantôt le nom de quelque prostituée. Si d'ailleurs il y avoit une commission désagréable ou odieuse, *Chéréa* étoit sûr de s'en voir chargé. Ce qui lui arriva à cet égard, est un fait unique dans l'histoire.

Une fameuse comédienne nommée *Quintilie*, accoutumée à recevoir chez elle bonne compagnie, fut accusée d'avoir souffert qu'un certain *Propédius*, espèce de philosophe Epicurien, connu pour ne se pas plus gêner dans ses discours que dans ses actions, parlât mal du prince à sa table. Interrogée à ce sujet elle répond qu'elle n'a rien entendu. Elle persiste quoique menacée de la question et condamnée. *Chéréa* avoit déjà projeté de se venger des affronts continuels que lui faisoit l'empereur. Son complot étoit formé, et *Quintilie* le savoit. Par hasard ou par malice, l'empereur le nomme pour présider à la torture. Rien de plus embarrassant que la circonstance où il se trouvoit. Faire souffrir à *Quintilie* les tourmens dans toute leur force, c'étoit risquer de lui arracher l'aveu de la conspiration : la ménager c'étoit s'exposer lui-même. Cette femme courageuse trouve moyen de l'assurer de sa fermeté. Elle tient parole, soutient la torture sans lâcher une parole à la charge de *Propédius* et des conspirateurs, quoique mise en tel état, que *Caligula* lui-même en fut touché, et lui fit donner une somme d'argent pour la dédommager. C'est la seule fois que l'histoire lui reconnoît quelque compassion.

Sorti de cette scène affreuse, *Chéréa* rassemble ses complices, et presse l'exécution. Les circonstances la contrarièrent souvent; mais les délais n'ébranlèrent aucun des conjurés, quoiqu'en grand nombre. Ils surprirent le tyran avec quelques jeunes danseurs qu'il avoit fait venir d'Asie, et le tuèrent de trente coups, tant ils craignoient de le manquer. Le premier fut porté par *Chéréa*, et celui qui le fit expirer par *Arquila*. Tous s'acharnèrent sur son corps, et le mirent en pièces.

Année 40.
Claude.

Après l'exemple de *Claude*, il n'y a personne qui doive désespérer de la fortune. Elle fit tous les frais de son élévation. Il étoit à la vérité petit-fils de *Marc-Antoine* et d'*Octavie* sœur d'*Auguste*, par son père *Drusus* petit-fils de *Livia Augusta*, frère de *Germanicus*, neveu de *Tibère*, et oncle de *Caligula*; mais si disgracié de la nature, que sa mère *Antonia* disoit « que
» c'étoit un monstre à figure humaine
» que la nature n'avoit fait qu'ébau-
» cher ». Quand elle vouloit reprocher

à quelqu'un sa stupidité, « Vous êtes lui disoit-elle, aussi bête que mon fils Claude ». Quand *Auguste* vouloit lui donner un nom obligeant, il l'appelloit *ce pauvre enfant*. Toute sa famille le regardoit comme un stupide, et il dût à cette réputation, l'exception que fit *Caligula* en sa faveur, lorsqu'il se défit du reste de ses parens. Cette imbécillité fut augmentée par l'éducation qu'il reçut. Livré à des domestiques grossiers qui le maltraitoient, rebuté, méprisé, le jouet malgré sa naissance de tous ceux qui l'approchoient, de ces rebuts et des cruautés qu'il voyoit souvent autour de lui, il contracta une timidité insurmontable. Tout l'inquiétoit, le moindre bruit l'effrayoit.

Au moment de l'assassinat de *Caligula*, *Claude* étoit dans le palais. Le tumulte que cet événement occasionna, lui fit chercher une retraite. Il se cacha derrière une tapisserie. Delà il entendoit les cris de ceux que les gardes de l'empereur, accourus trop tard, massacroient indistinctement: ou conjurés, qui n'avoient pas assez pris promptement la fuite, ou curieux pour savoir ce qui étoit arrivé, et jouir du spectacle d'un tyran qui n'étoit plus à craindre. De son trou *Claude* vit à travers le voile passer des têtes que les soldats forcenés de rage promenoient dans les appartemens. Lorsque le bruit commençoit à cesser, un prétorien nommé *Gratus* errant dans le palais, pour voir s'il n'y avoit rien à piller, apperçoit des pieds sous la tapisserie, la tire et découvre *Claude*. Le prince se jette à ses pieds et lui demande la vie. Le soldat le relève, le salue empereur, le fait reconnoître par ses camarades. Ils le placent dans une litière, et le portent eux-mêmes au camp sur leurs épaules. Le peuple qui le voyoit passer, croyoit qu'ils alloient le tuer, déploroit son sort, et les prioit de ne point faire de mal à un homme qui n'en avoit jamais fait à personne.

Pendant ce tems, les sénateurs s'étoient assemblés. Ils délibéroient. La plus grande partie opina à resaisir l'empire. Ils donnèrent le commandement de la ville à *Chérea*, qui s'étoit d'abord caché pour éviter la première furie du peuple. Mais s'il cessa d'être furieux, il n'en regretta pas moins l'empereur massacré. Il leur faisoit tant de largesses! Il les nourrissoit à rien faire. Il leur donnoit tant de beaux spectacles! pouvoient-ils en espérer autant d'un sénat? D'ailleurs s'il avoit été cruel, ce n'étoit qu'à l'égard des grands. Que leur importoit à eux plébéiens trop éloignés du trône, pour redouter les caprices du souverain.

C'étoit aussi le raisonnement des soldats qui se répandoient dans la ville, et commençoient à faire cause commune avec les citoyens. Cette réunion d'opinions alarma les pères conscripts. Ils prient *Agrippa*, roi de Judée, qui avoit été très-lié avec *Caligula* d'aller trouver *Claude*, et de l'engager à se désister de l'empire. Ce monarque auquel un foible empereur convenoit bien mieux qu'un sénat difficile à mener, exhorta au contraire le prince à profiter de sa bonne fortune, et lui donna l'idée de s'attacher les prétoriens par une distribution d'argent. Expédient qui a causé par la suite tous les maux de l'empire.

Agrippa revint trouver les sénateurs, et leur dit que l'armée étoit gagnée, que le peuple s'entendoit avec elle, qu'il ne les croyoit pas en état de soutenir leur résolution. En même-tems il se fit un rassemblement autour du lieu de l'assemblée ; on crioit qu'on vouloit un empereur. Les pères conscripts ne délibèrent plus, ils se précipitent vers le camp, c'étoit à qui y arriveroit le premier, pour donner des preuves d'acquiescement et de soumission. Quelques-uns des moins diligens, essuyèrent des mauvais traitemens de la populace, et *Claude* fut unanimement proclamé empereur. Ceux qui le conseilloient, jugèrent qu'il importoit à la sûreté des princes, que l'assassinat de son prédécesseur ne restât pas impuni. Ainsi, quoi qu'on approuva intérieurement l'action de *Chéréa*, il fut condamné et exécuté ; mais le peuple qui avoit demandé sa mort, jeta des fleurs sur son tombeau ; et on ne fit rien aux autres conjurés, quoique très-connus.

Claude avoit cinquante ans. A travers sa mauvaise éducation, il avoit acquis quelque goût pour les arts et les sciences. Il s'exprimoit assez bien, et pensoit juste quand on ne troubloit pas son jugement par la crainte, et par de trop fortes instances. Ce caractère trembleur le rendit propre à être gouverné par les femmes et par ses favoris, qui furent le fléau de son règne. L'extérieur est quelque chose dans un prince. Malheureusement le sien n'avoit rien qui prévint en sa faveur ; tout au contraire, quoique grand il avoit un air mal adroit et décontenancé. Sa voix étoit basse, sa prononciation embarrassée, son regard incertain, et sa phisionomie désagréable. Malgré cela, il se fit d'abord aimer par sa bonté et sa douceur. On y étoit si peu accoutumé ! L'estime n'alloit pas de pair, sur-tout lorsqu'il tenoit le tribunal. Il jugeoit mal, et cependant aimoit à juger. *Claude* abrogea le crime de lèse-majesté, défendit qu'on l'appella *dieu*, entreprit

des travaux utiles ; la construction d'un port à l'embouchure du Tibre, des desséchemens de marais. Il rappella d'exil ses deux cousines, *Agrippine* et *Julie*, termina par ses lieutenans une guerre heureuse en Mauritanie. Une loi qu'il publia, fit croire qu'il y auroit de l'honneur à servir sous lui. Elle défendoit à ceux auxquels il conféreroit des gouvernemens de provinces, de l'en remercier dans le sénat selon la coutume. « C'est à
» moi, disoit-il, dans son décret, à les
» remercier de ce qu'ils m'aident à por-
» ter le fardeau de l'état. S'ils s'en ac-
» quittent bien, je les remercierai plus
» amplement à leur retour ».

Ici finit Claude, et commence *Messaline* sa femme, dont le nom est devenu une injure ; *Possidès*, l'eunuque, maître de l'intérieur du palais ; *Calixte*, dépositaire des requêtes qu'on présentoit ; *Narcisse*, secrétaire ; *Pallas*, administrateur des finances. Tels furent sous *Claude* les empereurs de Rome. *Messaline* fit le premier essai de sa puissance sur *Julie*, cousine de son mari, et sur *Sénèque* le philosophe. Elle le fit bannir au loin, parce qu'elle craignoit auprès de son foible époux, les agrémens de l'une et la sagesse de l'autre. Le second essai se fit contre *Silanus* son beau-frère. Elle en devient amoureuse.

Il rejette avec horreur ses propositions: En conséquence de mesures concertées, *Narcisse* entre épouvanté dans la chambre de *Claude*, le réveille en sursaut, lui raconte qu'il vient de voir en songe *Silanus* un poignard à la main égorgeant l'empereur. *Messaline* qui étoit à ses côtés, affirme que depuis plusieurs nuits elle est agitée du même songe. Au même instant, on vient avertir que *Silanus* est à la porte du palais et veut entrer à toute force. Il avoit été prévenu d'y venir parce que l'empereur le demandoit. Celui-ci sans autre examen, ordonne qu'on le défasse de ce traître, il est massacré. *Claude* fait part de cette belle action au sénat, et décerne à son affranchi des remerciemens publics, du soin qu'il prenoit de sa santé même en songe.

Mais le risque d'être assujetti à un prince foible parut à quelques sénateurs aussi fâcheux que d'obéir à un prince cruel. Ils engagèrent *Camille*, gouverneur de Dalmatie qui étoit à la tête d'une bonne armée à se révolter. Malheureusement ses légions après l'avoir approuvé, l'abandonnèrent et le tuèrent. Le procès de ses complices s'instruisit en plein sénat, *Claude* y assistoit. Derrière lui étoit *Narcisse* qui, impatient de voir que *Galesus*, affranchi de *Ca-*

mille, n'étoit pas pressé assez vivement dans son interrogatoire, osa prendre la parole, et lui dit : « Qu'auriez-vous fait » si votre maître étoit parvenu à l'empire ? *Galesus* répondit : je me serois » tenu derrière lui, et n'oubliant pas » ma condition, je n'aurais pas été assez » insolent pour parler en sa présence ». *Arrie* femme de *Pœtus*, un des conjurés, est célèbre par son courage. Voyant son mari peu empressé à se donner la mort, elle s'arma d'un poignard, le plongea dans son sein, et le présentant à son mari, lui dit : « Cela » ne fait point de mal ». L'empereur contre la coutume établie, rendit aux parens les biens des proscrits.

Il faut distinguer entre *Claude*, maître de lui-même, et *Claude* séduit, effrayé et troublé. On doit au premier le pardon accordé à *Othon*, qui avoit puni les légions coupables de la mort de *Camille* leur général ; et non-seulement il lui pardonna, mais touché de sa noble fermeté, il dit : « Puisse mes enfans lui » ressembler un jour »! On doit à *Claude*, entouré d'hommes sages et honnêtes, sa bonne conduite dans la guerre qu'il fit lui-même aux Bretons, l'accueil aux officiers habiles, la récompense aux soldats, la clémence pour les vaincus, l'indulgence à l'égard de

Gallus, frère utérin de *Tibère Posthume*, qui en cette qualité avoit formé un complot pour s'emparer du trône. *Claude* se contenta de l'exiler. On lui doit bien conseillé des loix sages, des réglemens louables sur les mœurs; mais sa bonhomie lui faisoit apporter peu d'exactitude dans la pratique. Il renvoya sans châtiment un jeune homme souillé de plusieurs vices, parce que son père en rendoit bon témoignage. A un autre très-décrié, il dit pour toute réprimande: « Soyez plus sage ou plus discret; qu'est-» il besoin que nous sachions quelles » femmes vous voyez ?

A *Claude* esclave de l'impudique *Messaline* et de ses cruels affranchis, on doit la mort des deux *Julies*. La première sœur de *Caligula*, déja victime par son exil de la jalousie de l'épouse. La seconde à la vérité bien digne de son sort par sa complicité dans l'empoisonnement de *Drusus* son mari; mais étoit-ce à *Messaline* à la faire punir? elle qui empoisonna *Vinicius* pour s'être refusé à sa passion, qui fit trancher la tête à *Pompéius* parce qu'il avoit trop de talens, et qu'il pouvoit captiver son mari, qui réduisit *Poppée* sa rivale à se tuer, et qui fit périr *Valérius Asiaticus* pour avoir les superbes jardins de *Lucullus*, dont il étoit possesseur? Cette

Poppée étoit sa rivale non auprès de son mari, mais auprès d'un fameux pantomime nommé *Mnester*. Celui ci croyant trop dangereux de se familiariser avec l'impératrice, dont le commerce découvert pourroit lui attirer de grands malheurs, donnoit la préférence à *Poppée* femme de *Scipion*. *Messaline* eut l'impudence de se plaindre à l'empereur du peu de complaisance de *Mnester*, se le fit donner pour esclave, avec injonction d'obéir à tous ce qu'elle lui ordonneroit. Mais comme il pouvoit s'échapper avec *Poppée*; elle fit tant effrayer cette malheureuse par la crainte des tourmens qu'elle lui préparoit, que *Poppée* se donna la mort.

Pour *Valérius* condamné contre toutes les règles, non en plein senat, comme l'exigeoit sa qualité d'ancien consul, mais dans l'appartement de l'empereur, il émut ce prince, arracha des larmes à *Messaline* elle-même, mais n'en fut pas moins par la calomnie et les faux témoins, victime de la cupidité de l'impératrice. On lui laissa pour toute grace, le choix du genre de mort. Les courtisans l'exhortoient à se laisser mourir de faim, prétendant que c'étoit une mort fort douce. Il les remercie de leur conseil, n'omet aucun de ses exercices, prend le bain, soupe gaiement, visite son bûcher, le fait changer de place de peur que la flamme n'endommage les arbres, se fait ouvrir les veines, et conserve sa tranquilité jusqu'au dernier soupir. Toutes ces horreurs se commettoient sous le nom de *Claude*. On savoit si bien égarer son esprit, aliéner son bon sens, qu'il oublioit souvent ce qu'il avoit commandé. On l'a vu marquer sa surprise, de ne pas voir comme à l'ordinaire à sa table, des personnes tuées la veille par son ordre. Alors il témoignoit par des sanglots sa douleur et ses regrets.

Narcisse, *Calixte* et *Pallas* se prêtoient à toutes les volontés de *Messaline*, dont ils connoissoient l'empire sur son époux. Mais chaque chose à son terme: l'impératrice se permettoit de tels excès de débordement qu'en ne les révélant, et ne les arrêtant pas, ils risquoient d'en porter la peine avec elle. Ils employèrent tout ce qu'ils avoient de moyens capables de l'engager à garder quelque modération dans les démonstrations de sa passion pour *Silius* son amant favori, le plus bel homme de la capitale. Mais comme si la publicité eût ajouté à ses plaisirs, elle sembloit prendre à tâche d'en instruire toute la ville. *Silius* réfléchissant sur sa situation, représente à *Messaline* qu'ils en font trop, pour s'imaginer pouvoir éviter la mort, quand le prince sera instruit de leur conduite, ce qui ne doit pas tarder. Qu'il ne leur est possible de prévenir le danger que par une résolution désespérée, qu'il a des amis sur lesquels il peut compter, qu'il faut qu'il l'épouse, et qu'il adoptera son fils *Britannicus*.

Cette proposition d'une hardiesse incroyable et sans exemple, est approuvée par *Messaline*. Elle attend que son mari parte pour Ostie, où une solennité l'appelloit, et célèbre ses noces avec toute la pompe ordinaire, en présence du sénat, de l'ordre des chevaliers, de tout le peuple et des soldats. On prétend qu'elle avoit prévenu l'empereur sur ce mariage, et lui avoit fait signer le contrat, comme si elle ne se déterminoit à cette cérémonie, que pour détourner sur un autre certaines calamités dont celui qui étoit son mari étoit menacé. Cet éclat effrayant consterna toute la maison de l'empereur. *Narcisse* sur tout plus exposé qu'un autre à ses reproches parce qu'il étoit son principal confident, vouloit l'en instruire, et ne savoit comment s'y prendre. Après avoir bien médité, il en charge deux courtisannes en grande faveur auprès du prince. L'une se met à genoux, et lui dit que *Messaline* vient d'épouser *Silius*, l'autre confirme cette nouvelle, et reclame le témoignage de *Narcisse*.

On l'appelle, il convient de la vérité du rapport, demande humblement pardon de ne l'avoir pas annoncé plutôt, ajoute qu'il n'y a pas de tems à perdre, et que si *Claude* n'use de la plus grande diligence, le nouvel époux de *Messaline* va se rendre maître de Rome. *Claude* tremble, il assemble son conseil. La frayeur lui troubloit l'imagination. » Suis » je encore empereur? disoit-il, *Silius* » l'est-il »? Mais on lui dicte des mesures dont la première est de revenir brusquement à Rome.

Pendant cette délibération, *Messaline* plus dissolue que jamais, persuadée que personne n'auroit la hardiesse d'instruire l'empereur, se livroit à toute sorte de plaisir. C'étoit le tems des vendanges. Elle en donna une représentation, dans laquelle *Silius* paroissoit en *Bacchus*. Elle un thyrse à la main, les cheveux épars, au milieu de femmes vêtues de peau de tigre, imitoit par ses danses, et les sacrifices les fureurs des Bacchantes. Au plus fort de leur folle joie, la nouvelle se répand que *Claude* est instruit, et qu'il arrive. L'effroi général succède à la gaieté. On se disperse. Chacun s'évade de son côté. *Messaline* après quelques tristes réflexions se décide hardiment à aller au devant de son époux, à se montrer à ses yeux, moyen qui lui avoit souvent réussi, sur tout en se faisant précéder par *Britannicus* et *Octavie* auxquels elle ordonne d'aller se jeter au cou de leur père.

Il avançoit accompagné dans sa voiture par des personnes du choix de *Narcisse*. Intéressé à ne point laisser son entreprise imparfaite, le ministre s'y étoit placé lui-même. Pendant la route, *Claude* agité de pensées diverses, disoit en soupirant : « Quelle femme !..... elle que j'ai tant aimée ». Les compagnons de voyage répondoient comme par écho. « Quel crime !..... quel forfait » ! Et on se taisoit. *Messaline* dans son trouble n'avoit pu trouver qu'un tombereau. Du plus loin qu'elle apperçoit son mari, elle s'écrie, et le supplie d'écouter la mère de *Britannicus* et d'*Octavie*. *Narcisse* crie plus haut, et occupe les oreilles de l'époux du récit des débauches de sa femme. Lorsqu'il veut la regarder, l'affranchi lui met devant les yeux un mémoire où sont racontés tous ses desordres ; quand les enfans arrivent, il la fait retirer.

Descendus au palais, il fait remarquer à *Claude* les préparatifs faits pour l'infâme cérémonie ; que les ameublemens des *Drusus*, des *Germanicus*, des *Nérons* y ont été prostitués. Il le mène ensuite au camp des prétoriens, comme s'il avoit besoin d'y être pour sa sûreté. De-là, comme feignant d'être jaloux de l'honneur de son maître, il envoie massacrer, sans forme de procès, non-seulement *Silius*, mais encore tous les amans de l'impudique convaincus ou soupçonnés. Il n'y eut de traduit en justice que *Mnester*, ce malheureux pantomime. Disputé par *Poppée* et l'impératrice, ce n'étoit que forcé par les coups, qu'il s'étoit rendu aux désirs de celle-ci. Il montroit encore sur ses épaules les stigmates de la violence. « Rappellez-vous, » disoit-il à *Claude*, qui présidoit à ce » jugement, rappellez-vous l'ordre que » vous m'avez donné d'obéir à la prin- » cesse. L'intérêt ou l'ambition poussoit » les autres. Je n'ai péché que par né- » cessité ». N'importe, il fut condamné sur ce principe : « Que dans un crime de » cette importance, on n'examine pas » s'il a été commis de gré ou de force ».

Restoit *Messaline*, à laquelle *Claude*, dans une espèce de stupeur, ne paroissoit même pas songer. Il buvoit, mangeoit, faisoit ses exercices ordinaires, sans s'informer d'elle. Il lui échappoit seulement quelquefois des soupirs. On lui entendoit prononcer *la malheureuse ! Narcisse*, craignant quelque retour de tendresse, prend sur lui d'ordonner au tribun de garde, comme de la part de l'empereur, d'aller la faire mourir. Il lui joint un affranchi, nommé *Evode*, pour s'assurer de l'exécution. Celui-ci, précède de quelques momens, et lui annonce son triste sort. Auprès d'elle étoit *Lépida*, sa mère, brouillée avec elle pendant sa fortune et ses crimes; mais que le malheur avoit rappellée auprès de sa fille. *Lépida* lui dit fermement: « N'attendez pas qu'un bourreau porte » la main sur vous. Votre vie est passée. » Il n'est plus question que de mourir » sans honte ». Pendant qu'elle délibéroit, arrive le tribun, qui se place devant elle, la regarde fixement, et se tait. Ce silence énergique lui en dit plus que tous les discours. Elle prend le poignard, l'approche de sa gorge, de sa poitrine. Le tribun termine ses irrésolutions en la perçant de part en part. Elle tombe dans les mêmes jardins de *Valérius* qu'elle avoit acquis par un crime.

On vient annoncer à *Claude* qu'elle est morte. Il étoit à table. Il ne s'informe seulement pas de la manière, se fait verser à boire et continue son repas. Les jours suivans, il ne donna pas le moindre signe de haine, de satisfaction, de colère, de tristesse, ou d'aucun autre sentiment naturel, quoiqu'il vit ses enfans pleurer la fin tragique de leur mère. Le sénat justifia cet oubli, en faisant ôter les statues et le nom de *Messaline* de tous les monumens. *Claude* déclara qu'il ne vouloit plus songer au mariage; et en effet, il n'y avoit pas été heureux. On le força de renoncer à sa première inclination, *Emilia Lépida*, petite-fille d'Auguste, à laquelle il étoit fiancé, parce que ses parens tombèrent en disgrace. Une maladie lui enleva *Livia Camilla* le jour même fixé pour ses nôces. Il répudia *Argatanista*, surprise avec un affranchi, et presque convaincue d'homicide. *Petina*, de mœurs irréprochables, mais hautaine et acariatre, lui fit trop payer sa vertu. Malgré son extrême complaisance, il ne put vivre avec elle qu'un an. Enfin un excès opposé lui fit souffrir sans regret qu'on le débarrassât de *Messaline*. Il avoit donc été assez trompé par l'hymen pour ne s'y plus fier; mais son mauvais sort le rejeta dans les bras d'une nouvelle épouse.

Elle se nommoit *Agrippine*, fille de *Germanicus*, et peu digne de la vertueuse *Agrippine*, sa mère. *Tibère* la donna en mariage à *Domitius Ahenobarbus*, dont elle eut un fils, connu depuis sous le nom de *Néron*. Après la mort de son époux, elle mérita par ses galanteries l'animadversion de *Caligula* lui-même, qui l'exila. Rappellée par

Claude, elle épousa *Passienus*, homme très-riche, et le fit assassiner pour jouir de son bien, qu'il lui avoit laissé par testament. Pendant les dernières années de *Messaline*, ses assiduités auprès de *Claude*, son oncle, causèrent beaucoup d'ombrage à l'épouse. Elle avoit dessein de se défaire de cette nièce importune lorsqu'elle périt. *Agrippine* avoit accoutumé le vieil empereur à ses complaisances. Il ne fut question que de les renforcer, pour s'établir tout-à-fait auprès de lui en qualité d'épouse.

Il lui en manquoit le titre. L'acquisition souffroit des difficultés, parce qu'il n'y avoit pas d'exemple à Rome, qu'un oncle eut épousé la fille de son frère. Le scrupuleux *Claude* craignoit qu'un inceste n'attirât des fléaux sur l'empire. On calma ses inquiétudes, en lui faisant promettre qu'il feroit tout ce que le sénat prescriroit ; puis on lui fit ordonner par le sénat d'épouser *Agrippine*. Avant son mariage, elle avoit eu le crédit de faire éloigner de *Claude* un jeune homme nommé *Silanus*, auquel il destinoit *Octavie*, sa fille, et dont la future belle-mère craignoit le mérite. Elle lui supposa un commerce criminel avec sa sœur *Julia Silana*, qui avoit été mariée. Le fondement de l'accusation fut que le frère, au lieu d'appeller sa sœur *Vénus*, nom que sa beauté lui faisoit donner généralement, l'appelloit *Junon*, qui avoit été en même tems femme et sœur de Jupiter. C'étoit selon *Agrippine*, une preuve qu'il vouloit réunir ces deux titres auprès de *Julia*. Par conséquent, il étoit indigne de la fille de l'empereur. Elle l'engagea à déshonorer celui qui devoit être son gendre. Le jeune homme se tua de désespoir.

Agrippine, placée sur le trône, marcha avec un faste inconnu aux autres impératrices. Elle disposoit de tout, se mêloit de toutes les affaires, jusqu'à siéger près de l'empereur dans le sénat et sur les tribunaux. Connoissant la foiblesse de son époux, et sa facilité à se laisser séduire, elle ne l'abandonnoit point d'un pas. Malheur à toute femme soupçonnée de lui plaire, même involontairement. *Calpurnie* fut exilée pour avoir été trouvée belle. *Paulina*, plus dangereuse, parce qu'elle avoit été aimée autrefois, fut accusée de sorcellerie, reléguée et tuée dans son exil. Afin de tâcher d'effacer l'odieux de ses exécutions, et de se donner une réputation de régularité, l'impératrice fit rappeler le philosophe *Sénèque*. Cependant elle ne réussit pas à aveugler le public sur ses liaisons avec *Pallas*. Cet affranchi lui servit beaucoup à déterminer l'empereur à fiancer sa fille *Octavie* avec *Néron*, son fils, à lui faire prendre la robe virile avant l'âge, à le marier et à l'adopter. Toutes ces grâces furent demandées à *Claude* par le sénat gagné, avili au point de n'avoir de volonté que celles que lui dictoient une femme et les affranchis, tous imprégnés de la bassesse de la servitude.

Comment n'auroient-ils pas été tout puissans? L'empereur prescrivit, par un décret, de regarder comme ordonné par lui-même, ce que commanderoient ses intendans, ainsi appelloit-il ses affranchis. Excepté les faisceaux consulaires, le sénat leur prodiguoit toutes les dignités. Il donna les honneurs de la prêtrise à *Pallas*, et un descendant des *Scipions* proposa de remercier cet affranchi qui se disoit d'une antique noblesse, de ce qu'il vouloit bien s'abaisser jusqu'à être compté entre les ministres du prince. *Narcisse* jouoit un rôle moins éclatant; mais aussi important auprès de *Claude*. Il paroît qu'il souffroit un libre accès aux richesses, et que les concussionnaires ne perdoient point à lui faire part de leurs déprédations. Son impudence dans l'affaire des Bithiniens est remarquable. Ils avoient envoyé des ambassadeurs se plaindre des extorsions et des rapines de *Junius Cilo* leur gouverneur. Ils prioient qu'on les déchargeât de ce cruel oppresseur. L'empereur n'ayant pas bien compris leur harangue, en demanda l'explication à *Narcisse*, et pourquoi ils étoient venus. « Le but de leur voyage, répondit l'impudent affranchi, est de vous témoigner leur reconnoissance de la bonté que vous avez eue de leur donner pour gouverneur un homme aussi intègre et aussi désintéressé que *Cilo*. Qu'on lui continue donc encore le gouvernement pour deux ans, répartit le prince ». Dans l'espace de ces deux ans, l'affamé gouverneur acheva de dévorer ce qu'il n'avoit qu'entamé.

Le règne de *Claude* ne fut pas exempt de guerres. On compte, entre les principales, celle de la Bretagne, que ce prince n'avoit pas terminée, et qui fut conduite avec succès par *Ortorius*. Il fit prisonnier, ou plutôt une reine perfide, lui livra en trahison *Caractacus*, roi, et le meilleur capitaine de ce pays. Amené à Rome, il parut sans se déconcerter devant le trône de l'empereur, et lui parla en ces termes : « Avec plus de fortune, vous ne verriez pas en moi un captif, mais un ami, et vous n'auriez pas dédaigné l'alliance d'un prince issu d'un sang

» illustre et souverain de plusieurs états.
» J'ai eu des chevaux, des armes et des
» richesses. Devez-vous être surpris de
» mes efforts pour les conserver ? et
» chacun est-il obligé de courir à la
» servitude, parce que vous voulez
» commander à l'univers ? Si je m'étois
» soumis dès le premier instant et sans
» résistance, je n'aurois illustré ni mon
» nom ni votre victoire. Le supplice me
» plongera dans l'oubli, mais si vous me
» laissez la vie, la postérité ne cessera
» de vanter votre clémence. Ce discours
mêlé de fiers reproches et de louanges
adroites, plut à *Claude*, qui lui accorda
la liberté, ainsi qu'à sa femme et à ses
enfans. On le promena dans la ville dont
on lui faisoit admirer la magnificence.
Interrogé sur ce qu'il en pensoit, il répondit : « Je suis étonné que des hommes
» qui possèdent des palais si superbes,
» les quittent pour enlever aux Brétons
» leurs misérables cabanes ».

Caractacus, déchargé de ses fers après
avoir remercié l'empereur, alla rendre
ses hommages à l'impératrice. Cette princesse s'étoit donné le droit de participer
à tous les honneurs de l'empire. Elle
contribua, par son goût et ses conseils,
à embellir Rome. Afin de porter son nom
chez les étrangers, elle établit une colonie de vétérans dans Cologne, où elle

étoit née, et lui joignit son nom; lorsque *Claude* donna le magnifique spectacle d'un combat naval sur le lac Fucin, qu'il avoit tenté de dessécher, elle y parut avec tout l'appareil de la majesté, décorée d'un habit guerrier à la tête des troupes. Elle se montroit ainsi quelquefois aux gardes prétoriennes dans leur camp. Cette armée avoit eu jusqu'alors deux chefs; apparemment afin de diviser l'autorité; et que l'un pût surveiller l'autre. *Agrippine*, sous des prétextes spécieux, persuada à *Claude* de n'en mettre qu'un. Ce fut sur sa recommandation, *Burrhus Afranius*, avantageusement connu par ses talens militaires, et incapable d'oublier celle qui lui procuroit sa place.

Elle étoit au comble de la grandeur et de la puissance, par le crédit que lui donnoit le mariage de *Néron*, son fils, avec *Octavie*, et par l'estime que procuroit au jeune prince ses belles qualités, estime qui rejaillissoit sur la mère. *Néron* s'étudioit à rendre service à tous ceux qui réclamoient sa protection, et plaidoit avec chaleur la cause des opprimés. *Agrippine* se complaisoit dans son fils; mais elle en étoit jalouse. La persuasion que *Lépida*, sa belle-sœur, cherchoit à prendre quelqu'empire sur l'esprit de son neveu, coûta la vie à la tante. Enjouée et complaisante, elle gagnoit le jeune prince par ses caresses, tandis qu'*Agrippine*, toujours mère avec lui, l'intimidoit par sa hauteur. Elle lui souhaitoit l'empire, et cependant ne pouvoit souffrir qu'il commandât. *Agrippine* se servit, pour perdre sa belle-sœur, de l'accusation de sortilège, de conjurations magiques contre la vie de l'empereur, crime auquel *Claude* croyoit facilement. On dit qu'elle força son fils à témoigner contre sa tante qu'il aimoit. Elle eut recours à la même imputation de sortilège, afin de se procurer par la mort de *Statilius*, la possession de ses beaux jardins qu'elle convoitoit.

Il paroît que *Narcisse* n'étoit plus si bien avec *Agrippine*, puisqu'il fit tous ses efforts pour sauver *Lépida*. Soit par lui, soit par d'autres, *Claude* fut instruit de la conduite et des vices de sa femme. On l'entendit dire : « Je suis » destiné à être malheureux dans mes » mariages, et à punir des adultères ». Ce dernier mot étoit effrayant pour une femme dont les mœurs n'étoient rien moins qu'irréprochables. Son ambition fut aussi alarmée par l'empressement de *Claude* à faire prendre la robe virile à son fils *Britannicus*. « C'est mon amitié » pour vous, lui dit-il, en l'embras- » sant tendrement, c'est le désir de

» voir le peuple romain gouverné par
» un véritable *César*, qui me dictent
» ce souhait. C'étoit présager à *Néron*
un collègue, peut-être un maître. *Agrippine* ne vouloit ni de l'un ni de l'autre.
Elle crut être délivrée de ses craintes
par une maladie qui survint à l'empereur. Pendant quelques jours, elle espéra que la mort l'en débarrasseroit,
avant qu'il pût faire des dispositions
contraires à ses vues. Mais pour plus
grande sûreté, elle lui fit donner un
poison qui devoit le rendre tout-à-fait
imbécille, et enfin, un plus violent qui
l'emporta à l'âge de soixante-quatorze
ans, après treize ans de règne.

Quoique tout eût été prévu de longue-main, sa mort fut cachée jusqu'à ce
qu'on eut pris les dernières mesures.
Alors les portes du palais s'ouvrent. *Néron*, accompagné de *Burrhus*, chef
des gardes prétoriennes s'avance vers
la cohorte en faction, suivant l'usage,
est accueilli avec des acclamations, par
ordre de *Burrhus*, et placé dans une
litière. On dit que quelques soldats hésitèrent, regardant avec inquiétude, et
demandant *Britannicus*. Mais comme
ce jeune prince étoit retenu dans le palais, qu'ils ne virent leur demande secondée de personne, ils suivirent la
foule. *Néron*, transporté au camp, ha-

rangua, promit une gratification, et fut déclaré empereur.

Placé sur le trône à l'âge de quatorze ans, il ne fut plusieurs jours que spectateur des vengeances d'*Agrippine*, sa mère. Elle força *Narcisse*, qui auroit voulu malgré elle sauver *Lépida*, de se donner la mort, dans la crainte de la torture ; ses richesses surpassoient celles de *Crésus* et des rois de Perse. *Julianus*, pour avoir été un moment jugé digne de l'empire, sans y avoir aspiré, fut empoisonné. Elle fit mettre à mort, sous différens prétextes, d'autres personnes qui lui déplaisoient, et elle auroit poussé plus loin ses cruautés, si *Burrhus* et *Sénèque*, gouverneurs de *Néron*, n'eussent engagé leur élève à les arrêter. Ces deux hommes s'étudioient à l'envie, à en faire un grand prince. Ils eurent lieu de se louer d'abord de leurs soins. Le jeune empereur montroit des vertus que le sénat récompensa par des honneurs et des louanges outrées, auxquelles il eut quelquefois la modestie de se soustraire. Sa mère au contraire, pleine d'ambition, affectoit le faste de la domination, et pour la puissance comme pour le rang, l'égalité avec son fils.

Il fut obligé de la reprimer quelques fois, de l'aveu et même par le conseil de ses deux gouverneurs. Elle s'en plaignit et s'échappa en reproches, accompagnés de menaces qui donnèrent lieu à une accusation juridique. Le jeune empereur étoit d'avis de terminer cette espèce de procès en lui faisant donner la mort ; mais *Burrhus* obtint qu'elle seroit jugée. Elle fut déclarée innocente, et rentra en grâce. Mais auparavant, elle avoit essuyé tous les chagrins capables de mortifier son orgueil, chassée du palais, abandonnée par tous les courtisans, sans garde d'honneur, et sur-tout privée de *Pallas* son cher favori. Quand il prit congé de *Néron* le voyant suivi d'une foule de peuple, le jeune empereur dit assez plaisamment: *Pallas* va abdiquer la puissance souveraine.

Les inclinations perverses qu'il commençoit à montrer, la difficulté de s'y opposer de front, engagèrent ses deux gouverneurs à lui souffrir une inclination pour une affranchie nommée *Acté*, au préjudice d'*Octavie* sa jeune épouse. On suppose qu'ils crurent plus prudent de laisser diriger l'impétuosité de sa passion vers une personne peu importante, que d'y exposer les femmes des plus illustres maisons de Rome. Quelques auteurs les soupçonnent d'avoir eu cette complaisance, pour ne pas perdre tout-à-fait l'empire que commençoient à prendre sur leur éleve *Othon* et d'autres favoris, avec lesquels les deux gouverneurs luttoient de crédit. Mais quelqu'ait été leur motif, l'action étant criminelle, il ne peut les justifier. Il auroit été plus honorable pour eux de quitter une cour où germoit la corruption mère de tous les vices.

Néron s'adonnoit au crime avec un sang-froid et une effronterie rare à son âge. Après avoir ravi l'empire au jeune *Britannicus*, il lui ôta la vie. Le poison fut administré sous ses yeux, à sa table. *Agrippine* qui ignoroit le projet ainsi que les assistans pâlirent de l'effet. *Néron* seul vit sans altération et sans trouble, le jeune homme en proie aux plus vives douleurs se débattre, et tomber entre les bras des convives. Il traita son état d'attaque d'épilepsie. Mais l'épileptique en mourut. Si les contraires ne s'allioient pas souvent croiroit-on que le même homme, dans le même-tems, lorsqu'on lui présentoit à signer la sentence de mort de deux brigands répondit : « Je voudrois ne pas savoir écrire ». Il fit aussi quelques actes équitables, des loix sages, des libéralités aux citoyens de Rome grands et petits, ordre d'afficher les reglemens relatifs aux impôts, afin que chacun sut ce qu'il devoit payer. Défense aux gouverneurs de province de donner des spectacles, ils ne servent qu'à fermer la bouche au peuple qui en fait tous les frais ; permission de prendre à parti les anciens délateurs. Un des plus infâmes nommé *Suilius* poursuivi avec ardeur par *Sénèque*, lui imputa en récrimination un commerce scandaleux avec *Julie* fille de *Germanicus*, dont il avoit partagé la disgrace sous *Claude*, de chasser aux testamens et aux successions, de remplir l'Italie et les provinces de ses usures, d'avoir ramassé en quatre ans plus de sept millions d'or. Vrais ou faux, ces reproches firent grand tort à la réputation du philosophe. On remarqua dans ce tems, un phénomène, un prodige. *Saturninus* très-riche, très-estimé mourut gouverneur de Rome à quatre-vingt-treize ans de mort naturelle.

Le peu de loix utiles qui parurent les premières années du jeune empereur, lui firent beaucoup d'honneur. Voilà ce qu'on appelle les belles années de *Néron*. On en compte quatre ou cinq, encore leur gloire fut-elle flétrie par ses mœurs. On le voyoit dès lors courir les rues de nuit déguisé en esclave, avec ses compagnons de débauche, qui pilloient les boutiques, frappoient les passans et commettoient mille autres insolences, apprentissage honteux de désordre plus funestes qui suivirent. L'amour ne le reforma ni ne le régla, parce qu'il lui fût inspiré par des personnes incapables de lui donner de la dignité, entre autres par la fameuse *Poppée*. Elle étoit fille de celle que *Messaline* avoit fait mourir par jalousie. Plus belle qu'aucune femme de son tems *Poppée* les surpassoit par la douceur de son entretien, son esprit et une modestie apparente. Mais sa lasciveté étoit sans bornes, elle ne tenoit aucun compte de sa réputation, et ne mettoit aucune différence entre un galant et un mari.

Othon favori de *Néron* la débaucha et l'enleva à *Crispinus* son époux. *Néron* l'envia à *Othon*, mais après une nuit, passée avec lui, redevenue fidelle à *Othon* qu'elle disoit son mari, elle prétendoit mettre des bornes à sa complaisance. Etoit-ce pour se débarasser d'*Othon* qui en effet reçut comme un exil honnête le gouvernement du Portugal, où il se fit honneur. « Suppor- » tant mieux, dit Tacite, l'occupation » que l'oisiveté ». Deux personnes nuisoient à *Poppée* dans le dessein où elle étoit de se mettre la couronne impériale sur la tête, *Agrippine* et *Octavie*. La vanité de la première ne lui auroit pas laissé voir sans résistance le trône de son fils partagé par une prostituée. On assure que son ambition, la fureur de régner, la transporta au point de provoquer du jeune empereur des caresses qui n'étoient pas celles d'un fils à sa mère. D'autres disent que ce fut le fils qui à la fin d'un repas où régnoit la licence, se permit des désirs trop marqués, et *Burrhus* et *Sénèque* qui étoient présens, ne trouvèrent d'autre moyen d'éloigner le danger, que d'appeller *Acté* auprès du fougueux jeune homme ; mais auroit-il osé, si la conduite trop connue de sa mère ne l'avoit enhardi? Et que penser des deux gouverneurs, qui se respectoient assez peu pour assister à pareilles scènes, et adopter pareil moyen pour la terminer?

Au mépris que marquoit un tel oubli du respect filial, *Poppée* sut ajouter chez *Néron*, l'indignation. Bien persuadée qu'*Agrippine* ne souffriroit jamais qu'il répudiât *Octavie*, elle crut ne pouvoir mieux faire que de l'irriter contre sa mère. « Vous êtes en tutelle, lui disoit-
» elle quelquefois ; loin d'être maître
» de l'empire, vous ne l'êtes pas de
» vous même. J'aime mieux, continuoit-
» elle malignement, aller rejoindre
» *Othon*, et vivre avec lui dans quelque
» coin du monde, que d'entendre vos

» infamies, et de les voir tous les jours ». A ces discours, elle ajoutoit les plus noires calomnies, accusant la mère d'en vouloir à la vie de son fils. Personne ne parloit pour l'impératrice, parce que fière et hautaine, on étoit bien aise de la voir abaissée ; et qu'on ne croyoit pas que la colère d'un fils contre sa mère, pût être portée à l'horrible excès de s'en défaire.

Mais la résolution étoit prise. Il ne s'agissoit plus que de la manière. Le poison ? Elle qui l'avoit employé s'en défioit. Le poignard ? Que diroient le peuple et les soldats ? Pendant qu'on étoit dans l'embarras du choix, un affranchi nommé *Anicete*, général des galères, vient offrir son infernale industrie, savoir un vaisseau fait avec tant d'art, qu'il s'ouvriroit à volonté en pleine mer, sans qu'on put deviner la cause de son naufrage : ce moyen est adopté. *Néron* invite sa mère à une fête auprès de Bayes : elle y va avec quelqu'inquiétude. Mais l'accueil gracieux, l'air serein de son fils à son arrivée la rassure. Après avoir passé une journée de plaisir ensemble, il lui propose d'aller par mer de l'autre côté du détroit, à une maison de plaisance qui étoit destinée à son séjour. Une galère superbement ornée se présente, *Néron* accompagne sa mère au rivage, lui baise les yeux, la presse entre ses bras, l'accable de caresses feintes ou véritables; car un monstre même, dans un pareil moment, peut-être pressé par des remords affreux.

Agrippine part : la mer étoit calme, le ciel clair et sans nuages, comme si, disent nos historiens, les dieux eussent voulu ôter à *Néron* toute excuse de son parricide, empêchant qu'on ne put l'attribuer aux vents et aux flots. Le vaisseau n'étoit pas encore fort éloigné du rivage, lorsqu'au signal donné, le plancher de la chambre où étoit Agrippine, chargé de plomb tombe et écrase un homme à côté d'elle. Une cloison le soutient sur elle et sur *Acéronia*, une de ses femmes, et les garantit. En même tems le vaisseau se rompt; mais les matelots qui n'étoient pas du complot, empêchent qu'il ne soit totalement submergé. Au lieu d'être engloutie, *Agrippine* soutenue par ses vêtemens reste sur la mer. *Acéronia* dans l'espoir d'être secourue plus promptement se nomme l'impératrice, et elle est assommée à coups d'avirons. *Agrippine* légèrement blessée d'un coup porté au hasard, se sauve à la faveur de son silence, et de quelques nacelles venues promptement du bord.

Portée dans sa maison, elle repasse dans son esprit toutes les circonstances de cet événement. Des caresses si subites de son fils après tant de froideur, une lettre, la plus obligeante qu'il lui eut jamais écrite, la chûte du plancher, le vaisseau rompu si près du bord, sans écueil ni orage, sa blessure, la mort d'*Acéronia*, tout lui persuade que c'est à sa vie qu'on en vouloit. Elle croit cependant prudent de dissimuler : elle envoie à son fils un messager pour la rassurer, disoit-elle, sur le danger de sa blessure, et le tranquilliser. Il étoit en effet dans un grand trouble ; mais trouble que ces nouvelles n'étoient pas capables d'appaiser. Quand il apprit que le coup étoit manqué, le désespoir s'empara de lui. Il croyoit déjà voir sa mère informer le peuple, le sénat et l'armée de son assassinat. « Que faut-il faire ? s'écrioit-il ». *Burrhus* et *Sénèque* qu'on soupçonna avoir été instruits du complot étoient présens. L'empereur voulut envoyer le premier tuer sa mère. « Anicète a com-
» mencé, répondit-il, qu'il achève ».

Le scélérat accepte la commission avec empressement. Il prend une troupe de satellites marins, hommes féroces et impitoyables, arrive à la maison d'*Agrippine*, l'investit, et entre dans sa chambre, pendant qu'elle s'inquiétoit du retard de son messager, dont elle tiroit mauvaise augure. En voyant les assassins, elle leur crie : « Si mon fils vous envoie pour savoir de mes nouvelles, allez lui dire que je me porte bien ; au reste, je ne crois pas qu'il vous ait ordonné un parricide ». Pour toute réponse, un d'eux lui décharge un coup de bâton sur la tête. Un autre tire son épée, elle lui dit en montrant son ventre : « C'est lui qui a produit un monstre tel que Néron, c'est lui qu'il faut frapper ». Elle est aussitôt percée de plusieurs coups et expire. Ainsi fut accompli le désir qu'elle avoit montré, lorsque des devins qu'elle consultoit sur le sort de son fils, lui répondirent qu'il seroit empereur ; mais qu'il la tueroit. « Qu'il me tue, répondit-elle, pourvu qu'il règne ».

Si les remords déchirans, si la puissance de se déshonorer par des infamies, celle de se rendre détestable par les cruautés, sont des châtimens ménagés aux grands coupables par la providence, nul homme n'a jamais été plus puni que *Néron* ne le fut de son parricide. L'image de son crime le suivoit par-tout, des furies vengeresses sembloient attachées à ses pas. Son anxiété étoit quelquefois inexprimable. Pour calmer ses affreuses angoisses, il eut recours à des magiciens. Il les pria d'évoquer par leurs sacrifices les manes de sa mère, afin de les appaiser; mais l'enfer même rejeta ses offrandes, et se refusa à ses vœux. Il reçut après son forfait les complimens de ses gardes, d'avoir échappé aux embûches qu'il disoit que sa mère lui avoit tendues. *Burrhus* étoit à leur tête. Il lui vint des félicitations du sénat, auquel il écrivit que sa mère avoit voulu le faire assassiner; qu'elle avoit formé des desseins contre la tranquillité de l'empire; qu'elle haïssoit le sénat, les soldats et le peuple, qu'enfin sa mort étoit un bonheur public. Cette lettre étoit de la façon de *Sénèque*. Les sénateurs ordonnèrent des processions publiques en actions de graces aux dieux, et placèrent le jour de la naissance d'*Agrippine* entre les jours malheureux. Tel étoit alors le sénat romain. Le seul *Thraséa Pétus* sortit de la salle indigné, au hasard d'encourir la haine du tyran.

Il sembloit qu'il y eut une ligue formée pour le perdre, en lui applaudissant dans ses plus extravagantes passions. Aussi n'y mit-il aucun frein : on le vit paroitre comme un baladin sur le théâtre, y chanter, danser, jouer de la lyre, conduire les chars dans le cirque, forcer les spectateurs, de l'entendre, et de lui donner la préférence sur les autres acteurs. La ville de Naples fut plus qu'une autre favorisée du dangereux honneur de lui plaire. Il s'y rendoit au théâtre dès le matin, et y restoit jusqu'au soir. A peine se donnoit-il le tems de manger, ce qu'il faisoit en public, après avoir averti les spectateurs, qu'au sortir de table, il leur chanteroit un air encore plus touchant. Un jour pendant qu'il chantoit, un tremblement de terre ébranla le théâtre; mais il ne voulut ni quitter, ni laisser sortir personne, que sa chanson ne fut finie, et sitôt que l'amphithéâtre fut vuide, il s'écroula.

Pour diminuer sa propre honte, il tacha de faire imiter son exemple par l'ancienne noblesse, que sa pauvreté rendoit capable de tout. Il en fit des gladiateurs. Les femmes même ne rougirent pas de lutter dans l'arène. Plus de retenue, tout le monde fut admis sans aucune distinction d'âge, de condition ni de sexe, à se charger de cet opprobre. Un sénateur pouvoit faire sans reproche, le métier d'un bouffon grec ou latin, avec des gestes et des contenances deshonnêtes. Les dames même de la plus haute naissance s'y montroient dans des postures lascives. Au tour des endroits destinés à ces spectacles, se trouvoient des boutiques garnies de tout ce que le luxe et la molesse peuvent désirer, des cabarets et des lieux de débauche.

Mais rien n'approche en ce genre de la fête, que lui donna sur le lac d'Agrippa, *Tigellin*, dont la crapule, l'avarice et la cruauté avoient su gagner les bonnes graces de l'empereur. *Néron* y parut sur un vaisseau tout brillant d'or et d'yvoire, maneuvré par les plus beaux jeunes gens, dont le degré de corruption marquoit les rangs près de sa personne. Il alloit aborder près d'enfoncemens décorés en antres rustiques, où se trouvoient les premières dames de Rome, mêlées aux courtisannes aussi éfrontées les unes que les autres. Tous les bois et les palais voisins retentissoient de concerts, et furent bordés de lumières. La table étoit chargée des mets les plus exquis et les plus rares venus à grands frais. Après ce spectacle scandaleux, *Néron* en donna un pire encore par son mariage avec *Pythagore*, le plus infâme des débauchés. L'hymen se célébra avec les cérémonies accoutumées. L'argent fut consigné entre les mains des augures. On lui mit le voile que portoient les épousées, on lui dressa un lit nuptial; on alluma les flambeaux de l'hyménée. Après avoir été femme de *Pytagore*, il devint l'époux d'un autre débauché nommé *Sporus*, le logea dans son palais, le promena par-tout en Italie et en Grèce, habillé en Impératrice. « Heureux univers, dit quelqu'un « à pareille occasion, si le père de Néron » avoit eu une pareille femme ». Manque-t-il quelqu'espèce d'excès aux infamies dont le ciel permit que ce prince se souillât en punition de ses crimes ?

Il étoit alors marié à *Poppée*. Non contente d'avoir chassé *Octavie* du trône et du lit de l'empereur, elle voulut la faire disparoître de dessus la terre. Des calomniateurs suscités l'accusèrent d'un mauvais commerce avec un joueur de flûte. Ses femmes appliquées à la question, soutinrent l'innocence de leur maîtresse. Elle n'en fut pas moins exilée ; et après qu'on lui eut coupé les veines, étouffée par la vapeur d'un bain chaud, à l'âge de vingt-deux ans. Princesse infortunée, qui reçut cette récompense de l'empire qu'elle avoit apporté pour dot de *Néron*. Jamais elle n'eut un moment de bonheur dans sa vie.

Quelque complaisans que se montrassent les deux gouverneurs *Burrhus* et *Sénèque*, leur seule présence, apparemment espèce de reproche, nuisoit à l'empereur. Le premier dont un de nos tragiques a fait un homme à sentimens héroïques, fut empoisonné. *Sénèque* dont les ouvrages stoïques contrastent merveilleusement avec son indulgence pour les excès de son élève, après avoir été méchamment enveloppé dans une conjuration, dont il se justifia, succomba dans une seconde accusation, et forcé de se faire ouvrir les veines, mourut épuisé de sang. *Néron* eut la bonté de faire refermer celles de *Plancine*, épouse du philosophe, qui avoit imité son mari. Il lui en resta une pâleur qui attesta toute sa vie son amour.

Poppée elle-même, *Poppée* si ardemment aimée, devenue importune par ses représentations, n'échappa pas à la brutalité de son mari. Elle lui faisoit des remontrances sur quelques excès. Il s'en irrita, la frappa du pied dans le ventre. Elle étoit enceinte. Elle en mourut. On remarque en ce barbare une férocité froide et réfléchie, qui ajoute à la cruauté. Quand on lui présenta la tête d'un nommé *Rubellius* qu'il venoit de faire assassiner, il la contempla avec complaisance, et dit en riant : « je ne savois pas que Rubellius » eût un si long nez ». En circonstance à-peu-près pareille, *Agrippine* regarda curieusement la tête livide d'une de ses rivales, lui ouvrit la bouche, et examina ses dents, qui avoient apparemment quelque chose de particulier. Quels monstres que ces personnages !

tome 3.

Aux cruautés exercées sur des particuliers, se joignent des exécutions qui portent sur des multitudes. Selon une ancienne loi, tous les esclaves qui se trouvoient dans la maison d'un maître assassiné, devoient être mis à mort. On en comptoit quatre cents chez *Pédanius*, tué étant gouverneur de Rome. Ce nombre excita la pitié du peuple. Il demandoit grace pour tant d'innocens. *Néron* ne crut pas que le sang noble d'un seul, fût trop expié par le sang vil de tant d'autres, et les fit inhumainement massacrer. On lui attribue le fameux incendie de Rome, qui de quatorze quartiers, en détruisit trois entièrement, causa un grand dommage à sept des plus beaux; de sorte qu'il n'en resta que quatre entiers. Le feu brûla neuf jours avec une confusion et un défaut de secours, qui firent juger que si *Néron* n'en étoit pas l'auteur, du moins il se plaisoit à le voir durer. En le contemplant du haut de son palais, il déclama un poëme sur l'embrasement de Troie, revêtu des mêmes habits qu'il portoit en chantant sur le théatre. On dit qu'il auroit voulu voir brûler Rome totalement, afin de bâtir à sa place une ville à laquelle il auroit donné son nom. Sur les décombres fumans de l'emplacement le plus maltraité par les flammes, il éleva le plus vaste et le plus magnifique des palais, où se trouvoient outre les plus beaux ornemens de l'architecture, et les plus riches ameublemens, les jardins du goût le plus exquis, jusqu'à des lacs et des forêts.

Le spectacle de ce terrible embrasement, les cris des vieillards, des femmes et des enfans; le désespoir de ceux qui voyoient périr leurs biens, le tumulte de ceux qui l'emportoient, qui pensant le sauver étoient précédés, environnés par la flamme, et périssoient écrasés sous les débris; ce spectacle horrible n'approche pas encore pour l'inhumanité de celui que *Néron* donna au peuple dans ses jardins, dont les Chrétiens furent les malheureux acteurs? Afin de détourner de dessus lui, le soupçon très-accrédité qu'il étoit auteur de l'incendie, il en accusa les Chrétiens, déjà fort multipliés dans la capitale. Il rafina, dans les tourmens qu'il leur fit souffrir, les uns couverts de peaux de bêtes sauvages, étoient livrés aux chiens qui les dévoroient, d'autres attachés à une croix, attendoient une mort lente dans des douleurs aigues; d'autres enfin, enduits de matières combustibles, fixés à des poteaux, ou jetés dans des feux que leur graisse alimentoit, éclairoient les divertissemens du monstre qui parcouroit ses allées sur son char en habit de cocher. Mais ni ces atrocités, ni quelques marques de bonté qu'il donnât au peuple après l'embrasement, ne purent faire tomber l'opinion qu'il en étoit l'auteur.

Enfin l'impatience des Romains portée à son comble produisit une conspiration. Des sénateurs, des chevaliers, des soldats, et même des femmes y entrèrent. Elle se forma sans doute par le mécontentement général, sans qu'on en sache positivement l'auteur. *Caius Pison* passa pour en avoir été le chef. Il montroit des vertus que son goût pour le luxe et la dépense a rendues suspectes, et on l'a cru moins excité par la gloire de venger ses concitoyens, et de les défaire d'un affreux tyran, que par le désir d'obtenir l'empire. Presqu'à sa naissance, la conspiration pensa être découverte, par l'imprudence d'une femme affranchie nommée *Epicharis*, dont la conduite n'étoit rien moins que réglée. Elle fut employée, ou s'employa d'elle-même à gagner des complices parmi les troupes. Indiscrétement elle s'ouvrit à un tribun qui la décéla. Mais elle nia avec tant de fermeté qu'on ne put la convaincre; cependant *Néron* la fit garder en prison.

Une légère inattention, une précaution minutieuse dévoila tout le complot. Un des conjurés nommé *Scévinus* s'étoit réservé l'honneur de porter le premier coup. En examinant son poignard, il le trouva mal affilé, et taché d'un peu de rouille. Il le donna à *Milicus* son affranchi de confiance, pour le faire remettre en meilleur état. En même tems, il se fit préparer du linge comme pour bander des plaies, et arrêter le sang. Il donna aussi un grand festin à ses amis, où il parut d'un air rêveur, après lequel il récompensa quelques uns de ses esclaves, et en affranchit d'autres. Ces circonstances donnèrent à penser à *Milicus*. Il avertit l'empereur, qui dans ces préparatifs, vit tout d'un coup un complot contre sa vie. Il s'assura de *Scévinus* qui se défendit très-bien d'abord. Mais la femme de l'affranchi indiqua des conférences, des colloques secrets, dont la connoissance fit arrêter plusieurs personnes. Elles se contredirent dans l'interrogatoire. Pressé par l'appareil des tortures, l'un déclare ses meilleurs amis, l'autre jusqu'à sa propre mère.

C'étoit le moment de faire parler *Epicharis*. On la tira de sa prison. Elle fut appliquée à une question cruelle; mais elle soutint toujours qu'elle étoit innocente, et n'accusa personne. Comme on la ramenoit à une nouvelle torture, dans une chaise, parce qu'elle ne pouvoit marcher, elle fit un nœud coulant du linge qui lui couvroit la gorge, l'attacha dans sa chaise, et s'étrangla. Mais les hommes montrèrent moins de constance qu'une femme. Les aveux se multiplièrent, et avec eux les tourmens pour en tirer d'autres. Une chose qu'on a déja vu, mais qui étonnera toujours, c'est que les complices eux mêmes, furent souvent chargés de l'odieuse commission de présider aux tortures; qu'ils s'en acquittèrent avec toute la rigueur de gens innocens, et que les torturés ne les déclarèrent pas, quoiqu'ils les connussent pour complices. *Néron* assistoit à ces horribles scènes. Son attention empêchoit que les chefs des bourreaux n'apportassent quelqu'adoucissement aux tourmens. Dans un de ces interrogatoires, un des juges interrogeans, se voyant prêt à être accusé, fit le geste de vouloir tuer le tyran, un complice l'en détourna par un signe, lui faisant entendre, qu'il n'étoit pas encore tems. La plupart montrèrent en mourant plus de fermeté qu'il n'en avoit fallu pour exécuter leur dessein.

Pison se fit couper les veines. *Latéranus* consul désigné, répondit dans les termes les plus méprisans à *Epaphrodite* qui avoit l'ordre de l'interroger, et eut la générosité de ne rien reprocher au tribun son complice chargé de lui couper la tête. Blessé du premier coup, il se remit de lui-même dans l'attitude convenable pour être décapité. *Subrius* chef d'une cohorte prétorienne, interrogé par *Néron* pourquoi il avoit violé son serment de fidélité lui répondit : « J'ai » été fidèle tant que tu l'as mérité : mais » je ne t'ai pu souffrir lorsque tu es » devenu parricide, cocher, bouffon, » incendiaire ». Cette réponse courageuse fut ce qui fit plus de peine à *Néron*. *Sulpicius Asper* auquel il demandoit pourquoi il avoit conspiré contre lui, lui dit : « Parce que je ne connoissois pas d'au- » tre remède à tes crimes ». Les talens loin d'être une sauve-garde, attiroient une attention dangereuse. Le poëte *Lucain* périt plus jalousé que convaincu. *Pétrone* se donna avant que de mourir le plaisir de laisser une satyre dont on regarde la licence, comme un mémorial des infamies de *Néron*, qu'il crut par là vouer au mépris de la postérité. Ne fut-on coupable que de lui déplaire, le tyran ne pardonnoit pas et aimoit à effrayer ceux même qu'il croyoit innocens. Il envoya exécuter le consul *Vestinus* qui donnoit un grand repas, et ne se doutoit seulement pas qu'on pensât à lui, parce qu'il n'avoit pas trempé dans la conspiration. Mais *Néron* le haissoit.

Il fit garder pendant la nuit les convives dans les angoisses de l'incertitude. » Ils » ont bien payé, dit-il, en les envoyant » délivrer, ils ont bien payé l'honneur » de dîner chez un consul ».

Les enfans des conjurés ne furent point épargnés. *Néron* chassa les uns de Rome, fit emprisonner ou mourir de faim les autres avec leurs précepteurs et leurs domestiques. Des familles entières furent exterminées à la fois. Pendant ces exécutions et ces meurtres, les temples retentissoient d'actions de graces et de chants d'allégresse. Celui-ci privé d'un fils ou d'un frère, l'autre d'un parent ou d'un ami, ornoit sa maison, comme dans une réjouissance publique. Les sénateurs affectoient une joie proportionnée à la tristesse qu'ils étoient obligés de renfermer, décernoient des offrandes aux dieux, particulièrement au soleil qui avoit découvert la conjuration, de peur comme on l'avoit projetté, que le meurtre ne fût commis dans son temple; et le poignard qui devoit y être employé, fut consacré au Capitole. Comment le tyran n'auroit-il point pris ces apparences pour des témoignages sincères de joie, en voyant les uns venir lui baiser les mains, les autres embrasser ses genoux? Il fit grace à très-peu, et donna de grandes récompenses aux dénonciateurs et aux bourreaux. Délivré d'inquiétude, il reprit la harpe et les habits de comédien, parut sur la scène, se soumettant à toutes les loix du théâtre; savoir de ne point se reposer, ni s'essuyer avec l'habit qu'il portoit, de ne cracher ni de moucher pendant toute l'action. Enfin mettant un genou en terre et saluant l'assemblée, il attendoit la sentence des juges avec la contenance d'un homme qui la craint. Mais il n'auroit pas été sûr de paroître même indifférent. Des espions répandus dans l'amphithéâtre examinoient les contenances. *Vespasien* pour s'être endormi, après avoir veillé la nuit à son poste, courut risque de la vie.

L'historien *Tacite* termine ses récits lugubres, ses hideux tableaux par deux scènes attendrissantes. La première d'une famille mourante ensemble: *Lucius Vetus*, sa belle-mère *Sertia*, et *Pollatia* sa fille. *Néron* n'avoit contre *Lucius* d'autre grief, que d'être sur la terre un reproche vivant de la mort de *Rubellius* son gendre, condamné injustement. Il fit accuser son beau-père avec autant d'injustice. *Pollatia* alla se jeter aux pieds du tyran, et ne pouvant obtenir grace, elle revint annoncer courageusement à son père qu'il falloit mourir. Tous trois s'enfermèrent dans la même chambre;

se firent porter dans le bain, et couper les veines du même fer. Là, le père en contemplant sa fille, la mère ses enfans, chacun souhaita d'être frappé le premier de la mort qui s'avançoit. Selon les loix de la nature, la plus âgée expira avant les deux autres, puis le père, puis la fille, et le vil sénat les déclara coupables de haute trahison.

L'autre scène est le procès de *Thrasea* ce sénateur intrépide, qui n'avoit pas voulu applaudir à la mort d'*Agrippine*, ni offrir de sacrifices pour la conservation de la divine voix de l'empereur. Tels furent les principaux chefs d'accusation contre lui. Les vrais griefs de *Soranus*, cité aussi en jugement, étoient d'avoir étant gouverneur de Pergame, empêché *Acratus*, affranchi de *Néron*, d'emporter les statues et les tableaux de cette ville. Enfin, on imputoit à grand crime à *Servilie*, fille de *Soranus*, d'avoir consulté des magiciens. Pour ces scélératesses, l'empereur ordonna de les condamner tous à mort; mais de leur laisser le choix. Les coupables furent introduits à l'audience entre deux rangs de soldats, chargés d'apprendre aux sénateurs leur crime. On ne connoît de cette œuvre d'iniquité que l'interrogatoire de la fille, que l'historien représente jeune et belle. « Avez-

» vous consulté les devins ? lui demanda
» le juge. Oui, répond-t-elle avec ingé-
» nuité et candeur ; mais c'étoit pour
» savoir s'il y avoit moyen d'appaiser
» l'empereur et de sauver la vie à mon
» père. N'avez-vous pas vendu jusqu'à
» vos ornemens nuptiaux, pour em-
» ployer l'argent à des conjurations ma-
» giques »? La désolée *Servilie* se prosterne à terre ; et après quelques momens de silence, elle dit en embrassant
l'autel, les yeux baignés de larmes. « Je
» n'ai invoqué aucune divinité défendue.
» Toutes mes prières ont été saintes,
» et n'ont eu pour but que de sauver
» mon père. J'ai donné mes pierreries
» et mes ornemens, comme j'eusse
» donné mon sang et ma vie, si on me
» les avoit demandé pour son salut. Si
» j'ai failli, j'ai failli seule, mon père est
» innocent. Le père s'écrie : puisque ma
» fille n'a aucune part aux crimes qu'on
» m'impute, nos causes ne doivent
» pas être confondues. Je suis prêt
» à subir mon destin, quel qu'il puisse
» être. J'espère qu'une fille innocente
» ne sera pas enveloppée dans la con-
» damnation de son père ». Il veut
embrasser sa fille. Elle lui tend les bras.
Les licteurs se mettent entr'eux....Quoi-
que la perte de cette partie de l'histoire

de Tacite, nous fasse ignorer le sort du père et de la fille, le caractère connu de *Néron* ne nous permet pas de croire que le barbare se soit laissé fléchir. *Thraséa* se fit ouvrir les veines.

Néron quitta Rome pour quelque tems. Il en donna le gouvernement à *Hélius*, affranchi auquel il associa *Polyclete*, autre affranchi, avec une puissance si absolue, qu'ils étoient les maîtres de bannir, de faire mourir jusqu'à des sénateurs, sans en informer l'empereur. Pour lui, il alla promener ses caprices et sa folie dans la Grèce. Les Grecs, disoit-il, étoient bien meilleurs connoisseurs que les Romains. Ils admiroient sa céleste voix; aussi ne leur épargnoit-il pas le plaisir de l'entendre. Il les tenoit des jours entiers au théatre; ils auroient été bien ingrats de ne pas l'écouter, après la peine qu'il prenoit pour conserver cette belle voix. Il ne se couchoit jamais que sur le dos, avec une plaque de plomb sur l'estomac, usoit fréquemment de purgatifs, s'abstenoit de tous les fruits et autres mets qui auroient pu la gâter. De peur de s'échapper en parlant en public, et de faire tort à son admirable organe, il créa une charge, dont le possesseur étoit chargé de l'avertir quand il ne se ménageoit pas assez, et de lui mettre un linge sur la bouche, s'il arrivoit que transporté par quelque passion, il n'eût pas égard à ses remontrances. Cette charge est unique dans l'histoire.

L'empereur remporta le prix dans les jeux olympiques et autres jeux de la Grèce. Il se faisoit donner de riches couronnes ; de sorte qu'on n'en étoit pas quitte pour le plaisir d'entendre. Amateur des ouvrages de l'art, il enleva dans toutes les villes les tableaux, les statues et les autres curiosités qu'il trouvoit de son goût. Ces raretés chargées sur plusieurs vaisseaux, périrent dans une affreuse tempête qu'il essuya en retournant à Rome. Il y fut rappellé dans la crainte d'un soulèvement, que les extorsions des gouverneurs alloient faire éclater. *Helius* courut l'avertir du danger, et le prier de venir calmer et punir les Romains. « Ils m'envient donc, » dit-il en soupirant, la gloire dont » je me couvre en Grèce ». Il arriva assez à tems pour prévenir l'effet d'une conspiration dont on ignore le détail.

On est étonné de la stupeur d'une ville telle que Rome, grande, opulente, où malgré les proscriptions, se voyoient encore des familles distinguées, des hommes d'un grand mérite, un sénat nombreux, les magistrats de l'ancien gouvernement, consuls, tribuns, censeurs, édiles, préteurs, et autres qui faisoient la force et l'ornement de la république. Des colléges de prétres, chargés de la majesté du culte, des écoles pour l'enseignement, l'ordre des chevaliers capables de réfléchir et d'agir, et entre les riches et la populace, cette classe d'hommes industrieux qui ont besoin de la paix, et qu'on croit, par leur nombre capable de la maintenir quand elle existe, ou de la rétablir quand elle est troublée.

Cependant cette ville, Rome enfin courbée sous un sceptre de fer ensanglanté, étoit depuis *Auguste* esclave de la tyrannie, ou le jouet de la folie de ses empereurs et de leurs ministres. On cherche la cause de cet avilissement, et on la trouve dans la politique qui présida à la métamorphose de la république. *Auguste* conserva l'extérieur des autorités; mais il en confondit, changea, restreignit les pouvoirs. L'approbation, l'encouragement donné aux délations, les supplices qui les suivirent, jetèrent la frayeur dans toutes les ames; étouffèrent toutes les voix qui auroient pu réclamer. Les tribunaux, le sénat lui-même ne furent plus les interprètes de la justice; mais les organes de la volonté de celui qui avoit à sa disposition les calomnies et les bourreaux. Le peuple vit avec une indifférence stupide, plonger les grands dans les cachots, répandre leur sang, dépouiller ses temples, convertir en monnoie les objets de son culte, parce qu'on lui donnoit des fêtes, qu'on l'amusoit par des spectacles; et sur-tout qu'on avoit soin qu'il ne manquât pas de vivres.

Si quelquefois irrité des injustices criantes faites à des personnes qu'il estimoit, il se montroit disposé à la révolte, près de là étoit le camp formidable des cohortes prétoriennes, au palais une garde nombreuse, dans tous les quartiers des détachemens de ces farouches soldats, troupe formée de toute nation, sans parens, sans propriété, qui ne connoissoit que celui qui la payoit. Les prétoriens, tirés ou des auxiliaires ou des peuples subjugués, accoutumés à la licence des camps, trouvoient une société analogue à leur caractère, dans la populace de Rome, dont ils se renforçoient au besoin. Même brutalité de mœurs, même dénuement de propriétés, même dévouement à celui qui pouvoit lâcher la bride à leur cupidité. La crainte du pillage dont on étoit sans cesse menacé, sous l'épée des cohortes, et le poignard de la basse populace, contenoit la partie industrieuse, et la rendoit docile à toutes les volontés des tyrans. Ainsi une ville pleine d'hommes capables, chacun en particulier, de résister à l'oppression, se laissoit soulever, agiter, calmer comme la plus petite cité.

Les ordres arbitraires des empereurs envoyés dans les provinces, sous les formes anciennes de *sénatus consultes*, de *décrets du peuple*, y obtenoient obéissance entière, parce qu'on ignoroit au loin les astuces et les violences employées pour leur donner cette sanction. De plus, les familles des gouverneurs étoient retenues à Rome comme des otages. Pour peu qu'ils voulussent montrer d'opposition, eux et leurs principaux officiers, tous romains, devoient trembler pour des gages si chers. C'est ce qui empêcha pendant tant d'années, que le trône de ces princes barbares ou insensés ne fut attaqué, et qui rendit les efforts contre *Néron* assez lents pour qu'il eut pu les arrêter, s'il avoit eu la moindre énergie et le moindre courage.

Les premiers coups portés contre ce prince, partirent de la gaule Celtique, dont *Julius Vendex* étoit gouverneur. Il descendoit des rois d'aquitaine. Son origine lui rendoit plus insupportable le joug tyrannique sous lequel gémissoient les Gaulois accablés d'impôts. Il rassembla cent mille Gaulois, et envoya publiquement proposer à *Galba*, gouverneur d'une partie d'Espagne, dont il connois-

soit apparemment les intentions secrètes, de se joindre à lui, avec promesse de le reconnoître pour empereur. Dans le même tems, le gouverneur d'*Aquitaine* lui demanda du secours contre *Vindex*. Embarrassé entre deux propositions si opposées, *Galba* assemble ses amis. Ils lui conseilloient avant que de se déclarer, de sonder les dispositions de la capitale; mais *Titus Vinius*, tribun de la seule légion qu'il y eut dans la province, se lève et dit : « A quoi bon délibérer?
» c'est déjà un crime capital que d'agi-
» ter si nous continuerons d'être fidèles
» à Néron. Il n'y a point de milieu. Vous
» devez ou entrer dans l'idée de Vindex,
» ou marcher dans l'instant contre un
» homme qui aime mieux voir Galba sur
» le trône que Néron ». Ce raisonnement détermine Galba. Il convoque une assemblée générale des Espagnols; et monté sur une tribune entourrée des images de plusieurs personnes illustres que le tyran avoit fait inhumainement massacrer, il fait un discours véhément, dans lequel il lui reprochoit tous ses crimes. « Quel attentat, dit-il, a été trop
» cruel pour lui? Ne s'est-il pas souillé
» du sang de son père, de sa mère, de
» sa femme, de son précepteur, de
» tous ceux qui dans le sénat, la ville et
» les provinces, étoient distingués par

» leur naissance, leurs richesses, leur
» courage et leur vertu? Le sang de
» tant d'innocentes victimes crie ven-
» geance. Puisque nous avons des armes
» et le pouvoir de nous en servir, rou-
» gissons d'obéir plus long-tems, non à
» un prince, mais à un incendiaire, à un
» parricide, à un chanteur, à un comé-
» dien, à un...... Honorerai-je du nom
» d'homme un monstre qui n'appartient
» pas à notre espèce, ayant un homme
» pour mari, et étant lui-même le mari
» d'un autre homme ». *Galba* en finissant, protesta à la nombreuse assemblée
qui le saluoit empereur et Auguste, qu'il
ne vouloit prendre le commandement
que comme lieutenant du sénat et du
peuple.

Mais pendant qu'il délibéroit, *Vindex*
étoit poursuivi par *Virginius*, gouverneur de la haute Allemagne. On croit
que les chefs étoient assez d'accord à
s'unir contre *Néron*. Mais les deux armées se battirent malgré eux. *Vindex*
fut vaincu et se tua. L'armée victorieuse
offrit l'empire à son général. Il le refusa,
déclarant qu'il ne souffriroit pas qu'aucun exerça la souveraine puissance qu'elle
ne lui eut été conférée par le sénat, auquel seul ce droit appartenoit. Cette
résolution embarrassa *Galba*, dont les
affaires étoient réduites par la défaite de

Vindex à une crise allarmante ; mais *Néron* l'ignoroit.

Il étoit à Naples son séjour favori, lorsqu'il apprit la révolte de *Vindex*. Elle ne l'inquiéta pas beaucoup. Il fut seulement très-piqué de ce que le gouverneur de la Gaule, l'appelloit dans son manifeste, « pauvre joueur de harpe. » C'est bien à lui, disoit-il, de juger de » ma capacité dans un art qu'il n'a jamais » appris, et qui m'a coûté tant de peine ». Pour réfuter l'odieuse calomnie des rebelles, il se mit à jouer de la harpe plus fréquemment que jamais. Il étudioit l'attention des auditeurs, et s'interrompoit de tems en tems, pour leur demander s'ils avoient jamais connu quelqu'un qui l'égalât. Cependant, comme les nouvelles devenoient plus fâcheuses, il revint à Rome. Il y apprit la révolte de *Galba*. Elle lui causa non pas de la frayeur, mais de la rage. Il vouloit envoyer dans toutes les provinces, des assassins pour y tuer les gouverneurs, les généraux d'armée, tous les bannis, dans la crainte qu'ils ne se déclarassent pour les révoltés. Faire couper la gorge à tous les Gaulois qui étoient dans Rome, comme complices de leurs compatriotes, empoisonner tout le sénat dans un festin, mettre le feu à la ville, et lacher en mêmetems toutes les bêtes féroces qu'on gardoit pour les spectacles publics, afin d'empêcher les habitans d'éteindre les flammes.

Après ce volcan de désespoir, qu'éteignit l'impossibilité d'exécuter un si horrible projet, *Néron* songea à lever des troupes. Personne ne se présenta volontairement. Il voulut forcer, on s'enfuit et se cacha. Ce n'étoit plus le tems d'enrôler, comme il lui étoit quelquefois arrivé, les baladins et les histrions. L'affaire devenoit trop sérieuse, ni d'armer non plus ses concubines et les courtisannes de Rome, dont il s'étoit fait une compagnie de gardes dans des tems calmes. L'orage grondoit tout autour de lui. Les éclats en furent accélérés par un contre tems qui souleva la ville. La famine se faisoit sentir. On annonce qu'il est arrivé un vaisseau d'Egypte, d'où venoit ordinairement le remède à ce mal. Le peuple y court, croyant le trouver plein de bled, et il le trouve chargé de sable pour les gladiateurs et les lutteurs. La fureur s'empare des esprits. La populace s'assemble tumultueusement, brise les statues de l'empereur, déchire ses images, pille les maisons de ses favoris, et commet une infinité de désordres.

Dans ces circonstances, il apprend la révolte des légions de la Haute-Allemagne, et l'offre de l'empire faite à

Virginius. Il en est consterné, se munit de poison, et prend la résolution assez sage de s'enfuir en Egypte ; mais il en remet l'exécution au lendemain. Pendant la nuit, *Nymphidius* son plus cher favori après *Tigellin*, forme le dessein de s'emparer du trône. Il étoit né d'une affranchie qui suivoit la cour, fort complaisante pour ceux qui en étoient. A ce titre, il se disoit fils de *Caligula*, parce qu'il avoit la taille et l'air furieux de ce prince, et la passion pour les débauches dont il s'étoit souillé. Il étoit avec *Tigellin*, commandant des gardes prétoriennes. Pendant que *Néron* dormoit, il fait dire aux gardes que l'empereur s'est sauvé. Comme ils avoient de l'estime pour *Galba*, il le fait proclamer, comptant se substituer ensuite à sa place.

Néron se réveille, apprend la désertion de ses gardes, fait appeler ses amis : Personne ne vient. Il sort de son palais, va lui-même à leur porte, on ne répond point. Il revient, tout avoit disparu de son appartement, meubles, tentures, jusqu'à son lit, et même la boîte au poison. Il mande un gladiateur pour le tuer. Celui-ci refuse. « Quoi, » dit-il, suis-je assez malheureux pour » n'avoir ni amis ni ennemis » ! *Phaon* un de ses amis, lui offre de le cacher dans sa maison de campagne. Il se met en chemin accompagné de quatre personnes, monté sur un mauvais cheval, revêtu d'un habit usé, et se cachant le visage. En passant le long du camp des gardes prétoriennes, il entendit les imprécations des soldats contre lui. Il faisoit un orage affreux. Le tonnerre, la pluie, les éclairs, un tremblement de terre même rendoient sa fuite encore plus pénible. Le linge qui couvroit son visage tombe : il est reconnu. Dans la crainte d'être arrêté, il se glisse à travers les épines et les broussailles à la porte de la maison qui est ouverte après quelque retard.

Là, il apprend que le sénat l'a condamné à être mis à mort *selon la coutume des ancêtres*. Qu'est-ce que la coutume des ancêtres ? Demande-t-il, *c'est*, lui répond-t-on : « D'être dépouillé, attaché par la tête à un poteau, et battu de verges jusqu'à la mort ». Il sentoit qu'une mort prompte étoit préférable ; mais il n'avoit pas le courage de se la donner. Il auroit voulu que quelqu'un de ses serviteurs lui montrât l'exemple pour l'enhardir. Aucun ne se trouva disposé à cette complaisance. Il tire un poignard, l'approche de sa gorge. « Quel habile homme, dit-il, le monde va perdre » ! Ce fut une de ses dernières paroles. *Epaphrodite* son affranchi lui rendit d'un coup le service qu'il demandoit.

Le sénat ratifia la proclamation que *Nymphidius* avoit provoquée, et envoya des députés a *Galba*. Sans doute les pères conscripts entourés des gardes prétoriennes et sous leur puissance, n'osèrent reprendre l'autorité qu'ils avoient possédée, et rétablir la république. Ils se flattoient de jouir d'un sort plus heureux, et de voir renaître les beaux jours de l'empire sous un homme d'un caractère doux, bon général, et qui avoit fait preuve de modération, ne voulant accepter le sceptre que du consentement du sénat ; mais *Galba* se laissa gouverner par trois favoris dont les mauvais conseils lui firent faire des fautes qui abrégèrent son règne et sa vie. Le premier *Vinius Celius* qui par sa fermeté l'avoit déterminé à accepter l'empire, lorsqu'il délibéroit sur les offres de *Vindex*. Il ne voulut pas avoir inspiré cette résolution en vain. Orgueilleux et hautain, il étoit toujours pour les partis de rigueur. Le second *Cornelius Lacon*, peu courageux, et insolent, fait capitaine des gardes prétoriennes, malgré ces défauts, ne pouvoit dissimuler sa jalousie contre ceux qui avoient quelque mérite. Enfin, *Icelus*, esclave affranchi, le plus avide des hommes,

Galba. 69.

ne songeoit qu'à amasser des trésors. En sept mois, il se fit plus riche que ne l'étoient devenus les plus avares ministres de *Néron* en quatorze ans.

Galba avoit plus de soixante et dix ans, quand il fut appellé au trône. On lui trouvoit dans la physionomie quelque chose d'heureux qu'*Auguste* remarqua. Etant un jour allé le saluer avec quelques jeunes gens de son âge, *Auguste* le distingua, lui mit la main sur la tête, et lui dit : *Et toi, mon fils, tu tâteras de l'empire*. Exact pour la discipline et la justice, un peu sévère, il se conduisit dans le commandement des armées et le gouvernement des provinces, d'une manière qui lui mérita l'estime publique. Dès la mort de *Caligula*, il fut sollicité de prendre l'empire. Il se refusa à ces offres, aida même *Claude* à monter sur le trône, et seroit peut-être resté fidèle à *Néron*, si ce prince à l'instigation des collecteurs d'impôts, mécontens de n'être pas aidés par le gouverneur dans leurs exactions, comme ils désiroient, n'eut marqué le dessein de s'en défaire.

Le nouvel empereur prit son chemin par les Gaules, accompagné d'une garde espagnole et de ses trois confidens. *Virginius* vint au-devant de lui. Moins reconnoissant de ce que le gouverneur de la Haute-Allemagne venoit de refuser l'Empire que ses soldats lui offroient, que piqué de ce qu'il n'avoit pas voulu le reconnoître avant le choix du sénat, *Galba* le reçut froidement ; ce qui déplut à ses légions. Pendant qu'il avançoit lentement porté en litière à cause de son grand âge, les prétoriens faisoient à Rome justice de *Nymphidius* qui leur avoua que sous le nom de *Galba*, il travailloit pour lui-même. Il eut l'audace d'aller jusque dans leur camp proposer d'acheter leurs suffrages par des promesses exorbitantes, et il fut tué. Plusieurs personnes même consulaires s'étoient attachées à sa fortune, *Galba* envoya ordre à Rome de les condamner. Il marqua sa route par des exécutions sanglantes, quelques unes justes, d'autres qui paroissoient provoquées par ses ministres pressés de profiter d'un règne qui ne pouvoit être long. On leur reprochoit de mettre tout en vente, charges, provinces, revenus publics et justice ; de faire mourir les innocens, de sauver les coupables ; desorte, que l'arrivée d'un prince auparavant si estimé, étoit redoutée à Rome.

Il fit rendre compte aux ministres de *Néron*, ce qui fut très-approuvé, et leur punition lui attira des louanges ; mais on fut fâché de ne pas voir dans ce nombre ni *Tigellins* ni *Halotus*, tous couverts de la haine publique. Le peuple demanda à grands cris leur châtiment, et ne put l'obtenir, parce qu'ils avoient partagé leurs rapines avec les favoris de l'empereur. Le prince tança même, par un édit, le peuple de son trop grand empressement pour cette espèce de vengeance. Mais il fut moins indulgent à l'égard des histrions, comédiens, courtisannes, et autres gratifiés par *Néron*. Il compta avec eux, leur fit rendre, et rentrer dans les coffres de l'état, les neuf dixièmes de ce qu'ils avoient reçus.

Les prétoriens lui demandèrent la gratification que *Nymphidius* leur avoit promise en son nom. Il répondit séchement : *Je choisis mes soldats, je ne les achète pas.* Une très-grande rigueur exercée à l'égard d'un corps de marins sortis des règles de la discipline, exaspéra les esprits de la soldatesque. Le meurtre de *Macer*, commandant en Afrique, de *Capiton*, dans la basse Allemagne, dont on ne voyoit pas le crime, et dont on attribua la mort à l'avidité ou à la jalousie des ministres, fit trembler les hommes de quelque distinction. Le peuple étoit fâché de n'avoir plus ni fêtes ni spectacles, ni distributions, et d'être réduit à travailler;

de sorte qu'il se couvoit un mécontentement sourd qui n'attendoit que le moment d'éclater.

Dans ces circonstances, *Galba* apprend que les légions de la haute Allemagne sont révoltées. A la place de *Virginius*, qu'elles estimoient, il leur avoit donné un commandant incapable. Cette espèce de mépris, joint à ce qu'elles se persuadoient que *Galba* ne leur pardonneroit jamais d'avoir offert l'empire à *Virginius*, leur fit prendre la résolution de demander un autre empereur. Ce nouvel embarras amena, à son point de maturité, le projet que le vieux *Galba* méditoit d'adopter un successeur. La connoissance de cette résolution remplit la cour d'intrigues. Deux sujets principaux fixoient l'attention. *Othon*, l'ancien mari de *Poppée*, et *Dolabella*, proche parent de l'empereur. Le premier paroissoit chéri de *Galba*, qui le combloit de faveurs. Il avoit pour lui le suffrage des courtisans de *Néron*, flatté de l'espoir de voir renaître les plaisirs sous son règne, celui des soldats dont il étoit estimé, et la protection de *Vinius*, qui comptoit comme il n'étoit point marié, l'unir à sa fille. *Lacon*, l'autre ministre, désiroit *Dolabella*, qui avoit pour lui le mérite de paroître enclin à se laisser gouverner.

Mais pendant que l'intrigue jouoit son rôle, le vieillard uniquement occupé du bien public, fixoit son choix sur *Piso Lucianus*. Il étoit âgé de trente et un ans, généralement estimé par sa modestie et sa conduite obligeante envers tout le monde. On remarquoit dans ses mœurs la sévérité des anciens Romains et des vertus que *Galba* observoit depuis longtems, et qui lui avoient fait prendre la résolution de l'instituer son héritier, même avant qu'il parvint à l'empire. En le nommant son successeur, il lui fit un discours plein de sens et de tendresse. « C'est, lui dit-il, par un motif d'a-
» mour pour ma patrie, et de respect
» pour la vertu que je te donne l'em-
» pire. Si la république eut pu se passer
» d'un maître, elle eut commencé par
» m'éloigner; mais en l'état où elle est,
» je ne puis faire davantage pour elle,
» que de choisir un bon successeur, ni
» toi que de te montrer digne de l'être ».
Il lui donna ensuite les conseils les plus sages sur sa conduite à l'égard des courtisans : « Quand tu conserverois ta vertu,
» ceux qui approcheront de toi per-
» dront la leur. La flatterie prendra la
» place de la vérité, et l'intérêt celle
» de l'affection dont il est le poison.
» Nos courtisans parlent moins à nous
» qu'à notre fortune ». Il lui mit devant

les yeux le sort de *Néron.* « Ce n'est
» pas *Vindex* qui l'a dépossédé avec
» une province désarmée, ni moi avec
» une légion. C'est sa cruauté et ses dé-
» bauches qui l'ont fait le premier exem-
» ple d'un prince condamné par ses
» sujets ». Il finit par ces mots remarquables : « Apprends que la méthode la
» plus sûre pour régner est de consi-
» dérer ce que l'on approuve et ce que
» l'on condamne dans d'autres princes.
» Ce n'est pas ici comme parmi les autres
» nations, où un seul commande et tout
» le reste obéit. Tu auras à gouverner
» des hommes qui ne peuvent souffrir
» ni la liberté ni la servitude ».

Othon avoit compté sur l'empire. Se
voyant déchu de son espérance, perdu
de dettes, il n'avoit plus de ressources
que dans le renversement de l'état. Ses
esclaves et ses affranchis, bercés depuis quelque tems de l'espoir de cette
fortune, l'engagèrent à ne point s'a-
bandonner dans cette circonstance. Un
d'entre eux lui amène deux hommes
qu'il lui présente comme propres à commencer une révolution. L'un étoit un
simple soldat des gardes, nommé *Vé-
turius*, l'autre *Barbius*, bas-officier,
chargé de recevoir la parole du tribun
par écrit, et de la porter dans les tentes.
Othon les examine, les juge propres à

quelque grande entreprise, les comble de présens, leur en promet de plus grands encore, les charge d'argent et les lâche dans le camp, bien instruits et bien désireux de réussir.

Ils parlent à chacun selon qu'ils les croient affectés, aux Allemands de la préférence accordée aux Espagnols, aux marins de la cruelle exécution de leurs camarades, décimés pour quelqu'insubordination. Ils répandent largement l'argent et les promesses. Les esprits s'ébranlent ; quand ces agens se croient à-peu-près sûrs d'être secondés, ils avertissent *Othon*. Il se laisse entraîner ; mais il ne trouve que vingt-quatre soldats au poste d'où devoit partir l'explosion. Effrayé de ce petit nombre, il veut fuir. Ils le retiennent. Vingt autres se joignent ; ils le mènent au camp. Le proclament. Le nom d'*Othon* passe de bouche en bouche, et retentit bientôt jusque dans la ville qui étoit pleine de soldats. *Galba* avoit été averti ; mais ne pouvant imaginer un pareil désordre, il ne prend que de foibles mesures, envoie *Pison* aux prétoriens de garde, s'y présente, les harangue. Ils montrent de la bonne volonté ; mais la foule les entraîne. *Galba* les suit.

Pendant qu'ils marchent au camp, le bruit se répand qu'*Othon* a été tué. On prétend qu'il fut propagé afin de donner de la sécurité au vieillard. Il avance vers les tentes. A peine est-il entré, qu'il est renversé dans la foule, percé d'un coup d'épée, il expire. Le plus grand embarras d'*Othon* fut alors d'empêcher le pillage. Il n'y avoit point de quartiers de la ville qui ne fourmillàt de soldats. Tous pétillans, pour ainsi-dire, du vol et du carnage. Il les contint à force de prières et de promesses ; làcha seulement la bride à quelques-uns des plus féroces, dont ses émissaires dirigèrent la cruauté contre ceux dont il croyoit avoir le plus à craindre. *Vinius* lui-même fut tué dans cette confusion. *Tigellin*, qui avoit échappé à la justice de *Galba*, reçut d'*Othon* l'ordre de se tuer, et l'exécuta au milieu de ses courtisannes, après bien des regrets et des embrassemens. *Othon* ne se crut vraiment empereur, que quand on lui apporta la tête de *Pison*. On a dit de *Galba* qu'il auroit été jugé capable de régner, s'il n'étoit jamais monté sur le trône.

TABLE

DES TITRES DU TOME III.

I TALIE,   page   1.
Rome (*Monarchie*).   5.
Rome (*République*).   36.
Rome (*Empire*).   452.

Fin de la table du troisième volume.

www.ingramcontent.com/pod-product-compliance
Lightning Source LLC
Chambersburg PA
CBHW071156230426
43668CB00009B/974